大 学 问

始 于 问 而 终 于 明

守望学术的视界

过去和现在

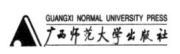

黄宗智 著

中国民事法律
实践的探索

过去和现在：中国民事法律实践的探索
GUOQU HE XIANZAI : ZHONGGUO MINSHI FALÜ SHIJIAN DE TANSUO

图书在版编目（CIP）数据

过去和现在：中国民事法律实践的探索 / 黄宗智著. -- 桂林：广西师范大学出版社，2024.10
（实践社会科学系列）
ISBN 978-7-5598-6733-9

Ⅰ. ①过… Ⅱ. ①黄… Ⅲ. ①民事诉讼法－研究－中国 Ⅳ. ①D925.104

中国国家版本馆 CIP 数据核字（2024）第 022425 号

广西师范大学出版社出版发行

（广西桂林市五里店路 9 号　邮政编码：541004）
网址：http://www.bbtpress.com
出版人：黄轩庄
全国新华书店经销
广西民族印刷包装集团有限公司印刷
（南宁市高新区高新三路 1 号　邮政编码：530007）
开本：880 mm×1 240 mm　1/32
印张：15　　字数：350 千
2024 年 10 月第 1 版　2024 年 10 月第 1 次印刷
印数：0 001~5 000 册　定价：98.00 元

如发现印装质量问题，影响阅读，请与出版社发行部门联系调换。

"实践社会科学系列"总序

　　中国和美国的社会科学近年来多偏重脱离现实的抽象理论建构,而本系列丛书所强调的则是实践中的经济、法律、社会与历史,以及由此呈现的理论逻辑。本丛书所收入的理论作品不是由理论出发去裁剪实践,而是从实践出发去建构理论;所收入的经验研究则是那些具有重要理论含义的著作。

　　我们拟在如下三个子系列中收入精选后的重要作品,将同时推出中文版和英文版;如果相关作品已有英文版或中文版,则将其翻译出版。三个子系列分别是"实践法史与法理""实践经济史与经济学""中国乡村:实践历史、现实与理论"。

　　现今的社会科学研究通常由某一特定的理论立场出发,提出一项由该理论视角所生发出的研究问题,目标则是证明(有时候是否证)所设定的"假说"。这种研究方法可以是被明确说明的,也可以是未经明言的,但总是带有一系列不言而喻的预设,甚或是无意识的预设。

因为当下的社会科学理论基本上发端于西方,这种认识论的进路经常伴随着西方的经验(诸如资本主义、自由市场、形式主义法律等),以及其理论抽象乃是普适真理的信仰。而在适用于发展中的非西方世界时,社会科学的研究基本上变成一种探索所研究国家或地区的不足的工作,经常隐含或者公开倡导在西方"模式"道路上的发展。在经济学和法学领域内,它表现得最为明显,这是因为它们是当前最形式主义化和意识形态化的学科。而中国乡村的历史与现实则是最明显与主流西方理论不相符的经验实际。

我们的"实践社会科学系列"倡导把上述的认知过程颠倒过来,不是从源自西方的理论及由此得出的理论假说出发,而是从研究国家的实践历史与现实出发,而后进入理论建构。近代以来,面对西方在经济、军事及文化学理上的扩张,非西方国家无可避免地被卷入充满冲突性斗争的历史情境中——传统与西方"现代性"、本土与引进、东方与西方的矛盾。若从西方理论的视野去观察,在发展中国家的历史社会实践中所发生的现象几乎是悖论式的。

我们从实践出发,是因为不同于理论,实践是生成于所研究国家自身的历史、社会、经济与政治的情境、视域和话语内的；而且由实践(而非理论)出发所发现的问题,更有可能是所研究国家自身的内生要求,而不是源自西方理论/认知所关切的问题。

实践所展示的首先是悖论现象的共存——那些看起来自相矛盾且相互排斥的二元现实,却既真实又真切地共存着。例如,没有(社会)发展的(全球化的)商业化、没有民主的资本主义,或者没有相应司法实践的西化形式主义法律。其挑战着那些在它们之间预设因果关系的主流西方理论的有效性,因此呼吁新理论的构建。此外,理论往往由源自西方的形式演绎逻辑所主导,坚持逻辑上的前后一贯,而实践则不同于理论,惯常地容纳着看起来自相矛盾的现象。从实践出发的认知要求的是,根据实践自身逻辑的概念化来建构理论——比如中国的"摸着石头过河"。

从实践出发的视野要求将历史过程作为出发点,要求由此出发的理论建构。但是,这样的实践和理论关怀并不意味着简单地拒斥或盲目地无视西方的社会科学理论,而是要与现有理论进行自觉的对话,同时自觉地借鉴和推进西方内部多样的非主流理论传统。此类研究还可以表现在实际层面上,在西方主流的形式主义理论以外,有必要结合西方主流以外的理论传统去理解西方自身的经验——例如,结合法律实用主义(以及马克思主义和后现代主义)和主流的"古典正统"法学传统,去理解美国法律实践的过去和现在,或者结合马克思主义、实体主义和主流的亚当·斯密古典自由主义经济学传统,去理解西方的实践经济史。更重要的还在于,要去揭示这些与实践相结合的运转理论逻辑,在这些看起来相互排斥的二元对立之间,去寻找超越"非此即彼"之逻辑的道路。

我们的丛书拟收入在实践法史与法理、实践经济史与经济学,以及中国乡村的实践历史、现实与理论研究领域内的此类著作,也包括讨论中国创新的著作,这些创新已经发生在实践内,却尚未得到充分的理论关注和表述。我们的目标是要形成一系列具有比主流形式主义研究更适合中国历史、现实的问题意识和理论观念的著作。

黄宗智

前　言

从1990年第一次为此书做实地调查开始到现在,转眼已快20年了。最初的计划是撰写从清代到当代的单卷本,但是很快就发现题目实在太大了,因此后来便分卷先写了1996年英文原版的《清代的法律、社会与文化:民法的表达与实践》和2001年英文原版的《法典、习俗与司法实践:清代与民国的比较》两卷。

作为第三卷的本书则拖了好几年。部分原因是当代民法这个题目,尤其是改革开放以来的民法,与清代和民国相比,范围要大得多。这当然主要是因为近年来的市场经济和城市化的快速发展,以及伴之而来的大量新的立法。我自己前几年一直以为不太可能形成一本前后一贯的专著,只能围绕原先两卷的一些题目写几篇独立的文章,把它们伸延到今天。近几年就此陆陆续续发表了几篇论文。

出乎我自己的意料,最近意识到自己在一系列论文的基础上其实已经逐步形成了比较鲜明的、前后一贯的论点,既是连贯三卷本的论点,也是含义比较宽阔的论点。当然,就研究题目的范围来说,我探讨的只是当代民法的局部,绝不能说是其全貌。当代民法不但是个范围庞大的题目,而且也是个还在扩大和不断变化的题目。伴随全社会经济的越来越复杂化、多面化,只可能如此。这本书所研究的只是在民事法律制度这个大题目下有意识地选择的一小部分,集中于有限的几个方面,主要是对一般民众,尤其是农民,特别重要的一些方面。为连贯成此书,我对已经发表过的一些论文都做了一定程度的修改和补充。

写作过程之中,尤其是个别论文的写作过程中,以下同人和学生给我提出了有帮助的意见:Donald Clarke(郭丹青)、范愉、李怀印、卢汉超、彭玉生、Bradly Reed(白德瑞)、Matthew Sommer(苏成捷)、Preston Torbert(陶博)、Elizabeth VanderVen(樊德雯)、汪晖、汪洋、Margaret Woo(伍绮剑)、夏明方、杨柳和张家炎。白凯看了每一章的每一稿。徐安琪在搜集材料方面给了我很大的帮助。巫若枝为我提供了最近几年离婚案件的材料,她也是本书关于取证程序改革部分的合作者。董磊明的实地调查研究为我提供了农村社区调解最新情况的材料。在本书写作的最后阶段,国内外的研究生们给了我很多重要的建议和灵感,尤其是李放春、余盛锋和尤陈俊三位,这本书主要是为他们这一代所写。

序
为什么要建立新的中国法律历史与现实的研究

中国传统法律在近百年中经历了三次极其沉重的打击。第一次是从清末到民国时期,在列强逼迫下,为了重建国家主权而大规模移植西方法律,几乎完全抛弃了传统法律。第二次则是在现代革命运动中,从革命时期到毛泽东时代,既否定了国民党引进的法律,也再次完全否定了中国的传统法律;前者被认作"资产阶级"法律,后者则被认定为"封建主义"法律。当时,旧传统的方方面面中唯一被肯定的是乡村习俗中的调解。第三次是改革时期,再次全盘引进西方法律,既抛弃了毛泽东时代的现代革命法律传统,也再一次否定了中国的传统法律;"现代"被等同于西方,中国传统被等同于不能适应现代化和市场经济需要的"前现代"或非现代。

经历了这样沉重的打击之后,中国的法律传统等于是被完全与当前的现实隔离开来:它可能带有历史价值和中华民族的智慧,但它不具有对现实生活的意义;它可能有助于理解历代王朝,但对今天的现代化和市场化进程,对国家新的立法,对人民的实际生活几乎毫无意义。

在这样的大环境下,中国法律史的研究只可能日益衰落。当今全国各大法学院的课程和研究都是以西方的现代法律为主。无论是法理领域还是各部门法领域,所用教材和所做研究都完全以欧美法为主。与蓬勃发展和日益扩张的新法学领域相比,中国法律史日益被边缘化,所起作用日趋式微。在各大法学院中,中国法律史研究人员所占比例越来越小,对青年法学者的培养,可以说基本不起什么作用。事实是,中国法律史研究领域今天正处于一个极端的困境,甚或可以说是处在绝境中。

与现实隔离的法律史领域

经历了三次重击的中国法律史领域,幸存的基本只是完全脱离现实的纯学术研究,主要是思想史和制度史。但是,首先应该说明,在这两个领域的范围之内,不少学者做出了很有价值的贡献,他们对传统的法律思想家、论著、法典、制度设计等都有相当严谨和细致的叙述和梳理,为进一步的研究奠定了扎实的基础。有的学者更突出一些重要的概念,比如强调礼仪、道德思想在中华法律系统中所占的地位,指出伦理在法律思想和制度中的重要性;有的强调中国法理中法律和情理的并用,以区别于现代西方法律;有的说明了汉代以后中国法律传统在严厉的法家制度之中掺入了儒家仁政、和谐的理想,即所谓法家的儒家化;有的强调中国社会中的调解传统,强调其和谐理念的优越性;等等。当然,其中也有一定的民族感情性表述,强调伟大的中华民族法律传统,体现了新民族国家的意识形态。(这里没有区别法学学科和历史学学科中的法律史研究,两者虽然有一定差别,但在这里指出的一些基本性质上大同小异。)

但是,总体来说,这样的研究都缺乏现实含义,不能够超越中国传统法律百年来被一再否定的历史背景。传统法律受到的打击是如此之沉重,即便是法律史专业的人员,许多也在有意无意中基本放弃了自己对当前现实和立法的发言权。即便是强调今天必须继承"伟大"的中国传统法律的研究,也多局限于一些宽泛的意见,既没有针对现实或立法需要提出自己的具体见解,也没有对当前的西方现代主义主流法学提出具体的质疑,结果等于是默认唯有西方法律方才适用于当前的中国。

中国的法学与法律史都长期处于一种非此即彼、中西二元对立的认识框架之中,即一个完全意识形态化的是非框架之中。当然,来自毛泽东时代高度意识形态化的思维习惯肯定也是一个因素。就连研究人员在研究过去的法律时,也常常很自然地放弃了自己的现实感。多年来,中国法律史研究多倾向于一种为思想而思想的研究,不多考虑司法实践;或者是为制度而制度的研究,而且仅仅是设计意义上的制度,不是运作意义上的制度,不多考虑法律制度的实际运作。最终几乎等于是一种"博物馆"珍藏品似的研究,缺乏对实践的关心,以及对过去和现在的现实感。[①]

在这样的情况下,有的学者甚至形成了某种(或许可以称为)

[①] "博物馆"原是美国的中国思想史研究者列文森(Joseph R. Levenson)用来分析儒家传统在中国现代马克思主义思想中所占地位时所做的隐喻(Levenson,1965)。

"珍藏品管理人员意识",一方面,坚持中华法律的伟大;另一方面,坚持中西法律非此即彼的完全对立,也就是说,传统法律与今天全盘西化的立法现实完全无关。所以对于试图跳出这种二元对立框架的研究,以及把中国传统法律从"博物馆"搬移进现实和现代社会的尝试,人们有时难免会直觉地反对,甚或感到是对自己的珍藏品的一种威胁。

在我看来,如此的研究正反映了这个领域的特殊历史背景。说到底,这种学术领域的倾向乃是旧法律传统一再被国家领导者和立法者否定的结果。正因为中国现代的法律几乎完全是从西方引进,新法律代表的是一种没有历史的虚无意识,而旧传统代表的则是一种没有现在、没有将来的历史,这是同一个问题的两方面。当然,也有一些有识之士,已经发出要振兴中国自己的法律史研究和跳出这种绝境的呼声,甚至尝试了新的研究路径,但是,就法律史领域整体来说,其仍然不可避免地被置于与现实隔离的基本状态之中。

法学今天在认识上和精神上的分裂状态

在现实情况下,当前的法学显示的是一种认识上和精神上双重意义的分裂状态。一是占据主流的所谓"现代"法学,把"现代"法律完全等同于西方法律;同时,研究法律历史的不关心或放弃对现代法律和现实的发言权。正因如此,两者基本互不对话,互不影响。在研究倾向上,两者同样偏重理论和制度,缺乏对实践和实际运作的关怀。如果我们以人来比喻社会,这等于是一个人完全拒绝把自己的现在和将来与自己的过去连接,把自己分割为截然不同的两个部分。这是第一层意义上的分裂。

另一层意义上的分裂,是感情与认识上的分裂。有的研究人员在感情上认同中国和中华民族,充满爱国精神以及对国家对人民的关怀;但是,在认识上,则完全认同所谓"现代"法律和法学,认为(或起码不反对)西方现代法律是唯一真正意义上的法律。[①] 鉴于国家领导者和立法者百年以来的意见,大部分的研究人员也只可能持有这样的观点。这样,感情和认识对立,形成一种精神上的深层分裂。上面所说的坚持中国法律传统与西方法律的完全对立,以及护卫中国法律的特殊性和珍藏品性,便是这样的分裂状态的一种表现。这两种倾向其实是同一"情结"的两个方面。

在这样的现实情况下,中国法律史的研究只可能日趋式微。一方面,法学领域主流完全被源自西方的现代主义意识形态占据。另一方面,法律史学界完全自我束缚于传统法律已经完全过时的基本信念,并因此也只可能在教学之中面对一代又一代越来越不关心中国传统法律的青年学生。

建立新的视野

首先,应该说,这种分裂状态是完全可以理解的状况,是中国

[①] 列文森(Levenson,1953)70多年前便使用这个框架来分析梁启超和"近代中国的心态"(the mind of modern China)。我认为如此的分析用于梁启超其实不太贴切,更适合用于五四时期(既是反传统的又是民族主义的)全盘西化的部分论者以及今天现代主义的部分论者。

百年来在内忧外患压力之下形成的状态;但是,同时也要说明,它是个违反我们基本的历史感的状态,是个不正常的状态。历史当然既有断裂也有延续,但是绝对不可能是完全割裂的。好比要了解一个人,绝对不能忽视他前面的大半生。再剧烈的革命,也不能完完全全地割掉过去;再戏剧性的变化,也不可能完全改变一个人,亦即所谓本性难移。

从历史实际的视野来看,中国今天的法律明显具有三大传统,即古代的、现代革命的和自西方移植的三大传统。三者在中国近现代史中是实际存在的、不可分割的现实;三者一起在中国现当代历史中形成一个有机体,缺一便不可理解中国的现实。但今天的法学界主流把"传统"仅等同于古代,并将之完全与现实隔离,又把毛泽东时代的法律传统既排除于"传统"之外又排除于现在之外。也就是说,完全拒绝三大传统之中的两者,要求全盘移植西方法律。

今天,我们不应该接受这样的状态,我们需要更清醒地认识到,一个没有过去、没有历史的法律和社会是一个不实际,也不健康的法律和社会。过去的脱离实际的认识是被逼出来的;今天中国已经完全有条件走出这种认识上和精神上的困境,重新认识自己的历史,包括古代和近现代的历史,这不仅是为了更好地认识过去,也是为了更好地认识现在和将来。

我们应该承认,上述的困境,部分是由中国法律史研究领域的自我束缚所致。要建立真正的自我认识,一方面需要对当前整个法学领域中的西方现代主义进行深刻反思,另一方面也需要对自己领域的研究倾向进行深刻反思。简单地否定自己的历史,对法律传统采取一种没有历史的虚无态度,乃是今天走到极端的现代主义的深层原因之一。同时,忽视过去的实践,虚构一个没有活生生意义的法律史,怎能对极端的现代主义、全盘西化主义进行反思?从没有现实意义的基本前提出发的法律史研究,怎能构成中国自己在法律领域中的主体性?在这样的自我束缚之下,中国法律史研究怎可能不被完全边缘化?

超越本土东方主义

接受百年来对自己的历史的拒绝,便等于接受一种本土的东方主义,认为中国传统只是一个"他者",只适合用来突出西方现代法律的普适性。[①] 在研究中如果只试图说明中国自成系统的法律思想和制度,只为过去而论过去,满足于简单的思想史和制度史,即便是充满民族感情的叙述,最终的现实意义也只可能是作为西方现代法律的"他者"。

正因如此,中国今天要走出这个困境,需要推翻现在的这个前提性信念,重新塑造我们对中国过去和现在的认识,建立中国法律史对理解过去和今天的现实的必要性。首先要跳出不顾实践和实际运作的研究架构。如果简单地仅仅着眼于理论,中国法律史在近百年中所经历的确实是一再的巨变和反复。从以德国(日本)为模范的晚清和中华民国开始,到毛泽东时代的反封建、反资产阶级

[①] 这里借用的毋庸说是萨义德(Edward Said,1978;中文见萨义德,1999)的概念。但是我很不同意萨义德的虚无认识态度,认为一切认识最终只不过是一种话语或构造,参见黄宗智(2007g[2003];2007d)。

法律，再到改革时期的再度全盘模仿西方，确实是一个巨变的、断裂的过程。其中，古代法律似乎确实不具有任何意义或正当性，而革命的现代传统则在改革时期被置于与清代法律同样的地位。仅从理论和法律条文来看，中国近百年法律的历史似乎确实是一个完全虚无的变化过程，没有什么历史延续和积累可言，几乎可以将其比喻为一个性情非常浮躁、易变的青年，谈不上经验和积累，更谈不上历史和传统。

但是，我们如果从法律实践的视角来考虑，近百年的历史展示的则是一个完全不同的图像，其中当然有变迁，但是，也有延续和积累。也就是说，现实有它一定的历史，并且不可脱离历史来理解。实践之所以不同于理论，首先是因为它具有主体性，不允许简单的全盘移植。它要求在实践中，也在法理中，适应中国的实际，包括人民的意志。其次，实践要比理论宽容。它允许中西合并，相互拉锯、影响、协调、妥协。而法律理论则不然，它要求逻辑上自洽。中国法律史的研究如果仅限于理论和思想研究，便只可能与西方法律相对立，非此即彼，绝无可能相互并存、相互作用。但今天中国的现实不允许这样简单的选择，既不可能复古，也不可能脱离中国历史而全盘西化。中国现实所需要的，正是共存和相互影响。最后，也是最关键的，是实践法律史的现实意义。脱离了实践，只论理论，便谈不上中西的取长补短，更毋庸说建立可以在现代世界中适合中国实际的、独特的法律。

这里要倡导的是建立一种新型的、关心实践和运作的，即现实世界的中国法律史研究。因为实践历史要比理论历史贴近历史实际，而只有面对历史实际，我们才有可能跳出百年来中国的自我否定和历史与现实隔离的状态。我深信,唯有如此,才可能脱离当前法律史研究的绝境,才可能把中国法律史从"博物馆"中挪移出来,重建中国法律史的现实意义,重建中国法律史在全世界法学和法律中所应有的地位。本书的主旨便是要阐释和证明这一点,并试图在中国法律的实践历史中探寻能够适应当前需要的、融合中西的自主性和现代性。

同时,应该说明,我提倡的实践历史研究,乃是一种手段性,而不是终极性的建议。突出实践历史是矫枉过正的策略,是针对过去偏重理论、表达和制度,不顾实践和现实的手段;并不是说历史只是实践的历史,或者说唯有实践才是真实的。很明显,实践只是宽阔的历史和现实中的一部分,它绝对不能脱离理论和表达。它本身既可能是合理的,但也很可能是不合理的。而且,它本身缺乏前瞻性的理想、理论性的洽合,以及精确、系统化的概念。很明显,实践是需要道德理念和理论的前瞻性的,不然,它只可能是回顾性和经验性的。这也是本书特地突出中国的"实用道德主义"思维方式的理由之一。作为具备长期的历史生命的传统,"实用道德主义"有一定的优越性,是我们今天可以继承的一面。另外,我的研究一直强调清代法律的基本性质绝不简单在于它的表达,也不简单在于它的实践,而在于两者的矛盾结合,其中既有张力和冲突,也有妥协和协调,这才是中国法律传统得以长期持续的真正秘诀。我真正要提倡的是在宽阔的历史观和现实感中,确认历史既包含物质层面也有思想层面,既有社会经济结构也有能动,既有制度也有过程,既有变迁也有连续,既有大的历史趋势也有偶然性和个人的抉择。我们最终需要的是从宽阔的历史视野和现实感中来理解中国法律的过去和现在。

我们如果回到法学领域来说,过去的思想史和制度史研究乃是重要的资源。它需要的是从实践和现实的层面补其不足,但这不是要抛弃过去的研究。最终,我们所要达到的是实践和思想的综合,也就是说新研究和旧研究的综合。这样,中国法律史研究才会在新时代具有真正的生命力。

目　录

第一章　导论:中国法律的实践历史研究　1

　　一、相对于理论而言的实践:美国法律形式主义与其法律实践历史　3

　　二、相对于表达而言的实践:清代法律　4

　　三、相对于制度而言的实践:男女继承权与其实际运作　7

　　四、不同于形式主义理论的实践历史　8

　　五、实用道德主义　10

　　六、离婚法实践与法庭调解制度　14

　　七、第三领域和集权的简约治理　17

　　八、简约治理下的社区调解制度　21

第二章　社区调解的过去和现在　24

　　一、20世纪20年代到40年代的社区调解　26

　　二、来自明清时期徽州的另一例　39

三、集体化时期的社区调解　42

　　四、改革初期的社区调解　51

　　五、改革后期的社区调解　63

　　六、民间调解的可能前景　71

第三章　集权的简约治理——以准官员和纠纷解决为主的半正式基层行政　77

　　一、历史证据　79

　　二、集权的简约治理　92

　　三、儒法合一的治理　98

　　四、当代中国的科层制化和简约治理　101

第四章　离婚法实践——当代中国法庭调解制度的起源、虚构和现实　108

　　一、毛泽东时代的民事法律制度　111

　　二、历史起源　133

　　三、离婚法实践与整体的民事法律制度　148

第五章　取证程序的改革：离婚法的合理与不合理实践　156

　　一、从实地调查到庭审调查　157

　　二、历史环境的变迁　161

　　三、取证制度在离婚法中的实际运作　164

　　四、纯形式化的取证运作　169

　　五、实质性调解的延续　172

　　六、新形式正义以及形式、实质正义的合并　174

　　七、"两不是"的司法权力滥用　176

八、总论　179

第六章　民事判决的过去和现在　181
　　一、大陆形式主义与清代司法　184
　　二、儒家的表达与清代的法律实践　192
　　三、大陆形式主义与民国民法的中国式原则及实践　195
　　四、法律形式主义与当代中国的法庭实践　198
　　五、法律变革和中国当代立法　231

第七章　法庭调解的过去和现在　236
　　一、清代的调解观念　238
　　二、清代的法庭实践　241
　　三、民国时期的调解　245
　　四、1949年后中国的调解意识形态　249
　　五、1949年后中国的法庭调解实践　253
　　六、调解与判决之间　265
　　七、当代中国法庭调解的性质　273
　　八、清代、民国和1949年后的中国调解　279
　　九、中国法庭调解的逻辑　281

第八章　中国法律的现代性？　285
　　一、美国法律的现代性　286
　　二、后现代主义与现代性问题　289
　　三、中国法律的现代性？　292
　　四、前瞻　317

第九章　结论：历史与现实　320

引用材料 330

附录 进一步的探索:简介 353

附录一 中西法律如何融合——道德、权利与实用 355

  一、调解制度 356

  二、离婚法 359

  三、赡养—继承法 362

  四、侵权法 364

  五、刑讯逼供问题 366

  六、刑事和解 372

  七、结论 381

  参考文献 383

附录二 历史社会法学:以继承法中的历史延续与法理创新为例 388

  一、赡养 389

  二、继承法 391

  三、家庭一体与夫妻一体 394

  四、中西法律的并存与融合 396

  五、家庭主义与个人主义之间的张力 397

  结语:历史社会法学 401

  参考文献 403

  建立"历史社会法学"新学科的初步设想 404

附录三 重新认识中国劳动人民——劳动法规的历史演变与当前的非正规经济 409

一、劳动法规的历史演变　410

二、全球视野下的非正规经济　418

三、中国的农民工　420

四、城镇的正规与非正规就业人员　424

五、乡村的就业人员　429

六、中国的正规经济　434

七、结论　436

参考文献　438

索引　443

表目录

表2.1　20世纪20年代至40年代华北三个村庄的纠纷　*28*

表2.2　1950—1990年松江县民事案件分类及离婚案件所占全部民事案件百分比　*46*

表2.3　1984—1990年甘露村、香山村、华阳桥乡的纠纷　*52*

表2.4　1980—1992年甘露村干部处理的纠纷实例以及1990年华阳桥乡法律事务所处理的纠纷实例　*53*

表2.5　1992—2006年河南省汝南县三里店乡宋村纠纷　*64*

表2.6　1980—2005年民间调解纠纷数与民事案件数　*72*

表4.1　离婚案件的结果　*125*

表4.2　1950—1990年松江县民事案件分类及离婚案件所占全部民事案件百分比　*149*

表4.3　1950—1985年奉贤县民事案件分类表以及婚姻案件所占民事案件总数百分比　*152*

第一章
导论:中国法律的实践历史研究

为了试图打通、贯穿长期被隔离的历史与现实,本书突出的是一个研究方法和几个主要论点。后者是得自所要提倡的研究方法,因此也可以被视为对该方法的阐释和例证。

我要提倡的方法乃是"实践历史"的研究。"实践"一词在这里,主要包含三个相互交叠而又不完全相同的含义。首先是一般意义上的实践,亦即相对于"理论"而言的实践,主要指行动。这与我在《清代的法律、社会与文化:民法的表达与实践》一书中采用的第二个含义,即相对于"表达"而言的"实践"概念比较接近,但又不完全相同。这两者应区别于布迪厄(Pierre Bourdieu)采用的第三个含义,即主要是相对于制度和结构而言的"实践"。

在中国革命传统中,"实践"所指,既与一般意义相符,又比一般意义狭窄,主要是把来自西方的马克思主义理论应用于中国革命的问题。但因它突出理论与实践的背离问题(因此需要"毛泽东思想"来作两者间的媒介),和本书的中心论点有一定关联。我自己的著作中也强调了中国自己的"表达"和理论会与其"实践"相背离。① 最后,布迪厄提出的"实践的逻辑"概念,则要求到人们的"实践"过程之中,而不只是在制度结构中,去挖掘一个社会的逻辑精髓,并借此超越西方学界长期以来存在的主观和客观、结构和能动的二元对立问题。②

此外,在上述三种"实践"含义之上,我要特别强调历史的维度。毛泽东的"实践",既有时空维度,也是个跨时空的普适概念。我之"实践历史",主要是想突出人文社会领域现象的历史性。布迪厄固然强调过程,以之区别于制度和结构,但他的"过程"甚少考虑历史,主要是一种研究现实社会的人类学家使用的概念。③ "实践历史"之于简单的"实践",其不同之处在于它不仅包含上述三种意义的实践及其历史,也包含它们经过与理论、表达和制度之间的互动而体现于实践的历史。兹分别举例予以说明。

---

① 更准确地说,是背离下的结合。
② 显然,这里的"实践"和亚里士多德区别于理论(theoria)、实践(praxis)和生产(poiesis)的实践交搭不完全相同,要比马克思的贯穿理论与实践的"革命的实践"(revolutionary praxis)宽阔,也比美国政治学理论家斯科特(James Scott)把 practice(希腊文 mêtis)理解为"经过反复使用(练习)的技术"要宽阔得多(Scott,1998)。
③ 当然,他的"惯习"(habitus)概念试图处理"历史"积累在结构和能动之间所起的中介作用,但本书对"历史"的认识要比布迪厄宽阔得多。

一、相对于理论而言的实践:美国法律形式主义与其法律实践历史

这里首先要说明的是(一般意义上的行动)实践与理论的不同。人们常常强调西方理论是西方经验的抽象化,不符合中国实际,这当然有一定的道理。但需要指出的是,西方理论,尤其是经过国家权力意识形态化的理论,也不符合它本身的实践历史。

美国的所谓"古典正统"理论,便是一个很好的例子。人们一般把它追溯到1870年担任哈佛大学法学院院长的兰德尔(Christopher Langdell)。由于这个传统特别强调法律的普适性和科学性,也强调通过演绎逻辑而得出绝对真理,学者们也称之为"法律形式主义"(legal formalism)。它确实从19世纪70年代到20世纪20年代在美国法学界占到近乎统治的地位。但同时,它从一开始便受到兰德尔在哈佛大学的同事霍姆斯(Oliver Wendell Holmes,后来任最高法院大法官)的挑战。霍姆斯特别强调法律的历史性,而非其超越时空的普适性;同时,他也强调法律必须要经过实践来检验,根据其效应而决定取舍。人们普遍把霍姆斯认作美国法律实用主义(legal pragmatism)的创始人,这个传统到20世纪20年代由新兴的法律现实主义(legal realism)继承。

在实践层面上,美国最高法院的重要决定并不只来自"古典正统"理论,而主要来自古典正统和实用主义—现实主义理论传统之间的拉锯。前者到20世纪20年代一直在最高法院占据优势,但其后在罗斯福总统任职期间,实用主义—现实主义者占到了最高法

院九名大法官的大多数。美国众多的关于劳动和福利的重要决定便来自这个时期。其后,非"正统"人士一直维持其优势,但在小布什总统带领的新保守主义统治下,"正统"人士再次占到多数。回顾美国法律的实践历史,其精髓显然不在于任何单一的理论传统,而在于不同理论传统的长期并存和拉锯。

二、相对于表达而言的实践:清代法律

鉴于西方理论与中国实际的脱节,有的学者强调必须用中国本身的概念范畴来理解中国经验,但我这里要进一步说明的是,中国本身的表达也常常与其实践历史相背离。我关于清代法律的第一本专著强调的便是清代法律之表达与其实践的背离,同时又相互抱合,亦即两者之间既有长时期的背离和张力,也有相互的适应和结合。

具体言之,清代官方表达呈现给我们的是由以下三个方面组成的图像。第一,民事诉讼不多。首先是国家意识形态认为这种诉讼不应当有。即使有,也不过是"细事",中央政府多不关心,由州县来"自理"。第二,一般良民是不会涉讼的,如果涉讼,多半是受了不道德的讼师、讼棍的唆使。第三,县官们处理民事诉讼案件的时候,一般是像父母亲处理孩子们的争执那样,采取调处的方法,用道德教诲子民,使他们明白道理,而不都以法律判案。毋庸说,这些表达都和儒家的仁政意识形态有关,它们对过去的学术研究影响深远。

而诉讼案件显示的却是不同的图像。第一,民事诉讼案件占

了县衙门处理案件总数的大约三分之一。这是我从四川巴县、台湾淡水—新竹和顺天府宝坻县档案中得出的比例。也就是说,清代官方话语所谓的"细事"案件,实际是在地方衙门事务中占相当比例的一部分,也是极其重要的一部分。第二,诉讼当事人大多数是普通人,上公堂多是为了维护自己的合法利益而迫不得已。我从 628 件案件之中,鉴别出正好 500 名原告的身份背景,其中,有 189 人是普通农民,20 人是农村的雇农,51 人是普通地主,另外 82 人是城镇的普通居民,25 人是功名士子,33 人是商人,剩下的是少数的大地主、大贷户、集体团伙等。他们不符合官方话语中诉讼当事人的形象。第三,衙门处理纠纷时,要么让庭外的社区和亲族调解解决,要么就是县官听讼断案,依法律办事(当然,并不排除适当斟酌情理的可能)。县官本身极少在庭上进行调解。我统计了 628 件案件中经过正式堂讯的案件,共 221 件,其中只有 11 件是由县官仲裁处理,令双方都做出退让的,其他的全是县官当场断案,明判是非。从案件档案来看,清代县官是很少像官方表达的那样从事调解的。

我们稍加思考便可以理解,一个县令,是不会也没有可能采取老解放区和改革以前的那种"马锡五审判方式"去处理案件的。他们没有这样的意识,也没有如此的空闲,他们一般都是"坐庭判案"的。还有,他们虽然在自己的写作之中,喜欢按照当时官方话语的习惯,把自己表达为一个仁人君子,凭道德感化、开导子民,但他们实际上是一个复杂官僚机构的底层分子,为了自己的官宦前途,最安全妥当的办案方法,还是按律例规章行事。另外,那些坚持到正式庭审的当事人,一般要么比较顽固,要么坚决认为自己的权益受到了对方的侵害，一般都不太容易被说服调解。在那样的情况下，县令最实际的行为是当场判决。

在这一点上，汪辉祖说得最实际、最透彻。他说："盖听断以法，而调处以情。"又说，"可归和睦者，则莫如亲友之调处"。县官是凭法听断的。做调解的是亲邻，不是县官。他进一步解释说，"法则泾渭不可不分"，"情则是非不妨稍借"。意思是，一旦上了公堂，就只好秉公办事，依法断案，使是非分明。这样，告负的一方多半会怀恨于心，双方长期互相敌视，不如由亲友调解，那样可以和睦了结，大家不伤感情。正因为他认为知县要凭法听断，所以他告诫当县令的同僚，必定要熟读律例，"每遇公余，留心一二条，不过数月，可得其要"（引自黄宗智，2001：165—166）。

按照西方大陆法的形式主义逻辑，儒家理想与清代实际司法行为似乎是相互矛盾而不能共存的；然而对于中国的法律专家们来说，这里并不存在逻辑是否洽合的问题。儒家说教阐明的是法律制度的理想，实际运作则容忍实用规则和判决，即使它们有可能与儒家理想相悖。在中国的法律推理中，儒家理想表达的显然是一种应然世界的图景，而法典中的实用条款和法官的判决行为，则回应的是这些理想难以鞭及的现实生活情境。实际的现实决定着某些行动，恰如儒家说教持续指向一个理想世界的图景。《清代的法律、社会与文化：民法的表达与实践》一书突出的结论可以这样总结：在清代法律的实践历史中，说的是一回事，做的是一回事，两者合起来又是另一回事。

三、相对于制度而言的实践：男女继承权与其实际运作

"实践历史"也包含布迪厄意义中区别制度结构与实践过程和实际运作的含义。比如，国民党 1930 年的民法采用了德国民法的男女继承权平等法则，但是，在实际运作中，新法律并没有在农村实施。这是我根据来自顺义（河北）、吴江（江苏）、宜宾（四川）和乐清（浙江）4 个县的 247 件案件总结的。理由很简单，当时农村妇女大多出嫁，家庭老人必得由留村的儿子来赡养，不能让出嫁的女儿来继承其土地。为此，国民党时期的法庭在农村的司法实践中，普遍只承认儿子的继承权。但是，立法者并没有因此而修改法律条文，而是允许条文（制度）和与之背离的实践共存，在司法中等于是睁一只眼闭一只眼来对待农村惯习。

法律条文与司法实践的这个背离，直到中华人民共和国成立之后在 1985 年的《继承法》中方才得到立法上的正式处理，即把继承与赡养连接起来，那样，农村儿子之所以继承父母财产是因为他尽了赡养义务，不是因为他是男子；而女儿，如果是她尽了赡养义务，同样可以优先继承父母财产。这样，立法者既维持了男女平等原则，又照顾到了农村实际，借此协调了制度和实践间的不一致。这个解决方案是经过多年实践之后方才总结出来的法律原则，是西方法律所没有的原则。

起码在这个问题上，中华人民共和国的立法者没有局限于简单地全盘移植西方法律的意识形态。当然，在改革时期，全盘西化的意识形态再次占据压倒优势。但是，上述的这段历史还是为我

们展示了一定的立法上的创新的可能。

四、不同于形式主义理论的实践历史

我之所以要强调从实践历史出发去研究法律,是因为现今世界法学(和各门社会科学)中影响最大的是形式主义理论及其思维方式。形式主义关注理论多于实际,特别强调演绎推理,想借此达到跨时空的绝对和普适真理。这种理论上的绝对化倾向很容易被国家意识形态化,以致从法国大革命后的"恐怖统治"(Reign of Terror)开始,在西方近现代历史中频频出现,19世纪的帝国主义和近年的美国新保守主义便是比较突出的例子。

韦伯可以被视为整个现代主义传统的最佳代表者之一,同时也是其最佳的分析者之一。因为他说明了西方现代文明的深层前提和信念,即关键在于对形式理性的理解。正如韦伯指出的,西方现代法律和其他法律的不同之处,主要在于它的"形式理性"。他认为,西方现代大陆形式主义法律传统的出发点是有关权利和权利保护的普遍原则,它要求所有的法庭判决都必须通过"法律的逻辑",从权利原则推导出来;"每个具体的司法判决"都应当是"一个抽象的法律前提向一个具体的'事实情形'的适用";而且,"借助于法律的逻辑体系,任何具体案件的判决都必定可以从抽象的法律前提推导出来"(Weber,1978[1968]:657)。

与此相比,韦伯认为中国清代的民事法律是实质主义或工具主义的,它关注的是从统治者视角考虑的社会秩序,而不是个人权利的保障,因此也很容易受到专断意志的影响(Weber,1978

[1968]:844—848)。对韦伯来说,即便是英美的普通法,也是一种"经验主义的司法",而不是他所认可的理性形式主义法律。他认为前者立足于先例,而不是普适的权利原则;其所依赖的是由普通人组成的陪审团,而不是使用法律逻辑的专家(Weber, 1978 [1968]:976,891)。

韦伯的上述观点对中国法律研究影响深远。根据他的视角,人们相当普遍地认为清代法律只有具体的、特殊的规则,没有普适的、抽象的规范;认为清代基本没有民法可言,即便是卜德和莫里斯的高水平研究(Derk Bodde and Clarence Morris, 1967),也未能摆脱这样的成见;他们认为清代的司法实践,由于没有使用形式主义法律那样的推理,并没有真正(即韦伯)意义上的裁判(如滋贺秀三,1981:74—102);同时认为,革命时期的中国,根本没有任何法律可言,中国真正的民事法律建设要待改革以后大规模引进西方法律方才开始(此前,只有国民党法律才可能算作真的民法)(William C. Jones, 1987:309—331)。

而我认为,清代法律与欧洲大陆形式主义民法之间的差异,并不在于前者缺乏用以指导判决的法律条款,而在于其坚持将概念体系扎根于以解决实际问题为本的各种规定之中。清代法律从未试图抽象出普遍有效的法律原则,相反,它假定只有与实际的司法实践相结合,抽象原则才可能得到阐明,才具有真正的意义和适用性。这一切还要进一步说明。

五、实用道德主义

下面就用本书从实践历史出发而提炼出的一个关于中国法律的概念作为例子来说明。首先,我说的"实践历史"研究方法,不是一个纯"经验主义"的研究方法。我认为,纯经验的堆积,意义不大,我们必须连接经验与理论。我要强调的方法是从实践历史出发来建立符合中国实际的理论概念。同时,我说的"实践历史",也不是一个纯"回顾性"的概念,而是一个伴随前瞻性道德理念的概念。它强调的是要通过准确掌握历史实际,而不是理论的凭空设想,来追求某些特定的道德理念,例如,和睦社会、社会公正、人民权利。

本书将详细论证中国传统法律的一个重要特征,即在经验与理论这对范畴之中,偏重经验,但并不忽略概念,它要求的是抽象概念与具体经验情况紧密结合。与欧洲大陆法中以韦伯为代表的形式主义法律传统不同,中国法律一贯要求寓抽象概念和法则于具体事例,而不像形式主义法律那样要求抽象出脱离具体情况的普适法则。譬如,在产权方面,中国传统法律没有像西方现代法律中的私有产权这样的抽象法则,而是在当时的历史环境中,立法取缔"盗卖田宅"(譬如,欺诈性地将他人土地或房屋当作自己的财产出售,或侵占他人田宅)、"擅食田园瓜果"等侵犯他人产权的具体行为,以及"卑幼私擅用财"(不顾父母意愿擅自使用家庭财产)行为。又如,它没有抽象出婚姻合同的概念,而是立法规定惩罚各种欺诈违约行为(譬如,"再许他人","有残疾者,妄作无疾","期约未至而强娶","期约已至而故违期"等)。在民法的另外两个主要领域,即继承和债务两个方面,做法一样。

有的学者(包括韦伯)因此认为中国古代法律只重特殊具体情况,缺乏抽象概念和原则,这是一种误解。中国古代法律与西方现代形式主义法律的不同,不在于能否建立抽象原则与处理非具体的问题,而在于怎样连接经验和理论的不同思维方式。形式主义要求通过法律(演绎)逻辑,建立脱离具体情况的普适法则,而中国传统法律则要求寓抽象原则于实例。一个很好的例子是清代关于杀人的立法,其全部有关的法则实际上是围绕一个十分抽象的范畴——意图——而组织的。杀人罪分六等,取决于不同程度的意图。惩罚最重的是"谋杀",例如用毒杀人;次之是"故杀",例如在愤怒的时候有意杀人;再次是"斗殴杀",即在斗殴中杀人;之后是"戏杀",譬如在拳击比赛之中无意杀了人;继而是"误杀",譬如在玩火或者射箭的时候杀了人;最后是"过失杀",是完全出于无意的,是"耳目所不及,思虑所不到"的行动,譬如在山坡上拉车失去控制而因此杀了人(薛允升,1970:849—857)。我们可以说,这样的区分要比后来模仿德国法律的国民党法律中的"故杀"和"过失杀"两分法来得细致(正因如此,民国时期法官判案时常常转而使用清代法律的概念和区分;详细分析与案例见 Neighbors,2004)。所以,中国传统法律不是出于纯抽象的概念(有意或无意),而是把抽象概念与具体事例紧密连接起来。对于这些,我在《民事判决的过去和现在》与《中国法律的现代性?》两章中做了详细论证。

同时,清代法律绝对不是仅仅具有回顾性、完全根据过去发生的具体事例而建立的法律(有人据此批评美国法律的实用主义,说它缺乏明确的立法日程,归根结底只是对古典正统的一种反应),而是一个具有强有力的前瞻性理想的法律制度。它对社会前景的设想寓于道德理念,譬如,认为在理想的和睦社会中(儒家话语把这种理想等同于过去的圣王时代),人们将会基本没有诉讼,全凭道德解决纠纷,即使有诉讼,也将由地方"父母官"凭道德教化解决。但是,在具备这种道德理念的同时,清代法律在实践中实用性地设立了处理所谓民间"细事"(相当于现代的"民事"范畴)纠纷的司法制度。其首先依赖社区或宗族调解,而后是社区调解和法庭干预间互动的"第三领域"(下文还要讨论),最后,如果纠纷仍然得不到解决,才是由"州县自理"的庭审来解决。而县官们在儒家治理道德话语之外,经常在实践中采用十分实用的裁判(亦即所谓"断案"),明辨是非,依法判决。我称这种结合为"实用道德主义"。这个论点我在《清代的法律、社会与文化:民法的表达与实践》中已经提出,本卷《民事判决的过去和现在》《法庭调解的过去和现在》两章将做进一步的探讨。

之所以用"实用道德主义"这个概念来概括清代法律的实践历史,用意之一是突出它结合了道德性表达和实用性行动,两者既背离又统一,既矛盾又抱合,亦即我之所谓"说的是一回事,做的是一回事,合起来又是另一回事"。另一用意则是突出其所包含的比较特殊的思维方式,从而与韦伯的形式理性形成鲜明的对照。

这种思维方式的部分特征可以见于毛泽东时代。当然,毛泽东时代建立的全能性的国家意识形态,其绝对性要比西方现代主义更加极端。但与此同时,它也有一个类似于实用主义的传统,我们可以称之为"实践主义精神"。其诞生主要是出于中国共产党自己的革命经验,是对党早期的教条性马克思主义的反应。在大革命失败之后,革命根据地转向农村。而农村是当时大部分党员所不太熟悉的环境,因此构成重新认识理论与实际关系的契机。其后,在抗战时期,大量来自沿海城市地区的知识分子来到延安地区。他们不了解当地的实际情况,甚至无法与当地农民群众交谈,造成党组织本身的一个危机:怎样去团结这两大群体。这就是"实践论"形成的部分历史背景。当时强调,首先要深入农村,获得"感性认识",并认同劳动人民的"阶级感情",而后经过知识分子所掌握的理论之提升,才有可能进入更高层次的认识,并最终验之于实践。基于这种现代的革命认识论,全党形成了一种普遍从事"调查研究"的风气("没有调查便没有发言权")。时至今日,国内不少社会科学教师仍然经常带领学生出去做实地调查,了解具体情况。这种精神,国外绝少能够看到。这一点我已在《认识中国——走向从实践出发的社会科学》和《悖论社会与现代传统》两文中有过讨论(黄宗智,2005a;2005b)。

即使在改革后全盘移植西方形式主义法律的立法之中,我们仍然可以看到原先重视经验与实践的思维方式的延续。这里可以扼要介绍本书着重突出的例子之一——赔偿法律。它来自德国法律,中国古代法律没有类似规定,它的关键概念是"侵权行为"。正如韦伯所说,它从自然权利前提性原则出发,由此推论出一系列的规定:侵权行为取决于侵权过错,而过错则导致赔偿责任,没有侵权,没有过错,便没有赔偿可言。但是,中国法律对此有不同的理解(我将在第六章《民事判决的过去和现在》中进行详细论证)。如《民法通则》对此的理解是出于中国原有的"实用道德主义"思维方

13

式。首先，鉴于经验事实，民事损害中既有有过错事实情况的侵权行为，也有无过错事实情况的偶然损害，而法律必须对两种不同的损害都做出规定。为此，它一方面规定过错性侵权必得负赔偿责任，另一方面则同时规定即使是无过错的损害，当事人也应该负适当的民事赔偿责任。对西方法律形式主义的思维方式来说，这两个是不可并存的前后矛盾的规定。但对中国的立法者来说，事实情况如此，法律只不过做出相应的规定，说不上逻辑矛盾或不能自洽的问题。在我看来，这个例子正展示了中国可能创立自己的独特的现代法律的一条路子。

六、离婚法实践与法庭调解制度

离婚法实践的历史同样展示了上述的思维方式，而又同时展示了中国维持至今的很具特色的法庭调解制度。在毛泽东时代，由于特殊历史情境的要求，在民间调解制度之上广泛运用了法庭调解制度。它的起源主要是为了处理离婚纠纷。共产党在早期对婚姻自由的激进允诺（单方要求离婚便允许离婚）之下，面对农村的激烈反对，试图一起一起地通过调解来处理有纠纷的离婚申请，消解党和农民之间的矛盾。其后，通过长时期的实践，更形成了比较独特的离婚法理，要求法庭对待离婚诉求，用感情是否确已破裂为标准来处理。那样，既能避免所谓"资产阶级"的轻率、"喜新厌旧"等造成的离婚，又能够适当破除不顾感情的旧"封建婚姻"，即一夫多妻、婢女、童养媳、父母包办和买卖婚姻。为此，在毛泽东时代形成了极其独特的法庭调解制度，逐步形成了一整套的方法、程序以及作风,即要求法官们深入村庄社区,通过访问"群众"(亲邻以及当地党组织),调查研究,了解当事人婚姻的背景以及现状,解剖其婚姻矛盾的起源;然后积极介入,使用各种手段,包括政治教育、组织压力、物质刺激等,尽一切可能,试图挽回当事双方的婚姻,要求做到"调解和好"绝大多数由单方提出离婚要求的婚姻。本书根据来自华北 A 县和江南 B 县的 336 个案例,详细阐明上述各点。在改革时期,毛泽东时代的这种"马锡五审判方式",尤其是其强制性的部分,已日趋式微,但通过离婚法实践而形成的法庭调解制度,尤其是无过错事实情况下的调解,仍然是今天中国法律制度的一个重要组成部分。本书第四、五章将集中探讨这个历史过程。

我们如果把视角从回顾"实践历史"的"实然"转到今天追求中国自己的"现代性"的"应然",上述离婚法实践中形成的"感情破裂"标准也可以被视为现代中国婚姻法所包含的"实践历史逻辑"或"现代性"。它不同于抽象而不实际的男女单方要求便即离婚的"婚姻自由"原则;它是个脱胎于多年的实践历史的法律原则,直到1980 年的《婚姻法》方才被正式纳入法律条文。我个人认为,这个出于现代革命的法律传统,今天完全应该配合中国法律中的由实际到法则再到实践的思维方式来推进使用。同时,这里体现的是当代中国重视实践的立法精神:法律原则一般要经过相当长期的实践检验,方才会被正式纳入法律条文。

西方形式主义法律从抽象权利原则出发,要求其适用于任何事实情况,因此造成必争对错胜负的对抗性法律制度。但是,真实世界中的纠纷既有附带过错的纠纷,也有不牵涉过错的纠纷(在离婚法领域,西方到了20世纪80年代已广泛改用不考虑过错的原则)。事实上,现今西方针对其对抗性法制所导致的诉讼过度频繁的实际,正在试图摸索出一条补充性的非诉讼纠纷解决道路。中国在这方面所积累的经验远比西方丰富,可以有意识地朝这个方向发展。本书在《离婚法实践——当代中国法庭调解制度的起源、虚构和现实》《取证程序的改革:离婚法的合理与不合理实践》《法庭调解的过去和现在》与《中国法律的现代性?》四章中对这个方向做了初步的探讨。

同时,毋庸置疑,调解传统以及实用道德主义传统有显著的混淆是非的倾向,不能清楚区别违反法律、侵犯权利的纠纷和无过错的纠纷,很容易出现用后者的原则来处理前者的和稀泥弊病。在当事者权力不平等的情况下,更容易沦为权力和关系的滥用。今天引进的西方的、从权利原则出发的法律,是对这样的倾向的纠正,应该在有过错的事实情况下明确权利、维护权利,正如中国的调解传统可能在无过错的纠纷中成为纠正西方过分对抗性的、必定要区分对错和判出胜负的诉讼制度一样。

在我看来,根据中国法律的从实际出发的思维方式,今天可以考虑采用这样的区分:在事实情况不涉及一方过错的情况下,使用调解,包括法庭调解,因为这样的纠纷中调解成效较高;反之,则依法判决,维护法定权利,这是西方法律的优点。但是,应该避免盲目照搬西方制度。一个例子是,近年在取证程序方面的改革,无视过去的实践积累,完全抛弃了毛泽东时代主要由审判员调查取证的"职权主义",而采用了西方的由当事人举证的"当事人主义"。其理念和动机是维护当事人举证的权利,尤其是在刑法领域,这是个合理的设想,但它并不完全适用于处理公民间纠纷的民法领域。在离婚法的实践之中,则因为缺乏西方的配套性制度,尤其是证人制度的作用,结果形成一种"两不是"的运作,带有严重的脱离实质内容的形式化倾向。其极端表现是陷入官僚体制中的形式主义作风,只顾程序形式,不顾实质内容。这样的实践,可以说是取证程序改革所未曾预料到的不合理的后果。这个事实在本书第五章中,根据从南方R县最近几年的离婚诉讼案件档案中抽样所得的45个案例,得到了详细论证。事实是,实践和实践历史可以是合理的,并且可以作为中国追求自己现代性的一种资源,但也可能是不合理的,是违反原来所要追求的道德价值的。

这里强调的是"实践历史"与"理论(主宰的)历史"思维之不同,主要在于后者很容易脱离实际,如果用于实际,容易引起一系列上述那样的不合理的未预后果。实践历史则比较贴近实际,如果配合前瞻性的道德理念,纳入实践历史逻辑的考虑,更能够形成可行的实用性改革方案,这也是我提出"实用道德主义"概念的部分用意。

七、第三领域和集权的简约治理

本书还举出另一个基于中国"实践历史"的分析概念的例子,突出了另一个具有十分重要的现实意义的历史传统。在已经出版的关于清代民法的《清代的法律、社会与文化:民法的表达与实践》一书的第五章中,我突出了清代纠纷处理制度中的"第三领域"。民间的社区和宗族面对纠纷所做的是调解,而县官在正式堂审中所做的是断案,此两者之间实际上存在一个庞大的"第三领域"。纠纷当事人一旦告上衙门,便会触发民间与官方两套制度间的互动。一方面是社区或宗族的家禁或重新调解,另一方面是县衙对原告状词、被告辩词以及各种呈禀的批示。那些批示一般要么榜示或传达,要么由当事人通过其他渠道获知,它们常常会直接影响正在进行的民间调解。如果当事双方在这个阶段中达成协议,便会具呈要求撤诉,而县官几乎会没有例外地批准就此销案。这样,纠纷便会在这个半制度化了的"第三领域"中通过民间与官方制度的互动而得到解决。

在另一篇文章《中国的"公共领域"与"市民社会"?——国家与社会间的第三领域》中,我从同样的角度剖析了 20 世纪 90 年代中期十分流行的哈贝马斯(Jürgen Habermas)的"公共领域"和其后的"市民社会"理论中国家和社会的二元对立、非此即彼建构。而中国的实践历史十分不同,国家与社会长时期交搭、互动,我因此提出其间的"第三领域"概念。

我们可以进一步以中国基层治理的实践历史为例。现代西方关于国家与社会关系的理论,受到法国大革命以来资产阶级争取自身权力的历史经验之影响,造成深层的社会与国家对立、非此即彼的理论框架。这种思维方式,可以鲜明地见于从韦伯到哈贝马斯的理论中,甚至可以说是几乎所有的历史社会学理论中。"国家"主要是指其正式的(formal)官僚体制,"社会"则主要是指其非正式的(informal)自发组织,把国家与社会视为非此即彼的二元对立体,甚少考虑介于两者之间的领域。

但在中国治理的实践历史中,更多的是在中央集权的国家机器直接统治范围之外,国家与社会的互动或联合的半正式运作。这种半正式治理模式首先体现于清代处于国家与村庄关键联结点上的乡保,如19世纪宝坻县每个乡保平均负责20多个村庄。和正式官僚不同,他们是由社区举荐和县衙批准的准官员,没有薪酬,工作中也不附带文书。但是和简单的民间制度也不同,他们是经过国家认可委任的,并要为国家机器尽一定的职责。我因此称他们为"半正式的准官员"。另一类似的例子是在清末启动的半官方村长制度,其性质和乡保一样。再则是清末启动的村庄教育,一般都由村庄自己提供校舍(多是村庙),聘雇教员;政府提供的是教育设计蓝图,并没有拨给具体的资源(VanderVen,2005)。中国乡村现代民众教育起初正是像这样由国家和社区共同推动的。此外是当时管理乡村教育的劝学所,其成员由地方提名,县令任命,也是半正式治理方式的例子。和乡保、村长一样,他们是一种准官员,没有或极少附带文书,在正式的衙门机器以外,协助县令管理基层教育(同上)。此外则是晚清之后兴起的城镇商会,同样是半官方半民间的组织,由官方号召,地方商人响应而组成。

这些准官员的运作从行政方法角度来考虑是非常简约的,大多既不带薪酬也不带文书,而国家正式机器要在遇到纠纷或人事变更时方始介入。比如,乡保们一般自行其是,除非有村民控告或者是人事替换,县衙是不会干预他们的运作的。因此我们对他们之所知主要来自县政府档案中涉及他们的纠纷事例。清末的村长和劝学所也一样,我们关于民国时期村长的信息主要得自县政府档案中有关他们的诉讼纠纷和人事调换的记录(当然,进入20世纪20年代之后,也有人类学实地调查资料)。甚至县衙本身的管理,也多采取这种方法。我们对于县衙门各房的实际运作多来自有关他们的诉讼案件,譬如在某房之内为争夺该房的控制权力而引起纠纷,或者是房与房之间因争夺权力和财源而引起纠纷(Reed,2000)。在那样的情况下,县令方才介入,其形式很像他对村庄治理的介入——以纠纷解决为主要手段。

我称这种行政方法为"集权的简约治理",既不同于正式官僚体制,也不同于非正式的民间组织,而是具有它自己的逻辑的治理方法。本书的第三章《集权的简约治理——以准官员和纠纷解决为主的半正式基层行政》集中讨论了这个实践历史传统。

此外,我的"第三领域"概念虽然概括了这个领域的空间,但没有说明其实际运作的状况和逻辑。我在本书第三章《集权的简约治理》中所用的副标题"以准官员和纠纷解决为主的半正式基层行政",是对其实践历史的初步概括。这种行政方法的形成首先来自儒家的简约治理理念,可以见于清朝关于"盛世滋丁,永不加赋"的承诺。另外,清政府对地方衙门吏役人数的限制,使得19世纪实际运作中的人数远远少于应有的人数。其后,面对日益膨胀的人口和国家治理实际所需,逐渐形成了这套在君主集权制度下的半正式的基层行政方法。其根本来源是长期的历史实践,而不单是某种治理意识形态,诸如儒家的简约治理意识形态,甚或高一层次的(瞿同祖的)"儒化的法家"概念(Ch'ü T'ung-tsu,1961)。因为这种行政方法产生于意识形态和行政需要在实践历史中的互动与结合,而非任何简单的意识形态。

我们如果再次从历史实践的实然转而考虑社会和体制改革的应然,"集权的简约治理"所点出的正是今天的一条可能途径。新时代对福利国家的需求当然会使旧有的简约治理传统的部分内涵变得过时,但是简约主义中的半正式行政方法以及国家发起、社会参与的模式,也许仍然可能在中国起一定的作用(比如,在公共服务领域),并在其追求自身特色的政治现代性中发挥不容忽视的作用。

八、简约治理下的社区调解制度

最后是和简约治理密切相关的中国长期以来实行的社区调解制度。一方面,国家在治理上的一个基本概念和方法是让民间社区本身来处理其间的"细事"纠纷,在民间不能解决问题的时候国家方才介入。另一方面,在小农经济基础上所形成的一个个相对紧密内聚的社区中,逐步形成了一整套自我解决纠纷的机制:由社区具有威望的人士出面,在听取、考虑纠纷当事双方的观点之后,分别以及连同探寻双方都能接受的妥协方案,其间也考虑到国家法律以及民间的所谓"道理",但主要目的是照顾到人情的妥协;然后,在双方自愿之上,达成调解,可以用"赔礼道歉"、口头承诺或书面协议、共同聚餐等方式来赋予调解方案一种仪式化的确认。

这套概念和方法既是国家治理的一部分,也是乡村长期以来的关键习俗。使我们惊讶的是,在近百年一再否定中国传统法律的大环境下,调解制度居然基本维持了下来,在国民党时期如此,在集体化时期也如此——虽然在人员上从社区内生的威望人士一改而为党和国家认可的"干部",并且在概念和方法上把过去的以妥协和人情为主,法律和道理为辅,一改而为以法律和政策为主,以人情和道理为辅,但仍然维持了原来的基本概念和方法,即由社区来自我解决其间的(民事)纠纷。在改革时期,虽然在农民工大规模流动的现实下经历了前所未见的冲击,但是,调解制度整体仍然展示了顽强的生命力,并且得到了国家的坚定认可和支持。时至今日,在全盘西化的大潮流下,它在司法实践中仍然是中国法律制度的一个关键部分,也是最具特色的一个部分。这是本书第二章《社区调解的过去和现在》的主题。

本书将从社区调解出发,然后进入"集权的简约治理",探索非正式和半正式治理这两个实践历史传统以及它们的现实含义。然后,进入离婚法的实践历史,突出中国法庭调解制度的起源、虚构和现实。同时,考虑到新近不合理的取证程序改革中的实践,说明盲目模仿西方制度的不良后果,也同时说明实践既可以是合理的,也可以是不合理的。然后考察中国法律实践历史中(包括民事判决和法庭调解),所展示的一系列创新性概念和方法,以及"实用道德主义的"思维方式,包括它们在今天的现实意义。同时,更集中讨论了法庭调解制度的现实含义。最后是前瞻性的讨论,从"现代性"角度来思考中国法律历史及其现在应该选择的去向。

最后要说明,我提倡的从实践历史出发的研究思维方式,显然和中国法律长期以来偏重经验和实用的传统具有一定的连续性。它体现的是不同于西方现代由形式主义所主宰的认识观念,是可供建立中国自己的现代认识方法和理论所用的资源。它可以用来超越经验与理论的非此即彼二元对立的思维方式,其关键在于经验与理论的紧密连接。一旦连接理论,便有可能超越经验的简单描述性、回顾性和纯特殊性;同时,一旦连接经验,便会承认理论的历史性,避免其超时空的绝对化或意识形态化(详见黄宗智,2007;2007d)。

我并不是要完全拒绝韦伯那样的形式主义理论和逻辑,因为新理论概念的建构需要与形式化理论的对话,概念的系统化也需要借助于形式逻辑。我反对的只是绝对化和普适化。至于实证主义理论和研究方法,我的观点是同样的。对待两者之后的后现代主义,我的观点也一样。它们都是对认识有用的资源,但不可绝对化。

根据上面所举的具体例子,我们也许可以这样来总结"实践历史"。实践显然没有形式逻辑那么清晰、简单,但它的优点是比较贴近、符合实际。同时,实践历史常常(但并不必然)也体现理论和行动间的妥协并存,或相互适应,因此不会像理论那么单一或偏激,它一般比较包容。在上述的一些例子中,实践历史在协调理念和实际的过程中,有时更能体现某种意义上的实用智慧。正是后者为我们提供了今天可能有用的资源。

在认识方法上,我的观点可以这样来总结:经验是一回事,理论是一回事,但连接起来,又是另一回事。至于本书的实践历史主题,也许也可以这样来总结:从实然的角度来考虑,实践是一回事,理论、表达或制度是一回事,但是在实践历史中并存、互动、结合和背离,则又是另一回事;从追求应然的角度来考虑,实践历史及其所包含的逻辑是一种资源,使人们可能更现实和明智地选择追求某种道德理念的途径。

第二章
社区调解的过去和现在

近百年来中国农村和中国法律制度都经历了非常激烈的变化。首先是进入20世纪之后,农业加速商品化,以及1930年中华民国民法的颁行。其后是共产党领导下的土地改革和其后的集体化,以及伴之而来的全能性国家的权力、法律、政策对基层社会的全面渗透。进入改革时期,先是农业非集体化和乡村工业的发展,以及再次大量引进西方法律,20世纪90年代以来则更是农村劳动力的大规模离土离乡流动,对农村生活方式造成了非常强烈的冲击。回顾起来,中国农村百年来的经历足可称为"翻天覆地"。

但是,出人意料的是传统法律制度的社区调解部分却显示了令人惊讶的坚韧性,在这些激烈的变化之中延续了下来。清代法律制度的一个核心概念和治理方法是,让家族和社区自己通过调解来解决他们之间的纠纷。这也是清代所谓"细事"的深层含义。细事的表层含义是,国家认为"户、婚、田土"的纠纷乃是细微的、不太重要的事情,区别于"重案";"细事"也包含应该用轻微的惩罚来处理事情的意思。但其更基本的含义是,细事乃是国家从治理角度来考虑,宁愿让社区自己去解决的事情;国家要到社区自己不能解决的时候方才会介入。这个概念和方法,在上述的激烈变化中,仍然顽固地延续了下来,当然,其中也经历了一定的变迁。鉴于近百年的激烈变化,这个概念和方法的延续说明它是中国传统法律制度的最基本的特征之一。

时至今日,社区调解法律制度仍然是中国社会和中国法律制度与西方国家的主要不同特点之一。以美国为例,虽然它的法律制度中的"非诉讼纠纷解决"运动(Alternative Dispute Resolution, ADR),至今已经有近半个世纪的历史,但美国对调解制度的依赖远远低于中国。遇到纠纷,普通民众仍然基本不会考虑调解,不会把调解视为一个可能借以解决纠纷的选择。遇到严重侵犯自身利益的纠纷,人们一般都会把告上法庭视为唯一的可能选择。所谓"仲裁"(arbitration)则多只是一种廉价的方式,靠使用退休的法官和简单的替代性场所来节省费用,但其运作精神基本是和法庭一致的,最终只可能明确分出胜负(国内对美国的非诉讼纠纷解决制度误解颇多,这里不再多论,详见本书第七章)。而中国大部分民众的意识,至今仍然基本倾向于先考虑调解,期盼某种和解,真正迫不得已时才会告上法庭。这是当今中美法律文化仍然存在的基本不同,也是中国广义的传统法律制度基本延续的最好证明。

本章从20世纪20年代到40年代的实地调查材料出发,和当地该时期诉讼案件的档案内容比较之后,再和该地区的清代诉讼档案比较,试图勾画出一个粗线条的中国农村革命前的"底线",来作为我们讨论的出发点。我们也将简短地考察新近从徽州地区得到的一个早期的例子,然后检视毛泽东时代带来的变与不变,再检视改革"转型"前期(20世纪80年代至90年代初期)中的一些变化,最后是90年代中期以来的改革"后期"的变化。每一期的讨论将围绕上述顺序进行,即使用的材料、纠纷的主要内容、调解人员以及调解原则与方法,以此来逐步勾画近百年间的变与不变。

我们会看到,今天中国的社区调解主要有两种,一是没有记录的由非正式的社区威望人士主持的调解,二是有记录的由半正式的社区干部主持的调解,而两者都应区别于国家法庭或机关所主持的调解。1949年以来,首先是集体化时期社区调解的"干部化"或"半正式化",变成几乎全由经过国家认可的社区干部来调解社区内的纠纷。其后是20世纪90年代中期之后的改革后期,社区调解的部分"非正式化"或"再度社会化",重新由社区内生的非正式领导来主持其部分纠纷的调解。

一、20世纪20年代到40年代的社区调解

在20世纪20年代到40年代的华北农村中,村庄的纠纷主要围绕和清代基本一样的主要范畴而呈现,即土地、债务、继承、赡养以及婚姻。纠纷一旦出现,主要由村庄内生的非正式威望人士调解解决,其主要原则和方法是基于人情考虑的妥协,辅之以法律和道理,与毛泽东时代由社区干部主持,以法律和政策为主,人情和道理为辅的制度有一定的不同,其所处理的纠纷内容也与后来的有一定的不同。

（一）使用材料

满铁（即"南满洲铁道株式会社"）于20世纪30年代晚期和40年代初期在华北地区六个村庄所做的调查，包含比较详细的关于农村调解的材料，时间跨度是20世纪20年代到40年代初期。本章根据其中调查最详尽的三个村庄——河北省顺义县的沙井村、昌黎县的侯家营以及栾城县的寺北柴村——的41件纠纷材料，试图勾画出一条可资我们使用的粗糙的共产党革命前的"底线"。此地的村庄不像广东、福建、徽州等地区宗族高度发达的村庄，他们的"宗亲"组织只拥有很有限的祖坟地，没有其他族产和祠堂。① 并且，由于天灾频繁，居住人口的流动性相当高，可以说它们属于内聚紧密性比较低的村庄。但是，相对于商业比较发达的江南等地区，上述三个村庄更加内向，人际关系更多地限于村庄内部——沙井和江南地区的华阳桥村便是鲜明的对照（黄宗智，2000b：第六章）。总体来说，此地的村庄既不属于内聚性很高的村庄，也不属于外向性特高的村庄，应该可以说是属于比较"中间"或"一般"的村庄，而这也正是满铁当年选择这几个村庄的重要原因之一。

---

① 人类学家弗里德曼（Maurice Freedman，1966）把"宗族"（lineage）一词限定于拥有一定规模族产的宗亲组织。

(二) 纠纷内容

当然,任何村庄都不可能代表全国不同地区以及全国村庄的整体。但是,毋庸置疑,这些村庄的纠纷和我们掌握的当时顺义县的诉讼档案材料具有很强的一致性。无论是村庄内部的纠纷,还是全县的诉讼案件档案,都显示了当时民事纠纷的基本相同的内容,即主要围绕土地、债务、婚姻和继承、赡养问题所引起的纠纷。而民国时期的顺义县诉讼案件又和清代后期邻近的宝坻县案件显示出高度的延续性,土地、债务基本一致;而在婚姻和继承方面,虽然法律条文上有比较显著的变化,但在司法实践中,基本还是一仍其旧。家庭土地和房屋仍由诸子均分;农村女儿在司法实践中仍然基本没有继承权。国民党的新民法确实规定了男女在婚姻(和离婚)上的平等权利,但是,在农村的司法实践之中,离婚案例仍然很少,由妇女提出离婚要求的案例则更加罕见。

表2.1 20世纪20年代至40年代华北三个村庄的纠纷

	沙井	寺北柴	侯家营	总计
地界	2		2	4
买卖	1	2	1	4
租佃		1		1
债务	1		2	3
婚姻		2	1	3

续表

	沙井	寺北柴	侯家营	总计
兄弟妯娌	7	6		13
继承		1		1
赡养		1		1
行政	2	1	3	6
其他	3		2	5
总计	16	14	11	41

注：本表只包括满铁调查者提问所讨论到的纠纷，不应视为这三个村庄纠纷的全部。事实上，在《中国农村惯行调查》(下称"《惯调》")涉及的六个村庄中，只有这三个村庄的纠纷被问得比较仔细。在另外三个村庄，只提到三件纠纷（山东历城县的冷水沟两件，恩县的后夏寨一件）和一起诉讼（河北良乡县的吴店村）。

资料来源：沙井，《惯调》，1—2；寺北柴，《惯调》，3；侯家营，《惯调》，5。

正如表2.1所示，土地纠纷，包括地界纠纷、买卖纠纷和租佃纠纷，乃是所有纠纷中的一个主要类别，占41起纠纷之中的9起（22%）。这里没有江南地区的田面权制度，因此也没有源自中华民国民法不再承认田面权的合法性而引起的纠纷（黄宗智，2003：第六章），但这里有全国更普遍的典权制度。典权来自获得国家法律正式认可的长期以来的农村习俗，允许在生活压力下被迫出卖土地的人，长时期以十分有利的条件（原来的典价）回赎出典的土地，因此许多出典人过了几十年之后还拒绝"卖断"土地，或凭其回赎权多次向入典人索取作为典价与卖价之间差价的"找贴"，由此引起了许多纠纷。① 在上述三个村庄之中,典卖在寺北柴村尤其普遍,140户村民之中,有70户曾经典卖过土地,但可能因为当地首富王赞周权势过大,在纠纷实例中并没有见到关于典权的争执(《惯调》,3,附表;亦见黄宗智,2001:39)。毋庸说,在县级的诉讼档案中,有关典权的纠纷占相当比例(在顺义占42件土地案件中的7件)(黄宗智,2001:39)。

债务纠纷也占一定比例(3起,7%),其中包括亲邻朋友之间的小额"非正式"(即没有书面字据,也没有中人、保人或抵押)以及比较高额的"正式"(即有中人、保人或抵押,大多也有字据)借贷。与县级诉讼档案对比,我们可以看到,非正式借贷所导致的诉讼比例要高于正式借贷,主要因为后者有它内在的解决纠纷的机制,那就是通过中人或保人来解决纠纷。比如,到期遇到困难,由中人安排延长借期,或动用另一笔借款来支付到期的借款,甚或由他自己先垫付(《惯调》,4:222;2:195—196;2:215;黄宗智,2001:52—53)。如果借贷中有土地作为抵押,中人可能会安排其进一步转让。显然,中人乃是农村解决纠纷的调解机制的一个重要组成部分(《惯调》,2:211;黄宗智,2001:52—53)。非正式借贷则正因为其非正式性,给赖账或误解留下了较大的空间,并不因为当事人是亲邻朋友而更好解决。

除土地、债务之外,兄弟妯娌日常生活中的阋墙摩擦所导致的分家在村庄纠纷中占较大比例(占41起纠纷中的13起,32%)。来源首先是农村农民对精英文化中的儒家理想复合家庭的模仿,其

---

① 为此,清律在1730年限定只可一次"找贴",并于1753年规定回赎权不能超过30年(黄宗智,2001:37—38;2003:第五章)。

理念本身可以见于《大清律例》的规定,"凡祖父母、父母在,子孙别立户籍、分异财产者,杖一百"(律87)。因此,农村家庭差不多都试图合家共居。但是,成年已婚弟兄的核心家庭同居于一个屋檐之下,实际生活中的矛盾在所难免。为此,大多迟早会分家。而法律本身也承认这个现实,因此在上引律文之后,附加了这样的例:"其父母许令分析者,听"(例87-1)。

中国农村在长时期中形成了一套行之有效的尽可能避免纠纷的分家方法,其关键在于依赖中间人(在华北也称说和人、中保人、中说人等),一般不止一位,通常可以包括宗亲、姻亲、邻居和社区领袖,不一而足。在寺北柴,分家的过程一般要花上不止两个整天的工夫(《惯调》,3:96)。首先由大家协商,包括要分财产的兄弟们,先把要分的财产分割为几份,都同意之后,由兄弟抓阄来决定哪一份归谁。然后,由中间人拟成文字形式的分家单,详细列举所分财产,以免日后发生争执(黄宗智,2001:27—28;《惯调》,1:290—292,319;3:93,95—96,102,123,并见其中包含的实际分家单)。

正因为上述程序的优良效应,三个村庄中没有出现一起在分家过程中的纠纷,也没有在分家之后由于分配不公而引起的纠纷。这样的纠纷也很少见于诉讼案件:在顺义县1916年至1934年间的72起涉及田产和继承的案件之中,没有一件与分家有关;在19世纪临近的宝坻的35起案件之中,只有一件;而台湾淡水—新竹的142起案件之中,只有两件。① 这样,兄弟妯娌摩擦和纠纷在村庄

---

① 宝坻的案件源于分家多年之后,双方要求重新丈量所分土地。淡水—新竹的一件案件源于一个有烟瘾的当事人,原先所得是以生活费方式计算的,他后来要求重分;另一件则是因财产被叔父吞食而提出诉讼(黄宗智,2001:25—29)。

之中的频繁出现,与县衙门关于分家诉讼的比较罕见,形成了相当鲜明的对照,也同时证实了分家习俗作为解决阋墙纠纷办法的成效。

此外是赡养纠纷。三个村庄的纠纷之中,涉及赡养的仅有一例,这说明直至20世纪30年代,儿子应负父母亲的赡养责任的旧伦理观念和法律条文,仍在起其应有的作用。此外,农村中的"养老地"惯习,即在分家时分出部分土地,作为老人生前的赡养之资,以及死后的殡葬所用(即农民之所谓"生养死葬"),明显也起了很大的作用(黄宗智,2003:第八章,尤见第114—120页)。三村中仅有的一例赡养纠纷是,一个贫穷的孀妇徐老太太,以挥霍出名,想要卖断家里已经出典的一亩地,但诚实勤劳的儿子反对。儿子已经成家,并且是户主。老太太因此告上法庭,谎称儿子不给她饭吃。法庭最终判决母亲无理(《惯调》,3:153;黄宗智,2001:32,62)。这个案例反映的显然是比较特殊的情况。根据一位村民的意见,当时如果家里只有一个儿子,一般都不会出现赡养纠纷。只有在多个儿子的情况下,他们之间才可能会出现争执。虽然如此,三个村的实际情况是,即便有多个儿子,也多能达成赡养老人的协议。比如,寺北柴郝家五兄弟共同负担老人的赡养,由每人每年负担同额的粮食和零花钱。在另一例子中,三个兄弟每人分别代母亲耕种一亩地,而母亲每五天轮流在一个孩子家吃饭(《惯调》,3:79;黄宗智,2001:32)。当然,也有一定比例的纠纷。在顺义县的诉讼案件中,赡养纠纷占了30起继承案件中的7起;在清代宝坻的12起继承案件中,则占了3起,即25%。

这里需要分开讨论的是新法律做出了新规定的两个领域。首先是婚姻领域的规定。和继承一样,新法律在条文上规定了男女平等,保证婚姻(和离婚)的男女同等权利。不过,在农村的实际生活中,新法律条文虽有一定影响,但远滞后于城镇。在我们研究的三个村庄之中,只有一起(在侯家营)由单方提出离婚的案件:① 妻子提出离婚要求,理由是丈夫十年前外出打工,之后杳无音信(黄宗智,2001:30;亦见《惯调》,5:139—140)。这和19世纪宝坻县的诉讼案件档案所显示的状态基本相似:在32起婚姻诉讼中,只有一起是由妻子提出的离婚,理由是丈夫离村外出已经13年,其后同样杳无音信(黄宗智,2001:30;亦见宝坻162,1839,6.1)。如此的"离弃"乃是《大清律例》所认可的极其有限的离婚理由之一,其规定要三年以上(例116-1)。满铁调查的三个村庄的情况看起来和19世纪宝坻的情况没有太大的差别。当然,在20世纪的顺义县诉讼档案之中,有更多的是由妇女提出的离婚案例(12起离婚案件中的8起),但它们是来自城镇的案例。国民党民法有关离婚的规定在农村所起作用还十分有限。

其次是财产继承中新法律关于男女平等的规定。在农村中,新法律并没有起到它条文上规定的作用。在农村实际生活之中,仍然是诸子继承的制度。在上述三个村庄之中,仅有一例(一个孀妇)试图使用新法律条文来为两个女儿争得去世的父亲的一份财产,最后由社区的村长和另外两位有威信的人士调解结案(按照村庄习俗,分给两个女儿相当于嫁妆的份额,见黄宗智,2001:26—28,63;亦见《惯调》,3:155,338—339)。至于县法庭档案所包含的这

---

① 另外,寺北柴村有两例双方同意的离婚(《惯调》,3:125—126;黄宗智,2001:30—31)。

类案例,则主要是来自城镇而非农村的案件。

三个村的41起纠纷事件中还包含6个涉及村庄治理的诉讼案例。当时由于地方政府强制征收新的"村摊学款""村摊警款"等新"摊款"税目,许多旧村庄领导为了避免国家官僚机构的高压,拒绝接受村长职位,因而造成了权力真空,给了一些无赖、恶霸分子以可乘之机,导致了村庄治理中的腐败和权力滥用,进而导致村民联名上告于县衙。这些纠纷与当时比较特殊的历史情况密切相关,而在我们集中于社区调解和长时段的粗线条视角中,不再加以赘述。

最后,需要说明,以上材料所展示的只是当时已经凸显出来的社会矛盾,并且主要涉及权力大致相当的人们之间的矛盾,诸如以上的土地、债务、继承、赡养和婚姻等纠纷。但这样公开的纠纷记录,也同时掩盖了权力不平衡的人们之间的张力和矛盾,因为那种为不平衡的权力所抑制的矛盾,不大会冒出来而成为公开的纠纷。其中,最明显的例子是婆媳之间的矛盾。在这方面,侯家营有一个令人难忘的例子。一个17岁的媳妇经常被她性格比较泼悍的婆婆欺压。直到1942年夏季的一天,小媳妇照旧在村内为人拣麦秸,四天攒了3.2元工钱,之后回娘家探亲,而她公公为她收了工钱之后,因为没有零钱,就给了她4元整。为此,婆婆大发脾气,并到亲家家大吵大闹,要索回多给的8毛钱。小媳妇在受此委屈之后,当天晚上回婆家后便跳井自杀了(《惯调》,5:49—50,40;黄宗智,2001:68)。

此外,还有1927年顺义县沙井村的一个案例。引发此案的是当地有钱有势的刘存贵的17岁的儿子刘长江,他强奸了路兰生的

7岁小女儿并致其死亡。但是,刘通过各种关系,威逼利诱,使路兰生同意撤诉,又贿赂县政府,把此事当作民事纠纷处理,由当地17名调解人士(包括沙井村的周树棠)出面调解,按照例行修辞,具呈说"两造见面服礼,仍笃乡谊之情,双方均愿息讼",凭此获得县衙的"准予撤销"(顺义2:485,1927,6.6;黄宗智,2001:67—68)。

以上的案例说明,村庄内在的调解机制,主要见效于权力相对平衡的人们之间。如果双方权力悬殊,便可能造成上述那样的滥权现象。下文将会说明,后来在20世纪80年代的改革初期,婆媳纠纷频率直线上升,所显示的正是婆媳权力关系由于年轻一代收入上的优势而趋向平衡,由此导致更为公开的纠纷,使以往被抑制的压迫和潜在矛盾冒了出来;而到改革后期,则因权力悬殊(年轻一代占绝对优势)而再次降低。

(三)调解人员

面对以上的各种纠纷,华北农村所依赖的处理方法主要是社区本身的调解机制。上面已经提到,在最基层的社会人际关系中,村庄相当广泛地依赖中间人制度。除上述的分家制度和借贷之外,婚姻、土地买卖、租赁以及长工雇用等"交易"都会使用中间人及其所附带的调解机制。遇到这些关系之中的矛盾,中间人会起一定作用(黄宗智,2001:52—57)。另外则是宗亲内部的矛盾,一般都会经由族内人士出面调解,分家本身便是一个好的例子(当然,正如上面指出的,分家也可能同时依赖族外人士)。这里不再赘述以上这些最基层的、小范围内的调解机制,而将集中讨论社区

35

整体的比较"高层"的调解机制和人员。

在满铁调查的村庄中,每个村庄的村民都能说出该村几位得到大家信任的调解人员,其中绝大部分是村庄内生的非正式威望人士。在沙井村,被访村民特别点了七位调解人员的名字,其中三位是该村十位"首事"(即主办各种村庄公共事务的人士)之中的三人,全是"富农"型人士,分别是:李儒源,65岁,有地76亩,是李姓宗亲的族长,也是本村的医师;杨源,44岁,有地40亩,并在城里开一家珠宝店;张瑞,42岁,是本村首富,有地130亩,现任村副。另有两位富裕中农和中农型人物,分别是:前村长周树棠,年迈,有地33.5亩;赵绍廷,56岁,有地16亩(另租种30亩)。然后是杨永才,60岁,是杨姓宗亲中辈分最高的"长老",有地18亩,并照看村庙(每年由此可得100元)。最后是经营一个饼店、交游颇广的崇文起,49岁。由此可见,做调解工作的大都是拥有一定财产和地位的中年以上的人物(黄宗智,2001:57—59)。

在寺北柴村,调解工作做得最多的是前村长张乐卿和现任村长郝国梁,这显示了现代国家机构权力初步渗透村庄所引起的变化。张、郝两人不仅是村庄自然内生的社会声誉较高的人,也是得到国家官僚机构认可的村庄治理人员。因此,权威更高于村庄内一般的精英(黄宗智,2001:57—59)。

冷水沟村的被访村民则特别点出村民对调解人员的道德上的要求。据他们说,调解人得是"有信用"的人,或者是"年老有德"的人,或者是"公平"和"懂事"的人。在侯家营曾经有一位威望超越本村空间范围的人士侯永福,号称"一乡善士",拥有能够化解任何纠纷的声誉,可以使"大事化小,小事化了"。侯永福去世后,该村的六七位调解人中没有一位能够达到他那样的声望(黄宗智，2001：57—59)。

以上的叙述也说明，"传统"村庄内生的"精英"和"领导"基本是一个男人的世界，众多原因使妇女们在社区的公共空间中只占有十分有限的地位。① 但也不尽然。在20世纪三四十年代松江县华阳桥村(后改称甘露村)的单姓小自然村陆家埭，全村(族)威信最高的是位名叫陆大囡的女子，村民都说她为人直爽、能干、慷慨和守信用。为此，宗亲们遇到困难或纠纷，都会请她出面。众多事例使大家都敬她为一位助人于患难中的人，普遍尊称她为"大阿姐"。1939年，与比她年小26岁的兄弟陆关通分家时，她又有意多分了土地给陆关通(人们说陆关通是位精打细算的人，1955年因抗拒合作化而被划为"富农"；1979年平反)；为此，弟弟陆关通一辈子都对大阿姐特别尊重。显然，这是个比较特殊的现象(黄宗智，2000b：154，199)。

(四)调解原则和方法

从满铁访谈材料的众多实际调解例子中，我们可以看到，当时农村的调解主要依赖的原则和方法是妥协，即由调解人协助双方达成双方都能接受的解决方案。调解的主要目的是在一个"熟人社会"中尽可能地息事宁人，避免长时期的相互敌视(这和基本不

---

① 人类学家卢蕙馨(Margery Wolf,972：38—41)根据她在台湾做的调查，特别突出村庄妇女们日常在一起洗衣服、洗菜的时候闲聊所形成的一种妇女共同体(women's community)。

37

使用调解的、高度原子化了的美国城市的"陌生人社会"形成鲜明的对照)。

但这并不是说国家法律和是非对错并不重要。我在《清代的法律、社会与文化:民法的表达与实践》一书中,特别详细叙述了1940年沙井村的李注源和他侄子李广恩因注源卖地而引起的关于通行权的一起纠纷(《惯调》,1:162—170;黄宗智,2001:65—67)。多年来广恩一直都要通过注源的院子来进入自己的房子。现在,注源把他的地卖给了新近搬入本村的赵文有。赵要在通道上盖房子。那样,会给广恩带来严重不便。为此,双方坚持不下。

这个案子涉及多方面的问题。按照村里的习俗,出卖土地时四邻具有先买权,这是长期鉴于农村生活中的实用问题而形成的习俗,其目的正是避免本案中那样的纠纷。但注源为了得到更高的卖价(100元),绕过了这个惯习,找了一位外村的中人,并在离本村较远的仁和镇注册该项交易。注源的行为是法律所许可的,因为法律没有明文规定四邻的先买权,这也是注源得以顺利完成这项交易的法律手续的原因。

面对习俗和法律间的矛盾,三位调解人(本村威望高的七人中的周树棠、赵绍廷和杨永才)既要考虑到从习俗视角来看的道德上的对错,也要考虑到从法律角度来看的合法性的现实。结果他们采取的立场既非简单的习俗观点,也非简单的法律观点,而主要是在考虑到两者之后探寻双方妥协、息事宁人的方案。为此,他们建议注源退还二三十元给赵文有,要他让出通道,给广恩继续使用。但是,作为搬入本村的半陌生人赵文有,他坚持自己法律上在理,要在通道上盖房子,不然,就要注源赔付土地卖价的全部,即100

元。注源当然不同意,因此调解不成。在这个过程中,李广恩明显在理,但李注源和赵文有则明显合法。

面对这样的问题,调解人员请了李姓宗亲中德高望重的李儒源出面。他再次以妥协为主,建议从他自己的地里让出一条通道,无偿送给广恩,希望广恩能够接受,借此解决纠纷。但是,儒源建议让出的通道在广恩房子的北边,没有原来在房子南边、马路旁边的通道方便。为此,广恩拒绝了调解方案。事情再次陷入僵局。

此时,赵文有在坚持自己合法的基础上,开始动工盖自己的房子。为此,他和广恩争吵,继而斗殴。赵当天便前往县城法庭提出控诉。面对矛盾的尖锐化,几位调解人再次加劲为双方寻找解决方案,把他们原来要求注源退还的金额从"二三十元"提高到"三四十元"。最后,由满铁调查人员再掏出 10 元,最终给了赵文有共 50元,赵方才同意不在通道上盖房,这场纠纷才算解决了。

显然,当时的调解原则和方法主要是考虑到人情关系的妥协,但不是完全没有考虑法律和道理的妥协。他们是在把息事宁人作为最高目标和把妥协解决作为主要方法之下,在考虑农村习俗所包含的道理以及法律条文所包含的合法性现实之上,拟出解决的方案。这个"传统调解"的基本原则和方法在 1949 年之后呈现出比较显著的变化。

二、来自明清时期徽州的另一例

在这里我们要问,20 世纪 20 年代之前的情况是否也基本一样?我们能否把上述图像追溯到明清时期?最近根据徽州地区材料所做的研究,为我们提供了做前后期比较和推测的可能。总体来说,纠纷内容方面看来有一定的延续性,调解方法上可能一样,但在官方制度设置上则有一定的不同。

首先是熊远报的研究。他主要依赖清代初期徽州府婺源县十二都庆源村的一位当地生员詹元相所遗留下来的《畏斋日记》,重构了该村庄(900多人)从康熙三十九年(1699年)七月到四十五年(1705年)一月间的相当部分的纠纷面貌,共47起纠纷(另加1696年、1698年各一起)(熊远报,2003:153—157)。

应该先说明,该地和华北平原地区有很大的不同,既有地域上的不同,也有历史时期上的不同。此地农村社会分化比较显著,庆源村尤其突出,村中既有有功名的居民(明末清初共有5位,包括2名进士;与其长期争执的邻村段莘村明末清初竟有24位有功名的村民,包括5名进士)(熊远报,2003:169—170),也有大比例的"佃仆"。土地制度也很不一样,此地有所谓"一业三主",比江南地区的(一田两主)田面权更为复杂,类似于台湾淡水—新竹的大租、小租制度。因此,常见地主与佃仆间的纠纷。另外,宗族组织高度发达(这当然和居村的功名人士有关),有一定规模的族产,被出租给佃仆耕种。村庄与村庄间的纠纷也远比华北多。此村尤其与邻近的段莘村长期闹纠纷,并以"健讼"知名。

但此村也和后来的华北村庄有一定的相似之处。它相当广泛地依赖"中见人",以及通过族内人士进行调解。有不少纠纷和华北后期的村庄基本相似,诸如土地(如侵入他人土地、地租)、债务、婚约等纠纷。另外则是有关坟地的纠纷,虽然在华北少见,但在四川巴县则同样普遍(黄宗智,2003:74—77)。

另外,根据另外两位学者的研究,明代与清代前期官方设置的制度可能和清代后期很不一样。就中岛乐章(2002)从"官文书"与"私文书"中录出的1522年到1645年间的75起纠纷案例,以及韩秀桃(2004)从(韩称之为)"解纷类契约文书"所录出的1427年到1637年间的38份解决纠纷的契约来看,当时的半官方人员"里长"和"约保"(将乡约、地保合并后的简称,类似于清代后期的"乡保")在社区纠纷中所起作用和清代后期的乡保有一定的不同。① 他们的角色要比后来的乡保更正式化。根据中岛乐章的材料与分析,明代纠纷当事人相当普遍地以书面形式"投诉"于里长或约保,在中岛案例中约占45%,并直到明末亦如此(中岛乐章,2002:254)。在韩秀桃的38起案例中,则有14起(37%)由里长作为主要调解人解决(韩秀桃,2004:69)。

与此相比,清政府在1765年之后补加了一条例文,禁止乡保利用其职权来处理纠纷,规定民间词讼细事,"州县官务即亲加剖断,不得批令乡地处理完结"(例334-8;亦见黄宗智,2001:110)。根据我查阅的巴县档案,这个限制在18世纪中叶到19世纪中叶是见效的,但到了19世纪后期,乡保显然又再次介入纠纷处理。虽然如此,在后期中仍然没有看到类似于明代的被官方认可的那种向里长和约保投诉的文书。

可惜的是,除了以上论述的延续和不同之外,现有材料并不允许对当时使用的调解原则和方法做进一步的分析。

---

① 关于清代的乡保,参见本书第三章的讨论。

三、集体化时期的社区调解

在集体化时期,伴随私有产权的基本终止,土地、债务、继承、分家等纠纷也基本绝迹,新兴的一些矛盾主要来自新的制度安排。至于调解人员、机制以及原则和方法都趋向干部化和半正式化,由国家机构认可和委任的社区人员来替代原先村庄内生的威望人士。涉及国家政策和法律时,调解方法和原则也更强制化。但是,村庄社区的紧密性比过去则有过之而无不及,其纠纷也依旧由村庄自己来解决。

(一)使用材料

本章此部分所用材料主要来自作者于 1990 年、1991 年、1993 年(继 20 世纪 80 年代的多次访问调查)三次访问调查上海市松江县华阳桥乡甘露村所得,主要是对村干部以及村民的访谈。在事后 30 多年的访问调查,只可能是比较粗线条的。但是,通过与同时期比较完整的县级诉讼档案的比较,以及根据较扎实的材料所获得的关于其前和其后的状况的比较,仍然能够得出一个应该是符合历史实际的图像。

(二)纠纷内容

在革命时代,首先是"土改"时有关土地分配的一些纠纷,其后是合作化那几年中的一些纠纷和问题,主要涉及一位富裕中农对合作化的抵制,以及一位外来村民的问题。其后,在集体制度之下,几乎完全把土地租赁和典卖排除在人们生活之外,也就因此终止了有关纠纷。债务也基本一样,村民说,大家太穷了,没钱可借。当然,由于还有有限的自留地,仍然有一些有关地界的纠纷。但总体来说,私有财产在人们生活中已经不十分重要,继承方面的纠纷也变得极其少见。传统的分家制度也不再起重要作用,村民说,当时的分家很简单(主要是分老房子的房间,没有土地可分),基本都是"爷说了算"。和1949年以前相比,这些方面的变化十分显著。

同时,集体制度给人际关系带来了一系列的变化。它引发了一些前所未有的问题,诸如集体化之后的生产队工分议定、工作分配等相关的纠纷。但总体来说,在全能性权力的控制之下,人们对日常生活的自主性大规模降低,人际关系中公开的矛盾也相对减少,纠纷要比集体化之前的市场化的小农经济时期少得多。

此外则是情况比较特殊的离婚领域。在20世纪50年代初期反封建婚姻的婚姻法运动大环境下,许多妇女前所未有地提出了单方的离婚要求。60年代初期之后,再次趋向平稳,直到改革时期的80年代才再次显著上升。相对其他纠纷来说,离婚纠纷的频率总体上比较高,相当程度上组成了改革时期之前中国民事法律诉讼的主要内容(见本书第四章)。

村民和干部说,土地改革时期主要的纠纷来自土地分配,因为大家都希望得到距离较近的地块,以及那些过去属于比较富裕的村民的土地,因为那些土地要比贫农土地多用肥料。当时有一定数量的争执,但时间隔得太久,具体涉及哪些村民和怎样处理的,大家都说不上来。

大家记忆比较深的是其后在合作化时期出现的一个主要事件。当时的政策是号召中农"扶持贫农",把自己的牲畜和农具等生产资料廉价出售给贫农,价格则由村庄干部来评估,而他们所定的价格一般都偏低。比如,一头在市场上价值20石米的耕牛,会被估定为10石。① 大家都特别记得陆家埭陆关通的例子,他拒绝如此出售自己的耕牛。为此,陆关通在群众大会上被批斗,并被划为"反革命"的"富农"分子,打入监狱五年。释放之后,又被置于"监督劳动"下(每天第一个出工,最后一个收工,并只有9个工分;干多一倍的义务工;没有村干部的允许,不准离村上街)。1965年"大四清"的时候,陆再次挨斗,直到1979年方被"平反"为"中农"(INT93-3;亦见黄宗智,2000b:279—280)。

另外则是曾在铁道上工作、来自河南、入赘西里行浜小村的高永年。高虽然力气大,但不会插秧种田,因此被村民称为"白抓子",并被分配到田里挑秧,但他又不能在田埂上平衡走动。他脾气比较暴躁,动不动就骂人,侮辱妇女。在自报公议评定工分的时候,群众给他定了9分。为此,他大骂出口。因此,在1965年的"大四清"运动中,他被群众开会批斗不止十次(但他坚决不肯"认罪",说:"笑也打,哭也打,大不了打我两个洞,我就不笑了。"为此,群众承认他确实是个"硬骨头"),和陆关通同样被处分"监督劳动"(INT93-3;亦见黄宗智,2000b:279—280)。1958年到1981年任华阳桥乡"文书"(1978年到1981年称"民政助理")、负责民政的陈

---

① 本村从解放战争后期开始,面对通货膨胀,从用现钱改用实物,基本延续到合作化初期。

锡铭,记得当时他曾经处理了好几起本乡关于工分评议的申诉。当然,作为司法"官员"的他,采用的处理方法多属于行政性的"调处",而不是妥协性的"调解"。① (INT93-6)

此外则是地界的纠纷。集体制度下村民仍然占有一定的"自留地",因此不可避免地出现了一些地界的纠纷。一位被访村民记忆比较深的是 20 世纪 60 年代中期,高家埭的高伯仁一再侵入邻居高补英的自留地,每次多占几公分的地。为此两人闹纠纷,后来由队长陆海堂调解(INT93-3)。另一次是一位村民一再让他的鸡、鸭侵入邻居家的地,吃人家的作物,后来被对方杀了几只,发生纠纷后再次由村干部调解(INT93-3)。根据乡文书陈锡铭的记忆,这样的纠纷是他处理比较多的一种(INT93-6)。

另外是有关工作分配的纠纷。因村外需要而调动村民的工作,一般都附带较高的工分或报酬,为此,想去的人比较多,要由生产队队长来选。据说,他们尽可能公平地轮流选择,但不满意见在所难免(INT93-2)。

最主要的纠纷是婚姻纠纷。本村 20 世纪 50 年代便有两起离婚案件,都来自薛家埭。一起是一位比较早嫁入本村的姑娘,后来她丈夫长大后,"又矮又难看",两人婚姻关系不好,因此姑娘早就回了娘家。在 50 年代初期的婚姻法运动中,她以"反封建婚姻"的名义,获得批准离婚(INT93-1)。在另一起案子中的姑娘,老早就

---

① 老解放区曾经清楚区别这两种做法,"调处"依赖的主要是行政手段,强制性较高,而调解一般比较强调自愿性,要求找到当事人自愿接受的解决方案。当然,在 1949 年之后,两者的界限越来越趋向模糊。离婚法庭的相当高度强制性的"调解和好"便是最好的例子(参见本书第七章)。

被本村的人家收为养女,后来给该家的一个儿子做媳妇,但婚后很不愉快。此例基本类似于婚姻法运动要打击的"童养媳"婚姻,因此也获得批准离婚(INT93-9)。

表2.2 1950—1990年松江县民事案件分类及离婚案件所占全部民事案件百分比

年份	土地*	债务	离婚	其他婚姻	继承	老人赡养	儿童抚养	房屋	赔偿	其他	合计	离婚案所占百分比(%)
1950	33	135	150	138	9	0	0	32	19	111	627	23.9
1951	6	64	145	101	5	0	0	12	6	35	374	38.8
1952	16	55	211	66	2	0	0	12	1	41	404	52.2
1953	30	94	287	121	21	0	0	21	0	51	625	45.9
1954	4	12	232	5	2	0	2	3	0	12	272	85.3
1955	0	3	113	12	0	0	0	1	0	5	134	84.3
1956	0	19	257	5	2	0	5	2	3	38	331	77.6
1957	2	21	169	23	1	0	0	19	5	22	262	64.5
1958	3	19	172	16	1	0	0	13	1	12	237	72.6
1959	0	7	203	0	0	0	0	1	0	11	222	91.4
1960	0	0	179	2	0	0	0	1	0	1	183	97.8
1961	0	0	251	5	1	0	0	5	0	0	262	95.8
1962	1	2	317	11	2	0	0	10	0	0	343	92.4
1963	1	2	267	35	1	0	0	15	0	3	324	82.4

续表

年份	土地*	债务	离婚	其他婚姻	继承	老人赡养	儿童抚养	房屋	赔偿	其他	合计	离婚案所占百分比（%）
1964	0	0	182	21	3	0	1	4	2	0	213	85.4
1965	0	2	191	4	1	0	1	5	0	0	204	93.6
1966	1	0	76	1	0	0	1	3	1	0	83	91.6
1967—1969 缺												
1970	0	0	20	0	0	0	0	0	0	0	20	100.0
1971	0	0	29	0	0	0	0	0	0	0	29	100.0
1972	0	0	22	0	0	0	0	0	0	0	22	100.0
1973	0	0	18	0	0	0	1	7	4	1	31	58.1
1974	0	0	36	0	1	0	4	16	17	38	112	32.1
1975	0	0	24	0	0	0	2	3	3	0	32	75.0
1976	0	0	41	0	1	0	2	0	0	0	44	93.2
1977	0	0	33	0	0	0	0	1	1	0	35	94.3
1978	0	0	61	0	0	1	0	6	1	0	69	88.4
1979	0	0	65	0	2	1	0	9	4	1	82	79.3
1980	0	1	103	0	13	3	1	17	6	6	150	68.7
1981	0	1	182	0	12	19	1	33	9	18	275	66.2
1982	0	3	199	0	12	29	8	29	25	20	325	61.2
1983	1	5	207	0	15	27	14	36	19	48	372	55.6
1984	0	8	246	0	13	43	13	39	30	20	412	59.7

续表

年份	土地*	债务	离婚	其他婚姻	继承	老人赡养	儿童抚养	房屋	赔偿	其他	合计	离婚案所占百分比(%)
1985	0	6	180	0	6	25	10	31	24	36	318	56.6
1986	2	18	230	14	28	8	9	45	40	8	402	57.2
1987	0	37	329	9	9	26	15	38	48	3	514	64.0
1988	1	66	453	14	9	33	35	25	67	12	715	63.4
1989	3	123	557	6	4	28	33	22	70	11	857	65.0
1990	0	112	623	19	1	38	34	32	76	9	944	66.0
合计	104	815	7060	628	177	281	192	548	482	573	10 860	
%	1.0	7.5	65.0	5.8	1.6	2.6	1.8	5.0	4.4	5.3	100.0	

资料来源：数据由松江县法院提供。

注：数据反映给定年份的收案数而非结案数。

*20世纪80年代的案件中本项作"宅基地"。

与19世纪和20世纪20年代到40年代村庄的状况相比，由农村妇女凭如此的理由成功离婚的事例，还是比较多的。我们已经看到，19世纪宝坻县只有一起由妻子提出的离婚案件，那是一位被丈夫离弃13年的妻子。满铁调查的华北三个村庄中同样只有一起，是侯家营村的一位被丈夫离弃10年的妇女。顺义县诉讼档案中的8起由妇女提出的离婚诉讼全是来自城镇的案件。这与1949年后的松江县相比，差别比较显著。如表2.2所示，松江县的离婚案件相对要多得多，直到20世纪60年代初期之后方才降低。显然,20世纪50年代到60年代初期,不少妇女在离婚相对松弛的大环境下,抓住了机会要求离婚。而进入60年代中期,有胆量利用新婚姻法条款要求离婚的妇女基本都已经这样做了。同时,当时的法庭对离婚的处理也越来越严格,基本要求所有有争执的离婚都要经过行政机关、所在单位和申诉法庭的高压"调解和好"程序之后,方有可能获得批准。在华阳桥乡,20世纪60年代到70年代没有一个离婚案例。进入80年代,在比较宽松的新婚姻法(1980年)下,离婚率回升,在1990年开始施行"十四条"(即最高人民法院《关于人民法院审理离婚案件如何认定夫妻感情确已破裂的若干具体意见》)的更加松弛氛围下,更加快上升。中国的离婚法实践,虽然远比西方发达国家"保守",但仍然和"传统农村"形成比较鲜明的对照。

(三)调解人员、原则和方法

与革命前的华北农村相比,集体化时期最主要的变化之一是调解人员的"干部化",他们从过去社区内生的高威望人士,一变而为国家的"干部"。当然,他们的身份同时也是村庄社区的成员之一。这个时期村庄的纠纷,多由生产队队长、党支部委员(包括妇女主任)、村治保主任、大队队长、大队支部书记等村庄干部处理。这和国家正式文件的表达很不一样。根据1954年的《人民调解委员会暂行组织通则》,各村调解委员会应是"群众性的调解组织"(虽然是在基层人民政府和法院"指导"下工作)。他们应由各"乡人民代表大会推选",应包含一位主任,一两位副主任,"由调解委员会委员中互选"。甚至1989年的《人民调解委员会组织条例》,仍然同样规定委员会乃是"群众性的组织"。但是,在集体化时期,这只是表达上的规定;在实际运作之中,调解主要由村庄的各级领导干部掌握。最高的则是村支部书记和大队队长,由他们来处理最严重的纠纷。直到改革时期,方才根据各村具体管理情况,逐渐更多地依赖"体制外"的调解人员。

虽然如此,集体化时期及其前后的村庄调解都有一个最基本的共同点,亦即村庄中的纠纷基本全由村庄自己来处理。当然,集体化时期(以及其后)的半正式村庄干部和国家权力机构之间的关系,要远比过去紧密,但是,它的人员基本来自本村,仍然是本社区社会网络中的一个成员,处理事务时不可避免地是同时以本村成员之一的身份出面(当然也同时是国家权力机关委任的干部;虽然如此,他们还是"吃集体粮"的干部,和乡一级领国家工资的"国家干部"不一样)。在集体制度下,虽然社会经济组织和社区间的人际关系经历了极其显著的变化,但是,很重要的一方面是,传统的比较紧密的社区群体非但没有被解散,反而通过集体化而变得更加紧密了。同时,从国家的政治经济制度角度来考虑,原来长期的基本治理概念和方法,仍然被维持,亦即国家尽可能要求农村基层社区自己解决其内部的纠纷,免得给国家机关带来太多的负担。

但是,在调解人员高度的"干部化"大趋向之下,调解的运作起了一定的变化。总体来说,当时涉及政策(或政治)的"调解"更像"调处"。在高度全能化治理的高度威权性大环境下,那样的纠纷处理原则和方法都比较高度强制化。陆关通被打入监狱便是一个比较极端政治化的例子。从陆、高两个例子来看,那样的纠纷处理方法只可能偏重广义的国家法律和政策,一反过去以人情道理为主宰的妥协原则和方法。在涉及国家法律和政策的情况下,妥协性的调解会被认为是脱离原则的"和稀泥"。

但是,在不涉及国家政策的纠纷中,例如地界纠纷和(罕有的)分家纠纷,旧机制的妥协原则和方法,即在国家法律(和政策)之外讲道理、论人情,仍然起一定作用。在华阳桥乡唯一的分家纠纷中,20世纪60年代初期高家埭的高四堂和他的已婚女儿因闹矛盾要分家,由队长陆海堂调解,最终的解决方案是高做出退让,只给自己留下一个房间,剩下的都归他女儿、女婿和外孙,双方都自愿接受(INT93-3)。更具体的有关这种调解的原则和方法可以见于下一段时期中的同一类调解。

四、改革初期的社区调解

这个时期华阳桥乡甘露村最主要的变化是乡村工业的蓬勃发展,其所附带的非农就业促进了年青一代的独立性,使代际矛盾紧张化和公开化,导致婆媳和赡养纠纷的大规模上升。同时,伴随收入的提高和新楼房的建造,出现了新的"宅基地"纠纷。此外,伴随1980年的对离婚比较宽松的新婚姻法的出台,夫妻间公开的纠纷相应增加。最后是伴随经济与人际关系的金钱化,出现了更多的赔偿案例。面对这些纠纷,村庄依赖的仍然主要是毛泽东时代的高度"干部化"和村庄内部的调解机制。

(一)使用材料

这部分的材料比较丰富,主要来自 1990 年至 1993 年三次调查中对村干部和调解人员的访问。当地政府提供了关于甘露村和邻近的香山村从 1984 年至 1990 年的纠纷材料,总共是 114 份(表2.3)。甘露村调解委员会主任提供的 1989 年至 1992 年的调解登记簿,共载有本村 21 起由村级调解机制处理的纠纷的具体内容;华阳桥乡政府法律事务所的调解登记簿,载有 43 起具体纠纷案件(表2.4)。下面讨论的统计材料多取自表 2.3 和表 2.2,具体案例则多来自表 2.4。

表 2.3 1984—1990 年甘露村、香山村、华阳桥乡的纠纷

	婆媳	邻里	夫妻	赡养	宅基地	赔偿	其他	总计
甘露村	16	6	7	3	4	2	5	43
%	37	14	16	7	9	5	12	100
香山村*	18	16	4	12	13	5	3	71
%	25	23	6	17	18	7	4	100
华阳桥乡**	3	6	56	15	17	21	40	158
%	2	4	35	10	11	13	25	100

资料来源:村、乡干部提供。
* 1985 年至 1990 年数据。
** 1988 年至 1990 年数据。

表 2.4 1980—1992 年甘露村干部处理的纠纷实例以及 1990 年华阳桥乡法律事务所处理的纠纷实例

	婆媳	邻里	夫妻	赡养	宅基地	赔偿	其他	总计
甘露村,1980—1992 年								
1980—1988 年	2	0	1	3	3	0	2	11
1989—1992 年	3	4	6	0	2	1	5	21
总计	5	4	7	3	5	1	7	32
%	15.6	12.5	21.9	9.4	15.6	3.1	21.9	100.0
华阳桥乡,1990 年								
1990 年	3	2	20	5	3	5	5	43
%	7.0	4.7	46.5	11.6	7.0	11.6	11.6	100.0

注:甘露村 1980 年至 1988 年的案例来自与村民的访谈;1989 年至 1992 年的案例来自村调解委员会主任的《民间纠纷调解登记簿》。华阳桥乡 1990 年的案例来自乡政府法律事务所的调解登记簿。

(二) 纠纷内容

如表 2.3 所示,在这个时期中,婆媳纠纷成为甘露村最高频率的纠纷,在这个五六百人(1980 年为 523 人)的社区中,占到从 1984 年至 1990 年间的 43 起纠纷中的 16 起(37%)。加上赡养纠纷,代际类的纠纷要占到本村纠纷总数的 44%。

正如村民们解释说,这里的关键因素是农村青年的非农就业。它与过去最大的不同是乡镇企业的工资一般都直接发给工人本人,而不是通过(虽是个人的)工分计算而分到户主。因此,大大提高了年青一代的独立性。他们的收入是甘露村 20 世纪 80 年代普遍的新楼房建造经费的主要来源。因此,年青一代会对新房子具有一定的所有感,而过去大家都把房子视为家里父母亲所有。同时,过去老人们大多可以在集体菜园或托儿所挣工分,集体经济解散之后,退休老人便完全没有了收入。不少儿子、媳妇越来越倾向于把老人看作负担;媳妇们越来越不愿意像过去那样第一个起来,最后一个入寝,做家里最脏(如倒尿壶)、最重的活,而婆婆们则因为自己年轻的时候是这样伺候婆婆的,老来自然希望媳妇也可以这样伺候自己。为此,双方关系比较紧张。激发矛盾的则多是一些日常生活中的细小摩擦。例如,1989年,本村的西里行浜小村的63岁的高引娣和33岁的媳妇杨亚芳大吵大闹。当天触发两人间矛盾的原因是杨亚芳打了孩子,婆婆心疼,说她不该打孩子,两人就此吵了起来(甘露村,1989—1992:3)。另一相似的例子是,57岁的朱引娣脾气比较暴躁,因找不到自己用的味精,认为肯定是媳妇拿了,两人就这样吵了起来。结果婆婆打了媳妇一巴掌,媳妇还了手。儿子对两人都生气,又为了表示自己公正,就把两人都打了,无意中出手太重,伤了母亲的骨头,还要赶送医院(甘露村,1989—1992:13)。但婆媳纠纷一般是比较轻微的纠纷(除非导致赡养纠纷或分家),与表2.3所列乡级处理的纠纷相比,可以看出它们大多可以在社区内部解决,很少会告到乡里,而(表2.2所列松江县)县级的诉讼案件中,则根本没有婆媳纠纷这个指标。

赡养纠纷是连带的代际纠纷问题。20世纪80年代初期,何品娟的两个儿子都不愿让老人和他们一起住。老夫妇俩因此住在二儿子房子后面由老猪棚改修的屋子里。但老二的媳妇觉得这样不公平,自己的负担要比哥嫂们重得多,认为老人们应该轮流在两家

第二章　社区调解的过去和现在

吃饭。但由于两家相距约500米,老人走动不方便,所以只好在老二家吃。为此,她十分不满,常常当着老人的面向丈夫说,"只有猪猡才不工作","人嘛总得工作"等。何品娟只好找支部书记何勇龙帮忙,希望他能解决问题(INT93-4)。在另一起纠纷中,何家两个老人和17岁的三儿子一起住,老大、老二不愿负担老人的生活费,认为老人应该继续工作,负担自己的生活需要。为此,这对老人也找了支部书记何勇龙,请他解决问题(INT93-4)。第三个例子涉及薛家的三兄弟,他们同样不愿负担老人的赡养。① 相对婆媳纠纷来说,赡养纠纷一般比较严重和难处理,在乡里的纠纷中占到和村里差不多的比例,在县法庭诉讼档案里也占相当比例。

代际间的紧张关系以及日益增加的赡养纠纷促使当地领导提倡把分家和老人的赡养正规化、"合同化"。家庭财产的扩增也是推动合同化的部分原因。到20世纪90年代初期,甘露村再次出现了比较正式化的分家和赡养协议,一反集体化时期那样简单的"爷说了算"的情况。带头做的首先是前村会计张炳余和他的三个儿子,他们在1988年分家。张家的房子有五个大间,三个小间,还有拆掉老房子时留下的建筑材料。两个哥哥每人分得两个大间,一个小间。老三则只分得一个大间,一个小间,但实际上,加上留下的建材,他所得要比俩哥哥多。炳余和他夫人打算和小儿子一起住,并且在"分单"上写明自己和夫人的丧事将主要由老三负责。

---

① 在新情况下,一位村民解释说,年轻人认为老婆婆比老公公好赡养,主要是因为老婆婆起码还会做点家务,而老公公则一般习惯被人伺候,"只知道坐着喝茶"。而从老人的角度考虑,则生女儿比男孩子好,因为赡养的时候,关键不在儿子而在女儿,他们宁愿让自己的女儿来负担,认为女儿比外来的媳妇要靠得住。而在华阳桥乡,入赘女婿一直比较普遍(INT93-2)。

他说,老大早就有了工作,储蓄较多,而老二则上了大专。两个哥哥对老三多得一点家产的安排都没有意见。大家谈定之后,炳余把自家的兄弟、两姐姐和姐夫、女儿和女婿全都请来聚餐,当众宣布分家的细节,并且立了正式的"纸头",三兄弟各执一份(INT93-1)。①

此外是邻里间的纠纷,在过去的地界等争执之外,伴随20世纪80年代村里的新楼房建造,更出现了相当数量的新型"宅基地"纠纷(旧意义上的土地和债务纠纷则仍然极少)。本村大部分的宅基地都源自"土改"时候的分配。在大家都住老房子的集体化时期,没有什么宅基地纠纷;但在20世纪80年代,因为广泛盖新楼,邻居间关于宅基地的纠纷便在所难免。一个能够说明问题的案例是,本村小村薛家埭薛文华的老房子位于薛德林和张德贵的新房子中间。为了要更好的景观,也为了把自己的院子(和所养牲畜的气味)置于房子风向之下的北边,薛文华打算把房子盖在两位邻居的(南向的)前面。但是,这样将会影响到邻居的光线和空气。为此,两位邻居坚决反对。但是,如果薛文华把房子挪到和德林房子同一条线上,则会侵入德贵院子2.5米,因此触发了涉及三家的纠纷(INT93-5;甘露村,1989—1992:11,15)。另一个案例是薛宝宝的邻居要把新房子盖在她家(南向)前面,并通过关系得到村里的同意且已经打好了房基。但这样,邻居的房子会影响薛宝宝家的"光线和空气"(建房规定不承认景观的考虑),为此薛宝宝向乡里申诉,要求主持公道,不然,将告上法庭。正如薛宝宝自己指出,村

---

① 赵旭东关于河北李村的专著中列有同时期的四份实际"分单",另有一份关于分家的诉讼案例的材料(赵旭东,2003:65—75)。

民现在"胆子大了",过去"连队里都不敢去",现在则敢把事情"告"到乡里了。结果乡里认为薛宝宝在理,要村里赔出重新打房基的费用(INT91-9)。如表2.3所示,宅基地纠纷一般较严重和难处理,在乡一级占到和村级差不多的比例。在1985年至1986年的高峰时期,此类纠纷更占据松江县法庭诉讼案件("房屋"纠纷指标中的大多数)的10%左右(1990年已降到3.4%)。[1]

此外,伴随在离婚问题上比较宽松的1980年《婚姻法》(比如,允许不经所在单位和行政机关,直接上法庭申请离婚,见本书第四章)的颁布,本村出现了更多公开的夫妻纠纷和离婚诉讼。在这一段时间,本村出现了7起比较严重的夫妻间的纠纷,4起闹上法庭,2起最后以离婚告终。在本村北边的小村许步山桥,人到中年的杨成章和他夫人杨金秀关系一直不好。杨成章是村庄的赤脚医生,人比较懒惰,喜欢打麻将、赌钱,并常常在外面玩通宵。杨金秀则比较节俭,不要他打牌。为此,两人经常吵架。在20世纪80年代离婚比较宽松的环境下,杨金秀终于在1989年走上法庭,申请离婚(甘露村,1989—1992:1;INT93-1)。在本村南边的小村薛家埭,薛勇龙和他夫人柴玲珍经济困难,他不好好工作,又常常骂她、打她,有时候躺在床上不起来,叫她滚。她终于带了嫁妆回娘家,并向法庭提出离婚(INT93-1)。

总的来说,婚姻纠纷乃是村内比较严重的纠纷,如表2.3所示,在甘露村占所有纠纷的16%(在邻近香山村只占6%),在乡一级则

---

[1] 为此,最高人民法院在"房屋"案件——主要涉及房屋买卖和租赁——的统计指标之外,另列"其他不动产"指标,在其下分别另列"宅基地使用权"统计指标。感谢徐安琪教授为我指明这点。

占到所有纠纷的35%。到了县级的法庭,正如表2.2所示,更占到所有诉讼案件中的百分之五六十。在"文革"期间,有几年高达100%。如果纵向考虑,则"文革"期间绝对量较低,但到了20世纪80年代初期,先是返回到五六十年代的数目,到80年代后期,已远远超过了50年代的绝对数。

最后是清代所没有的,而在改革后期日益增加的"侵权赔偿"案例。这原来是中华民国民法从德国引进的法律原则和条文,在1986年被正式纳入《民法通则》。甘露村只有1起赔偿案件,华阳桥全乡有5起。简单举例,徐家夫妇认为邻居张家的粪坑侵入了他们的宅基地。为此,徐家夫妇把坑填了,然后就在该处种了一棵树。为此,两家吵闹起来,引起斗殴,张家老婆被打伤,去了医院,徐家老公也受了轻伤。调解人员认为徐家应负主要责任,负责张家117元医疗费中的70元。徐家不服,到乡里申诉,经过再次调解结案(华阳桥乡,1990:26)。另一个例子是,一个村办工厂的女工不小心被机器伤了左手,厂家赔了2000元,另加800元医疗费。这位工人要求善后治疗的赔偿,工厂拒绝,为此,她要求乡里为她做主(华阳桥乡,1990:31)。根据我们的材料来看,村庄中赔偿案例相对较少,到乡和县级,比例则显著上升。在城镇中,涉及赔偿的纠纷显然要比村庄多。如果纵向考虑,从表2.2可以看出,毛泽东时代赔偿案例较少,自20世纪80年代以来则越来越多。

(三)调解人员、原则和方法

这一时期的调解人员和毛泽东时代的变化不大,基本仍然以村庄干部为主,仍然和1954年的《人民调解委员会暂行组织通则》以及1989年的《人民调解委员会组织条例》所表述的"群众性的组织"很不一样。在华阳桥,名义上有个民间性的由三到九位成员组成的"调解委员会",主任是20多岁的姑娘张国芳。但实际上,张国芳的任务还包括秘书性的工作,如记录此地的《民间纠纷调解登记簿》(甘露村,1989—1992),由她自己来处理的只是比较细微的纠纷,例如婆媳间因小矛盾而引起的吵闹(除非他们进一步导致赡养或分家问题);比较严重的纠纷一般都由大队或村政府的几个关键人员出面,涉及妇女问题的多由村妇女主任兼党支部委员(李佩华)出面,村里最严重的纠纷则一般都由支部书记(何勇龙,之后是薛德龙,再后来是蒋顺林)处理。也就是说,和前一时期的"干部化"调解机制中的人员基本一致。

和毛泽东时代相比,高度政治化的运动型纠纷处理方式,如对陆关通和高永年"问题"的处理,在改革时期基本绝迹。而和1949年前相比,改革时期仍然显示出比较高度的国家法律和政策本位倾向,这和传统的调解原则和方法颇不一样。它不是在以息事宁人为主要目的和以妥协为主要方法的前提下(也可以说是以人情关系为主的前提下),兼顾国家法律和农村道理中的是非对错,而是在卫护国家法律和政策的前提下,兼顾人情和道理。简单举例,在上述何品娟赡养问题的纠纷上,支部书记何勇龙自始便认为,按照国家法律与农村习俗的道理,两对年轻夫妇有赡养老人的责任。为此,他首先向两对年轻夫妇说明他们有赡养老人的责任。但何支书也要兼顾双方的人情关系。为此,他又试图说服老人在家里多做点家务。但是,双方积怨颇深,不能如此简单解决。最后,他只能使用行政手段，干脆把老人的赡养费从两对年轻夫妇的工分上扣下，直接交给老人。据说，两个儿子都完全乐意接受这样的做法，因为那样，对自己的老婆也更好交代（INT93-4）。显然，这样的"调解"更像调处，是以国家法律为主导的，最终可以采用强制行政手段。

但是，有的纠纷并不那么清楚地涉及对错。在另一个例子中，妇女主任李佩华和邻居闹纠纷。邻居陆火娟在李佩华家常用的通道上做了个围墙。李佩华一怒之下，把围墙推倒，因此双方闹了起来。调解主任张国芳动员了村"建房小组"的主任吴仁与和当事人所在小队的队长金永庆，三人一起出面调解。调解人员了解情况之后得出的结论是，陆火娟错在不应该在通道上建围墙，这是违反乡政府造房规则的；同时，她的围墙超过了80公分高，也违反规则。但是，李佩华也不应该擅自推倒围墙，应该请村政府处理。为此，凭"道理"来说，李佩华应该赔偿对方没有侵入通道部分的围墙的花费20元，而陆火娟则不可在通道上做围墙。这样，在双方同意下，拟成了书面的"调解协议书"，由双方签署结案（INT93-5；甘露村，1989—1992：14）。显然，这样的调解既考虑到法律和规则，也附带有一定的情理性妥协。应该说明，李佩华作为村妇女主任和党支部委员，乃是全村最有权力的一位女子。有鉴于此，调解方案可以说显得更公平。

以法律和政策为主、情理为辅的调解原则和方法也可以见于离婚案例。首先是比较简单的以法律和政策为主的案例。在杨成章和杨金秀的夫妻纠纷中，调解人员认为成章是错误方，他不应违反国家法律赌博。因此，"调解"的目的主要是比较强制性地说服他不再赌博(INT93-2;甘露村,1989—1992:1)。

至于薛勇龙和柴玲珍的纠纷,则比较复杂。如前所述,两人经济情况比较困难,薛勇龙经常打骂妻子;柴已带了嫁妆回娘家并要求离婚。此事由妇女主任李佩华出面,调解主任张国芳协助处理。她们的出发点是国家法律和政策中的尽一切可能把有争议的离婚纠纷"调解和好"。为此,她们先说服丈夫薛勇龙和她们一起到妻子的娘家去道歉,要求妻子回家。但是对方连见个面都不肯。她们转而通过妻子的两位哥哥来做工作,但柴玲珍仍然坚持离婚。最终,她们和乡法律事务所协同商量办法,由乡里安排夫妇俩进入当地中外合资的大江公司工作,年薪4000元到5000元(在20世纪80年代中后期,乃是令人羡慕的待遇)。据说,夫妇俩因此相处得好多了,1993年第三次调查的时候,两人正计划盖新楼房(INT93-1)。这样的调解和好乃是毛泽东时代遗留下来的比较特殊的现代革命传统,将于本书第四章详细讨论。

在薛文华和他两位邻居关于造房的纠纷中,支部书记蒋顺林的出发点是成文规则——造新房要得到邻居的同意。但他对当事人的说法则不仅有规则,还有其中包含的"道理"。他说服薛文华,如果他把房子盖在邻居的前面,将会影响到他们的光线和空气。他说,如果人家这样做,你会觉得怎样?至于薛文华提出的第二个方案,即把房子盖在和右边邻居薛德林的房子同一条线的位置上,蒋则指出,这样的话,会侵入左边邻居张德贵的院子2.5米。这回,蒋兼用了"人情"的逻辑,指出这样的话,将会造成与邻居间无穷无尽的矛盾,将来怎样相处?他再次问:如果人家这样对待你,你会怎样反应?薛文华没话可说。蒋对薛文华指出,你也知道,如果我不同意,村里不给你出建筑许可证,你也就不能盖房。这样,纠纷就半强制半讲理地解决了(INT93-5;甘露村,1989—1992:11、15)。这里我们再次看到国家法律的主宰性,但也考虑到了人情和道理。

但许多纠纷并不涉及法律和政策,而在那样的情况下,调解人员更多地是像传统调解那样,动用道理、人情。当然,因为此时此地的调解人员仍然多是干部,做法比旧模式更多附带强制性。邻近的香山村有一对"事实结婚"的年轻夫妇(有结婚协议,送了彩礼,双方也办了喜事并且同居了,但没有正式登记结婚),妻子两次怀孕,但都流产了,双方关系逐渐恶化,后来男方有了外遇,提出离婚要求。女方不反对,但要求赔偿,包括女方办喜事宴席方面的花费、因流产而误工的补偿、营养费和"精神损失",共计2000元。纠纷由支部书记蒋顺林调解。据他说,自己考虑的不是任何一方的对错,而主要是找出双方都能接受的妥协方案。为此,他首先对双方都强调说他们没有登记结婚便同居,都有过错,而且法院不会受理这样的离婚纠纷。蒋说他这样做是因为,根据他的经验,这样双方会比较容易接受妥协。最后,蒋说服双方接受以下的妥协方案:喜事的花费应排除在外,因为双方办宴席都是自愿的。但女方应得到两次误工的赔偿,共60天,算2.50元一天,总计150元。另外,应加200元的营养费,共350元。至于"精神损失",蒋说不好计算,关键在寻找双方都能接受的数目,最终双方同意定作500元。因此,男方应该补偿850元。双方就此达成调解协议(INT93-5)。

简言之,和之前的调解相比,这个时期的调解基本仍然使用了情、理、法"三结合"的原则和方法,不同之处在于旧调解是以"人情",亦即妥协为主,法律和道理为辅;而当代的调解则是以国法和政策为主,人情和道理为辅。同时,调解人员主要是国家认可和委任的社区干部,在村庄中比传统内生的调解人士具有更大的权威,虽然在村民当中的威望并不一定更高,但是,显然更可能倾向于强制性调解。这一切在改革后期都将受到比较强烈的冲击。

五、改革后期的社区调解

20世纪90年代以来,农村劳动力大规模流动,既离土也离乡,导致了农村纠纷内容和调解机制的一系列变化。① 农村社区大多已经不是过去的那种紧密内聚的"熟人社会",而更多的已经转化为(用贺雪峰的话来说)"半熟人社会"(贺雪峰,2000)。同时,村级行政功能收缩。伴之而来的一方面是社区非正式调解的重现,另一方面则是干部调解的延续。同时,国家法庭功能扩大,法规进一步渗透进乡村,在民众生活中起了更大的作用,社区调解机制所起作用显著收缩。但是,进入21世纪,社区调解仍然显示出顽强的生命力,而国家治理也显示了对原有治理原则——尽可能让社区自身处理其内部纠纷——的坚持。

(一)使用材料

在20世纪90年代中期以后,松江县快速城市化,到2004年甘

---

① 吴重庆通过在福建上杭县才溪镇的调查指出,由于青壮年普遍外出打工,在村庄形成了"无主体熟人社会"的状态,这鲜明地展现于腊月二十到正月十五的春节假期,因为外出人员回家过年,全年积压的矛盾爆发,春节成为全年纠纷处理的高峰时期(吴重庆,2002)。

露村已经被正式纳入上海市区,生活上已经基本完全城市化,不再能够说明农村纠纷和调解趋势。顺义县的沙井村也是一样。为此,这里转用国内近年有关这方面的研究中比较翔实可靠的材料,即董磊明有关河北省汝南县三里店乡宋村的研究(见表2.5),主要是依据1992年至2006年的109个纠纷案例的记录簿以及在当地的访谈材料。

表2.5 1992—2006年河南省汝南县三里店乡宋村纠纷

年份	婆媳	邻里	夫妻	赡养	宅基地	债务	酒后闹事	生产资料	生活	其他	总计
1992	2	1		1		1		1	5	4	15
1993		3			1	1	2		1	1	9
1994		3	2		1		1		2		9
1995		4	2	1	4	1			5	2	19
1996	2	4							2	4	12
1997				1	2		2	2		1	8
1998	1				3	1				3	8
1999				1	2	1				2	6
2000				1	1	1					3
2001				1	1	2				1	5
2002	1				3	1					5
2003					1					2	3
2004			1						1		2
2005					1				1	1	3

续表

年份	婆媳	邻里	夫妻	赡养	宅基地	债务	酒后闹事	生产资料	生活	其他	总计
2006				1			1				2
总计	6	15	5	6	20	2	12	5	17	21	109

资料来源:董磊明,2008:附录。

(二)纠纷内容

首先要说明甘露村、宋村两村的不同。除了一在江南、一在华北之外,甘露村是个"种子场"大队,规模要比一般大队小得多,人口才是宋村的五六分之一。甘露村经济发展比较早,20世纪80年代后期便已普遍盖新楼,宋村则要到90年代中期。因此,80年代甘露村的那种宅基地纠纷,在宋村要晚十年才出现(而由于当时村庄的控制更加宽松,宅基地纠纷频率更高[1992年至2006年共20起,占所有的109起纠纷的18%]),部分更牵涉到侵入集体财产的问题;甘露村则没有那样的例子。另一个差别是甘露村在集体化之后,仍然维持了一个为全村服务的机耕队,而宋村则没有这样的组织,因此,村民中不少兄弟们合起来购买小拖拉机,但是,日久引起纠纷(1992年至1997年间共5起,之后消失)。这也是甘露村所没有的。最后,宋村从集体制转入承包制后,出现了一些邻里间的地界纠纷(部分原因是分田后多以木桩和石灰为线,而过了一两年之后,木桩被挪动或腐烂,石灰消失,引起纠纷);甘露村则极少有这样的纠纷。但到1996年之后,宋村这种纠纷也基本绝迹。

65

另外,和华阳桥乡甘露村所显示的情况一致,宋村由代际关系紧张所引起的赡养纠纷,多出于和甘露村类似的原因。宋村在15年间,共有6起赡养纠纷(见下面的讨论)。

在其他方面,宋村所反映的则是改革后期与前期情况的不同。一个最显著的趋势是,从20世纪90年代后期开始,有记录的纠纷频率显著下降。1992年至1997年的六年间,宋村纠纷平均每年12起;2001年至2006年的六年间,则每年平均只有3起(董磊明,2008:71)。部分原因,正如董磊明所指出的,许多人外出打工,村庄内部人际间的互动关系减少,矛盾也因此显著下降。我认为,另一重要原因是不少过去由干部处理的纠纷现在变成由非正式的威望人士来处理,而因此变成没有记录的纠纷和调解。

同时,代际关系纠纷也减少了。董磊明指出,这主要是因为年青一代和年老一代间的张力和纠纷已经因年青一代完全占据强势地位而显著下降。加上经济情况的改善,两代都更倾向于分开居住。董称之为"直系家庭的核心化"(董磊明,2008:76;亦见第二章)。我认为,另一个因素是旧社会那种模仿社会精英多代同堂的理念已经基本不再起作用;法律上"父母在,子孙……分异财产者,杖一百"的那种儒家伦理观念,已经完全成为过去,取而代之的是一种比较功利化的"省麻烦"和"方便"的考虑。

代际纠纷减少的另一面是半正规分家制度的重现。这一时期半正规化的民间分家在宋村显然很普遍。根据村副书记的归纳,这里的分家一般都不用宗亲之外的人来主持,大多依赖舅舅或叔叔(十分之三),或由本宗亲"门子里"的"老掌盘子"来主持(约十分之二)。只有在特殊情况下,才会请村、组干部出面。

副书记举的例子是一位重婚媳妇和她公公的分家。在一般情况下,这种重现的民间半正规化程序显然和旧社会中的分家制度同样十分见效。在宋村,基本没有因分家过程或结果而引起的纠纷(董磊明,2008:76)。上一段已经提到,这种情况在20世纪80年代后期的甘露村已见端倪,而在赵旭东20世纪90年代中期调查的河北李村,也非常明显(赵旭东,2003:第三章)。

　　此外是夫妻纠纷。一方面,董磊明指出,过去的婚姻更多考虑传宗接代(当然其中包含很实际的老年赡养考虑),而年青一代则更讲究"爱"和"感觉",因而也更容易分开(董磊明,2008:81)。伴随1990年最高人民法院颁布的"十四条",离婚制度更加宽松(向法庭第二次提出离婚申请便基本得到无条件准许——见本书第五章),也是一个因素。外出打工,以及夫妻长期分离,更是个重要因素。但是,20世纪90年代中期之后离婚频率的上升,并没有在村庄级的夫妻纠纷和离婚纠纷中反映出来。在宋村,进入村委会记录的1992年至2006年15年间的109起纠纷中,只有3起离婚纠纷,而最终真正离婚的,只有1起。村庄的调解记录所反映的情况不是本村离婚少,而是不少离婚纠纷已经与村庄调解机制脱离,而直接进入城市的法庭系统。宋村在1996年到2006年的十年间,实际上共有5对夫妻离婚(董磊明,2008:80)。

　　此外是伴随村庄秩序宽松化而来的变化。先是更多的日常生活中的纠纷。比较突出的是因孩子吵架而导致双方家长的冲突。此外则是在宋村被称为"喝酒闹事"的纠纷,这一时期共12起(虽然在2002年后显著减少,2003年至2006年的最近四年间只有1起)。日常生活中的小摩擦占去本村所有纠纷中的颇大比例。部分原因是大家休闲时间更多(主要因为农村中普遍的"隐性失业",见黄宗智,2006b)。此后则是从"熟人社会"转向"半熟人社会"甚或"陌生人社会"所导致的村庄人际互动的显著下降,以及伴之而来的纠纷频率的显著下降。2002年以后,村庄各种纠纷都显著下降。

最后要讨论的是宋村的一起比较突出的事件。2005年,县招商局引来一个外地老板到宋村投资建立一家私立中学,要征用300亩土地,选定了宋村许庄组所在地,要征用该组200亩土地中的130亩。原来提出的方案是每亩一年补偿900元,为期20年。由于村民不满,后来调整到1.6万元,一次付清。但是,仍然有许多村民不干。最后开工的时候,官、商方使用了外来"混混",砍伤了一个村民,才得以在12月1日顺利举行了奠基仪式,但事后本村村民还是组织人到北京"上访"。后来,省里来人调查,县里做出让步,最后每亩给了1.7万元(董磊明,2008:65—67)。

(三)调解人员、原则和方法

这一时期,在调解人员上显示了一定程度的非正式化,或"再度民间化"。上面已经看到,首先是民间半正规化分家的重现,一般都在家庭或宗亲内进行,村庄干部不会参与其中。民间对新型协议、合同以及中介人员等的广泛使用,在一定程度上可以视为旧民间调解机制的重现。此外则是夫妻、家庭间的小摩擦,根据村干部所说,大多通过亲戚朋友和宗亲中的"老掌盘子"就能得到解决,比较严重的才会闹到村里去(董磊明,2008:78)。在当今的社会关系中,遇到纠纷,双方不一定会像毛泽东时代和改革前期那样,去找干部、政府解决,而很可能会依赖双方共同认可的具有威望的人来调解。像分家那样的家庭或宗亲内部问题,尤其如此。但是,干部们所起的作用仍然非常关键。上述宋村的109起纠纷毋庸说全是由村委的干部出面解决的,涉及面比较广泛,从最小的日常生活中的纠纷到经济、财产纠纷,以及地界、宅基地、赡养、婚姻等纠纷。

董磊明根据他在全国各地好多个村庄的调查,按调解人员的不同,将村庄归结为六个类型。一是纠纷很少的"无故事""无事件"村庄(几乎类似于上述集体化时期的甘露村);①二是主要由村庄有威望人士调解处理纠纷的村庄(几乎类似于上述革命前的村庄);三是主要由村庄精英和"体制精英"联合主导处理纠纷的村庄,前者不能处理的由后者出面处理(有点类似于我们这里描述的宋村);四是由体制精英主导处理纠纷的村庄(像我们上面描述的改革初期的甘露村);五是已经开始工业化(我们不妨加上城市化)的村庄,更多依赖国家法庭,同时也由乡镇成立社会调解中心来调解比较严重的纠纷;六是社区近乎解体,权力黑恶化,由赤裸裸的暴力主宰的村庄(董磊明,2008:23—24)。

董磊明没有试图做出量化估计,但第三、四两个类型,即民间威望人士和干部结合型以及干部型,应该是主要的类型;民间威望人士为主的类型可能次之;比较高度工业化,近乎完全城市化的类型则应该在大城市郊区占有较高比例;至于陷入纯暴力型,由"混混"主宰的村庄,根据董磊明和陈柏峰二位的研究和分析,可能是

---

① 根据我自己2006年5月在山西省长治市张庄(即韩丁多年前详细报道的村庄)两天的访问,该庄似乎也属于这样的类型,几乎类似于集体化时期的村庄。

个日益扩展的现象,在两湖地区可能尤其普遍,特别是在傍湖地带灌溉和排涝秩序已经崩溃的地方(陈柏峰研究的楚江市沙桥村,以及同县另外几个村庄,便是这样的地方——陈柏峰,2008);"无故事"的第一类型,应该相对较少。总体上,就全国来说,比例最大的可能是民间威望人士与干部结合型,亦即上面叙述的宋村型。

在处理纠纷涉及法律和规则时,宋村调解干部一律是以国法为主的。在一起纠纷中,村民李某连续几年把自己土地左边五户的界桩一并往左挪移,把自己的地总共拓宽出2米多。原先大家莫名其妙,后来才发现其中奥妙。最终村委出面丈量,让李某低头认账(董磊明,2008:89)。在这种情况下,调解干部明显清楚地区别了法规眼中(也是村庄道理中)的对错。

但在另一起不涉及对错的纠纷中,村委采取的却是息事宁人的妥协方案,不过也是在法规范围内并依赖行政手段解决的。李粪堆和与他土地相邻的李兴志多次为地界闹到村里。最终,村干部决定从双方地界两边分别划出40公分,形成一条道路。这样,双方的地再也挨不上边,双方也因此再没闹过纠纷(董磊明,2008:89)。

虽然董磊明的调查没有十分重视调解原则和方法,但我们还是看得出来,进行调解的宋村干部们,仍然是以法律和政策为主,息事宁人目的为辅的。鉴于法治和法规观念(通过媒体等)的日益普及,我们也许可以进一步得出改革后期的调解比前期更加"法规化"的结论。

六、民间调解的可能前景

现今法学界的一种主要意见认为,伴随中国的现代化、市场化和城市化,中国农村只可能越来越走向完全相似于西方先进国家的"法治"道路。这种观点的部分根据是近年来有记录的调解纠纷案例的减少,以及民事诉讼案件的大规模增加。其深层来源则是本书前言中点出的中国法律传统的特殊历史处境,即其百年来被国家领导人和立法者一再与现实隔绝,认定为与当前现实无关的传统。伴之而来的是当前法学领域的建立在中西法律的非此即彼二元对立之上的现代主义意识形态。① 据此,中国只可能越来越像西方先进国家。当然,也有强调中国过去的调解制度的优越性的意见,但多认为这是局限于乡村"熟人社会"的一个制度,伴随从"熟人社会"到"半熟人社会"和最终到"陌生人社会"的转向,基于紧密内聚社区伦理的调解将会为西方现代式的、城市式的法律制度和文化所完全取代。旧调解制度最终将会像中国传统法律那样被淘汰。

正如上述宋村个案展示的那样,20世纪90年代以来劳动人员的大规模流动(亦即"农民工"大规模进城打工)以及全国的快速城镇化,确实对旧社区干部调解制度带来前所未有的冲击。"熟人社

---

① 现代主义和全盘西化的意识形态是如此之强大,甚至有人认为中国过度集权,缺乏权力多元化的"市民社会"的发展,因此也缺乏民间调解机制,直到20世纪80年代后,模仿西方非诉讼纠纷解决(ADR),方才具有调解机制的雏形,今后应进一步模仿西方的先进调解制度(彭勃、陶丹萍,2007)。本书第八章将详细讨论中、西方调解制度的异同。

会"的解体以及"陌生人社会"的扩大,确实促使旧干部调解制度的收缩。如表 2.6 所示,1985 年到 2002 年全国有记录的半正式调解绝对数减少了不止一半。如果按照每 10 万人来计算(考虑到人口的增长),则减少了约 60%。同时,伴随人们社会经济活动范围以及法庭功能范围的扩大,[1]民事案件比例剧烈上升,2005 年比 1980 年增多了近 8 倍。按每 10 万人口计算,也增加了将近 6 倍。调解案件数相对法院处理民事案件数的比例已从 1980 年的 8 比 1 降到今天的约 1 比 1。因此,难怪有的论者认为调解将会完全被诉讼取代。

表 2.6　1980—2005 年民间调解纠纷数与民事案件数

年份	总人口（万）	民间调解纠纷数(万)	每 10 万人件数	民事案件数（万）	每 10 万人件数
1980	98 705			56.6	57
1985	105 851	633.3	598	84.6	80
1990	114 333	740.9	648	185.2	162
1995	121 121	602.8	498	271.9	224
2000	126 743	503.1	397	341.2	269
2002	128 453	314.1	245	442.0	344
2005	130 756	448.7	343	438.0	335

《中国统计年鉴》,2006:23-6,23-191;1991:785;1986:801;《中国法律年鉴》,2007:1080。

---

[1] 尤其显示于 2002 年之前国家统计局所使用的"经济纠纷"指标所涵括的案件的快速增长,1999 年顶峰年高达 153 万(《中国统计年鉴》,2004:886,表 23-19)。

但是,这样的思路忽视了一个基本事实:这些只是有记录的调解的数字,也就是说,只是半正式的干部调解制度的数字,没有考虑到今天重新出现的没有记录的社区非正式调解。官方数字把干部调解表述为"民间调解"只可能导致更多的误解。如果上述宋村的情况确实是比较普遍的现象,那么,今天的调解确实一定程度上已经再度非正式化,也就是说,变成没有记录的真正的"民间"社区和亲族内生的威望人士的调解了。官方调解数字其实严重夸大了调解功能的收缩,有记录的调解其实限于半正式的社区干部调解,它是伴随非正式调解的增加而来的。

根据2002年一个比较系统的对6个县30个村庄2970人的问卷调查发现,在农村纠纷处理的三条途径——社区调解(应包括干部和民间调解)、上访和上法院——之中,当事人对结果感到满意的,社区调解途径占比例最高,达到73%;上访第二,占63%;上法院最低,只有37%(郭星华、王平,2004)。[1] 当然,人们的满意或不满意度相当程度会取决于他们的期望,而期望则又会与投入的"成本"(费用和麻烦度)关联。但毋庸置疑,在农民心目中,调解仍然比新法院制度成效高,它长期以来一直是个低成本、高效率的制度。

认为调解只可能消失的意见也忽视了国家领导者维持和发展民间调解制度的坚强决心。首先是2002年的两个关键文件。《最高人民法院关于审理涉及人民调解协议的民事案件的若干规定》

---

[1] 另参见对北京市的类似调查,同样显示法院制度在人们心目中缺乏实效性(Michelson,2003)。

(2002年11月1日起施行)明确规定"调解协议,具有民事合同性质",也就是说,法律、法庭会予以支持。同时,和1954年(国务院)的《人民调解委员会暂行组织通则》(1954年3月22日起施行)以及1989年(国务院)的《人民调解委员会组织条例》(1989年6月17日起施行)不同,司法部《人民调解工作若干规定》(2002年11月1日起施行)明确规定要"落实人民调解委员会的工作经费和人民调解委员的补贴经费"(第42条);此外,在农村村民委员会、城市(社区)居民委员会、乡镇和街道、企事业单位的各级人民调解委员会之外,还明确认可了新型的"根据需要设立的区域性、行业性的人民调解委员会"(第10条)。

在国家司法部门推动之下,连干部调解制度所起作用都已经再度回升。如表2.6所示,2002年是全国民间调解纠纷数量最低的一年,总共才314.1万件。到了2003年,调解案件数量显著回升,达到449.2万件,之后在2003年到2005年近乎稳定,均在440万件以上。2006年,半正式的干部调解共处理了462.8万件有记录的纠纷,约相当于法院处理的438.2万件民事案件的数目。据统计,其成功率达到92.1%(《中国法律年鉴》,2007:1065,1080,245)。

省市级政府显然也都在积极推动民间调解。最近几年全国各地地方政府纷纷颁布了根据上述中央级的两个文件,经过不同程度细化的调解条例和规定,其中有《苏州市人民调解办法》(2005年2月1日起施行)、《杭州市人民调解条例》(2006年1月1日起施行)、《陕西省人民调解条例)(2007年3月1日起施行)、《重庆市人民调解条例》(2008年1月1日起施行)、《安徽省人民调解条例》(2008年2月1日起施行)等。由此也可以看到各级司法部门对调解的重视。

同时,在基层民间调解的重现之上,更有适应新社会情况的高层次和更大空间跨度的调解委员的兴起。比如,上海市已经相当普遍地在街道调解委员会下设置了新型的"工作室"。作为例子,熊易寒深入分析了上海某区比较突出的"杨伯寿人民调解工作室"。杨伯寿本人具有多年政府机关的工作经验,曾去剑桥大学进修,1994年退休之后便一直从事调解工作,2001年被上海市授予"首席人民调解员"资格,2002年更被评为"全国模范人民调解委员"。除杨之外,工作室还有三位具有丰富调解经验的人员。他们的工作室主要处理本区街道调解委员会(下辖17个居民委员会,人口10万人)所不能解决的比较重大的纠纷。根据熊易寒的分析,杨在处理案件中能够更灵活地关注到情理,必要时可以绕过法律和法庭,借以解决纠纷(熊易寒,2006)。如此半官方性质的调解人员,使我们联想到20世纪30年代农村的"一乡善士",或许可以称其为新型的城市的"一区善士"。熊易寒指出,杨伯寿所依赖的"社会资本"并不来自简单的"熟人社会"中的威望,而更多靠的是他积累的声誉,这在"陌生人社会"中也能发挥有效的作用。

从纠纷当事人的角度来考虑,正如上面已经指出的,半正式和非正式调解仍然是费用较低、成效较高的纠纷解决办法。在当前的万事以金钱计算的社会风气之中,调解确实已经从原先的服务性质变为一种职业——正如上面引用的2002年的司法部关于调解工作的若干规定,已经正式认可要给予调解委员会一定的工作经费和人民调解委员一定的补贴经费。但是,2002年的最新规定仍然坚持1954年以来一贯的规定,"人民调解委员会调解民间纠纷不收费"。相对其他的纠纷解决途径,这正是半正式和非正式调解费用相对最低的原因,也是人们普遍认为由之可以得到"满意"结果概率最高的基本原因。

由此看来,时至今日,社区调解制度应该可以说仍然是中国法律制度中不可或缺的一个方面。至于未来,中国的法律制度是不是真的会变得跟美国一样,调解制度完全消失,每10万人的诉讼案率比今天要再上升20倍?[1] 我相信不会,我们也应该希望不会。

---

[1] 1980年,美国每10万人有6356个民事案件,当年要100多倍于中国的每10万人案件数,其中最多的是离婚、车祸以及遗产继承(*Annual Report of the Director of the Administrative Office of the United States Court*, 1981:200; *State Court Caseload Statistics: Annual Report*, 1980:14, 55;黄宗智,2001:170)。

第三章

集权的简约治理

——以准官员和纠纷解决为主的半正式基层行政

近二十多年来的档案研究显示,清代民事司法体系的那套原则和方法,出人意料地被广泛应用于众多其他的治理领域。时至今日,已经积累了不少证据,足使我们能够得出一些有关清代基层治理的初步结论,而这些结论又足以促使我们重新思考有关中华帝国和中国现代国家本质的一些主要理论阐述。

首先,简要地重述一下我们对于民事司法体系的认识:清代对民法的整体看法被概括在它的"细事"范畴中。这是一个接近西方现代法律"民事"范畴的概念。清代的认识是,有关土地、债务、继承和婚姻(以及老人赡养)的纠纷都是"细"微的、相对不重要的事情。这首先因为,在国家眼里这些事件的纠纷远不如刑事案件来得严重,于是国家很少或者根本不加以惩罚。其次,比较不那么明显的一点是,国家认为这些事情最好由社会(社区、亲族)以妥协为主的纠纷调解机制而不是国家以依法断案为主的公堂来处理。事实上,大多数纠纷正是由社区和亲属调解解决的。

但是,还有很多有关"细事"的纠纷并不能由此解决,而是告到了县衙公堂上。在这些场合里,国家首先依赖的是一个半正式过程。在此过程中,法庭体系和(因控诉而)再度启动的社会调解一同运作。两种体系之间的联系由社会提名、国家批准确认的不带薪准官员"乡保"担当。县令收到诉状、辩词和各种禀呈的时候,通常会写上简短的批词,而那些批词一般会被公布,或通过乡保传达给诉讼人。作为知县意见的初步表达,这些批词会在重新启动的社会调解过程中起重要作用,一方或另一方可能会更愿意妥协,由此达成调解协议。如果这样的庭外调解成功了,知县几乎没有例外地会认可调解结果,因为对他来说,那样的结果要比任何公堂裁决来得理想。这个依赖准官员、法庭体系和社会调解间互动的半正式过程运用得非常广泛,几乎是个制度化了的常规程序。在告到公堂的所有"细事"案件中,可能有40%通过这种方式得以解决。只有在民间的和半正式的调解过程失败时,知县才会正式开庭,按照法律裁决纠纷(Huang,1993b;1996:第五章;中文见黄宗智,2001)。

这种治理的基本进路——有了控诉才介入,并尽可能依赖民间调解和半正式程序,不仅运用于民法体系中,也广泛地运用于整个清代地方行政中。尽管高层权力十分"集权化",但是不同于现代官僚政府及其使用的正式监督和形式化文书,清代利用准官员和半正式纠纷解决机制进行地方治理的方法也许可以用"简约治理"和"简约主义"来概括。本章将从总结已经积累的证据开始,对中国过去和现在的治理方式提出一些看法。

一、历史证据

由于战争的破坏,晚清、民国的县政府档案存留下来的相对稀少,但是仍然有一定数量的资料相当完整地幸存下来,并在过去二十多年内得到比较细致的研究。它们展示了民事(细事)司法的方法如何被应用于行政的其他领域,包括县以下的税收、教育、司法管理、村庄治理,甚至县衙门自身的管理。综合在一起,这些研究提供了一幅清代地方治理主要手段和特性的综合画面。

(一)晚清宝坻县例证

晚清宝坻县的档案资料(中国第一历史档案馆,顺天府档案资料)向我们展示了该县县级以下行政单位的实际运作,其区别于宣示于众,仅仅显示了国家意图和设计的规章制度。档案揭示,县级以下的准官员乡保是个关键性的人员,每人平均负责管理二十余个村庄(宝坻县总共900多个村庄)的赋税征收和司法事务。这些乡保是县衙门和地方社会之间的主要联络人。他们是不带薪的准官员,来自地方社会,由地方提名,经国家批准确认。处在国家与社会的交汇点上,他们具有两副面孔,既是社会代表人,也是国家代理人。他们可能是地方社会中的强势人物,也可能仅仅是这些强势人物推举的作为应付国家索取的缓冲器式的小人物;他们可能是地方利益的代表,也可能是利用自身和国家的联系,在地方上滥用权力以谋取个人利益的人。一些乡保仅仅是县衙门政令和通告的传递者,而另一些乡保却握有相当大的权力,甚至可以依靠自己的权威解决纠纷。这些不同在很大程度上依地方情况和乡保个人品性而异(Huang,1985:224—231 税收部分;1996:127—131 司法管理部分;中文见黄宗智,1986,2001)。

我们对乡保的了解并非来自任何形式化的官僚行政文书,而是主要来自涉及乡保任命和针对乡保的控诉"案件"。宝坻县档案收有 1830 年至 1910 年间关于乡保任命和再任命的案件 99 例。① 有时,案件涉及运用各种手段谋求乡保职位的地方人士间的争夺;有时却又正好相反,案件涉及用尽各种可能手段避免被任命为乡保。就后一种情形而言,我们有众多被提名的和现任乡保逃亡的例子。甚至在一个例子里,某人一再容忍提名人的敲诈,以求避免自己被任命为乡保(Huang,1985:238;中文见黄宗智,1986)。此外有很多涉及乡保的控诉案例,诉状通常指责乡保滥收税款或滥用权威(例如 Huang,1985:225,28—30;中文见黄宗智,1986)。例如,在一个记录得特别详细的案件里,乡保田奎因为滥用职权一度被罢免,几年后,当他在 1814 年试图重新出任乡保时,再次遭到多位地方领袖的控告(宝坻县档案,87,1814,12.4;参见 Huang,1985:229;中文见黄宗智,1986)。在另一个案例里,拥有 20 000 亩土地的缙绅、大地主董维增,一次又一次挑选并提名自己手下的一个人担任乡保,目的是借此逃避田赋。1896 年,当地其他精英联合

---

① 这是王福明用该县 20 个里中 5 个里的材料整理出来的案件数(从翰香,1995:26—33)。

第三章　集权的简约治理——以准官员和纠纷解决为主的半正式基层行政

起来控告董和他的乡保,纠纷由此进入了司法系统(宝坻县档案,94,1896,5;1898,2;1898,7.15;参见 Huang,1985:230;中文见黄宗智,1986)。

正是这样的记录使我们得以勾画出乡保的图像。与此相对照,县衙门程序化的诉讼记录只能给我们提供一个在知县"饬令""查情""禀报"等程序化用词中,没有生动面孔的乡保。唯有从涉及乡保自身的案件和纠纷中,我们才能知道他们是谁,做了什么,卷入了什么样的纠纷。

但是过去的学术研究,包括我自己在内,都没有从材料中提炼出基层行政的特有方法,而这正是本章的焦点所在。在这些涉及乡保自身的案例中,知县的行为和他们在民事案件中的所作所为非常相似。在没有针对他们进行正式控诉时,乡保一般都在没有官方监督和正式文书要求的情况下,按自己的意愿行事。因此,他们很少出现在县衙门程式化的文书中。唯有因关于乡保的控告或任免而卷入纠纷时,才会产生关于乡保的正式档案记录。在那些案件里,知县基本像在民事案件里一样作为。他的优先选择是让社会机制解决纠纷。如果这一机制失败了,他会做出明确的判决。在关于乡保任免的纠纷中,如果双方对峙,他会毫不犹豫裁定由何人任职;在涉及滥用权力的持久纠纷时,他会判决哪方在理,或罢免或保留现任乡保。这种治理方法的目的在于,用最少的官僚付出来维持现存体系。

正如我在关于"民事"诉讼的研究中所展示的那样,清代知县既没有时间也没有动机在公堂上卷入旷日持久的调解,为他眼中的下层人物达成自愿妥协而付出努力。对他来说,让诉讼双方达

81

成自愿协议要远比直接判决耗费更少的时间和精力。① 并且,考虑到国家制度将"细事"当作应由社会自己解决的事务,那些拒绝社会调解而在诉讼程序中一直坚持到正式堂审的当事人,一般都是比较固执地坚持自身立场的人。无论知县的道德教化多么热诚或高尚,这些案件通常不易经过教化、调停得到解决。在实践中,仅从行政效率来考虑,这便要求知县按照法律做出明确的判决(Huang,1996,2006a;中文见黄宗智,2001,2007a)。关于乡保的控诉案件,道理相同。

但是,这一事实并没有阻止知县在其写作中或发表的案例中,仍旧用儒家理想化的词汇将自己建构成一个凭借道德楷模和说教来进行治理的人。正是因为这种意识形态化的表达,有的学者把知县看作公堂上道德化的调解人。② 事实上,大多数知县通常只是职业化的官僚。遇到非判决不能解决的纠纷时,他们会选择迅速地根据法律判案。在那样的案件之外,大多数县令在某地有限的任期中,在治理上尽可能从简,没有必要便不介入——换句话说,尽可能依赖民间的社会机制和半正式治理方式。

(二)民国顺义例证

我们当然可以说,在民国时期,国家试图通过"现代国家建设"

---

① 当然,这也是当今改革时代,随着案件数量的增长,法庭倾向少采用调解而更多诉诸简单判决的原因。
② 关于我和滋贺秀三在这个问题上的争论,见 Huang,1996:12—13;中文见黄宗智,2001。

或科层制化(bureaucratization,亦译"官僚化")的方式(见下文),深化自身对乡村社会的控制。国民政府通过将国家正规官僚机构延伸到县以下新建的"区",加强其对乡村社会的权力。每一个区有一个由国家支付薪水的区长,他具有正式文书和警察甚至武装保安的支持。这一重要的官僚化步骤出现在清末开始的各种改革之后。在清末新政时期,国家试图通过在自然村一级设立村长这一准官员职位,而不是像过去的乡保那样的跨村职位,强化自己对乡村社会的影响力。

然而,伴随20世纪官僚化的"国家建设",旧的草根阶层的简约治理仍然有相当部分保留了下来。这里,像清代一样,我们的信息来源依然主要是涉及新村庄领导的任免和针对他们的控诉的档案。资料来自河北省顺义县。从1929年到1931年,顺义县政府共收到88份涉及村长的诉状,其中70份来自要求允许其辞职的现任或刚被提名的村长(顺义县档案,3:42和50,1929,1—12;3:170,1930,9—1931,9)。6份是针对现任村长滥用职权,主要是针对他们在税务管理中滥权的控诉。剩下的包括5份由其他村庄领导递交的要求任命新村长的诉状,5份报告现任村长的死亡并要求新任命村长的诉状,以及两个特殊的案例。[1]

这些记录告诉我们,清代宝坻县关于乡保的记录所揭示的行

---

[1] 一份是一名村长提起的针对几个村民的控告。另一份是三名新成立的(虽然不是普遍建立的)"检查委员会"成员提起的针对一名村长没有遵照国民党新指示公布村庄账目的控诉。在1996年的书中,我说有"大约120份"这样的诉状(Huang,1996:43—44;中文见黄宗智,2001)。更细致地看,那个数字包括了15份诉状复件,10份不涉及村长的诉状,6份只是由个别村民提起的普通民事诉讼。总共是119份,因此当时说一共"大约120份"。

政方法,仍然广泛地应用于民国的乡村治理。像乡保那样,新的村长是由地方领导提名并得到县令批准确认的。他们不是带薪的官员,更多的是村庄社区的代表而不是国家官员。除非有针对他们的控诉,或者有任命新村长的必要,否则大多数时候他们都是自行其是的(Huang,1985:241—244;中文见黄宗智,1986)。

1929—1931年间顺义县资料中出现大量要求辞职的诉状,乃是由于国民党政府强化对乡村的控制,增加赋税,尤其是杂税(即"摊款"——主要是为了建立警察、保卫团和学校而征收),从而加重了乡村政府的压力。与清政府在宝坻县只试图控制到人均管辖20个村庄的乡保一级不同,新政府试图通过村长直接把自己的触角延伸到自然村一级。与清政府满足于通过乡保在跨村一级运作不同,新政府希望让新的村长对税收负责。与清政府在两个世纪内将许多事务尽可能留给地方自身负责不同,新政府试图征收更多税款来进行现代化改革——建立现代警察、武装力量和学校制度。最后,在国民党和军阀交战时期的战略区域,军队过境时要求村庄提供粮食、畜力、住宿、人力和其他后勤服务(Huang,1985:278—280,284—285,288—289;中文见黄宗智,1986)。

这些新的压力致使许多旧村长申请离职,许多新被提名的村长试图逃避负担。一些人借口年老体衰或健康状况不佳,另一些人借口自己是文盲,没有能力或资格任职,还有一些人则借口自己有其他的责任和义务。在好几个例子里,刚被提名的村长转身就提名他人做村长,而那个被提名者又反过来申请要求避免这样的"荣誉",并坚持最初的那个人更有资格担任村长一职。许多乞求脱离村长职务的请愿人都提到了新增税款给村长增加的压力。另外一些人则提到了战时的军事索取。

这些资料使我们确信,国民党治下的乡村治理仍然带有许多和清代宝坻县档案所揭示的一样的特性。和清政府在乡保任命上的做法一样,国民党政府也从地方抽取人员,要求本乡本土的领导从社区成员中提名村长。国家并不任命或派遣这样的村长,而将自己的角色限于批准社区的提名。而且,和乡保一样,新的村长也是没有薪水的准官员。除非村长像乡保一样成为被控告对象,或者自己要求辞职或由他人替代,否则只要满足税收指标,村长都可以无监督地依自己的意愿行事。这也正是为什么关于村长的主要信息来源是针对他们的控诉或者他们自己提交的呈诉。

从20世纪30年代到40年代初期,日本满铁所做的田野调查提供了重要的口述史信息,确证和充实了我们从档案记录中得到的认识。满铁研究人员在1939—1942年间调查的华北六个村庄,为半正式的乡村治理提供了细致具体的例证,可以分为三种不同的模式。在鲁西北的后夏寨和冷水沟,由社区领导提名的早期村长大部分一直供职到40年代初期。他们通常更多地代表社区利益,而不是国家利益。他们所在的社区是以一个有内聚力的整体来和国家打交道的。这些村庄内的社区纽带大部分都在20世纪的变革中维持了下来。县政府根本没有干涉村庄事务。我们关于这些事务的认识来自口述史而不是县档案(Huang,1985:259—264;中文见黄宗智,1986)。

另一方面,在沙井和寺北柴(前者靠近北京,后者在冀中南),在国家对村庄经济新的压榨和索取之下,长期担任村长的人辞职了。这导致了权力真空,使得滥用权力的"无赖"得以窃取村长职位,并利用职务为自己牟取私利。但是,这些村庄的社区纽带依然足够强劲,在滥权行为面前,村民们联合起来,向县政府提起申诉,并最终罢免了这些无赖。在沙井的案例里,这一过程发生在抗日战争时期的1939年。在村庄(联合了邻近的石门村)向县政府提起针对无赖樊宝山的正式控诉后,后者被罢免并遭到刑事处罚(有期徒刑两年)。在寺北柴的案例里,这一过程发生在30年代早期。当长期担任村长的张乐卿辞职以后,无赖李严林在接下来的两年里接替了他的位子。直到村庄向县政府提起控诉之后,李才被罢免,张重新回来担任村长。这里,我们的认识来自满铁调查员所提供的村庄口述史和他们搜集的县政府档案(Huang,1985:264—270;中文见黄宗智,1986)。

在第三种模式里,在冀东北的吴店和侯家营,社区的旧领导放弃了位子,而让"无赖"式的人物独占了村政府。在日本人进行调查的1941—1942年间,两个村庄都处在滥用权力的村长的管理之下,但是村庄并没有能够团结起来提起正式申诉。县政府完全没有介入村庄事务;因此,我们对发生在这两个村子里的事情的了解全部来自村庄的口述史(Huang,1985:270—274;中文见黄宗智,1986)。

这些满铁资料确证,清代依赖准官员和纠纷解决进行统治的简约治理方法,仍然为国民党政府,甚至日本占领军政府所沿用。他们并没有试图在村长位子上放上带薪官员,把村政府正式官僚化。相反地,他们继续采用了半正式行政的方式,将自身限定在批准和认可下面提名的领导人上。只有在针对滥用权力的控诉和新的任命发生时,政府的官僚机构才会介入。(而且,正如我们已经看到的那样,当新的压力和张力打破了旧有的社区联结纽带时,这种做法很容易为机会主义者和无赖窃取权位打开方便之门。)在原则上和方法上,这种统治方式和清政府处理"细事"的方式有一定的相似和延续之处。

(三)晚清和民国获鹿县的税务管理

李怀印对保存较好的(河北中南部)获鹿县晚清至 20 世纪 30 年代档案资料的研究,为上面的观察提供了进一步的确证。在获鹿,和宝坻县乡保一级相当的县以下关键"官员"是所谓的"乡地"。和乡保一样,乡地没有薪水,由社区提名(通常依照长期存在的"村规"轮流任职),并得到知县的确认。但是,与乡保不同,每个乡地通常与一个特定的村庄相连。相对于宝坻县人均负责 20 个左右村庄的乡保,这里典型的情形是一个乡地负责一个村庄。如李怀印所观察的那样,这一情况的出现可能是因为冀中南较之宝坻县所在的冀东北生态更稳定,土地生产率更高,由此保障了更紧密联结的村庄社区和更高程度的社区团结(Li,2005:9;2000:第一章)。较高程度的社区团结和较高程度的县行政渗透似乎矛盾,其实共存。但政府的行政方法是相同的。这里,有关"乡地"的资料主要来源同样是涉及乡地的提名和确认的"案件",以及针对他们滥用权力和职责的控诉。和真正科层制化的组织不同,在政府的正式档案里,我们很少得见乡地的日常行为。有关乡地的文书大多限于非常规的、知县干预了的"案件"和"诉讼"。

获鹿县税务管理的主要模式是由乡地先预付应征款项,然后再由他们在社区成员中分配税额,收缴税款。如果进行顺利,县政府收到了应征税款,那么征收大体上由乡地个人负责,基本上任其自己运作。只有这一体系的运作出现问题,在纠纷、控告和人事变动中,知县才会介入(Li,2000:第五章;参见 Li,2005:第四、五章)。

在清末新政和紧随而来的民国时期的"现代""国家建设"中,乡地体系和新建立的村长体系并存了下来。但是二者都遵循着旧有的简约治理原则:除非纠纷和申诉发生,这些不带薪的准官员基本自行其是。

(四)东北地区海城县的乡村学校和教育管理

这里要提及的另一批档案证据来自东北地区的海城县,材料相当完整,是樊德雯(Elizabeth VanderVen)博士论文(2003)的核心内容。在海城县,中央政府从新政时期开始呼吁按照中央的指导方针建立乡村社区学校。部分村庄过去有教授《三字经》《百家姓》和《千字文》的私塾(其上是教授"四书""五经"的私塾),当时整个教学体系都被导向国家主办的科举考试。现在旧的私塾体系要被新的学校体系替代。后者预期将教育普及到所有儿童,并强调数学、地理、历史、科学、国文、体育、音乐等新式科目。(VanderVen,2003:第三章)

中央政府为新型乡村学校所做的设计虽然相当详细,但并没有为它们划拨任何官方资金。一般村庄都是利用村里的庙宇或村政府自己的收入来建造校舍,自行选择和聘雇学校老师。它们可以收取学费,以资学校运转,但是由于它们在设计上是社区的"公共"学校,学费通常很低。有的新学堂是经过改造的私塾,在课程里将新式和旧式的科目合到了一起。(VanderVen,2003:第三章;VanderVen,2005)

就地方教育管理而言,晚清政府(在1906年)建立起了部分科层制化和部分半正式的"劝学所"。这些县以下的劝学所负责监察地方和村庄的教育。他们并不是县衙门的一部分,也不从属于某一行政部门。在这一点上,他们和过去的乡保类似。但是,他们在一定程度上官僚化了:所里任职的官员有薪水,对在其管辖权限内的学校做定期的巡视,并将结果报告给知县。所的长官(至少在理论上)是由地方社会提名并得到知县任命的。而他反过来(至少在理论上)选择的本所的其他"绅董"和工作人员,理论上要经由知县确认。由于这些教育机构的成员无一例外地来自当地,他们通常更认同地方的利益。在例行的汇报之外,除非遇到纠纷或控诉,这些机构在很大程度上可以自行其是。(VanderVen,2003:第六章)

我们关于这些学堂和教育机构的信息部分来自他们向县政府递交的官僚化了(甚至具有固定的表格)的有关学校的定期报告。这些报告涵盖了教学质量、学校管理、学生表现、健康状况、卫生工作等各方面内容。但是,就像我们在搜集有关乡保、乡地的资料时那样,在这里,更多的信息来自涉及乡村违反规则、特殊的申诉或纠纷等有待知县解决的"案件"。在这种场合里,这些教育机构的官员们很大程度上像乡保一样充当村庄和县衙门之间的联络人。知县主要在这些控诉和纠纷中直接介入。(VanderVen,2003:第六章)

樊德雯的上述发现,在李怀印完成他的博士论文之后对冀中南获鹿县教育所做的研究中得到了进一步的确证。和樊德雯一样,李怀印的材料主要由涉及新式学校的纠纷和申诉的"案件"组成。这些材料显示了和东北海城县相同的部分科层制化、部分半正式行政的原则和方法。(Li,2005:第八章)

使人惊奇的是这种由国家发起、结合了村庄社区和地方精英参与的治理模式产生了十分深远的影响。它开创了全国范围的乡村学校建设。很多今天的乡村学校都可以追溯到这个时期。"文革"时期广泛建立的村庄集体(大队)学校,尤其清晰地显示了与这些建于20世纪初期的学校的延续性。像清末新政和民国时期的前身一样,集体制下的村办小学主要是由村庄(集体)自己出资建立的。当然,它们是在中央指导和其所制定的蓝图之下实施基础教育的。实际上,它们是村庄在国家简约主义的设计下由社区自己积极参与和推动的产物。

(五)清代四川巴县的衙门行政

最后,白德瑞(Bradly Reed,2001)对四川省巴县衙门档案的研究表明,同样的治理原则和方法甚至也被应用于衙门自身的管理。根据清政府的设计,知县是县衙门里唯一由中央任命的带薪官员。很早以前瞿同祖的研究就明白地指出了知县的"非正式"(瞿的用词)私人"幕友"所扮演的重要角色,特别是知县带着随他去各处赴任的刑名幕友和钱谷幕友的至关重要的作用。知县用他自己正常"薪水"以外的"非正规"收入(来自礼物之类)来支付这些师爷的收入(Ch'ü,1962)。而白德瑞的研究向我们展示了衙门的日常工

第三章 集权的简约治理——以准官员和纠纷解决为主的半正式基层行政

作人员——那些在衙门各房里任职的书吏和差役的运作。

这些吏役也是半正式人员。他们中的绝大多数被假定是根本不存在的,因为清代行政法规明确地将县衙书吏和差役的人数分别限制在几十人以下,仅相当于19世纪大多数县真实人数的很小比例。他们的收入也被条例限定在19世纪吏役实际收入的小部分的数额上。然而,这些居于正规条例外的灰色人物担负着衙门的日常行政工作。他们一般都展现了一种准官员的价值观,将自己的资格和志向与正规官僚相比拟。

白德瑞所用材料的核心也是"案件"记录。再一次地,这些案件主要涉及在各房吏役的任命和再任命中,围绕该房控制权所展开的争夺,或者是房与房之间围绕县衙门的权力和财政控制权所展开的争夺。正如白德瑞指出的那样,由于县衙门财政收入的大部分来自刑房在地方纠纷案件中所收取的费用,刑房也就成了特别容易发生冲突的地方。当这些冲突爆发的时候,冲突的一方或另一方会向知县提起申诉,希冀知县介入来解决纠纷(Reed,2001:第二章)。

正是通过有关这些纠纷的"案件"记录,我们了解到各房及其吏役的实际运作情况。白德瑞强调,这些案件向我们展示了县衙门日复一日的运作,非正规的吏役如何悖论地组成衙门的日常工作人员,他们如何同时带有非正规人员的不合法性和正规官僚的合法性(亦即白德瑞所谓的"非法官员"[illicit bureaucrats]),在法定规则之外承担着地方政府的必要职能。

我在这里要补充指出的是衙门管理运作与司法、税务、教育管理运作间的共同之处。再一次地,我们看到了衙门对准官员的依

91

赖，准官员不是由政府而是由地方社会拨款，或由衙门从自己提供的服务所获得的收入中支取来维系的半正式人员。这种方法也是为了让正式的国家机构尽可能少地介入地方事务，避免使用程式化的监察和文书工作等官僚政治手段。知县作为正式科层制的代表，仅在因纠纷而产生控诉的时候才介入地方事务；否则的话，基本上任其自己运作。

值得注意的是，知县几乎完全以管理他治下的村庄的办法来管理县衙门各房。各房头目由各房自己提名，然后由知县认可。每一房"代表"的准官员薪酬由各房自己负担。每一房首先依赖自己的内部机制解决纠纷。知县只有在不介入便无法解决纠纷时，或者在产生针对吏役滥用权力的控诉时才会介入。一旦介入，知县接下来便按照他处理细事案件的方式来解决纠纷和处理控告。这同样也是简约主义的行政。

二、集权的简约治理

韦伯在他的两个理想政府类型"世袭主义君主制"和"科层制"（"官僚制"）之间做了重要的区分。前者以把国家当作统治者个人领地的世袭君主制度为特色；后者以非人格化的、带薪官僚阶层行使专业职能的现代政府为特色。但是，当他讨论帝制时期中国的历史时，认识到实际和他提出的用以阐明理论联系的两个理想模型不同，因此颇具洞见地使用了"世袭主义（君主制）的官僚制"（patrimonial bureaucracy）的概念，而不是简单地使用两个模型中的一个或另一个去进行描述。正如我在另文提及的那样，韦伯的建议可以理解为一个既矛盾又统一的框架——一个既是"世袭主义的君主制度"同时又是科层制化的"官僚制度"的体系(Weber,1978:1047—1051;请比较 Huang,1996:229—234;中文见黄宗智,2001)。孔飞力在关于 1768 年叫魂恐慌的研究中强调"君主独裁"和"官僚制"间的冲突(Kuhn,1990),我的建议则是将二者看作在单一悖论体系中相互依存的两个部分。

然而无论如何,韦伯的理论框架对厘清中华帝国治理的两个重要特征很有说服力。(1)尽管在理论上皇帝有世袭权力,但是实际上他在很大程度上依靠官僚体系来确保自身统治的稳定性,并赖以抗衡世袭制统治的分裂倾向(导向独立的地方世袭领地)。(2)虽然韦伯本人并没有清楚地表达出这一点,官僚制尽管具有自我复杂化和延伸的倾向,但是世袭制的统治明显限定了政府机构必须尽可能地保持简约;否则的话,地方官员和皇帝本人将会被过多的中间阶层隔开,由此威胁到赖以编织这个体系的官员对皇帝的个人忠诚度,促使地方(世袭制)统治的分权倾向压倒官僚制的中央集权(Weber,1978:特别是 1047—1051;请比较 Huang,1996:第九章;中文见黄宗智,2001)。("世袭主义的官僚制"作为"世袭主义君主制"和"官僚制"两个概念的融合,其实证伪了韦伯本人从前现代的、前官僚化的国家变化到现代的、官僚化的、理性国家的直线理论体系。)

但是韦伯的概念并没有考虑到作为本章中心议题的半正式治理。无论是他的理想化治理模型,还是关于中国历史实际的"世袭主义的官僚制"概念,最终都局限于政府的正式机构和功能上。这是从国家和社会非此即彼二元对立概念出发的思路。沿袭这样的思路,治理问题就会局限在与民间社会对立的政府正规机构上。

这样的概念框架,在官方治理之外,能够考虑到中国非正式的士绅精英和宗族扮演的角色,就像韦伯本人所考虑的那样。这也是过去中国研究关注比较多的课题(例如 Chang,1955,1962;Ch'ü,1962;Freedman,1966)。但是这样的概括并不能涵盖作为本章上述讨论核心的半正式乡保、乡地、村长和"非法官员"。其实,它也不能涵盖瞿同祖所突出的"非正式""幕友",也不能涵盖与政府协作,在公共事务和地方治理中扮演越来越重要角色的晚清和民国时期的士绅以及商人精英。新式的商会特别能说明问题:它们是由政府(在1904年)提倡建立并受其管束的,但同时代表"私人领域"(private)个体商人的利益,并逐渐承担了很多政府职能,例如维持新式的市政服务,建立公共安全机构和调解纠纷。[①]

在韦伯之后,迈克尔·曼(Michael Mann)在政府正规权力中区别了中央集权化的程度(相对于其他与之抗衡的权力)——他称之为"专制权力"(despotic power),以及政府深入社会的程度——他称之为"基层渗透权力"(infrastructural power)(Mann,1984;Mann,1986)。由此,考虑到政府权力在行政、立法、司法三个部门间的分立,这些部门间的相互制约以及市民社会的权力,我们可以说当今美国政府的专制权力程度比较低,但是它的基层渗透权力程度却非常高(无论是税务局权力、警察或联邦调查局在追捕逃犯时的触

[①] 参见 Rowe,1984,1989;Rankin,1986。他们的研究先是将这一趋势等同于哈贝马斯的国家并置对立的"公共领域",但后来更多地将它看作国家与社会间的中间领域(Rowe,1993;Rankin,1993)。我1993年的论文对这些评述做了总结(Huang,1993a:220—221)。

角,还是战争动员,都可以见到)。与此不同,考虑到以皇帝个人名义代表的中央权威,中华帝国的专制权力程度很高;但是,考虑到官僚机构仅仅能延伸到在19世纪人均负责管理25万人的县令一级,它的基层渗透权力的程度很低。低度基层渗透权力和高度专制权力的矛盾结合,是思考中华帝国政府及其和当今美国政府不同之处的一个有效路径。

曼的见解在王业键对中华帝国土地税的研究那里得到很好的支持。尽管清政府高度集权,王业键的研究证明,土地税(田赋、附加和耗羡)收入相对于农业总产出只占很小的一个比例:在18、19世纪,税入仅仅占到产出的2%—4%。相比较而言,明治时代的日本和欧洲封建国家(更不用说现代国家)的税入则占到产出的10%,甚至更多(Wang,1973;参见 Huang,1985:278—281;中文见黄宗智,1986)。税收当然是衡量政府基层渗透权力机构和影响力的一个很好的标志。晚期帝国政府获取的农业产出的低比例税收证明了这个政府相对薄弱的基层渗透权力。当然,这也表明了有限的财政收入对官僚体系规模的限制。

但是尽管有上述见地,和韦伯的分析一样,曼的分析也不能阐明政府正式机构之外的治理。他的双向区分仍然局限于和市民社会的民间权力并置对立的政府正式机构。他不能说明作为我们讨论焦点的半正式治理。换句话说,曼的专制权力和基层渗透权力间的区分,不能把握发生在政府官方和民间社会的中间领域内的治理方法。

正是在这一背景下,我提出了存在于国家、社会之间的"第三领域"概念,突出这二者之间重叠和合作的治理领域。在民法体系内,第三领域存在于以依法判决为主的官方法庭体系和以妥协为主的民间社会调解机制之间。向衙门正式提起控诉通常并不意味着社会调解的终结,反而刺激了更多的调解努力。同时,知县对诉状、辩词和各种呈禀的批词,作为知县初步意见的明示,会对社会调解起一定作用。法庭体系则几乎没有例外地认可庭外调解的结果,其背后的理论是庭外居中调解有助于把纠纷双方的敌意最小化,避免纠纷恶化或重现。(Huang,1993b;Huang,1996:第五章;中文见黄宗智,2001)

同样,处在官方政府机构县衙门和民间社会调解机制之间的乡保也体现了清代治理中的"第三领域"。乡保在国家与社会间的灰色领域内运作,同时向知县和提名他的地方社区负责(Huang,1993a;参见1996:127—131;中文见黄宗智,2007f,2001)。我们在上面也已经看到20世纪的村长,甚至帝制时期的县衙门房长,也拥有共同的特性。这些特性也可见于20世纪扮演公共服务和政府角色的士绅和商人精英。20世纪的乡村教育同样并不简单属于社会或国家,而是二者合作的结果。

我提出"第三领域"概念的目的并不是要否定"国家"(譬如,正式的官僚机构)和"社会"(譬如,自然村庄)领域的无可否认的客观存在,当然也不是要继续沉溺于国家、社会非此即彼的二元对立建构之中,而是要超越那样的建构。正如我们已经看到的那样,清代治理涵盖了二者之间的一个巨大领域。在这一领域内,二者相互重叠,协力运作。

但是,我的"第三领域"概念虽然突出了中间区域的存在,显示出其中准官员的身份,但它没有很好地把握这个领域中的简约治

第三章 集权的简约治理——以准官员和纠纷解决为主的半正式基层行政

理方法。帝国的官僚体系本来可以选择全面官僚化和各部门职能专业化,以及与之相连的形式化文书工作。这样的话,会是一种繁密的"官僚政治"进路。然而相反,帝国政府选择了接近简易做法的一端,它坚持使用准官员而不是带薪的正式官员,除非发生纠纷和控诉,否则尽可能不介入此"第三领域"。仅当只有介入才能保障这一广泛领域内的治理能连续和平稳运作时,政府才会介入。

为了把握这一治理进路和政府的整体组织,我在这里提出了"集权的简约治理"概念。之所以是中央"集权",是因为帝国以皇帝个人名义声称拥有绝对(世袭)的权力。行政权威并没分割于相对独立的政府各部门,也没有为政府和市民社会所共享,而是聚集在中央。

这样一种中央集权制要求一个简约的正式官僚机构。尽管帝国政府有一个宏大的彻底控制社会的设想,特别是它的十进制户籍管理组织——里甲、保甲制度(见 Hsiao, 1960)。然而事实上,世袭主义制的逻辑要求政府机构保持最少数量的科层,以免切断整个体系倚为纽带的个人忠诚,造成地方性的世袭分割。当然,从一个长时期过密化小农经济中抽取的有限赋税也是对官僚机构充分科层制化的另一个限制,恰巧契合了清政府减少国家强加于社会的负担的愿望。由此,清政府规定将每个县的胥吏和衙役人数分别控制在几十个之内,试图将地方知县下的吏役控制在最低限度上(Ch'ü, 1962: 38, 58),并且朝廷许诺了"盛世滋丁,永不加赋"。

这样一个简约的正式官僚机构继而导致了对通过准官员和纠纷解决机制进行治理的半正式的简约行政方法的依赖。正因为正式机构结束在县一级,县以下的行政必须依赖准官员来完成。对准官员和社会调解机制的依赖,要求正式官僚体系只在纠纷或申诉中介入。

当然,这一"集权的简约治理"概念在某一层次上会使人联想起韦伯的"世袭主义的官僚制"和曼的"高专制权力—低基层渗透权力"。但与它们的不同在于,这个概念不仅试图把握政府正式组织的性质,而且试图把握政府行政的实践;它不仅试图指出政府正式机构的组织方式,而且试图阐明在官方政府和民间社会之间的灰色领域内运作的半正式行政实践。

三、儒法合一的治理

儒法合一的,或者可以说是"儒化的法家"治理,能够涵盖这样的治理实践的一部分。法家的意识形态是要通过法律、刑罚和官僚制度来进行治理。① 这种严苛现实主义的治理意识形态为儒家的仁政理想所中和。② 在地方治理的层次上,这种融合带来了将知县看作"父母官"的理想。我们可以说,这一理想把一个代表刑罚、纪律和去人格化行政的法家的严厉父亲形象,同一个依赖仁慈、和谐与道德楷模的儒家慈祥母亲形象结合在一起。二者同样视中央集权为理所当然,因此把政府比喻为父母亲,把被统治的人民比喻为子女(子民)。另外,儒家还信奉对社会事务最小干预的理念。儒家的政治理想是一个近乎自我管理的道德社会。政府官员们的

---

① 关于法家法律的"儒化",请参见瞿同祖,1961;并比较 Bodde and Morris,1967。
② 正如瞿同祖(Ch'ü,1961)所揭示的那样,法家意识形态同样也和儒家的社会等级观融合。

第三章 集权的简约治理——以准官员和纠纷解决为主的半正式基层行政

理想角色限定于以树立道德楷模为主要治理方法。这样,法律的理想原点是社会自己解决纠纷,国家机构尊重社会机制进行的纠纷调解。国家只有在这种机制失败、自己不得不介入的时候,才进行干预。诉讼是失常现象,依法判决的庭审则出于应付这种失常现象的必要。这就是将民法看成"细事"的意识形态支柱。这样的仁政对民众而言应是尽可能不繁重的,因此这也是18世纪将政府官员和税额指标定在极低范围的政策的根源。

在这里,读者自然会联想起已被众多学者研究过的11世纪司马光与王安石的论争。司马光可以被看作这里所讨论的儒家简约治理诸多方面的代表:他主张将官僚机构保持在简约的状态上,让社会尽可能自我治理。王安石提倡依赖带薪的正规官吏来进行治理;司马光反之,要求把县以下的治理寄托于社会自身的士绅精英(Bol,1993:169,173—176,177—181;比较萧公权,1982:487—493,515—517)。司马光的观点后来成为整个明清时代占统治地位的儒家主流政治观点。

但是,这种儒家简约主义不能充分涵盖帝国统治的意识形态——就此而言,甚至不能概括司马光自身政治观点的全部。就像我们已经看到的那样,帝国政府实际运作中的意识形态其实来自儒家和法家的融合。这一融合有着比11世纪司马光王安石辩论更加深远的历史根源。甚至司马光自己也视依赖高度烦琐的官僚规章制度为理所当然。事实上,他的政治观点可能更好地被概括为"儒化的法家"治理意识形态,而不是简单的"儒家简约主义"。

然而,即便是这里阐述的"儒化的法家"概念也不能全面涵盖上面描画的简约治理的各个维度。上面讨论的对准官员和纠纷解决机制的运用,作为一种治理方法,是来自行政实践的结果,而不是意识形态的原则。无论是儒家的简约主义,还是法家的治理,都没有预见到使用乡保那样的准官员来作为国家官僚制度和社会调解之间的联结,在二者之间创造出治理的"第三领域",也没有预见到要求知县只有在非介入不能解决纠纷的时候,才采取直接行动的实际。在儒家简约主义理想延续不变的情况下,这些方法是政府在人口增长的背景下逐步扩延的结果。考虑到统治者坚持的世袭制集权,而又同时企图把世袭制统治内的分裂最小化,并承诺把税收最小化,以及由此而来的简化政府机构的愿望,使用纠纷解决方式的半正式行政可能是维护整个体系的高效率、低负担的办法。这就是帝国政权行政实践的隐藏逻辑,而"儒化的法家治理意识形态"概念最多只能涵盖其部分内容。

"儒化的法家"概念更不能够把握产生于 20 世纪现代化需要中的那些简约治理维度。准官员村长的设置,部分正规化、部分半正规化的"劝学所"的成立和由地方精英与新式商会承担的公共服务职能,都是这些维度的例证。更重要的也许是,在新式乡村学校兴起中,国家推动与民众参与相互结合。儒家简约治理设想认为,地方士绅精英在地方行政中承担关键作用乃是理所当然,这也是司马光政治观点的核心。但在 20 世纪的乡村中,这样的士绅精英早已不存在了。新式学校中的民众参与更多来自儒家视野以外的村民和村庄农民领袖。儒化的法家归根到底是农业国家及其等级秩序的治理意识形态,它不能涵盖 20 世纪半正式行政的实践。

四、当代中国的科层制化和简约治理

自从韦伯系统概括近代西方民族国家政府机关的逐步扩张（和"理性化"）以来，"科层制化"（"官僚化"）被看成从前现代到现代治理的主要变化。从国民党在县级政府之下设立官僚化的"区"开始，到随后的中华人民共和国设立更加复杂的"公社"（乡镇）一级行政机构，国家机构比过去任何朝代都更加深入社会。由国家支付薪水的官员呈几何状增长，从晚清的 25 000 多增长到 1949 年以后以百万数计算的国家干部——1979 年"机关团体"人员共 500 万人，1989 年 1000 万人（1999 年到达顶峰 1100 万人，2002 年是已发表官方统计数字中最新的一年，人数稍微少了一些，见《中国统计年鉴》,1990:114;2005:125）。大量繁杂的官僚规章、程序和文书工作伴随着这一毋庸置疑的官僚化进程。

考虑到这样一个明显并惹人注目的官僚化进程，人们很容易忽视与之平行的另一过程，那就是帝制和民国时期简约治理传统的部分特征的持续存在。在改革之前，被称作"集体"政府的"村政府"实际上具有许多过去的半正式行政方式的特性。最低一层由国家支付薪水的干部是公社（乡）一级的干部；村干部（即生产大队和生产小队干部）没有中央政府的财政支持，而是由村庄自己负担——集体干部吃"集体粮"，而不是"国家粮"。而且，他们也是村庄的代表。当然，新的国家制度利用了向下延伸程度远甚于正式政府机构的党组织来监督这些乡村领导。由此，村的党支部可以说相当于旧制度下的村长。支部服从上一级党支部的领导和管理。然而很多过去的治理方法还是保留了下来。就支部成员而言，他们几乎都是乡村自身的成员，和乡村自身的利益紧紧缠绕在一起；不可避免地，他们不会仅仅认同国家，也会认同自己的村庄。

事实上，当代中国的乡村治理需要被理解为国家体制和延续下来的简约治理方法之间的互动，而不仅仅是前一种或后一种模式。村(大队)小学为二者的复杂历史提供了一个例证。我们已经看到，从20世纪乡村教育运动一开始，乡村社区就积极参与到乡村教育的发展之中。很多乡村学校主要是由村庄自身发起和出资的。国家设定了教育的指导方针，对学校进行监督检查，并且试图树立一定程度的正规化教育，但学校还是主要由社区自身维持和运作的。1949年以后，尽管国家控制程度提高，许多1949年以前的传统还是保存了下来。例如在"文革"时期(1966—1976)，"民办公助"办学模式("民办"指由大队[村]和公社[乡]办理，"公助"指由政府在资金、师资等方面提供不同程度的帮助)成为典型，推动了农村义务教育空前程度上的普及。(Pepper,1996:414ff)在国家制定的指导方针下，乡村大多自己管理和维护着自己的学校。很多学校自己雇用教师，其工资起码一部分由集体工分来支付。农村的民办学校和城市的精英学校在质量上虽然有明显的差距，但是这个民办体系成功地为绝大多数农村人口提供了免费的小学教育。

然而，在改革时期，市场化和乡村财政收入的减缩(相对于其职责)，把整个半官方的乡村教育体系推入了危机状态。免费的教育被一个为钱所驱动的、大规模增收学杂费的教育体系取代。教育变成农民沉重的经济负担，许多人根本就无法承担。乡/村的财政短缺又导致了教师工资的拖欠、名额的不足和对(便宜的)代课教师的广泛依赖等现象,导致了教学质量的急剧下降。整个体系实际上已在崩溃的边缘摇摇欲坠。(李梁、许桐珲,2005)

中央政府因此宣布了九年(小学和初中)义务教育的意图,教育部宣称要将全国380万乡村教师纳入正式预算,保障一定标准的工资(教育部,2005年12月9日)。这当然会导致更高程度的正规化和更深层的国家干预,并相应降低地方社区的半正式参与。

今天,乡村教育正徘徊在十字路口,也可以说是陷于漩涡之中。在毛泽东时代,大队和公社提供了以简约主义为基础的免费民办教育;改革时期的市场化却将早期的教育体系变成一个极其昂贵和充满故障的体系;新的21世纪福利国家模式则希望全部由国库出钱,为所有人提供免费的九年制义务教育。这种过去和现在的混合,究竟会形成什么样的前景还是个未知之数。但是,旧有的国家发起与社区参与(建立在地方自我本位的公共服务动机上,而不是简单的牟利之上)相结合的半正式进路,仍有可能起一定的作用。也许,同样的逻辑也适用于卫生保健,其价格今日已像教育一样超出了大多数农村人口的承受能力。[1] (宋斌文、熊宇红、张强,2003)

这些观察也许可以扩展到乡村治理的整体。首先,毛泽东时代集体制的大队和公社成功地提供了免费教育、卫生服务以及高度的公共安全,虽然是以党和国家对农村人口和经济的全能主义

---

[1] 杨团(2006)提出了极具启发性的"第三条道路"医疗卫生服务体系模式。

干预为代价的。① 这是一个矛盾的结合,同时包含全能主义的党和国家的高度科层制化治理和过去的半正式简约行政进路。

事实上,毛泽东时代的乡村治理可以看作一个具有相当强烈的反官僚主义的治理传统,一个可以追溯到延安时期的"简政"口号的传统。毛泽东时代的政治运动和过去的简约主义治理有很大不同,但是这些不同不能消弭二者在治理方式上所有的共性。

就改革时期而言,它首先在20世纪80年代成功地利用了良好的乡村集体干部和新式市场刺激的结合,推动了令人瞩目的"乡村工业化",并且提高了农民的收入和生活水平。但是在市场化下,乡村治理逐渐屈服于货币主义和功利主义。首先,随着党组织权力的退却和乡村自治的呼声渐高,村、乡干部比改革之前有了更大的行动自由。事实上,地方治理在很大程度上,不再像改革以前那样,完全遵循党的要求办事,而是在税收和计划生育等基本任务之上,只要避免党所明令禁止的事情,便多可自行其是。随着公共服务道德的崩溃,少数地方干部变得更加功利主义和自私自利。权力滥用出现在省、地、县地方政府为企业发展和房地产开发的征地之中(以期增加地方政府/官员的小金库,或提高其所谓"政绩"),以及为了自身或某些个人利益出售国有企业,并且使用专横权力支持此类行为,压制抗议和反抗。这些行为多数没有受到中央的严厉制裁。党和国家机构越来越多地主要在国家既定目标不能达成,或纠纷发生的时候,才介入干预。各级上访部门堆积了一些民

---

① 相较于旧的"极权主义"(totalitarianism)概念,邹谠建议使用"全能主义"(totalism)一词(参见邹谠,1994:222ff)。

众对各级政府或某干部的申诉。① 这种权力滥用最极端的案例可以看作全能主义和简约主义的恶劣融合,近乎一种新型地方官僚世袭主义。

进入21世纪,一种新的地方治理模式正在兴起,可能会用新的公共服务型福利国家来取代过去的和改革早期的控制提取型国家。农业税已被废除,中央政府宣布了它彻底改造乡村教育和卫生服务的愿望。但是国家向新模式的转型并不容易,多半会带来许多意想不到的结果。村干部越来越成为只是简单地由上级政府拨款支薪的职工,不再是由地方社区财政自己负担的准官员。这似乎意味着韦伯式的"科层制化"或"理性化",但是这一变化是伴随社区(集体)资源和税收的锐减以及乡/村干部所承担的角色和功能的变化(停止征税,因缺少财力和权威而停止提供公共服务)而发生的。② 令人担忧的是,村级治理的正规化和科层制化可能仅存于形式上,缺乏实质内容,附带烦琐的文书却没有真正的工作,正如近期的一个调查报告所指出的那样(董磊明,2007:第二部分)。科层制体系的上层到底能否全面承担和接手公共服务,仍有待观察。

---

① 从1990年新《行政诉讼法》施行开始,可以通过法庭对政党—国家代理人滥用权力的行为进行申诉(参见Pei,1997)。但是直到今天,半正式的上访体系仍然是普通公民赖以抵制这些权力滥用行为的首要途径。
② 集体单位瓦解后,乡村教育卫生服务的资金一度来自乡(镇)政府提留和统筹的费用。但是,2003年(在减轻农民负担的目标下)的税费改革取消了所谓"三提五统"。其后两年,资金缺口一度由扩征的农业税(几乎翻番)弥补。但是,随着2005年农业税的正式废除,乡一级政府在税收和财政上真正完全被"挖空"了。(周飞舟,2006)

当然，在今天高度工业化和全球化的中国，对为农业国家设想的"儒化的法家"治理模式的多种要求已经不复存在了。科层制体系的规模也不再受到以农业为主的国民经济的有限税收的限制。而对教育、卫生、市场、交通和通信基础设施的现代要求意味着新的政府和过去必定会有很大不同。简约主义治理模式必须联系今日从汲取控制型国家到公共服务型国家的转型，才可能起作用。然而，20世纪早期地方自治和由地方推动的公共服务先例，以及毛泽东时代的"国家+地方"参与模式（起码部分源于旧有的简约治理传统），排除其过度"全能"的弊端，仍然值得借鉴。民众参与和控制关乎地方利益的项目，有可能会推进近几十年来被市场经济原子化了的社区纽带的重新建立。考虑到小农经济和村庄将长期存在，简单地依赖西方科层制化的福利国家模式，不见得能够解决政府转型中的实际问题。

就我们在这里的目的而言，重要的一点是我们不能简单地用从现代西方舶来的"科层制化""官僚化""理性化"和"现代化"等概念，或者它们的对立面（如"去官僚化"）来理解国家治理的变化。我们还要把在20世纪治理实践中占有一定地位的半正式行政及其依赖的准官员和纠纷解决治理方法，纳入我们的思考之中。

上面讨论的多对不同的概念——韦伯的世袭主义的官僚制，曼的高专制权力—低基层渗透权力，以及"儒法合一的治理"——有明显的重合。我们或许可以将高专制权力或者中央集权权力和法家联系起来，而将简约主义主要和儒家联系起来。我们或许也可以把官僚（科层制）治理主要和法家联系在一起，而将君主世袭制及其对简约治理的要求主要和儒家联系在一起。

但是这几对概念都更多地展示了政府制度上的结构和目的,较少涉及政府的实际运作或治理实践,而恰恰是后者赋予了前者实质内容。这里的区分在于政府的正式结构和实际运作之不同,在于政府机构和行政实践之不同。正如本章所建议的那样,中华帝国的政府机构确实应看作官僚制和世袭主义制,高专制权力和低基层渗透权力,以及法家和儒家的矛盾结合。但是,中华帝国在其政府与社会的关键性交汇点上的实际运作,则寓于半正式行政的治理方法、准官员的使用以及政府机构仅在纠纷发生时才介入的方法之中。由此,我在这里提出了"集权的简约治理"概念。正如我们已经看到的那样,帝制时期遗留下来的这一治理传统,有一部分的内涵在国民党时期、毛泽东时期和改革时期的治理中留存下来。新时代对福利国家的需求当然会使旧有的简约治理传统的部分内涵过时,但是简约主义中的半正式行政方法以及国家发起结合社会参与的模式,也许仍然可能在中国起一定的作用,在其追求自身特色的政治现代性中扮演一定角色。

第四章

离婚法实践
——当代中国法庭调解制度的起源、虚构和现实

对中国法律的讨论很容易陷入西方现代主义与中国传统的非此即彼的二元对立立场之中。① 这两种立场都基本不考虑中国的"近现代传统",即两个世纪里中国与西方在不断的接触过程中形成的"传统"。20 世纪 90 年代以来,革命的传统更完全被人们忽视。然而,毛泽东时代的传统实际上至今仍在强有力地塑造着中国的法律制度。

本章认为离婚法实践构成了可称为"毛泽东思想影响下的法

---

① 在中国国内主张西方式现代化抑或偏重"本土资源"的双方也许最清楚地体现了这种二元对立的倾向。张文显(2001)是现代主义立场的一个例子,梁治平(1996)和苏力(1996)代表了"后现代主义和本土主义"的观点。田成有(1996)对中国法学界所特有的焦虑做了比较贴切的剖析。

第四章　离婚法实践——当代中国法庭调解制度的起源、虚构和现实

律制度"的核心,是当代中国整个民事法律制度最具特色的部分。① 从中可以看到有关当代中国法庭调解的起源、虚构和现实。这种调解既与英语"mediation"(调解)一词的通常所指迥异,也与传统中国的调解大不相同;它也不同于中国官方对其所作的表达。我们最终只能将它理解为在中国革命过程的特殊条件下所形成的实践和法律。

本章立足于我收集到的336个民事案件,其中有216个婚姻和离婚案件。它们来自两个县,我分别称之为A县(上海市附近)和B县(河北省东北部)。收集这些案例时,我有意识地在几个年份里随机取样:A县,从1953年、1965年、1977年、1988年和1989年各抽取40个案例;B县,从上述年份各抽取20个案例,再加上40个1995年的案例,用来初步了解离婚条件有所放松的20世纪90年代的情况(世纪末之后的情况则主要在下一章《取证程序的改革:离婚法的合理与不合理实践》中讨论)。在总共336个案例中(搜集的340个案件中有4件因残缺而不用),200个是完整的影印件,包括对当事人公开的"正卷"和不对外公开的"副卷"。"正卷"中纳入当事人及其亲属和邻居的询问笔录,以及法庭调查记录和法庭主持的会谈记录;"副卷"则包含一些内部材料,比如法庭与当事人工作单位领导的会谈记录,以及由主审法官审查完所有案件材料后撰写的仅在法庭内部传阅的"结案报告"。其余的136个案

---

① 当代中国的法律有时候将"家庭法"从"民法"中分离出来,这一相对狭义的民法概念可见于1986年《民法通则》。另外,在实践之中,民事法庭一般同时处理婚姻、离婚和其他家庭案件。本章中"民法"一词采取的是广义的用法,也是以1900年德国民法典为蓝本的民国时期民法典的用法。

例是在档案馆手抄的记录和摘要。本章也使用了对法官和立法官员的访谈,用来补充案件档案。

本研究与以往学界的学术研究最大的分别在于它利用了相当数量的实际案件的档案,这类相对晚近的材料因受到正常限制而一般不易取得。这里采取的研究进路强调的是法律实践,而不是法律公开宣示的目标或司法制度——无论是官方化的还是大众化的表达。此外,我还关注所谓的"实践的逻辑",包括法律没有明确说明但体现在实践中的各种原则,而不只是叙述其实践行为。① 我们会看到,当代中国的婚姻法律制度已经形成了它独特的运作逻辑。

这里的方法和视角首先是历史学的:本章对当代民事法律制度的研究不仅是共时性的,而且同时历时性地集中关注民事法律制度形成和变迁的过程。因此,我的研究方法强调同时将实践和实践史视为一个未定的过程,而不能将之归结为某种诸如传统、现代性或革命之类的单一建构。

最后,本章将以往的研究中很大程度上被孤立对待的两个问题领域糅合起来。一方面,有不少研究涉及1949年以后中国民事法律制度的特征,尤其是极力强调调解的特征(Cohen, 1967; Palmer, 1987, 1989; Clarke, 1991);另一方面,也有不少著作对婚姻

---

① 熟悉布迪厄著作的读者肯定知道本章这里使用的术语"实践"和"实践的逻辑"的出处。布迪厄使用这类概念旨在摆脱客观主义和主观主义、结构主义和意志主义之间的二元对立,但他未能成功地将自己的观点运用到他对卡比利亚(Kabylia)农民的研究中(Bourdieu, 1977:114—158),其进路主要是结构性和共时性的,而不是将实践视为历时性的过程。我则倾向于将实践当作历史过程来研究——毋庸讳言,这种倾向部分地出自一个历史学家的偏向。

法律制度及其所起作用做过详细讨论(Meijer,1971;Johnson,1983;Palmer,996;Diamant,2000)。然而,这两者之间的相互关联却很少得到关注。本章将揭示后者如何决定性地塑造了前者。

一、毛泽东时代的民事法律制度

以往的研究已经准确地指出调解是当代中国民事法律制度的核心特征。然而,"调解"一词可能引起对中国法院真实性质的重大误解。[1] 首先我将概述有关的官方表达并做一个历史回顾,然后详细阐明毛泽东时代的法庭关于离婚案的实际运作,最后描述出中国法庭调解实践的特征并分析之。

(一)调解的核心地位

在中国官方关于其法律制度的表述中,特别强调法庭调解,以之为民事法律制度的基石。据此,直至1989年,即审判制度发生显著变化的20世纪90年代前夕,全国法院处理的民事案件中80%为调解结案,而判决结案率仅为20%(《中国法律年鉴》,1990:993)。甚至在2000年,官方数据仍显示调解的案件数量与判决的案件数量大致相等,而此时距民事审判制度开始从毛泽东时代法律制度转轨已有二十多年(《中国法律年鉴》,2001:1257;又见Lubman,1999:270—271)。时任全国人大常委会法制工作委员会主任王汉

---

[1] Clarke(1991)和Lubman(1999:第8,9章)指出了"调解"一词的复杂含义。

斌如是说:"用调解的办法解决民间纠纷和民事案件,是我国司法工作的优良传统。"(上海市律师协会,1991:56)无论过去还是现在,调解都被奉为中国民事法律制度与众不同的特色。

在有争议的单方请求离婚案件中,明显调解最为关键。一方面,1950年《婚姻法》规定有争议的离婚请求必须先经调解才能提交法院处理。根据该法第17条的规定:"男女双方自愿离婚的,准予离婚。男女一方坚决要求离婚的,经区人民政府和司法机关调解无效时,亦准予离婚。"而在此之前,村或工作单位通常已进行了非正式的调解。另一方面,"县或市人民法院对离婚案件,也应首先进行调解;如调解无效时,即行判决"(1950年《婚姻法》,见湖北财经学院编,1983:17—18)。① 换言之,有争议的离婚请求即使已经过法庭外调解,法院也必须首先进行调解才能考虑是否准予离婚。

"双方自愿"的离婚案件则无须经过以挽回婚姻为目的的调解程序。上述《婚姻法》只是简单地规定:"男女双方自愿离婚的准予离婚。"在我接触到的双方共同请求离婚的案件中,尽管有一部分被法院驳回,②但大多数获得了许可。在这种双方自愿的案件中,法院的作用主要限于协助拟定离婚的具体条件。一旦双方当事人一致同意法院拟出的方案,该案即归入"调解离婚"一类;如果双方不能达成协议,法院必须解决争议而将该案归入"判决离婚"范畴。这类调解的运作方式与"调解和好"有显著的差别。本章主要关注

---

① 关于《婚姻法》的出版物很多,我这里采用湖北财经学院的资料选编。
② 例如,在1977年来自A县的一件离婚案中,一方当事人是党员,党组织认为这对夫妇应当起到良好的表率作用而不应离婚,如是结案(A,1997-20)。

后者,对前者则将另行讨论。

(二) 历史回顾

单方请求的离婚案件所必经的法庭调解程序,既可能执行得颇为宽松,也可能十分严格。20世纪50年代初期经历了破除旧式"封建"婚姻的运动,包括重婚、婢女、童养媳、买卖婚姻和包办婚姻,当时的法庭调解执行得相当宽松。离婚请求人如果能使法院确信他或她的婚姻属于上述官方禁止的范畴中的一类,就无须经过法庭的强制调解而获得离婚许可。然而,到了50年代末,这些旧式的"封建"婚姻被认为已大体废除,离婚请求人也就不能再诉诸该途径(INT95-JP-1)。在20世纪六七十年代,调解成为非常严格的程序要件,对于有争议的离婚请求,法庭一般全都驳回,而着力于"调解和好"。

1980年《婚姻法》一定程度上放松了调解的程序要件。它保障离婚请求人选择直接向法院提起诉讼的权利,而不必先行经过地方政府和区司法服务部门的调解:"男女一方要求离婚的,可由有关部门进行调解或直接向人民法院提出离婚诉讼。"然而,这部婚姻法仍要求法院在准予离婚之前进行调解,"人民法院审理离婚案件应当进行调解;如感情确已破裂,调解无效,应准予离婚"(1980年《婚姻法》第25条,见湖北财经学院编1983:41)。

最高人民法院于1989年11月21日颁布的"十四条"(即《关于人民法院审理离婚案件如何认定夫妻感情确已破裂的若干具体意见》),导致对离婚的限制在20世纪90年代进一步松弛。由此带来的变化之一是,当一方当事人再次提出离婚请求时法院应当许可,即使该当事人是有婚外性关系的"过错方"(第8条,见最高人民法院研究室,1994:1086)。这样,最高人民法院指示各级法院终止长期以来驳回通奸方单方提起而配偶反对的离婚请求的习惯做法。该实践,据两位松江县的法官的解释,是为了惩罚婚姻中有过错的一方(INT93-9)。不过,全国人民代表大会常务委员会于2001年4月28日通过了一个新的修正案,再次加强了在20世纪90年代一度放松的对单方请求离婚的限制。①

回顾中华人民共和国半个世纪以来关于离婚的立法和实践,我们可以看到,20世纪六七十年代是一个更为严格的时期,体现了我们可简明地称为"毛泽东思想影响下的法律制度"的情况;而在改革时期,那些严格要件则逐渐松弛。② 事实上这种区分也是从事实践工作的中国法官们概括性的看法(INT93-9)。因此,我们的第一步工作是要详细阐明中华人民共和国离婚法实践的毛泽东时代的法律制度基线。

---

① 这个修正案集中于如何认定夫妻感情确已破裂的问题,其标准颇为保守。例如,可认定为感情确已破裂的一种情形是"分居满两年"(关于修订《中华人民共和国婚姻法》的决定,全国人民代表大会常务委员会2001年4月28日通过;该修正案的中文文本于2004年8月从 http://www.people.com.cn 获得)。至于国务院于2003年10月1日颁布的有关(结婚和)离婚登记的《婚姻登记条例》,确实向离婚登记自由化迈进了一步,不再要求申请登记的人提供村或工作单位的介绍信,但这仅针对双方自愿而不存在争议的离婚请求。
② 当然,这种分期并不适用于"文化大革命"的高峰期,在松江县是指1968年到1974年间,当时法院基本上停止了运作。

（三）调解的程序与方法例示

如上所述，毛泽东时代的法庭在处理离婚案件时倾向于积极进行调解，而非简单判决。然而，这种调解不同于英语中"mediation"一词的含义。后者指争执的双方在没有任何强制的情况下自愿地与无利害关系的第三方合作，从而设法达成协议的过程。毛泽东时代的法庭调解则运用了一系列独特的方法和各种微妙或不那么微妙的压力，乃至物质刺激手段等一系列会使美国人感到十分惊奇的方法。

中国在1952年发动了一场彻底废除"孤立办案"和"坐堂办案"的运动，它们被等同于国民党的庭审方式（INT93-8,9）。此后，毛泽东思想影响下的审判程序成为全国推行的办案标准。按照这样的办案方式，法官在与原、被告单独谈话之后，应亲自"调查"案件的事实，而非仅仅在法庭内做出判决。为此他们通常需要到双方当事人的居住和工作地点，与双方的"领导"谈话。对农村当事人而言，领导包括党支部书记和生产队队长；对城市当事人则是相关单位的负责人，如党委书记、厂长、校长等。法官还应与"群众"交谈，包括当事人的亲属、邻居和同事，力图查明相关的事实和背景，尤其是这对夫妇婚姻关系的性质和矛盾。通常，他们也会询问当事人的人品与工作和政治上的"表现"，这些因素都是法院在形成对案件的总体态度时所要考虑的。接下来，法院会约谈相关的各方，最初通常是个别谈话，以寻求达成协议所必需的共同点和让步。该过程不仅包括夫妻双方，也涉及他们的父母、其他重要的亲属,及当地的领导。最后,当"和好"的条件大致形成,法官会召开一个正式的"和好会",当地领导和亲属一般都会参加。作为"调解和好"的组成部分,双方当事人要在逐字记录的会谈笔录上签名,或签署一份更正式的"调解协议"。

一个内容详尽的标本可以告诉我们有关调解的实际运作详情。1977年9月,B县一位25岁的农村妇女向县法院提交正式离婚诉状,她来自贫农家庭,四年前结婚(B,1977-16)。起诉书由她本人撰写,其用语和笔迹显示出作者仅受过小学教育。① 据称,她的丈夫也是农民,两人婚后与鳏居的公公同住。公公开始待她很好。半年后,媳妇生了一场病,公公自称是"半个医生",借照顾之名在她身上乱摸,并许诺如果媳妇顺从就给她买东西。遭到拒绝后,公公对她的态度变得凶狠而暴躁,处处刁难,有一次甚至还殴打了她。这位妇女还称,丈夫站在他父亲的一边。每当她向丈夫诉及公公的不是,就会招来愤怒和殴打。

在过去的三年里,这对夫妇经常吵闹。大队和生产队的干部们连同他们的亲戚已在村里调解过他们的婚姻问题。一次在众人在场的场合,媳妇向他们诉说了公公的所作所为。起诉书称,公公先是抵赖,但经过调解人主持的两天两夜的讨论,最终承认了自己的行为。尽管如此,调解人还是力劝她给公公一次改过的机会,其中一位调解人甚至还找她母亲来帮助他们和好。然而,此后的事情只是变得更坏了,公公继续刁难她。她的丈夫惧怕父亲。一次,父子俩因不见了一点儿肉汤起争执,父亲打了儿子,儿子竟然服毒

---

① 在我收集的案例中,有一部分起诉书是由法院书记员或法官代写的,而非由当事人自书(例如,B,1965-2)。

第四章　离婚法实践——当代中国法庭调解制度的起源、虚构和现实

自杀,在医院里待了两个月。1977年4月,女方回娘家住了三个月。现在,她要求离婚。

根据正常的程序,女方本人去了法院向一位法官口头重申了她的诉讼请求(这是两周半之后,即9月23日的事)。一份"接待笔录"逐字记录了这次面谈的内容,并附有这位妇女的手印。

两天后,即9月25日,作为被告人的丈夫也来法院面谈,陈述事件的另一面(这也符合通常的程序)。他确认了妻子所讲的部分事实,主要是他父亲对媳妇行为不检,承认其父确实有错。他还承认自己的确很怕老头,当因为肉汤而挨打时试图自杀。但丈夫也指出妻子喜好漂亮衣服的缺点,当他父亲不让媳妇花钱购买这些奢侈品时,媳妇便赌气。此外,他因最近的唐山大地震伤了后腰而不能干活,家里的经济状况恶化,加剧了夫妇间的摩擦。据丈夫讲,妻子抱怨他无能,不肯起床为他做早饭。然而,他反对离婚,希望与妻子另建一所他们自己的房子而完全从父亲家中搬出去。他认为那样一来夫妻间的大多数问题都会随之消失。这次面谈同样记录在"谈话笔录"之中。

至此,法官们开始着手撮合这对夫妇。10月15日,仅仅在这位妻子来访法院的三周后,法院的审判员和人民陪审员"下到"这对夫妇所在的村进行调查。[①] 他们首先会见了大队党支部书记,后者对女方很反感。据他说,这个女人的邻居都知道她有点儿懒,有时还偷偷自己"做小锅饭吃"(而不是正当地与全家人一起吃"大

[①] 除最简单的民事案件由1名法官独任审理外,法院在审理民事案件时组成3人的"合议庭",可由1到2名人民陪审员(非法律职业人士)和1到2名审判员(职业法官)组成。

灶")。她还粗鲁地抱怨丈夫"不行",有一次甚至伙同她的妹妹打了丈夫,事后反赖丈夫打了她们。这位党支书还谈到,做公公的相当吝啬并说话下流,他很可能对媳妇有过不规矩的举动。他的确也曾因为弄丢了一点儿肉汤这样的小事,打了儿子,使得后者服毒。但是,党支书认为,夫妇俩的问题归根结底源自窘迫的经济状况,不知道如何持家。除此之外,两人的关系中并没有大的不可克服的矛盾。这次谈话逐字记录为一份"访问笔录"。

当天上午,法官和陪审员接着访问了当地"治保主任"和丈夫所属生产队的代理队长(作为最基层的干部,比大队支书更接近当事人的家庭)。两人谈到,他们已数次参与调解这对夫妇。而令人惊讶的是,他们指出大队党支部内部存在不同的意见。他们对事情的看法与党支书有差异,更倾向于批评公公,而不是媳妇。尽管公公曾经否认调戏媳妇,这两位干部却知道他曾有过类似的行为:他做裁缝时,对前来做衣服的妇女手脚不规矩,以致后来再也没有顾客上门。媳妇的问题是有点儿懒,不爱干活儿,和她一起劳动的人都知道。但他们认为,总的来说,其实夫妻两人感情不坏。

按照标准的程序,法官和陪审员也走访了"群众"——在本案中是男方29岁的叔叔,和当事夫妇住同一个院子。他参与了公公与小夫妻间的分家。当时,媳妇想要缝纫机,大家同意缝纫机归她,但条件是公公也可以使用。除此之外,这位叔叔确认了其他人所说的很多关于公公和媳妇的事。法官要他分析矛盾的根源,他回答说是经济状况,尽管小夫妻俩已和老头分了家单过,他们却没有能力养活自己。

走访了村里上述领导和群众后,法官和陪审员会见了原告 49

第四章 离婚法实践——当代中国法庭调解制度的起源、虚构和现实

岁的公公。"谈话笔录"清楚地显示,法官此时已根据先前的访谈形成了对他的初步结论。在会谈中,公公起初不承认他曾调戏媳妇。但法官立即反驳他,毫不含糊地说自己和同行的陪审员已经调查了解到他对媳妇行为"不正派"。这不仅仅是媳妇的一面之词,而是从"社会"("社会"——一个甚至比"群众"更广泛和更高层次的范畴)中调查了解来的。公公仍试图抵赖,说自己只是爱开玩笑,对媳妇并无性企图。然而,法官断然宣布他今后必须就这个问题多反省,去掉"资产阶级政治思想"。法官还颇带威胁意味地加了一句,称这种改过"今后对你有好处"。

法官接着批评公公在家庭关系上的"封建思想",宣称"在你的家庭,毛泽东思想是不占地位的……你的儿子对你根本不敢反抗,没有一点儿自由……完全是封建思想那一套,违背新社会的法律……你儿媳闹离婚与你有直接责任。如果你处理不好,就可能离婚,将来的苦恼是你们的"。在这番严厉的道德和意识形态的训诫之后,法官继续说道:"原则上你虽然承认有责任,但具体问题上你没有总结,你先考虑一下,下午再谈。"

在下午的会谈中,公公谈到,前一年分家的时候他分给小夫妻俩300多斤粮食,只给自己留了40斤,还替儿子付了医药费(在迫得这个年轻人服毒后)。当法官催问他愿意为这对小夫妻盖新房子提供什么帮助时,他说女方的舅舅要给他们一条长凳,他本人则准备了一棵树和其他东西。法官最后说:"把你们叫一块儿,能不能把你的错误承担下来,互相谈谈?"

10月15日当天,合议庭另一位年纪较轻的法官到女方婚前所在村庄调查。他询问了这位妇女的工作、人品和"政治表现"。访

119

问笔录很简短,没有注明被调查人的身份(显然,这位法官不及另两位严谨)。据称,女方人是不坏的,其家人表现都很好,没有和别人闹过纠纷,劳动也不错。法官接着走访了女方的父亲,另做了访问笔录。父亲所讲的和女儿一致,并表示支持女儿离婚。法官于是问道:"如果我们把你的姑爷教育好,叫你闺女回去,行吗?"不等对方回答,法官就指示:"你劝劝你闺女。"当对方回答"怕是他们(男方及其父亲)改不了",法官再次带有官气地教训道:"从你思想看,并无信心。你是不想你闺女过得好吧?"女方父亲问:"如果没几天,又打我闺女,怎么办?"法官回答:"如果教育后不改,我们解决离婚问题。"结束谈话时,他命令说:"你劝劝吧。"

四天后,10月19日,年长的法官和陪审员来到原告的村庄同她谈话。她又抱怨了一番,还是坚持离婚。听任她发完牢骚,法官转而强调分家时小夫妻俩分得了大半粮食,而老头只留下40斤,"你说(你公公)这么办对不对?"她承认在这件事上,公公并没有亏待自己。法官接着问:"你也不想和你公公一块过,你公公也不要,这算啥问题?"她回答:"分家以后,我公公和我们吃了好几个月。"这番问答之后,法官批评了她:"按你这么讲,你公公做对了也不好。你就是缺乏正确思想,把不是都推给别人,一点儿实事求是的思想都没有,一点儿尊老爱幼的思想也没有,资产阶级思想严重。"当她回之以抱怨时,法官则试图一边抚慰一边施以道德和意识形态的压力,"我们……有调查……你对象住院花的钱,你公公就负责了。当然,分家以后,从经济上对你们照顾得少了一点,但是也应看到你公公有困难"。

法官还向女方摆明他们对事情的看法和行动的计划,"我们调查真相,打骂还是不严重的。经济问题是主要的。从政府(这是法官对当事人谈话时的自我指称)角度讲,和公社和大队对你们都进行了联系,都准备做适当的安排。同时对你公公我们也进行了教育。现在你公公准备拿出一些砖和部分木料,你舅又帮助一部分木料,大队准备给你们安排块地,让你们盖房子。从各个方面都要求你们和好。今后你们俩要树立自力更生精神,好好过日子。你先考虑一下吧"。如此,法官将道德和意识形态的劝诫与官方压力和物质刺激结合起来了(这显然是法官在公社和大队领导协同下的安排,尽管这些非正式活动没有记录在正式的案卷中)。

同日,年长法官还和原告的父亲见了面,村代理治保主任也在场。像往常一样,他让对方先发言。当这位父亲絮絮叨叨地抱怨他的姻亲们不可信,说一套做一套时,法官叫他讲得具体一些。后者于是举了许多具体的例子,并重复他女儿"要求政府给我断开"的主张。法官则说:"我们把调查的情况和你们讲一下……从你们的婚姻基础看是不错的。开始闹离婚主要是因为她公公作风不正派。"他接着说:"通过对……的公公进行批评教育,现在也有了新的认识,答应……他们盖房子把砖、木料给他们,并且尽所能……进行经济帮助。同时大队也为他们生活问题进行考虑,将来做适当的安排。"

三天后,10月22日,老少法官和陪审员来到女方娘家,在当地的治保主任陪同下与女方及其母亲见面。法官们一开始就表示已经批评了公公,丈夫也动手盖新房子了,然后问:"你有啥看法?"在物质刺激和道德—意识形态压力的双重攻势下(这种攻势不仅是由法官发动的,也是在村干部及女方亲戚们协作下施加的,尽管后者的努力并不见于正式的会谈记录),女方的态度已明显地大为缓和。她说:"政府要是把他们教育好,我们感激不尽。"法官们继续向她施压:"他们已表示悔改……所以我们……动员你回去……如果他们不改,你们再离。"又问:"你们还有啥要求?"女方回答:"我可以回去,但是缝纫机得给我。"法官表示可以,但要允许公公使用。因为他瘸了一条腿,要靠这台机器谋生,而这样也可以减轻小夫妻俩的负担。原告又提出要一份保证书,担保她能得到缝纫机,法官同意了她的条件。

10月27日,主审法官回到这对夫妇所在村庄,先后与原告公公和丈夫谈话,同时在场的还有村治保主任。公公答应他今后不会再试图控制这对年轻夫妇,并说儿子向他借40元钱盖新房子,他为了"团结"的目的也给了。丈夫告诉法官,新房子已经盖好,[①]他父亲也确实给予了帮助。丈夫本人去了妻子娘家两次,她答应回来,岳母也没有反对。法官询问是否还有其他问题,丈夫表示妻子担心他不能调到大队的种子场干活(较好和相对轻松的工作),但他认为只要和父亲分开住,夫妻间的矛盾就会减少。

十天后,即11月6日,案件最终在这对夫妇的新房子里了结,此时距原告递交起诉书仅两个月。到场的包括两位法官和陪审员、当事人夫妇、公公、大队党支书、生产队队长及治保主任。法官们开门见山地表示,把全家人聚在一起的目的是开一个"家庭和好会",并宣布通过在两个大队做了工作,他们已促使这对夫妇和好。他们先对公公说:"你要克服封建思想,去掉老一套,放手让他们两

[①] 当时,华北乡村的房子还相当简易。在其他村民的帮助下,盖房子通常只需几天时间(黄宗智,2000:230)。

口子过日子,不要事事都包办代替。搞好家庭关系。"接着,党支书和队长轮流劝诫三个家庭成员多做自我批评,今后改正缺点。公公做了大家所预期的表态:"领导上为我们的事操碎心,都是因为我过去的旧思想所致。以前那些封建思想我一定改,不犯老毛病。"女方也说:"今后谁说得对听谁的。我说话直,以后别忌讳我。我盖房子借了很多钱,机器得给我。"公公接着说:"他们盖房子借的钱我负责,机器得我使用。"丈夫则简单地说:"领导讲的我听,今后一定改正缺点,搞好关系。"法官们做了总结发言:"今天你们都交换了意见。我们认为很好,希望你们今后搞好团结,共同抓革命、促生产(用的是当时的主要政治口号)。"丈夫、妻子和公公都在调解笔录上签了名并附上手印,这份文件替代了在其他很多案件中使用的正式调解协议。①

---

① 毋庸说,并非所有的调解努力都能带来符合毛泽东时代法院的愿望的结局。有时,尽管法院运用了意识形态和道德的劝诫、官方压力和物质刺激,当事人仍坚持离婚。在这种情况下,法官有时会求助于更强制的手段。1989年来自A县的一起案件就是一个例子(A,1989-14)。当地学校的一位教师提出离婚,理由是他的妻子经常谩骂他和他的父母,不愿意过夫妻性生活,以及他们的感情已完全破裂。妻子则清楚地表示反对离婚。法官去双方的单位做了调查,确定双方的关系还不错,主要的问题是性生活。她的性冷淡源于一次难产手术导致的后遗症,而法官们认为这个问题是可以克服的。他们于是对原告进行了道德说教:作为一位教师,他应该为他人树立榜样。他们还试图通过党组织施加政治压力,因为原告已申请入党。他们也提供了物质刺激:学校校长答应给女方在校内安排工作,这样夫妇俩就会有更多的时间在一起。但丈夫不为所动,法官于是告知他,"根据夫妻实际情况,离婚理由不足。如你坚持离婚,本院将判决不准离婚"。面对这样的声明,大概是考虑到自己无论如何不能改变法院的决定,丈夫在法院召开的第二次调解会上做出让步,撤回了离婚请求。然而,笔者在松江县访问的法官们称,这种策略只是不得已而为之。一般说来,法官们会引用、解释法律条文,让当事人明白法院会怎样判决,但不会做出本案中那样赤裸裸的威胁(INT93-B-4)。

在习惯了昂贵的诉讼费和按小时收取律师费的美国人看来，这种程序似乎不可思议。首先，两位法官不是待在法庭内，而是到争议发生的地点开庭。在办案过程中，他们单独或共同到当事夫妇所在村庄去了四次，女方婚前所在村庄两次。在最后的和好结案会准备就绪之前，他们总共进行了五次有正式记录的调查访谈，以查明这对夫妇婚姻不和的根源以及和好的可能性。这个数字还不包括他们与大队和生产队的干部为设计出具体的物质刺激方案而进行的许多次非正式讨论。

这种调解也混合了法庭的强制和当事人自愿的服从。法官运用道德和意识形态的劝诫及物质刺激，不仅仅以法官的身份施加压力，还借助于社区和家庭的力量，使当事人及其亲属得到他们预期的结果。他们还充分汲取了国家独特的意识形态权威和当地村庄领导的权力，以促成和解。

(四) 其他类型的结局

在进一步分析毛泽东时代法庭处理离婚的特征和方法之前，有必要将"调解和好"类型的案件置于全部离婚案件的更宽泛的背景中（见表4.1）。"调解和好"又称"调解不离婚"，此外，以不离婚为结局的类型还有"判决不离婚"；准许离婚的则包括"调解离婚"和"判决离婚"两类。根据现有的统计数据，以上四种是离婚案件的主要结局类型。①

表 4.1 离婚案件的结果

不离		离婚	
通过调解	通过判决	通过调解	通过判决
调解和好 (调解不离婚)	判决不离(婚)	调解离婚	判决离婚

判决不离婚 尽管法院施加了强大的压力,有时诉讼人仍会坚持离婚。如此,法院会迫不得已而直接判决不准离婚。全国的统计数据(后文将进一步讨论)显示,这种情况相对于"调解和好"要少。这类案例的大多数牵涉到一方与第三者的外遇。例如,1965 年 B 县的一个案件,申诉人是一位 30 岁的男子,农民出身而后来成为唐山附近一家工厂的工人,是党员。他在十年前结婚,即 1956 年,据他说是由父母包办的,并且婚后夫妻关系一直不好。他妻子对他的父母不好,让婆婆受了很多气,他声称这是导致自己母亲早逝的部分原因;最近妻子还迫得公公从家中搬出去。因此他提出与这个思想落后脾气又坏的女人离婚。他的申诉书显示他是一个有文化的人,其措辞的风格就像是一个优秀的党员同志写信给另一位好党员同志。然而,妻子却坚决反对离婚。据她的陈述,婚后夫妻感情实际上很好,她对他的父母也不错,她怀疑丈夫在唐

---

① 在诉讼过程中,案件的类型有时会发生变化。最初强烈反对离婚的当事人可能会让步同意离婚。随着这种变化,法院也可能不再热衷于调解,转而认可不能和好。例如,1977 年 B 县的一个案件就清楚地反映出这两种过程(B,1977-11)。

山有了外遇。

依照通常的程序,法院进行了调查,与男方的厂领导、女方村里的领导以及有关的"群众"(尤其是男方的亲戚和邻居)谈话。在调查过程中,法官们了解到女方讲的是真话,事实上,这对夫妻是自主结婚,感情一直很好。只是最近,从1964年起,丈夫开始虐待妻子。这种转变完全是因为他和一个寡妇有了外遇,这才是他坚持离婚的真正理由。法院做出判决:丈夫犯有"喜新厌旧"的严重错误,因此直接判决不准离婚。

松江县的两位法官告诉我,法官们普遍认为不能"给予"有"第三者"的过错方离婚许可,否则无异于"奖励"通奸。申诉方为了另寻配偶,虽然通常坚决要求离婚,但法院视通奸一方为过错方,另一方为受害方。这是法院在处理这类案件时的指导思想,这种意识直到1989年最高人民法院发布"十四条"后方受到质疑。在上述案件中,法院判决不准离婚的理由是"为保护妇女与子女利益"。

调解离婚　　绝大多数准许离婚的案件都牵涉到双方自愿,对方一般都爽快地同意离婚,或至少不强烈反对。在这类情形中,法院通常仅仅协助拟一份双方都接受的离婚条件方案。这类案件被归入"调解离婚"类。仅以A县1965年的一个案件为例(A,1965-14),丈夫是一名军人,曾经多年离家在外,而妻子有了外遇。于是丈夫提起离婚诉讼,妻子最初表示反对。但当得知丈夫的意愿十分坚决时,她说她并不是真的反对,只是不愿回娘家,因此希望留住夫家,直到找到新的丈夫;她还要求获得对8岁孩子的抚养权。法院于是进行了调解,使双方达成如下协议:(1)妻子可以在目前的家中(夫家的一个房间)居住一年;(2)在这期间由妻子抚养孩子,而由丈夫承担抚养费;(3)妻子可以使用现有房间中的物品,直到离开。双方都同意这些条款,并签署了一份正式的"民事调解协议"。因此,这个案件的结局在案卷中记为"调解离婚"(又见B,1988-12)。

判决离婚 除了调解离婚,另一类以离婚为结局的案件是罕见得多的判决离婚。这种类型的结局发生的情形通常是一方当事人并不是真想和好而是出于法律不认可的动机而提出反对,即常常为了迫使对方多做让步或仅仅是为了泄愤。以B县1965年的一个案件为例,妻子从1964年2月起一直住在娘家,并于1964年年底向法院请求离婚。她的理由是丈夫不诚实、脾气暴躁、愚蠢。通过和大队干部及她的亲戚邻里谈话,法庭了解到这位妇女勤于劳动,在村里受人尊敬,婚姻关系的主要问题是她认为丈夫愚蠢。大队和公社的干部调解了几次都没有成功。丈夫表示反对离婚,但并非出于和好的愿望,而是意欲讨回婚前给她娘家的250元钱以及得到全部的夫妻共同财产。

法庭与双方面谈了几次,试图设计一个他们都能接受的财产分割方案,未果。法庭认为丈夫要求退回全部的彩礼钱和得到全部的共同财产是不合理的,提出让女方给他30元,后者不同意。法庭于是按照自己认为合理的财产分割方案判决离婚。该案经过正式判决,因此归入"判决离婚"类。

(五)全国的图景

从许多方面来看,1989年是毛泽东思想原则和方法完全支配离婚法实践的最后一年。前文已经提到,最高人民法院在这一年11月颁布了后来为人们所熟知的"十四条",放宽了离婚的条件。1990年及之后对这些条款的全面贯彻将会相当程度地改变离婚制度。但在1989年,法院调解和好的案件数量仍高达12.5万件,直接判决不准离婚的仅3.4万件,这些数字几乎涵盖了所有首次提出的单方离婚请求。同年度准予离婚的案件数据则可能造成误导:37.7万件调解离婚,8.8万件判决离婚(《中国法律年鉴》,1990:993)。① 这些数字表面看来很高,但正如抽样案例所显示的,绝大多数准予离婚的案件都是因为双方自愿,法庭主要帮助他们拟定具体条件。当双方都愿意离婚而不能在具体条件上达成协议时,法院才进行判决。另外,他们也批准了一定数量单方再次提出的离婚请求,预示了20世纪90年代将要发生的变化。然而,法院对具有严重争议的离婚请求几乎全部驳回,要么调解和好,要么直接判决不准离婚。

与1989年形成对照的是2000年,它处于可以称为离婚"自由"的十年之末期(在修改《婚姻法》、加强对离婚的限制之前)。尽管2000年的离婚案件总量为130万件,大于1988年的74.7万件,调解和好的案件却仅为8.9万件,而判决不准离婚的案件则增加了两倍多,达10.8万件(《中国法律年鉴》,2001:1257)。② 数字的变化显示出调解的地位明显下降。

---

① 其余的大多数案件(约12.2万件)或是当事人撤诉,或是因某种理由而中止,比如庭外调解成功。这里使用的是以万为单位的近似数字。
② 与1989年不同,2000年的统计数据没有将离婚诉讼从"其他婚姻和家庭"案件中单列出来。1989年离婚和其他婚姻案件的比例约为6:1,这里使用的2000年的离婚案件总数是按照这个比例推算出来的。

第四章 离婚法实践——当代中国法庭调解制度的起源、虚构和现实

松江县的两位法官解释了判决不准离婚案件数量增加的原因。正如我们所见,毛泽东时代的模式要求法官下乡调查,并且交相运用社会的、家庭的乃至官方的压力促使当事人和好,这种程序耗时极巨。在上文讨论的第一个案件中,法官六次下到那对夫妇所在的两个村庄进行调查和调解。由于其他民事诉讼(如财产、债务、继承和老人赡养等)从20世纪80年代开始显著回升,积案成为大问题,上述耗时的方法变得日渐不切实际。这种背景下,20世纪90年代的审判制度允许法官根据诉讼人当庭提供的证据当庭做出裁决。这种审判方式被称为"庭审调查",在20世纪50年代的运动中曾被等同于国民党的法制(INT93-9)。

然而,不应夸大20世纪90年代的变化。我访谈的法官们倾向于描绘出一个戏剧性的转型——从要求实地调查的法制风格到庭审调查的新实践。这样的描绘可能造成一种印象:法院处理离婚的方式突然之间完全改变,对单方提出的离婚请求从几乎置之不理到轻易地许可。然而,全国的统计数据讲述了一个截然不同的故事。即使在"自由的"90年代,像过去那样驳回单方请求离婚的情形依然大量持续存在;调解和好的案件虽然的确减少了,但仍然数量很大;而判决不准离婚的案件数量在2000年(8.9万)和1989年(10.8万)相差无几。此外,因放宽对离婚的法律限制而带来的那些变化,尽管在易于离婚的美国人看来不过是相当温和的趋势,但也激起了反对的呼声和更严格管制的要求。第五章将详细论证,在21世纪的中国,强制性的"调解和好"将日趋式微,但由此衍生的其他类型的法庭调解将仍然是中国民事法律制度的一个重要特征。

129

(六）毛泽东时代离婚法实践的特点

从意识形态和观念上来看，毛泽东时代调解和好实践的与众不同之处在于，它假定国家应当介入夫妻的"感情"。这种假定容易使我们联想到旧的"全能主义"模式，即由国家控制那些当今西方社会通常认为是公共或政治领域之外的"私人领域"的事务，尽管西方历史上宗教权威（尤其是罗马天主教会）一贯介入这些事务。这种假定也符合"人民内部的（非对抗性）矛盾"观念，即一旦与阶级敌人的"敌我矛盾"消除之后，社会将会处于社会主义和谐之中（毛泽东，1957［1971］；韩延龙，1982；杨永华、方克勤，1987）。国家应当扮演一个积极的角色，促进这种和谐的关系，包括夫妻间的和睦。

国家干预婚姻关系的一些有特色的方式并非那么显而易见。我们从上文讨论的案件中已经看到大量的强调道德—意识形态的"批评"和"教育"。这种控制的关键之一是将日常生活的细节"提高"到更大的政治原则层面。于是，亲戚邻里被贴上了"群众"甚至"社会"的标签；家长式的态度和行为被贴上"封建"的标签；懒惰和喜好漂亮衣服则对应着"资产阶级"；工作和生活方式，则是由党来进行政治评价的"表现"；等等。此外，道德劝诫和意识形态教育还伴随着实际的物质刺激，如上文讨论过的，帮助困难中的夫妇盖一所新房子（乃至为丈夫安排一份新工作）。

当这种制度的代理人以某些微妙的方式行使他们的权力时，情况可能不是那么一目了然。法官们习惯性地自我指称为"政府",或至少放任他人这样看待自己——他们不仅是法院的官员,而且与国家的整个权威机制融为一体,因此,当地干部总在调解中扮演一个不可缺少的角色。而调解过程中对亲戚邻里参与的强调,也通过更大范围的社区和社会加大了对要求离婚的夫妇的压力。

此外,政治权力的行使也经过了精心包装,从而避免以专断的面目出现。因此,询问群众称为"访问",询问当事人称为"谈话"。在上文讨论过的案件中,老法官与另一位合议庭法官的不同之处在于,他总是首先让对方倾诉委屈和问题,然后才表明自己的观点。而他本人所表达的不仅仅是一个意见,而是通过彻底调查得来的客观真理。后者本身就是毛泽东时代社会治理和权力行使的特色,毛泽东本人就清楚地体现了这一点,例如,他的经典之作《湖南农民运动考察报告》和他对兴国县、长冈乡和才溪乡的调查报告(毛泽东,1927,1941a[1967])。"调查研究"绝对不只是学者们做的事,也是法官们(和干部们)用以行使权力的语言中不可或缺的部分,并且实际上也是毛泽东思想中"群众路线"的领导风格/治理术(下文讨论)中的有机组成部分。毛泽东的警句"没有调查就没有发言权"(毛泽东,1941b)成为毛泽东时代的法官、干部和官员们援用频率最高的格言之一。反过来说,一旦按照适当的方法(访问可信的党组织领导和群众)进行了调查研究,调查者的意见的分量就大大加强了。这样,法官就能称他的裁决具有社会的和政府的权威。

有关婚姻和离婚的一整套语言本身即传达了党的立场和对那些要求离婚的人们的压力。我们在前面已经看到,"和(合)好"一

131

词就是"和(和谐或团结)"加"好",它已被赋予了"团结(他人)"的政治意义。和好的正面价值是毋庸置疑的。相反,离婚是关系"破裂"的结果,而"妨碍"婚姻的"第三者"和通奸者都是过错方,另一方则是受害者——尽管婚姻法没有明确地为其贴上这个标签。至关重要的是,调解代表着某种极有价值的中国特色,乃是地方法院应努力将之发扬光大的。

与调解过程相联的还有一套特殊的仪式。作为毛泽东时代社会治理中"群众路线"的一部分,法官们总是亲自下乡调查,而非传唤证人到庭坐堂办案,后者是毛泽东时代的司法重点批评的审判模式。我们已经看到,访问和谈话是引导当事人和他们的亲戚邻里自愿参与并如实地表达他们观点的适当方式,而不是居高临下的纠问。最有效和重要的一点或许是,调解不应满足于达成一纸签名附指纹的协议书,还应当召开一个调解会,让相关当事人在既有领导也有群众在内的社区公众面前——表明他或她计划在今后如何改进。这样的实践乃是微妙地运用官方和社会的压力促使夫妻和好的具体体现。

就其目的、方法、语言和风格而言,显然不能将毛泽东时代的调解简单地等同于"传统的"调解。我在另一著作中已经谈到,法庭调解在帝制时期的中国几乎不存在;县官们既没有时间也没有意图按照毛泽东时代法官的方式来处理案件(黄宗智,2001)。诚然,那种有可能由乡村里的社区或家族领袖实施的法庭外调解与毛泽东时代的司法制度有着某些共通之处,比如,对道德话语的运用、邀请公众(即其他社区成员)参与的仪式,等等。然而,旧式的社区或家族调解首先建立在自愿妥协的基础上,由一位第三方中间人居间说和。中间人诚然是那些在社区中受尊敬的人,但他们通常没有官职(见本书第二章;亦见黄宗智,2001:第三章)。这种调解既不求助于官方强制,也与强加政策的做法大相径庭。

毛泽东时代的中国便将自己的调解实践同旧式调解人的活动做了区分,认为后者不过是"和事佬",只关心促成妥协,却缺乏判断是非的(由意识形态或政策决定的)清晰立场。这种方式被称为无原则的"和稀泥"(韩延龙、常兆儒,1981—1984,Ⅲ:426—427, 669)。至少在证实调解不可能之前,毛泽东时代的法庭对离婚的态度是一贯否定的。调解过程中的自主性也与传统的乡村调解不同。离婚请求人可以撤回或放弃请求,但不能自主地寻求其他人士或机构的服务。要获得离婚许可,请求人必须克服法庭反对离婚的态度,经历必需的法庭调查和调解程序,并服从法庭的权力。简言之,将毛泽东时代的调解等同于传统的民间调解会使两者都变得含混不清。

同时,也不应将调解和好的实践与美国人关于调解的惯常观念相混淆。更确切地讲,所谓的调解和好实际上是国家通过司法系统实施的强制性的消除婚姻矛盾的"服务",在传统中国和现代西方都找不到它的对应物。毛泽东时代国家努力介入陷入危机的夫妻关系,积极地寻求改善他们感情联结的途径,是比较独特的。这种前所未有的事业只能通过其产生的历史条件和过程来理解。

二、历史起源

毛泽东时代的法律制度主要由两个历史进程所塑造。其一是中国共产党试图在早期对离婚的激进允诺和农民强烈反对的现实之间找出一条中间道路,从而形成法律实践的演变。其二是农村工作方式的形成,呈现于民国时期国民党统治下得到发展的现代法律制度触及不到的地方。

(一)激进的允诺和农村的现实

对离婚的激进允诺可以回溯到 1931 年在江西颁布的《中华苏维埃共和国婚姻条例》。当时正是婚姻观念发生巨大变革的时期,甚至连当政的国民党也在 1930 年的民法中承认了男女平等的原则并制定了相对自由的离婚标准(黄宗智,2003:第十章)。在当时的进步思潮中,男女平等原则至少在理论上毋庸置疑。更直接、更密切的相关影响源可能是 1926 年苏联《婚姻与离婚、家庭与监护权法》第 18 条的规定:"婚姻的解除基于婚姻中双方当事人的同意,也可由其中一方单方面提出。"(*The Soviet Law on Marriage*,1932[1926]:13;参见 Meijer,1971:51)

《中华苏维埃共和国婚姻条例》照搬了上述规定,其第 9 条宣布:"确定离婚自由。凡男女双方同意离婚的,即行离婚。男女一方坚决要求离婚的,亦即行离婚。"(转引自 Meijer,1971:281;中文参见湖北财经学院编,1983:1—4)这种态度较当时的西方国家远为激进,后者从 20 世纪 60 年代才开始实行无过错离婚(Philips,1988:561—572)。表面上看来,这条激进的法规会让千百万中国男女摆脱他们不愉快的婚姻,而不论他们的配偶意向如何。

然而中国共产党几乎立即就从这种激进的立场撤退,原因非常实际:党希望保护红军中的农民战士对妻子的主张权。于是,颁布于1934年4月8日的正式的《中华苏维埃共和国婚姻法》尽管重复了先前立场激进的规定(第10条),又紧接着补充,"红军战士之妻要求离婚,须得其夫同意"(韩延龙、常兆儒,1981—1984,Ⅳ:793)。实际上,中共中央委员会赣北特委在1931年起草的"妇女工作计划"中就已经充分表明有必要做出该修正。"我们必须避免对婚姻自由加以限制,因为这有悖于布尔什维克的原则,但我们也必须坚决反对婚姻绝对自由的观念,因为它会导致社会的混乱并引起农民和红军的不满"(转引自 Meijer,1971:39;着重号为作者所加)。正如约翰逊(Kay Johnson)指出的那样,对农民战士利益的威胁会危及共产党的权力基础(Johnson,1983:59—60)。

对农民而言,在这里所要考虑的因素是显而易见的。结婚在农村是一件非常昂贵的事情——按照结婚的通常花费和大多数农民的收入水平,一生只负担得起一次。允许一个不满的妇女任意与丈夫离婚,无论对军人还是他们的家庭都是很严重的打击。

另外,部分妇女也和男性一同反对单方请求的离婚。在革命运动内部,男性党员要求与他们的(农民)妻子离婚的情况并不鲜见。他们的借口是妻子"政治落后",实际上是想和其他(来自城市的)女同志结婚。丁玲1942年在"三八"妇女节发表的著名文章,批评党内的男性沙文主义,也影射了这一点(丁玲,1942)。这个问题甚至直到20世纪80年代还存在争议(见下文讨论)。

因此毫不奇怪,在单方离婚请求问题上从支持到回撤的趋势蔓延得很快。在紧接着的抗日战争期间,这种对大众不满的让步在共产党的根据地体现得最为明显。其立法完全脱离了江西苏维

135

埃时期的表达,而与国民党的民法典相似,规定了准予离婚的条件,包括重婚、通奸、虐待、遗弃、不能人道和不能治愈的疾病(与此同时,边区开始以夫妻的感情关系为基础来构造离婚法的标准,这种对婚姻和离婚的新的概念化方法在革命后的年代取得了支配地位)。江西苏维埃时期基于任一方的请求即准予离婚的规定被完全废除。①

在根据地以及1949年后中华人民共和国有关离婚的立法中,保护军人利益的特别规定十分普遍。1943年的《晋察冀边区婚姻条例》和1942年的《晋冀鲁豫边区婚姻暂行条例》均规定,仅当一名军人在抗日战争中"生死不明逾四年后",其配偶才能提出离婚请求(韩延龙、常兆儒,1981—1984,Ⅳ:828,840)。陕甘宁边区1939年的条例没有涉及军婚问题,但在1944年的修正条例中规定"至少……五年以上不得其夫音讯者"才能提出离婚(韩延龙、常兆儒,1981—1984,Ⅳ:810)。下面我们将会看到,20世纪50年代初期对军人的保护得到加强。

然而,当中国共产党从一经请求即准予离婚的立场撤退时,并没有完全背离自己公开宣布的目的,即废除"封建"婚姻。在20世纪50年代初期,国家重点打击的目标包括重婚或一夫多妻、婢女、童养媳、父母包办和买卖婚姻。1953年的案件抽样显示,许多婚姻因为属于上述范畴之一而获准离婚或宣告无效。B县的一个案件

---

① 参见1939年《陕甘宁边区婚姻条例》,1943年《晋察冀边区婚姻条例》,1942年《晋冀鲁豫边区婚姻暂行条例》(Meijer,1971:285—287,288—294[附录3,4,6];中文见韩延龙、常兆儒,1981—1984,Ⅳ:804—807,826—829,838—841);与国民党立法的比较,见Huang,2001:第十章。

涉及童养媳,法院认为,"封建婚姻制度……不合理,又不道德……此种婚姻关系如再继续下去,只有痛苦加深"。法院因此判决离婚(B,1953-19)。在另一个案件中,一对夫妇年纪很轻时就由父母包办结婚,法院裁定,"彼时因双方年纪尚小……因此达不到互敬互爱和睦家庭"(B,1953-7)。还有一个类似的案件,法院准予离婚的理由是"婚姻系早年经父母包办的,结婚后以致感情破裂"(B,1953-15)。松江和奉贤两县的数据显示(见下文),直到20世纪60年代初期,每年都有相对大量的离婚案。此后的离婚案件数量减少,20世纪80年代才又返回到50年代的数量。

显而易见,中华人民共和国初期比后来要容易获准离婚。婚姻法有关调解的程序要件在后期执行得较初期严格得多。反封建婚姻的运动实际上创造了一种离婚自由的风气;一些申请人的婚姻虽然不明确地属于那些重点打击的范畴,也能获准离婚。这种比较自由的倾向仅仅在共产党认为封建婚姻已大体上被破除之后才终止。在抽样的案件之中,一位党员干部请求离婚,称他的妻子满脑子"封建落后思想",导致他们的感情破裂,他因此获得了批准(B,1953-1;又见B,1953-5)。另一位干部提出离婚的理由是他妻子是"家庭妇女,没有文化,不能工作"。法院批准了他的请求,"因双方社会职业不同,感情逐渐破裂"(B,1953-7)。一位女干部基于同样的理由离了婚:她的丈夫"思想落后,开会都不叫去"(B,1953-20)。另一位妇女不顾她的军人丈夫的反对,在几次调解离婚失败之后,最终获得了成功。法院解释这样判决是"为了今后使双方解除苦恼,有利生产及不出意外"(B,1953-4)。

然而,上述最后那位妇女的案件是个例外。最高人民法院在当时发布的司法解释和指示中都反复强调了一种情况:如果涉及军人,即使妻子是童养媳也不应准予离婚(买卖或包办婚姻中的妻子更不容易获准,尽管这种婚姻违背了女方的意愿)。最高人民法院总是引用《婚姻法》第 19 条:"现役革命军人与家庭有通讯关系的,其配偶提出离婚,须得革命军人的同意。"这个条件甚至适用于解除婚约,而在其他情况下婚约是不具约束效力的(最高人民法院研究室,1994:1099)。正如最高人民法院在给西北分院的回复中解释的那样,即使解除童养媳婚姻也须取得军人的同意,这"是基于最大多数人民的最大利益"的原则(最高人民法院研究室,1994:1090),是与允许结婚自由和离婚自由同等重要的基本观点。①

然而,必须将这种倒退的过程和与之平行的反封建婚姻的运动过程联系起来观察。毫无疑问,1950—1953 年间的婚姻法运动有力地打击了"封建婚姻",使离婚法实践在那些年极大地自由化。最好的证据是因农村抵抗该运动而导致的冲突的范围和强度。约翰逊指出,根据中国司法部本身的报告,1950—1953 年间,每年有 7 万至 8 万人(多为妇女)"因婚姻不自由而自杀或被杀"(Johnson,1983:132;《贯彻婚姻法运动的重要文件》,1953:23—24)。

如果把 1950 年《婚姻法》仅仅看作从(一经请求即予离婚的)激进允诺的倒退,就会忽视它在打击旧式婚姻方面所起的重大作用。事实上我们已经看到,这些成果在中国乡村社会的背景下是

---

① 根据地的经验已经预示了司法制度此时的运作。正如上文所述,陕甘宁边区 1939 年的立法没有涉及军人离婚的问题,并特别禁止童养媳、买卖婚姻和父母包办婚姻;1944 年的修正立法却增加了关于军人同意的规定,去掉了对童养媳、买卖婚姻和父母包办婚姻的禁止,仅仅保留对重婚的禁止(韩延龙、常兆儒,1981—1984,Ⅳ:804—807,808—811)。显然,军人在此前十年就享有离婚的豁免权。

第四章　离婚法实践——当代中国法庭调解制度的起源、虚构和现实

革命性的。同时,当时法律对乡村造成的影响要比对现代化了的城市来得大,原因是旧式婚姻在前者那里更为普遍。然而,共产党从江西时期的规定到为保护军人和农民利益而做的倒退,也是当时历史现实的一面。共产党针对种种落后的旧式婚姻的运动,以及从激进承诺(一经请求即予离婚)的倒退,这两个方面需要放在一起来考察。①

通过规定有争执的离婚必须先行调解,共产党在两条原则的张力之间寻找其艰难穿行的道路。双方同意的离婚并不难办,因为两方均无异议。对于有争议的离婚,可行的办法显然是既不全部拒绝也不一概准许:前者意味着背离共产党对结婚和离婚自由的承诺,后者又肯定会遭到乡村社会的强烈反对。这种情况下,调解是有效的折中。当共产党希望重点打击旧式婚姻时,例如20世纪50年代,对调解的执行就相对宽松;而当党想就离婚采取更保守的姿态时,如20世纪60年代及其后,则可以严格地执行调解。最重要的是,这种程序有助于冲突的最小化。它提供了一个制度的渠道,使对立的意见都能与闻,也使共产党能最大限度地为案件设计出令双方至少在名义上都能同意的解决方案。这样,党既可以维持自己终结封建婚姻的目标,同时也将农民的反对降至最低。在我看来,这就是离婚法的立法和实践的真正起源和意义。

---

① 尼尔·戴蒙德(Neil Diamant, 2000)正确地强调了1950年《婚姻法》的影响,尤其是对乡村的影响。同时,约翰逊(Johnson, 1983)所讲的情况也很重要,突出了共产党从江西苏维埃时期的立场的倒退。然而,戴蒙德过度执着于《婚姻法》对乡村的影响比对城市更大的观点,特别强调这与现代化理论预测的结果相抵触。其实他忽视了一个显而易见的解释,即新的法律所针对的旧式婚姻在乡村远比在城市普遍。

(二) 乡村传统与共产党实践的融合

上述分析尽管解释了调解在离婚中的普遍适用,却没有讨论那些实践中所采用的具体方法、风格和形式。要理解后者,我们必须转向调解的乡村传统以及毛泽东时代政党如何改变了这些传统。换言之,调解的实践既不单单是传统的也不单单是共产党独有的,而是两者互动的产物。

农村根据地是最初的历史背景。1927年4月12日之后的白色恐怖迫使共产党撤离城市转入地下,党必须在"第一次统一战线"的崩溃之后彻底重建。后果之一是共产党几乎完全与国民政府1926年前在全国大约四分之一县份建立起来的现代法院体系阻隔开来,此后的六年里新的国民政府将之拓展到中国近一半的县份(黄宗智,2003:2,38—45)。这些现代化或半现代化的城市大多处于共产党控制之外,因此江西苏维埃以及后来的边区共产党政府缺乏现代法院的模式和司法人员。同时,共产党又在原则上强烈反对国民党的制度,一如反对清代的旧制度,根据地因此就不得不重新开始建构自己的司法机构。

其后是一个兼容传统乡村惯习和新的共产党实践制度的逐步形成。前者着重调解和妥协,有一套邀请当地有威望的人士劝说当事人以彼此都能接受的办法解决纠纷的独特方法。这些方法包括:与双方交谈并同情地倾听他们的诉说;运用道德劝诫,试图让双方理解对方的处境;当亲戚邻里可能帮助达成妥协时,也邀请他们加入;举行公共仪式,如聚餐或召集众人公开宣布协议以增加其效力分量。

共产党将这些内容纳入了自己的实践。事实上直到现在,充当调解人的干部还常常用儒家的"中庸之道"来劝说纠纷的各方:"如果别人这样对你,你会怎么想?"(亦即"己所不欲,勿施于人"的道理)(INT 93-12;见第二章;亦见黄宗智,2001:第三章)。尽管调解会取代了传统的聚餐会,仍然强调由双方公开陈述自己所做的让步(虽然后来是以毛泽东时代的"自我批评"形式)。

同时另一方面,共产党的特殊作风也重塑了这一过程。因此,判定是非的最终标准是党的原则和政策,而非儒家或传统的公共道德规范(这一点下文还要进一步讨论)。与众不同的毛泽东时代的群众路线也影响着调解程序,它教导城里来的知识分子如何对待农民:平等地与他们交谈并听取意见;重说服教育而不下专断的命令;学会和农民一起生活,做到同住、同吃、同劳动的"三同"(毛泽东,1943[1967])。

这些指示实际上是一种新的认识论的产物:首先从实践中学习,再上升到抽象的理论知识,最后又回到实践中去检验知识的正确与否(毛泽东,1937a[1967],1937b[1967])。与此相关联的还有一种学习方法,即通过访问群众而进行的系统调查(毛泽东,1941a[1967],1941b[1967])。这些因素共同构成了一种既是革命性的也是现代性的特殊的认识方法(黄宗智,2005)。①

这种认识论上的立场反过来又为党员们设立了一套思想和行

---

① 李放春(2005)启发性地提出一种独特的"革命的现代性"(revolutionary modernity)。我们可以用这个范畴覆盖与儒家和西方启蒙现代主义的认识论均不同的认识方法,包括它同时包含的自下而上的历史观在内。

141

为准则。过分依赖理论而忽视具体条件的做法被贴上多种批判性的标签,包括"教条主义""主观主义""党八股""命令主义""瞎指挥",甚至"山头主义"。相反,对只关心事实而忽视理论的批评则主要只有一种:"经验主义"。显然,毛泽东时代之把实践排序高于理论的精神更明显地体现于"群众路线",它要求干部们取得民众自愿的赞同和服从(参见毛泽东,1942[1967])。这种认识方法实际上附带着一套治理的理论。

调解的乡村传统与毛泽东时代实践的融合,形成了毛泽东时代独特的"调解和好"制度。其独特的方法和风格是从共产党与村庄在根据地的互动中形成的。换言之,离婚法实践的真相,尤其是那些涉及调解和好的实践,存在于那些变化的过程当中,而非任何非此即彼的二元对立所能理解,比如传统或现代性、村庄或共产党、农民或现代国家。

从这种互动中产生了所谓的"马锡五审判方式"。马锡五(1898—1962年)是陕甘宁边区的一位高级法官,毛泽东在1943年特地赞扬了他的工作风格。后来"马锡五审判方式"成为毛泽东时代法律制度一切特点的一种简称,不仅在婚姻纠纷中如此,在其他类型的民事案件中也如此。法官们要到现场调查案件的事实真相,尤其要依赖群众,因为"群众眼睛最亮";一旦掌握了事实,法官就会着手消除"矛盾";提出双方都能接受的调解方案是解决冲突并防止其再度发生的最佳方式。整个过程可概括为三个公式:"依靠群众","调查研究",以及"调解为主"。其程序、风格和仪式已清楚呈现在上文详细的案例之中。正如我们所见,1952年及其之后,共产党在全国大力宣传马锡五审判方式,以取代他们认为不能接受的国民党的法制。1954年,马锡五当上了最高人民法院副院长(INT 93-B-3;INT 93-8,9;参见杨永华、方克勤,1987:131—145)。

(三)观念基础

以上描绘出的毛泽东时代离婚法律实践与一个观念紧密相连,即夫妻感情是结婚和离婚的决定性基础和标准。当法院驳回离婚时,理由是感情尚好还能修复;准予离婚的理由则是感情破裂不能修复。这一构造从20世纪40年代起就在实践中广为运用,尽管直到1980年才见诸法律。它为离婚法实践既提供了正当化理由也提供了观念的空间。毫无疑问,要理解有关调解和好的毛泽东时代实践,必须澄清伴同着这个制度的观念。

最初的1931年《中华苏维埃共和国婚姻条例》没有提到感情。如前所述,它基本照搬苏联1926年的法律,赋予婚姻关系中的任何一方单方离婚的权利。该规定基于的观念是:婚姻是平等的双方自由缔结的联合,任一方的意愿都足以解除之。我们已经看到,在抗日战争时期之前,根据地就已经放弃了最初的表达而采用与1929—1930年国民党民法典近似的表达,后者以1900年德国民法典为蓝本。该法典视婚姻为民事契约,离婚则是对违背婚姻契约的回应。违背婚姻契约的行为可以称为"婚姻过失",包括通奸、故意遗弃、虐待等。这种看待婚姻的方式基于西方世俗婚姻法的传统,是已经脱离了罗马天主教会婚姻的神圣性和不可解除性原则的传统(Philips,1988)。中国共产党或许是无意之间在某种程度上继承了该传统。

然而,根据地的共产党在效仿国民党的实践的同时,也形成了一种以感情观念为基础的构造,而这是国民党法律所没有的。因为按照这种观念,夫妻感情是婚姻最基本的要素,只有当这种基础根本不存在或被破坏而导致夫妻"感情根本不和"时才应当离婚。与此相似,当时的苏联法律也认为,当婚姻中的关系使婚姻不可能存续而必须离婚时,离婚才是正当的(Sverdlov,1956:37ff)。这种离婚的途径与20世纪六七十年代在西方占主导地位的无过错原则有着某种亲和性。按照无过错原则,"婚姻崩溃"(不归责于任何一方)足以构成离婚的标准,从而取代了以前立法中的"婚姻过失"标准(Philips,1988:561—572)。

但是感情观念的构造有它自身的特点,它的出现来自取代清代和国民党婚姻观的愿望。按照清代的婚姻观念,婚姻意味着丈夫的家庭获得一个妻子,丈夫而不是妻子才有权离婚。更精确地说,丈夫有权因为妻子的过失而"休"掉她,为此法律列举了七种情形:无子、淫佚、不事舅姑、多言、盗窃、妒忌、恶疾(Huang,2001:164)。当然,尽管法律理论上如此,在实践中也有对休妻的社会和文化制约。而新的婚姻观念则立足于爱情和双方的自由选择而非父母的意愿,是共产党革命对新的社会秩序的构想的基本组成部分。这种观念自然而然地会强调感情是婚姻的必备要素。

同时,共产党(在与之短暂"亲昵"之后)也拒斥了国民党关于婚姻的"资本主义"或"资产阶级"的观念——将婚姻视为一种民事契约,一种国家权力之外的私人事务,违背契约婚姻即可解除。正如权威性的《中华人民共和国法律释义大全》中所说,"在我国,婚

第四章 离婚法实践——当代中国法庭调解制度的起源、虚构和现实

姻不是一种民事契约,而是为法律确定的夫妻关系,它包括财产关系和人身关系,而最主要的是人身关系"(《中华人民共和国法律释义大全》,1992:510)。它也拒斥西方近期无过错离婚的公式,其终止婚姻的理由——因"无法协调的分歧"或彼此不再"相爱"而导致的婚姻关系崩溃——在中国共产党看来,只不过是资产阶级在婚姻和离婚问题上轻佻态度的合理化表述。在社会主义国家那里,感情观念既强调了结婚和离婚自由,也强调了长久的婚姻义务。

诚然,1950年《婚姻法》没有提及感情,尽管感情观念的雏形已可见于几乎所有边区的战时婚姻立法。这部《婚姻法》也略去了先前的法律中列举的种种可导致离婚的过错。相反,它几乎完全着眼于程序,这种关注的重心与苏联《婚姻与离婚、家庭与监护权法》的规定(1926年颁布,1936年、1944年及1945年修订)相一致(Sverdlov,1956),它也符合共产党当时重实际考虑而轻原则的倾向。

然而,有大量证据表明,当时几乎所有的法学家和法官在适用和解释《婚姻法》的时候都将感情范畴纳入考虑之中。于是,1949年华北人民政府司法部总结边区政府的经验时,明确地将夫妻"感情根本不和"作为决定准予离婚的最终标准(韩延龙、常兆儒,1981—1984,Ⅳ:875)。最高人民法院在20世纪50年代初期发布的多个司法解释和指示中反复指出该原则是解释和适用《婚姻法》的决定性因素(例如,最高人民法院研究室,1994:1056,1064)。最有说服力的或许是,我们从1953年抽样的离婚案件显示,那些术语已经成为离婚诉状和法院裁决的常规措辞。如上文所显示,感情因素正是当时的法庭允许解除重婚、婢女、童养媳、买卖婚姻和父

母包办等类婚姻所用的理由。

离婚的条件在反封建婚姻运动结束之后才开始收紧,调解作为程序要件被执行得十分严格。一套与感情公式相关联的比较标准的程序和范畴很快形成,这些也已经见于前文对抽样案件的概述。法官们在处理案件时总是首先试图弄清楚夫妻关系的基础和历史,并对他们的感情评定一个等级:"很好""好""不错""一般"或"不好"。一对因父母包办、违背本人意愿而结婚的夫妇通常会被视为感情基础不好,如果他们在婚后的生活中经常吵架,其历史也会被视为不好。这些评估会帮助法院认定感情是否已经破裂,也就是说,离婚是否正当。另一方面,如果发现感情的基础和历史"好",就会为法院主张调解和好或直接判决不准离婚提供正当的理由。

直到1980年《婚姻法》才将感情观念正式纳入法律文本,它被认为是有中国特色的、植根于实践经验的东西。正如武新宇(时任全国人民代表大会常务委员会法制委员会,也即中华人民共和国正式的法律起草机构的副主任)当时所解释的,"草案在原来的'调解无效,应准予离婚'条文上加了'如感情确已破裂'这个条件"。在改革的大气候下,修订婚姻法的部分目的是增加自由度。武新宇告诫说:"我们反对那种对婚姻关系采取轻率态度和喜新厌旧的资产阶级思想。但是,我们也不能用法律来强行维护已经破裂的婚姻关系,使当事人长期痛苦,甚至矛盾激化,造成人命案件。"他个人认为,"多年来,法院在处理婚姻案件时掌握偏严"(湖北财经学院编,1983:46)。

武新宇意见的根据可以见于许多案例。显然,有许多无可救药的婚姻由于法院系统过度热衷于达成调解和好而长期拖延。事实上,改善夫妻感情常常是一件超越法院权力的事情,无论它多么强大、温和抑或专横,出于好意抑或只是严格奉行政策。

然而武新宇只讲述了事情的一方面,妇联则强调另一面,"这些年来,喜新厌旧,草率离婚的情况有所增加,有些人在提干、进城或考入大学后,抛开旧配偶……以'感情破裂'为理由……把道德观念视为封建残余,崇拜资产阶级的婚姻自由。对这些人要进行批评教育……现实生活中离婚往往给妇女和孩子带来痛苦和不幸,因此新《婚姻法》关于保护妇女、儿童的利益规定,应认真贯彻执行"(湖北财经学院编,1983:65—66)。这种担忧回应了丁玲40年前的呼吁。

不管怎样,借助感情观念,法院既能对那些关系已无望修复的夫妻放宽离婚的条件,也能对那些出于一时的愤怒或希望更换配偶的人从严限制;同时,由于关于夫妻感情质量的任何判断都是不精确的,法院方能借以做出个别的决定以便最好地适应具体案件的情况和当时的政策重心。换句话说,感情建构允许实际的考虑优先于理论原则。正如武新宇所说,"这样规定,既坚持了婚姻自由的原则,又给了法院一定的灵活性,比较符合我国目前的实际情况"(湖北财经学院编,1983:46)。

借助感情观念的结果是一个主导性的观念框架,一方面它的起源是革命性的,甚至在某种程度上预见了当代西方的无过错离婚;但另一方面它又产生于并纠缠于所处时代的现实之中。作为一种正当化的工具,它先是既要为终结婚姻的各种封建形式鸣锣开道,又要致力于将农民之中的对抗因素化为最小;而在后来的改革背景下，则既要符合放宽对离婚的限制的趋势，又要满足保护婚姻的愿望。这个双刃的观念及其灵活适用或许是以调解和好为特色的毛泽东时代法律制度的真正的"实践逻辑"，它也可以被视为所谓的"革命的现代性"的一种体现，塑造了当代的中国。

由于必须从不同的并且是时常相互冲突的各种目的和需要中做出诊断，"感情破裂"标准必然是难以定义和含混不清的。可想而知，1980年之后的许多年里，什么是感情破裂的确切标准这个问题成为关于婚姻和离婚的一切立法争论的核心。未来的婚姻和离婚法的变化仍将围绕这个问题，在我看来，这个关注也是中华人民共和国离婚法律实践的历史中独特逻辑的一部分。

三、离婚法实践与整体的民事法律制度

本章的最后一个问题是：对离婚法律实践的这种分析会为我们理解整个当代中国民事法律制度带来什么启示？要回答这个问题，我们首先需要对中华人民共和国的民事诉讼做一概览。

或许并不令人诧异，离婚案件在中国通常占全部民事案件的压倒性多数。表4.2所列是松江县法院1950—1990年的统计数据，它显示离婚案件在20世纪50年代早期占全部民事案件的五分之二；其后集体化和"社会主义建设"在很大程度上消除了土地和债务纠纷，离婚案件迅速超过了其他所有类型案件的数量总和；在毛泽东时代的巅峰，离婚案件占全部案件的90%—100%；直到改革开放的20世纪80年代，其他类型的民事案件数量才得以回升，返回到类似于50年代的大致情况；即便如此，到1990年离婚案件仍

占全部案件的三分之二(在当时的全国范围内,离婚案件的比例降至五分之二,见《中国法律年鉴》,1990:993)。

表 4.2 1950—1990 年松江县民事案件分类及离婚案件所占全部民事案件百分比

年份	土地[a]	债务	离婚	其他婚姻	继承	老人赡养	儿童抚养	房屋	赔偿	其他	合计	离婚案所占百分比%
1950	33	135	150	138	9	0	0	32	19	111	627	23.9
1951	6	64	145	101	5	0	0	12	6	35	374	38.8
1952	16	55	211	66	2	0	0	12	1	41	404	52.2
1953	30	94	287	121	21	0	0	21	0	51	625	45.9
1954	4	12	232	5	2	0	2	3	0	12	272	85.3
1955	0	3	113	12	0	0	0	1	0	5	134	84.3
1956	0	19	257	5	0	0	5	2	3	38	331	77.6
1957	2	21	169	23	1	0	0	19	5	22	262	64.5
1958	3	19	172	16	1	0	0	13	1	12	237	72.6
1959	0	7	203	0	0	0	0	1	0	11	222	91.4
1960	0	0	179	2	0	0	0	1	0	1	183	97.8
1961	0	0	251	5	1	0	0	5	0	0	262	95.8
1962	1	2	317	11	2	0	0	10	0	0	343	92.4
1963	1	2	267	35	1	0	0	15	0	3	324	82.4

续表

年份	土地[a]	债务	离婚	其他婚姻	继承	老人赡养	儿童抚养	房屋	赔偿	其他	合计	离婚案所占百分比 %
1964	0	0	182	21	3	0	1	4	2	0	213	85.4
1965	0	2	191	4	1	0	1	5	0	0	204	93.6
1966	1	0	76	1	0	0	1	3	1	0	83	91.6
1967—1969 缺												
1970	0	0	20	0	0	0	0	0	0	0	20	100.0
1971	0	0	29	0	0	0	0	0	0	0	29	100.0
1972	0	0	22	0	0	0	0	0	0	0	22	100.0
1973	0	0	18	0	0	0	1	7	4	1	31	58.1
1974	0	0	36	0	1	0	4	16	17	38	112	32.1
1975	0	0	24	0	0	0	2	3	3	0	32	75.0
1976	0	0	41	0	1	0	2	0	0	0	44	93.2
1977	0	0	33	0	0	0	0	1	1	0	35	94.3
1978	0	0	61	0	0	1	0	6	1	0	69	88.4
1979	0	0	65	0	2	1	0	9	4	1	82	79.3
1980	0	1	103	0	13	3	1	17	6	6	150	68.7
1981	0	1	182	0	12	19	1	33	9	18	275	66.2
1982	0	3	199	0	12	29	8	29	25	20	325	61.2
1983	1	5	207	0	15	27	14	36	19	48	372	55.6

续表

年份	土地[a]	债务	离婚	其他婚姻	继承	老人赡养	儿童抚养	房屋	赔偿	其他	合计	离婚案所占百分比%
1984	0	8	246	0	13	43	13	39	30	20	412	59.7
1985	0	6	180	0	6	25	10	31	24	36	318	56.6
1986	2	18	230	14	28	8	9	45	40	8	402	57.2
1987	0	37	329	9	9	26	15	38	48	3	514	64.0
1988	1	66	453	14	9	33	35	25	67	12	715	63.4
1989	3	123	557	6	4	28	33	22	70	11	857	65.0
1990	0	112	623	19	1	38	34	32	76	9	944	66.0
合计	104	815	7060	628	177	281	192	548	482	573	10 860	
%	1.0	7.5	65	5.8	1.6	2.6	1.8	5.0	4.4	5.3	100	

资料来源：数据由松江县法院提供。

注：数据反映给定年份的收案数而非结案数。

a.80年代的案件中本项作"宅基地"。

临近的奉贤县的情况也很相似。该县的详细统计数据（尽管离婚案件没有和其他婚姻案件分列，这些数据仍可与松江县的数据做一粗略的比较，因为从20世纪50年代中期以来离婚就占全部婚姻案件的绝大多数）显示，婚姻案件在20世纪50年代占全部案件的四分之三，在改革开放的80年代仅占五分之二（见表4.3）。在其他方面，该县的模式与松江非常相似，两县的婚姻案件所占比例在毛泽东时代的巅峰都远远高于其他案件。事实上,说毛泽东时代的民事法律制度主要是离婚法并非言过其实。

表4.3 1950—1985年奉贤县民事案件分类表以及婚姻案件所占民事案件总数百分比

年份	土地[a]	债务	婚姻	继承	老人赡养	儿童抚养	房屋	赔偿	其他	合计	离婚案所占百分比(%)
1950	11	49	439	0	7	10	4	1	15	536	81.9
1951	7	34	298	6	0	0	3	1	16	365	81.6
1952	10	43	846	23	4	7	2	0	16	951	89.0
1953	56	83	532	11	0	0	11	0	37	730	72.9
1954	48	51	458	17	0	6	11	0	56	647	70.8
1955	2	15	371	1	0	5	4	0	51	449	82.6
1956	0	8	358	0	0	3	1	0	0	370	96.8
1957	0	6	381	2	3	6	1	2	0	401	95.0
1958	0	12	326	4	0	4	0	8	84	438	74.4
1959	0	3	472	0	0	3	3	2	2	485	97.3
1960	0	0	385	1	1	1	2	0	0	390	98.7
1961	0	0	558	2	0	2	3	1	0	566	98.6
1962	0	1	385	1	0	3	19	2	1	412	93.4
1963	0	3	296	7	0	8	30	5	10	359	82.5

续表

年份	土地[a]	债务	婚姻	继承	老人赡养	儿童抚养	房屋	赔偿	其他	合计	离婚案所占百分比(%)
1964	0	9	241	13	4	9	30	1	2	309	78.0
1965	0	5	194	4	5	7	0	2	5	222	87.4
1966—1976 缺											
1977	0	0	51	2	4	2	14	5	15	93	54.8
1978	0	0	56	0	6	2	30	6	22	122	45.9
1979	0	0	96	3	8	0	47	22	38	214	44.9
1980	0	0	72	3	7	0	36	28	22	168	42.9
1981	0	0	137	16	17	7	73	37	30	317	43.2
1982	0	0	179	8	38	14	62	92	64	457	39.2
1983	9	19	181	8	43	10	54	82	64	470	38.5
1984	8	5	227	12	39	11	26	50	42	420	54.0
1985	7	8	173	9	49	16	14	61	75	412	42.0
合计	158	354	7712	153	235	136	480	408	667	10 303	
%	1.5	3.4	74.9	1.5	2.3	1.3	4.7	4.0	6.5	100.0	

注：数据反映给定年份的结案数而非收案数。
a：20世纪80年代的案件中本项作"宅基地"。
资料来源：《奉贤县法院志》，1986：94—95。

正如我们所见，毛泽东时代法律制度的一个核心主张是让调解构成整个制度的基石。松江县于抽样案件所在的年份(1953年、1965年、1977年、1988年、1989年)判决的民事案件仅占16%,其余的大多数案件是通过调解(69%)。① 在奉贤县,从1977年到1985年,调解的民事案件共计2109起,而判决的为215件,接近10∶1的比例(《奉贤县法院志》,1986:97)。换言之,如果说毛泽东时代的法制主要是离婚法制,离婚法制则主要是调解法制。

这并不是说所有的调解都等于离婚法律实践中的调解和好。上文已显示,相当一部分经过调解的离婚案件是以离婚而非和好告终,但它们涉及一种不同的"调解"。另外,以离婚为结局的案件大都属于双方同意的离婚,法庭的任务仅仅是帮助拟定具体条件,让双方做出必要的让步。就这点而言,它与传统的调解很相似。② 相反,调解和好需要积极的干预:法庭不仅诉诸道德劝诫,还求助于物质刺激以及来自司法机构、家庭、社区乃至社会的压力。

实际上,在当代中国的民事法律制度中,法庭调解涵盖了一系列法院行为,从没有实质性内容的形式到真正的调解,到积极的干预,再到简单的宣判,都被归入这个宽泛的(也是误导性的)范畴。在一个极端,"调解"仅仅意味着诉讼人没有积极地反对案件的结果,这与帝制时代要求诉讼人在形式上对法庭的判决"具甘结"并

---

① 另外16%的民事案件是通过撤诉、中止或别的方式结案的(数据来自松江县法院)。
② 当然,在调解离婚中,法庭也可能强制性地介入以达成一个按照法律标准看来是公平的财产分割协议。在上文引用的一个案件中,丈夫要求返还结婚全部的花费及全部共同财产,而法院认为这是不合理的。当丈夫坚持不让步,法庭就做了判决。中华人民共和国的法庭与当代美国的离婚法庭的一个不同之处在于,后者按照一套普遍的原则和经验法则来决定离婚的财产分割,前者则强调要让双方(至少表面上)自愿地接受法庭的决定。

第四章 离婚法实践——当代中国法庭调解制度的起源、虚构和现实

没有多大区别。而当代的新手法是声称案件的结果是"调解"达到的。在另一个极端,法庭不仅积极地介入离婚案件,也介入非离婚的民事案件(见本书第七章)。后一类法庭"调解"是中国革命过程的特殊产物。

如果我们想要把握当代中国的法庭调解的真正性质,并区分虚构和现实,离婚法实践中的毛泽东时代的调解和好或许是最具特色和启迪作用的。不能按照传统的调解来理解它,传统调解主要以社区为中心并以妥协为基础(而法庭调解在传统调解中是很罕见的)。它也与西方的调解不同,后者完全脱离法庭的判决和强制。相反,调解和好所运用的毛泽东时代的调解诞生于一段独特的离婚法实践的历史,那些实践融合了多种要素,包括传统的和现代的,农民的和共产党的。它涵盖了一系列的实践和观念:它运用道德劝诫、物质刺激以及国家和法院的强制压力来抑制单方请求的离婚,从而尽量减少激烈的对抗;其构造性的观念是感情,即视夫妻感情为婚姻和离婚的至关重要的基础;它的实践逻辑是既要结束没有良好感情的旧式婚姻,又要最大限度地保护有良好感情基础的新式婚姻。这些构成了毛泽东时代离婚法实践的核心,因而也是整个毛泽东时代民事法律制度的核心。随后,本书第五章将论证,进入 21 世纪,原来的强制性"调解和好"制度虽然已经日益衰落,被形式化和程序化的取证制度取代,但是,由其衍生的其他类型的调解,尤其是无过错情况下的妥协性法庭调解,仍然不失为中国司法制度最具特色的一面。

第五章

取证程序的改革:离婚法的合理与不合理实践

取证程序的改革是近年司法实践中的一个关键性的变化,从毛泽东时代的主要由审判员来调查取证一变而为今天主要由当事人提供证据的制度,对司法实践整体影响深远。即便是毛泽东时代遗留下来的法庭调解制度,也因此在实际运作中起了一定的变化。本章根据南方 R 县最近的(1999—2004 年)案件档案抽样得出的 45 起离婚案例,集中探讨取证制度的变化对离婚法运作的影响。① 在这个有限领域中,我们看到的并不简单是改革理论意图上的从法官集权制度到确立当事人权利的"现代化""转型",②也不

---

① 案例由巫若枝在东南沿海 R 县人民法院从民事案件档案按照归档编号等距抽样(每隔 20 件离婚案件抽样 1 件)拍摄所得。引用时用的是案件登记号(不是归档号)。巫若枝调研经洪范法律与经济研究所小额调研项目资助。
② "转型"一词的使用亟须问题化,因为用者多有意无意地把西方资本主义社会和形式主义法律当作中国当前变化的必定朝向。我们认为,中国现代化和其未来形态应视为未知数,并且必定会包含古代传统和现代革命传统。

第五章 取证程序的改革:离婚法的合理与不合理实践

是原有制度的简单延续,而更多的是一系列出于意料之外的"未预后果"。[1] 一方面,近年的取证制度改革反映了新的社会经济实际,显示了一定的合理性,并且是实践中的合理性。但是另一方面,也有许多不合理的结果,其中最突出的是新程序被纳入官僚体制的只顾形式不顾实质的弊端。

新近的问卷调查研究证明,当前的法律制度明显缺乏威信。虽然政府大规模宣传法治并全面推广法律教育,但实际上人们普遍对这个制度缺乏信心。从审判员在人民心目中的威信来说,今天其实要逊于改革前的毛泽东时代。[2] 本章可以看作对其部分可能原因的一个探索。[3]

一、从实地调查到庭审调查

今天的制度不像毛泽东时代要求的那样由审判员深入实地,

---

[1] 从默顿(Robert K. Merton)到吉登斯(Anthony Giddens),"unanticipated consequences"或"unintended consequences"概念使用人颇多,附带的概念与理论问题众多,我这里的用意只是其根本的字面意涵。
[2] 根据第二章所引用(对6个县的30个村庄2970人)的问卷调查,在乡村普遍依赖的三种不同纠纷解决模式——社区调解、上访和法院诉讼中,人们普遍认为社区调解成效最高(73%认为"满意"解决),上访第二(63%),法院最低(37%)(郭星华、王平,2004)。另见对北京市的类似调查,同样显示法院制度在人们心目中缺乏实效(Michelson,2003)。对于毛泽东时代,我们没有同样的问卷调查,但是根据各种各样的质性证据,法庭审判员在当时确实具有一定的威信,不少在工作上真正试图遵循"为人民服务"的毛泽东思想的价值观。(参见本书第四章;黄宗智,2006;亦见巫若枝对老审判员的访谈的报告——巫若枝,2007:186—189)
[3] 因为使用的经验证据限于离婚案件,本章不可能对民事法律制度整体做出分析,也不能系统探讨人们关心的法庭可能腐败问题。

157

通过当地干部和群众调查研究,而主要是依赖庭审调查,由当事人负责提供证据,在庭审过程中对质取证。1982年的《民事诉讼法(试行)》仍然认定调查取证责任主要在于法院,不在当事人,"人民法院应当按照法定程序,全面地、客观地收集和调查证据"(第56条)。1991年的《民事诉讼法》则把原先的"收集和调查"改为"审查核实","当事人……因客观原因不能自行收集的证据,或者人民法院认为审理需要的证据,人民法院应当调查收集"。显然,举证责任主要在当事人(第64条)。2002年《最高人民法院关于民事诉讼证据的若干规定》第2条则更明确地规定:"当事人对自己提出的诉讼请求所依据的事实或者反驳对方诉讼请求所依据的事实有责任提供证据加以证明。没有证据或者证据不足以证明当事人的事实主张的,由负有举证责任的当事人承担不利后果。"①

从当前现代化模式下的主流法学理论来说,这是一种明显的进步,因为新程序确立了当事人举证的权利和义务,削减了法官的过分集权,符合"法治"的总体设想。毋庸置疑,这样的推论,用于刑事案件,是完全符合逻辑的。在刑事案件中,政府及其职权人员(法官、检察官、公安部门)实际上是当事人一方,被控人则是另一方。如果举证和审判权完全寓于政府这一方,被告不具有任何举证权利,显然很容易导致专制权力的滥用,涉及政治罪行时尤其如此。因此,从维权角度考虑,很有必要确立被告的举证权利。行政案件当然更加如此。

但是,民事案件不同。这里,政府(法官)基本是个旁观者,其

---

① 《民事诉讼法》(1991);《最高人民法院关于民事诉讼证据的若干规定》(2002);亦见汪军(2005),金晔(2005)。

第五章 取证程序的改革:离婚法的合理与不合理实践

角色是从旁观视野处理公民(法人)双方之间的纠纷。政府不是当事的一方,因此并不处于"利益冲突"(conflict of interest)的地位。由其调查取证,不涉嫌偏颇。当前把维权逻辑毫无保留地用于民事案件的取证,意欲用当事人取证来替代政府取证,显然具有一定的局限,并不一定符合立法者的根本动机,在离婚领域尤其如此。

同时,判决与调解对取证的要求也有一定的不同。在理论上,判决的公正必须以客观事实为根据,而调解则完全可能不顾客观真实而仅以当事双方主观立场为根据进行。这也是刑事案件(多用判决)与民事案件(调解较多)不同的另一方面,也进一步说明刑事、民事取证程序不应简单地"一刀切"。① 当然,要真正有效地调解离婚纠纷,法官也必须掌握客观真实。同时,基于中国的法庭调解制度,在调解和(如果调解不成进而)判决过程中的取证乃是同一程序,实际运作并不允许理论上那么鲜明的区分。

今天当事人主义理论之所以广泛使用于民事法律制度,部分原因可能是出于法律形式主义思维方式的影响。按照其从自然权利前提出发的思路,法律是为维护权利而设,而维权思维则很容易导致法律必分对错(要么维护,要么侵犯权利)的结果,演绎为"对抗性制度"。我在本书第七章将论证,这样的制度优点在于明确权利,缺点则在于把许多其实不涉及对错的案件推向必分对错的制度性框架。同时,这样的思维也可以演绎成为由对抗双方分别为己方的"事实"举证的原则,②并据此形成"法庭真实"(courtroom truth)的想法,即把法庭程序下所能证明的事实与实质性的真实

---

① 感谢范愉教授关于这一点的提示。
② 当然,根据司法独立的思路,也可以演绎成大陆法系中的法官职权主义取证制度。

159

(即包含不能在法庭程序允许下证明的事实)区别开来,认为法庭审理只能根据前者来运作,不可能苛求掌握实质真实或(唯有上帝才能知道的)绝对真实。由此,便导向了对程序的特别强调。①

这和毛泽东时代的取证制度显然不同。后者的取证理念是以实质真实为主的,没有把其区分于法庭程序下所能证明的真实。它要求的是审判员深入实地调查,了解事情真实情况,而后据此处理纠纷,或调解妥协,或判决对错。它的出发点不是维护当事人权利,而是处理纠纷。它不一定区分对错,而是根据纠纷实际情况解决问题,并不附带对抗性的框架、建构。它的优点是在没有对错的情况下进行调解,通过妥协来息事宁人;它的缺点则在于对维护权利的含糊。当然,在政治运动时期,尤其是土地改革和"文化大革命"期间,它在规范化的司法之外附带有更多的政治、政策成分,并由此构成了今天确立当事人主义的导因之一。

新制度在民事案件运作中有两个关键部分。(1)要求当事人在庭审之前提供、交换证据(类似于美国法庭之所谓"证据开示"或"discovery"程序),以便在庭审中适当询问质疑取证。(2)要求在庭审过程中由原告和被告分别陈述和提供证据并质询对方意见(然后进入调解或审判程序)(例见 2002:36 号)。在上述程序中,法庭追求真实所采用的主要是两个方法:一是书面证据,二是当事人的"对质"。后者在帝制时期的法制中早已广泛使用,其基本原则——当事人双方都承认的事实,可以成为法庭的依据,反之便不

---

① 这是滋贺秀三比较清代法律与西方大陆形式主义法律而指出的重要区别(参见 Shiga,1974—1975:特别是 33:121—123;亦见 Max Weber,1968:尤见 2:809—815。另见黄宗智,2001:16)。

能认定,除非另外求证,辨别真伪,在今天仍起一定作用。关于证人取证制度,在当前的实际运作中,证人基本不起作用,这一点下面还要讨论。

二、历史环境的变迁

这样的制度变迁有它一定的历史环境和理由。当然,其中一个主要原因是案件数量的增加,法院人员不能再像过去那样处理少量案件,由审判员亲自调查。正如我在20世纪90年代初期访问的松江县两位审判员所说,旧制度消耗大量时间,不符合新现实的需要(参见本书第四章;黄宗智,2006:22)。另一个原因是对西方形式主义法律的大规模引进,把过去的制度视为法官过分集权的制度,把当事人举证制度视为确立当事人举证权利的制度。但实际上,促使上述制度性变化的原因,在案件数量增加和法律理论改变之外,还有社会、经济变化的原因。

一是人口流动。20世纪80年代以来,全国共有2亿农民进入非农就业,其中约半数在乡镇企业,半数在城市。伴之而来的是城镇人口比例大幅度上升,从1980年的19.4%上升到2004年的42.8%(黄宗智、彭玉生,2007)。如此规模的人口流动,完全改变了毛泽东时代严格户籍制度下对人民控制的程度。举一个案例来说明(2001:270号),原告申请与他妻子离婚,但法庭无法把诉讼通知送达被告,档案中只有该县街道办事处出具的证明,上写"×××原系本居委会居民,婚后户口已迁出,现不知其下落"。法庭只能以"公告"形式要求被告前来应诉,逾期将进入缺席审理和判决。这样的新现实，反映了政府对人民的控制已经远远不如过去那么全面渗透。在另一个例子中(2003:168号)，被告男方与一个已婚女子一起离家到外地做生意，并同居，但原告女方开始不知实情，直到两年以后(1993年)，第三者的丈夫家人找上原告家门，向原告要人，原告方才知道丈夫已有外遇(当时被告签了一份悔改书，答应不再犯，但事后再次外出工作，2001年后夫妻分居已经3年)。男方答辩说，自己因单位倒闭下岗，因此与×××一起经商，长期在外。这样的实际反映了近十几年的社会经济变迁。

二是在新的社会经济实际中，人们经济交易的多样性和复杂性，常常超出政府所能控制的范围。在一个案例中(2003:270号)，夫妻俩都要离婚，但双方的经济关系非常复杂，并各执一词。两人都经商，有共同的也有各自的财产、债权和债务。在丈夫的名下有一辆机动车，买价10 500元，妻子名下则有一艘与人花24 000元合买的船，用来经营海鲜。两人所列债务、债权多项，有个人名下的，也有双方名下的。债务共三项，价值145 989元；银行存折两份，共5831元；债权三项，共95 358元。双方与其律师都坚持想把对方名下的车辆和船说成是共同的，把自己名下的债务说成是双方共同的，应共同负担，而把双方的债权说成是己方的，由自己占有。结果，法庭判决双方1998年购买的房子(虽在丈夫名下并已由他转到一个亲戚名下，但明显是夫妻共同财产)，折价12.8万元，双方各一半，由丈夫补偿妻子一半。至于债务、债权则只认定有明确书面证据的，其他基本不管，由双方各自分别处理。此案所涉及的经济关系多是市场化了的时代的产物，在毛泽东时代是不可想象的。这样的变化说明，在市场化了的新现实大环境下，已经不大可能像过去那样由法庭深入村庄或街道或单位,与当地干部和亲邻相谈,了解实质真相。法官常常不太可能肩负取证的主要责任。在新社会经济的环境下,从毛泽东时代的实地调查改用当事人在法庭举证的制度是可以理解的,可以说是符合实际的制度和实践变迁。

三是伴随国家对人们的控制制度下降以及私人领域的扩大,婚姻关系在相当程度上已经成为一种隐私。在新环境下,涉及夫妻隐私关系的问题特别棘手。案例中有众多妻子控诉丈夫虐待自己的事例。在毛泽东时代,在高度控制和社区紧密网络的环境中,审判员可以通过现场调查明确这样的指证是否属实,因为亲邻多会有所知闻。但是,在新的制度下,如果双方各执一词,无从凭书面证据取证,只好将之排除在法庭所能掌握的真实之外(下面还要讨论)。

我们知道,中华人民共和国的立法过程一贯比较倾向于实用考虑,在正式采纳新条文之前,一般都会通过最高人民法院指示或解释等形式,先试用一段时间,通过广泛实践试验后确定为新法律条文,亦即我之所谓从实际到试用规则,到实践,再到确立为法律条文的步骤,也可以说是反映了某种实践理性(参见本书第四章;黄宗智,2006a;亦见本书第六章;黄宗智,2007a)。但是,实践并不一定是合理的。我自己过去的论文多强调其合理的方面,是为了说明"实践"比一般理论接近历史实际,并且具有实用的逻辑,不会像形式主义理论那样脱离实际,走向极端(黄宗智,2007d)。但是实践历史显然也同时包含许多不合理的成分,最明显的是,一个新制度常会陷入现存"体制",出于最良好动机的设计在实际运作之中常常会变得或是虎头蛇尾,或是前后不对应,甚或导致完全与原意相反的后果。我们用"未预后果"来概括如此的现象，因此在这里要同时考虑合理后果与不合理后果。上述的制度变迁在理论上和形式上乍看显然是合理的，但这里要问的是：其实际运作到底如何？

三、取证制度在离婚法中的实际运作

伴随取证制度变化的是法庭程序的高度形式化。毛泽东时代的法庭档案主要围绕实质性的材料，主要是审判员的访谈，这是"马锡五审判方式"理念的必然结果。它依赖的是紧密的组织和社会网络，通过党组织的渗透和社区的群众（"雪亮的眼睛"）而明确事实真相。但是，今天的社会，尤其是流动极其频繁和交易关系极其繁杂的城镇中，已经不具备这样的条件，即便是农村社区，也已在大量的人口流动下，趋向散漫，从熟人社会变为半熟人社会甚或陌生人社会。[①] 一方面是国家机器已经不具备过去的渗透力和覆盖面；另一方面，市场交易的繁杂性已经使得实质真实更难掌握、确定。在庭审调查和"当事人主义"的法庭新原则下，只可能在对抗性的框架下，更加依赖当事人在法庭上的举证，强调法庭程序下的真实，借此明确判定是非。

---

① 2003 年的统计数字说明，农村从业人员中约有 31% 从事非农业（"当代中国社会阶层结构研究"课题组抽样调查得出的是 58% 从事农业，16% 非农业，15% 两者兼之，10% 没有从业。见陆学艺，2004：308—309）。2005 年的一个对 1773 个村庄的问卷调查（每村一两人）则显示，有 83% 的农户家中起码有一个人从事非农业（叶剑平等，2006）。但正如该文作者自己指出的，这个估计可能偏高，因它局限于离城镇 10 公里以内的村庄。

这一切都显著地反映于档案材料:今天的案卷内容,更多的是书面证据,以及伴之而来高度形式化的证据交换程序。首先,法庭要求当事人提供身份证、结婚证、代理人及委托授权书、债契、证人供词等书面取证材料。一种后果是法庭花很大力气做形式化的取证,哪怕只是没有实质含义的证据。在2002年《最高人民法院关于民事诉讼证据的若干规定》出台之后,地方法院更惯常组织在庭前交换证据,这样,必须在事先通知双方,约定双方到庭交换。这样的程序要占去离婚案件每卷档案的相当部分。而后是庭审中的身份核对,以及申诉、答辩和关于证据的辩论程序,也要占去庭审笔录的相当部分(毋庸说,也占用相当人员和时间,在合议庭的场合下尤其如此)。

至于证人举证制度,在今天的实际运作中,所起作用十分有限,与立法者的设计相去甚远。在形式上,中国采用的乃是大陆和英美模式的混合体:证人主要由法官主持询问(虽然并不排除当事人在法官允许下的询问),作为法庭调查程序的一部分(这方面更像大陆法体系),同时,证人几乎全是由当事人申请的(这方面则更像美国制度)。一个结果是,审判员们对于"证人"的态度更像美国普通法制度下的"证人",认为主要偏向一方,是为邀请他们的一方说话的人。同时,因为法庭没有美国开示制度附带的那种由对方律师主持的详细"交叉询问"(cross examination,即由对方盘问证人)的制度,[1]更削弱了证人的可信度。另外,因为当前的制度缺乏法律上的强制性约束,证人可以不理会出庭作证的要求。最后,缺

---

[1] 部分原因是当前律师人数不够的实际困难。

乏美国制度那种对证人的合理出庭花费补偿,运作起来不太实际。因此,一方面是法庭对证人信赖度低,另一方面是证人多不愿出庭,结果是法庭越来越倾向于只相信书面证据,整个证人举证制度在实际运作中基本不起真正作用(徐昕,2006)。我们可以说它既非欧洲大陆法中的证人取证(主要由法官召唤和询问)制度,也非美国普通法下的证人制度,基本只是一个"两不是"的空架子。

但是,离婚法庭在今天的中国离婚法律下所需要考虑的许多事实情况,都不是简单地可以依赖书面证据而判断的。譬如,夫妻间的感情基础和近年的关系,是好是坏,还是一般?丈夫是否真的虐待其妻子?是否真的与第三者有长期稳定的同居关系?丈夫是否真的像妻子指证的那样经常赌博?这样的问题一般很不容易通过书面证据来证实,过去是通过与当地组织和亲邻而确定的,现在需要通过证人取证。

举个简单的例子(2002:245号),原告说她丈夫经常打她、虐待她,因此要求离婚。但被告答辩说原告所陈不符事实,其实只有一次,因她打了自己年迈的父亲,自己才打了她手臂两下(另外,原、被告双方对所负债务 35 000 元各执一词,坚持与自己无关)。这样的事情当然没有书面证据,但双方都没有能够提供证人或其书面证词。结果法庭对原告所称受被告虐待的指证基本不予考虑,只认定双方"感情一般,因性格不合,引起夫妻矛盾","发生争吵"。本案的结果是判决离婚,而法庭所采取的态度等于是一种不考虑过错的"无过错"(no fault)观点。[①] 在另一个类似的案例中(2002:

[①] 法庭最后的判决主要集中于双方的债务问题,同样认为双方理由、证据不足,因此"认定"是"夫妻共同债务","原、被告应共同负担"。

339号),原告起诉被告经常打骂、虐待她,被告则完全否认。双方同样都不能提供书面证据或人证。结果法庭同样没有对谁是谁非采取明确态度,在审结报告中,只写到两人"婚后感情一般,由于家庭经济困难,原被告经常吵骂及打架"。本案的结果是调解离婚,也等于没有考虑过错。[①] (另见2002:309号;2000:37号;1999:2号)

在上述两个案例中,我们可以看到,今天的离婚法在实际运作之中,由于举证的局限,已经越来越倾向于一种无过错做法。这也是个未预结果:虽然法律条文认可过错(虐待、与他人同居、赌博),但在司法实践中其实已经相当程度不考虑过错。既然不能明确丈夫是否虐待妻子,法庭也就只好基本置这样的事情于不理。正如巫若枝访谈的法官们指出,家庭暴力(以及与第三者同居等)事项不容易取得书面证据(巫若枝,2007:193)。当然,具有医院证明的严重伤害除外(见2000:25号)。

无过错原则的倾向本身虽然无可厚非——西方在20世纪六七十年代已经基本全面转向无过错离婚原则,但需要辅之以照顾弱者的原则,公安系统要配合医院系统对受害方加以保护并对违法方进行劝告、惩罚。但是,当前的制度还缺乏对弱者的充分保障。正如巫若枝指出的,2001年的《婚姻法》虽然试图确立离婚的"损害赔偿"制度(第46条),但是在当前的形式化的当事人主义取证制度之下,实际上并没有付诸实施。立法者的意图虽然是西欧民法的男女平等,并希冀以此制度赋予弱者一方法律武器以对抗

[①] 结果,主要因为被告表示"既然原告坚持离婚,被告也同意",法庭协助双方达成财产处理的协议。

出轨或施暴一方，但在当前取证制度的运作中，由于当事人难以举证而把家庭暴力或"包二奶"等基本排除在法庭考虑之外，实际上是削弱了国家对弱者的保护。①

在一个流动性相当高的客观现实下，许多过去为亲邻和社区干部所知的事实都已逐渐演变为夫妻间的一种隐私。同时，在新法庭取证制度运作不佳的现实下，也无从对双方当事人各执一词的事实做出可靠的判断。因此，这种在过去的离婚案例中相当关键的事实，已经逐渐被排除在法庭考虑之外。

此外，法庭面对的另一个难题是夫妻的债务。它们多来自亲戚、朋友的非正式借贷，常常缺乏正规书面合同，仅凭人际关系来维护，一旦闹纠纷，上法庭，便很难取证。比如，在一个涉及房屋纠纷的案例中（2001:46号），女方说她曾亲手交了62 800元给婆婆购买双方的房子，但没有书面证据。男方则说房子是由他妹妹出钱买的，电汇了5万元进入男方母亲账户（但是也没有书面证据），后来再亲手交给他本人4万元。双方各执一词。男方所能举证的是房子原业主所提供的书面证词，说他是把房子卖给了男方的妹

---

① 巫若枝引用了这样一个2006年的案例：被告曾经当众打骂妻子，又长期"包二奶"，并且经常赌博，本社区许多人都知道，但原告除了提供医院的经被告殴打后的轻伤证明外，在诉状中并未提到丈夫的其他事情，其原因可能是不能提供物证或人证，也可能是认为无补于事。巫是在庭审后与原告访谈方才得知实情的。至于原告关于殴打的指控，被告辩称医院证明只能说明原告受伤，不能证明是经被告殴打的后果。因为没有其他证据，法庭结果并未认定被告确实殴打了原告（参见巫若枝，2007:182—184;277—287"2006年典型案例现场观察记录"；另见案例2002:309号;2000:37号;1999:2号）。此外，正如巫若枝所指出的，此案到庭的众多听众几乎全是被告的亲属，原告则只有自己和姐姐在场，双方势力明显悬殊。在那样的环境下，原告不太可能得到公道（她要求5000元的补偿和第一个孩子的抚养费，但结果只得到600元）。

夫,仅此而已。法庭结果没有对房子的所有权做出判断。① 在这种情况下,法庭一般采取的态度是:除了有确凿书面证据的或当事夫妻双方都确认的债务或债权,其他的都不予以细究、考虑。这也是当前实际运作与毛泽东时代不同的另一方面。早期债务极少,今日则众多、繁杂,并且如果双方各执一词,基本无法确定真实性,只可置之于调解或判决的考虑之外。(还有众多其他的案例,见1999:7,9,109,209号;2000:19,37号。下面还要讨论。)

在上述多种因素之下,形成了一个相当普遍的现象:在取证程序化的大趋势下,法院的实际运作越来越脱离实质取证而倾向形式化,强调文件取证及其程序,但往往可能脱离实际,不顾事实真相。下面我们先以一个比较极端的现象来突出这个问题。

四、纯形式化的取证运作

在我们得自R县的案例之中,尤其是最近几年,有相当比例是纯形式性的不合理行为。当事人双方已经在案前同意离婚,并已在子女和财产等问题处理上达成完全的协议,他们来到法院的主要目的不过是正式履行离婚手续(因为该县的民政局拒绝办理)。但他们面对的是一个高度形式化、官僚化的法院制度,常常会被要求遵循毫无意义的法庭程序办理手续,有时候更要支付高额费用。

在45起案例中,共有9件涉及协议离婚(2001:7,175,374号;2002:36,274号;2003:199号;2004:292,349,355号)。举一个

---

① 而是判决双方感情上未破裂,不准离婚。

2003年比较极端的例子(2003:199号),原被告决定离婚并已经达成书面协议,他们来到法庭的目的只不过是要办正式离婚手续。但是,法庭按照固定程序,首先要他们支付50元的"案件受理费",另加常规的400元(因涉及财产纠纷)的"其他费用"。然后法庭按照固定程序,对被告进行"询问"(讯问笔录)。被告表示完全同意原告"起诉"中所提的条件(即双方自愿同意离婚;两个孩子由母亲抚养,被告每月支付500元抚养费,直到"孩子长大成人";两人的老房子——被告父亲的房子,由原告居住,到她再婚为止;两人的债务15 000元——从被告父亲借得的,由被告负责)。原告在双方的书面协议之外,还提交了所在镇的社区委员会出具的证明,说双方感情已经破裂,同意离婚,要求法院适当配合。双方虽然已经没有争议,但当地法院还是召集了由三位审判员组成的"合议庭",另加书记员,进行正式"庭审"。其笔录证明,法庭仍然按照正式程序,宣读法庭规则、核对当事人身份、问双方是否申请回避,然后取证,接着要双方重述其申诉和要求,而后答辩,最后方才进入调解程序,一项一项地重复双方已经达成的协议,以笔录形式草拟调解协议,最后打印出法庭的正式"民事调解书"。这样的庭审,等于是一种高收费的"演戏",为办理离婚手续的老百姓带来许多完全没有必要的麻烦和花费。①

　　显然,这种主要是形式性的操作情况源于不合理的"体制"经过"市场化"而形成的官僚部门牟利作风。上述当事人所面对的是双重的现实:原来办理登记的民政局,出于收费和付出(人员、时间等)的考虑,拒绝处理这样没有争执的离婚。根据巫若枝的实地访问调查,一个关键考虑是登记离婚的收费一向很低(只是8元),但是当事人双方如果在登记过程中闹矛盾,很可能就会把民政局的登记处卷入进去。在过去毛泽东时代以服务为主的治理意识形态下,民政单位对这样的可能麻烦意见不大,因此一直处理相当数量的离婚登记和调解。即使进入改革时期之后,截至1987年,R县民政局仍然惯常地处理、登记双方自愿并已达成明确协议的离婚。但其后则采取了不同的立场,基本拒绝,把责任推向法院,主要是为了避免这种低收入、高付出(巫若枝,2007:112—115;135—136)。

　　因此,在调查的当地,这种"案件"现在竟然基本全都由法院来处理。而当地的审判员对此都表示十分不满,这也是未预的不合

---

① 在另一个案例中,原被告同样已经达成了协议,来到法庭的目的也只不过是要正式登记,而且法庭结果也做了些许工作,在原被告已经达成由被告抚养孩子,原告负责每月支付150元抚养费的协议上,经过讨论,另加了原告每年应在学期开始前分两次支付抚养费,以及诉讼费用应由两人分担的条款。但因为这个纠纷并不涉及财产,法庭只收了50元的立案费(2004:349号)。另一个案例同样(2004:292号),并合理地采用了简易程序,由一位审判员主持庭审。此外,有一个案例显示比较少见的情况,即在形式化的过程中,凸显了实质性的问题。原被告在表面上达成协议,且提交了由两人共同签名的正式"协议书"为证,但现在原告说该"协议"是在被告高压之下签订的,她并不同意其中条件,要求被告负责两个孩子的部分学费(2002:339号)。

171

理后果的一个表现——在法院程序形式化大趋势下,出现了这种把没有争执的离婚当作诉讼案件来处理的现象。法官们抱怨县、镇民政办事处推卸责任,把担子加在法院头上,导致不合理的诉讼资源的浪费。据该县民政局婚姻登记处负责人介绍,有的当事人为此还上访至省民政厅,但仍然得不到解决。在当前该县官僚体制所包含的形式化和牟利化两大趋势下,这是个一时似乎无法解决的不合理未预后果。①

五、实质性调解的延续

在市场经济的大规模推广和社会经济的大变迁之下,以及法律制度的改革变化之中,毛泽东时代遗留下来的法庭调解仍旧占有一定的地位,并发挥一定的作用、功效。这也是今天法律制度不容忽视的一面。法庭制度虽然趋向于高度形式化,倾向于西方的形式主义对抗性制度,但出于实质性正义理念的调解制度仍然占有一定的比例。虚构、纯形式化的调解虽然越来越多,但实质性的调解仍然不少(参见本书第四章;黄宗智,2006;亦见本书第七章;黄宗智,2007b)。

成效最高的纠纷调解仍然和毛泽东时代一样,是法庭不必判

---

① 当然,毛泽东时代的法庭制度也有它形式化的一面,例如对调解制度作用的夸大。在当时的意识形态下,调解被视为司法的主要正当途径,普遍要求把调解结案的比例尽可能提高,因而造成官方数据十分无稽的表达,坚持所有诉讼案件中有80%到90%是调解结案的。一个结果是法院普遍把本来就是双方自愿的离婚虚构为调解离婚(参见本书第四章;黄宗智,2006)。改革几十年之后的今天与过去的不同在于形式化的程度以及其制度要求的烦琐性和收费。

断孰是孰非,而只需协助当事人达成协议的那种调解。最普遍的是当事双方原则上同意离婚,但自己不能达成离婚条件的协议,在细节上仍有纠纷。在这样的情况下,今天的法庭仍然常常起关键的作用,协助双方在法律的大原则下,达成妥协,和平解决(参见本书第四章;黄宗智,2006)。在一个案例中(2002:339号),原告说被告打她、虐待她,要求离婚和抚养5岁女儿,3岁儿子归被告抚养。被告答辩说其实他待他妻子很好,反对离婚。法庭通过庭审,确定夫妻双方婚后感情一般,其后"由于家庭经济困难,经常吵骂及打架",原告1998年已经离家出走一年,后来被劝回家,但几个月后再次出外打工。经过庭审,被告看到原告离婚意志坚定,说"既然原告坚持离婚,被告也同意"。这样,法庭协助原被告双方达成离婚条件的协议,由被告补偿原告2000元,洗衣机等陪嫁大件归原告,女儿归原告抚养,儿子归被告,诉讼费用450元由原告负担。在另一个案例中(2000:10号;另见1999:2,10,22号),原告要求和她入赘的丈夫离婚,其中关键问题是"被告有生理缺陷",不能生育,而其父母亲之所以让她与被告结婚,主要是为了要个孩子。被告开始不认,但法庭在庭审过程中确证原告所提供医院检查单属实。此外,双方对其他一些问题各执一词,但无关紧要,法院基本认可原告离婚要求。剩下来的只是离婚协议的具体细节,被告要求补偿8000元,而原告只愿出3000元。结果法庭"做了工作"(先与双方分别谈,然后再一起谈),双方妥协,以5000元的赔偿达成协议。

显然,在上述的案例中,法庭作为权威的旁观者,起了关键的作用。我在本书第七章(《法庭调解的过去和现在》)中,论证法庭调解一般是在不牵涉对错的情况下,能起到比较积极的协调作用

(牵涉到"法律眼下"的对错情况,则常常会引发法庭的强制性介入,最显著的例子是强迫当事人"调解和好")。在中国的法庭调解制度下,当事人如果拒绝法庭的意见,下一步便很可能要面对法庭判决,因此会感到一定的压力,需认真对待法庭的协调,不能意气用事,随便脱离调解程序。正因为如此,这种调解成效较高,远超越欧美完全脱离法庭的调解制度,而更像新近在欧美推动的调解—仲裁(mediation-arbitration,简称 Med-Arb)合一制度。这个传统是中国现代革命遗留下来的传统,也是值得明确认可和推进的(亦见黄宗智,2007b)。其实,最高人民法院本身,鉴于当事人主义取证制度运作不佳的现实,已经提出要重新重视调解制度以缓解新制度的弊端的意见。①

六、新形式正义以及形式、实质正义的合并

以上的案例可以看作原来的(毛泽东时代)实质正义制度(主要体现于其调解制度)的延续。但这不是说新制度完全不行,只有旧制度才具有合理性。在新社会经济现实之下,以程序为主的制度也起了一定的作用,并具有无可否认的合理性。

在 2000 年的一个案例中,原告要求离婚,主要因其丈夫经常赌博。被告不同意离婚。双方因共同经营一个店铺,经济关系比较复杂。原告举证其父亲为购买 32 万元的店铺,垫付了 20 万元,要求作为夫妻共同债务处理。被告则举证自己为购买该铺屋交了 12

---

① 法院系统重新重视法院调解,可见最高人民法院院长肖扬(2006)的讲话。

万元;另外有三笔债务,是以其父名义借的,分别是2.9万元、7.9万元和1.5万元,要求作为夫妻共同财产处理。双方各执一词,法庭调解无效。另外,夫妻双方确认有一笔12万元的债务,是以店铺为抵押而借的。法庭经过查阅证据与庭审调查和辩论,确定以店铺为抵押的那笔债属于双方共同债务,由双方共同负担。但被告名下的三笔债务,是他自己用父亲名义所借,与原告无关。判决根据最高人民法院1989年的"十四条"指示,因"一方好逸恶劳,有赌博等恶习"①准予离婚,同时,根据法律断定"原告无固定职业和收入,且无过错,可适当给予照顾"。结果判定店铺剩余的20万元价值,一半应归原告,另加5000元补偿,总额10.5万元。两个孩子(长子5岁,次女3岁)则根据法院惯常做法,由夫妻两人分领一个。法庭审理费3250元,由原告负担1250元,被告2000元。显然,起码在这个案例中,法院不大可能按照毛泽东时代的要求,深入实地调查,确定双方债务的真相,只能依赖当事人在庭前提供的书面证据做出判断,但它仍然做出了实质性和有根据的判决(2000:170号)。

另一案例同样。原告要求离婚,主要因为被告经常深夜不归,曾经有一位亲戚调解不果。夫妻早已不再同床,现原告已经迁出分居。但被告不同意离婚,法庭调解不果。双方经济关系比较新型、复杂:被告办了一个旅游公司,两人分别投资,并持有在自己名

---

① 《最高人民法院关于人民法院审理离婚案件如何认定夫妻感情确已破裂的若干具体意见》,第10条(见最高人民法院研究室,1994:1086—1087)。2001年《婚姻法》修正后,"好逸恶劳"条款已不再适用(见《中华人民共和国婚姻法》,2001年修正)。

下的公司股份;原告举证被告向她借了4.9万元;公司具有债权两笔,分别是16.7万元和13万元。这些都是有书面证据的债务,法庭予以认定。因此案不涉及过错,法庭基本给双方各分一半财产,个人名下的公司股份就此分别;此外,被告应归还原告4.9万元;公司两笔债权中,13万元归原告,16.7万元归被告(2001:316号)。我们可以说,在新经济环境下,新的取证程序起了其应有的作用。

此外,也有新旧制度连同合理运作的例子。我们在上面引述的一个案例中已经看到,法庭根据原告所提供的医院检查单(在旧制度下则会由审判员直接到医院调查),确定被告确实没有生育能力,被告虽然争辩,但拿不出确凿证据,法庭认为原告要求离婚在理。这个判决性的立场是根据新取证程序而定的。同时,法庭通过与原、被告分别谈话,"做了思想工作",促使双方达成协议,同意妥协,补偿被告5000元(被告要求补偿8000元,而原告只愿出3000元)(2000:10号)。像这样的案例,应该可以视为新程序制度和旧调解制度连同合理运作的反映。

七、"两不是"的司法权力滥用

上面已经看到来自形式主义与官僚体制牟利作风结合的极端表现。对于两种模式之间的张力,到底该怎样协调?在两者的张力之中,最大的危机可能是,法庭的实际操作变成一种"两不是"的权力滥用。在一个案例中(2006:302号),原告和其丈夫闹矛盾而大打出手后,原告来到法院起诉被告与第三者(一位30多岁的离婚妇女)同居。被告答辩说"原告所诉不属实",不同意离婚。法庭没有经过仔细调查而简单地得出这样的结论:原告因怀疑被告有不正当关系而要求离婚,两人因此分居,但法庭认为原告的怀疑是没有根据的。法庭只凭庭审而得出其判断,并没有做毛泽东时代那种深入调查,更没有说服原告其指证不实。法庭简单地判决"原告的请求理由不足",双方"是能够和好的",不准离婚。

这个案例首先体现了新的形式化程序。档案记录带有双方的常住人口登记卡,财产清单等,组成一个相当复杂的"诉讼当事人提交证据清单"。然后是庭审中的证据审核程序。但是,显然并没有关于被告到底是否与第三者有同居关系的证据,也没有任何证人的书面或口头供词。同时,案例也体现了毛泽东时代的政府和法院积极介入夫妻婚姻关系的作风,只不过并没有伴之而来的调查和对原、被告做的(思想和其他)工作。法庭只比较草率地判决原告所控不实,不准离婚。后果是判决三天之后,原被告双方再次闹上法庭,这次是因为原告到家里去拿东西,被告不让她拿走,两人再次大打出手,再次来到法庭。

法院在上述这个案例中的行为可以说是既包括了原来毛泽东时代的尽量减低离婚率的逻辑,也包含了新时代的形式逻辑,而又是两不是,既没有旧式的实质性调查和劝解工作,也没有真正的程序化取证,结果可以说只是草率的判决。

再举一个上面已经引用过的例子(2003,168号),原告丈夫十年前因为下岗,外出与一位女士共同经商,结果与她同居,后来悔过(原告提交了当时的悔过书),但其后又再外出经商,诉讼前已与原告分居3年。因长期外出,与两个孩子关系疏远。在庭审过程中,两个孩子,长女17岁,次子15岁,非常明确地说要跟妈妈在一起过,因为父亲"不关心我们、不尽父责",两个孩子对法官说"再艰苦也要跟妈妈一起"。但审判官基本无视丈夫曾与第三者同居的过错,也没有考虑两个孩子的意愿,斩钉截铁地对原告表示,法庭认为两个孩子应由双亲分别抚养,一人一个。为了迫使原告就范,法官在庭审过程中非常尖锐地审讯原告将近20年前(1985年)的结婚经历:首先,他问原告结婚的时候是否已经怀孕了,原告说是,将近两个月。然后法官施展突袭战术指出,原被告结婚证上登记的结婚日期是1985年12月5日,而原被告长女的出生日期则是1986年9月25日。很明显,原告结婚的时候不可能已经怀孕(因此,显然在某种程度上欺骗了被告)。原告对法庭的审讯路径感到惊讶,事先毫无准备,只好手足无措地含糊答辩说可能是记错了。在这样证明原告曾经欺骗她的丈夫之后,审判员迫使原告同意两个孩子归夫妻分别抚养,一人一个,完全无视两个孩子先前在访谈时对父亲"不尽父责"的意见和"再艰苦也要跟妈妈一起"的心愿,我们只能想象这俩孩子在听到法庭主张后的心情。然后,法官迫使原告接受她要求的1万元补偿的一半:5000元。通过这样的强制手段,审判员得到的是原告的屈服,并因此做到了"调解结案",据此上报。

  这里我们看到的是,法院在追求毛泽东时代的调解结案指标的同时废弃了原来的调查和劝解工作,所做的是形式上的、没有实质性内容的"调解"。如此完全脱离实质性正义的法庭行为,既未体现实质正义也未体现程序正义,只能被看作两不是的官僚形式化作风,甚或是司法权力的滥用,它显示了当前司法制度缺乏威信的部分原因。

八、总论

当前的取证制度的运作显然问题众多。一方面是新制度尚未健全,某些部分只是个空架子,其中最显著的是证人制度,它实际上不起作用,也因此大大限制了庭审所能证实的事实的范围。当然,新制度还处于试验阶段,有个摸索、演变的过程。当前还有其他类型的试验和试行,包括新的"调查令"制度,可能会起到正面作用。[①] 另一方面,偏向一面的制度性抉择本身可能也是运作不良的部分原因。当前的法律思想明显偏向法律形式主义,并把其"当事人主义"的取证逻辑不完全恰当地用于(民事)离婚领域。在 R 县,过分依赖程序使实际运作更容易陷入部门牟利化的官僚"体制"的一些恶习之中,不顾诉讼当事人的实质性要求,无顾对他们的合理服务,只强调程序形式,并借此谋求部门利益。同时,因缺乏新旧制度的合理协调,在两个制度间的张力下,已经显示了一些"两不是"的司法权力滥用的未预后果。

虽然如此,新取证程序显然有其合理的一面。它能够和毛泽东时代遗留下来的调解制度连同运作并适应新社会经济实际的需要。2006 年,在全国的民事案件之中,在新取证程序下,仍然有142.6 万起案件是通过调解结案的(相对于 174.4 万起判决结案)

---

① 上海市长宁区人民法院从 1998 年开始使用"调查令"制度,由当事人提出申请,然后由法院批准(带有强制权力的)调查,弥补现今当事人调查、举证难的弱点。据报道,此制度已经在一些地区推广试用,可能是改进当前取证制度不足的一个有效办法(金眸,2005:第四章)。

(《中国法律年鉴》,2007:1066)。在今天全面引进外国法律的大潮流下,在确立新制度之上,应该同时肯定旧制度的优点,有意识地予以认可并进一步完善。正如巫若枝对 R 县 11 位法官的访谈显示,基层法官明显相当一致地认为今天的纯形式化取证制度亟须改革,应该适当同时采用新当事人主义和旧法官职权主义的取证方法,并适当协调(巫若枝,2007:192—194)。最高人民法院院长肖扬也提出了对职权主义模式与当事人主义模式加以中和的设想(杨中旭,2007)。

这里的关键也许在于要更多地从实际问题出发的法律思维。舶来的形式主义权利思想和新取证制度有它符合中国实际的一面,也有脱离实际的一面。我们需要的是通过实践,寻求适用于中国实际的法律规则,适当融合旧调解制度和新维权制度,以及旧职权主义与新当事人主义的取证制度,不可完全盲从西方法律形式主义的理论模式。这也是本章之所以同时指出当前制度在实际运作中的合理与不合理的两方面的理由。

第六章
民事判决的过去和现在

在儒家和中国共产党的表达,以及现代主义的一些理论预设的影响之下,中国过去(清代)和现在的民事法律实践中的判决实际,长期显得面目模糊。按照儒家道德理想,普通人之间的"民事"纠纷应当通过民间调解而非法庭判决来解决;与此类似,中国共产党有关调解的意识形态强调法庭应当以调解为主,并宣称这种制度优越于西方的对抗制;最后,从西方大陆法传统下的现代主义和形式主义立场来看,中国的民事法庭一向不是根据普遍的法律原则来裁决案件的,因此也没有真正意义上的民事判决。本章将论证,在中国民法实践历史中,法庭判决其实一直是中国法律制度的一个重要组成部分。今天广泛采用的法庭审判制度,其实是具有一定历史传承的。

有必要先解释一下"调解"和"判决"这两个词在本章中的用法。"调解"在英语和毛泽东时代以前的汉语中,主要含义是通过第三方的促成或介入而达成自愿的和解。① 但是,在毛泽东时代的民事法律制度中,"调解"逐渐涵盖了"调处"的含义。在此之前,解放区的一些地区曾经将两者区分得很清楚,调处主要由行政机构施行,②其更具高压,更可能违背争议者的意愿。而1949年之后,两者之间的这种区别不再存在。

至于"判决"③,人们当然可能对这个词有不同的理解,本章主要作为法庭调解的对立面来使用,区分妥协性的调解和根据法律的判决及裁定。前者不产生"是"与"非"或者"胜诉"与"败诉"之分,后者明确分出"是/非"或"胜/败"。

下文将要谈到,1949年后中国的法庭实践,同时包括了调解和判决以及介于这两个范畴之间的活动。因此本章及下一章采用了两个附加范畴:"调解式判决"和"判决性调解",前者对应于那些虽然具有调解的形式但实质是判决的案件,后者对应的则是那些带有判决成分但主要性质是调解的案件。这些用法在具体的案例讨论中会更加清楚。但是,使用这类标签时常常会遇到困难,因为实际案件的相关特征并不是一目了然,而是在"灰度的渐变"中呈现

---

① 19世纪的案件档案中,"调解"可与"调处""说和"等词互换使用,比如,"经亲友调解/调处/说和"。此前的用语包括"调停""说和"和"和解"。参见诸桥辙次,1955—1960:第十卷,第504、485页;第八卷,第971页。
② 例如,晋察冀边区1944年的一份指示非常明确地区别了"村调解"与"区政府调处"。参见韩延龙、常兆儒,1983:640—643。其中的分别正是本章此处对"调解"与"调处"的区分。对照之下,陕甘宁边区则在"民间调解"之外使用了"行政调解"和"司法调解"这两个术语,预示"调解"的用法扩张之来临。参见韩延龙、常兆儒,1983:630—633。
③ 古汉语用的是"断""断案""断定",以及"判""判案""判决"等;现代汉语中则主要用"判决"。参见诸桥辙次,1955—1960:第五卷,第648页;第二卷,第233页。

182

出来的。但是从概念上讲,区分判决案与调解案的"试纸"是看争议的解决是否违背一方当事人的意愿而强加的。本章集中于中国民事司法制度的判决领域,调解在下一章讨论。

在以往的学术著述中,调解比判决得到了更多的关注,下一章吸取并讨论了这些成果(如 Cohen, 1967:54—76;Lubman, 1967:1284—1359;Lubman, 1999:第三章;Hsiao, 1979;Palmer, 1989:145—171;Clarke, 1991:245—296)。这里从问题的另一端切入,致力于描绘清代以来民事法律制度中更具判决特征的那些成分。以往对判决的研究成果在下文相关之处讨论。

案件档案向我们展示了中国法庭实践的情况,本章的研究表明,这些实践与儒家和中国共产党的表达以及形式主义的预设有显著的差异。有关清代的情况,我参考了收集到的 628 个案例,它们来自三个县保存下来的档案,即四川的巴县档案、台湾的淡水—新竹档案和首都顺天府的宝坻县档案;有关 1949 年以后的情况,我使用的抽样案件仍然是来自北方 A 县和南方 B 县的共 336 个民事案例,并补充以对松江县法官和该县华阳桥村(自 20 世纪 80 年代后期称"甘露村")的当事人及干部的访谈材料——我曾经在这个村做过长期的田野调查,当时是为了写作那本出版于 1990 年的关于长江三角洲小农经济的书(更全面的说明,参见本书第四章)。

本章首先回顾法庭的各种判决性质的"实践"(即相对于表达的行动、相对于理论的实践,以及相对于制度结构的实际运作),以区别于儒家和中国共产党的表达以及形式主义的理论预设。目标之一是对现在和过去的中国民事法律制度中的判决领域,包括那些旨在指导法庭活动的成文规则(有别于那些旨在表达道德理想的抽象原则),做一个概述。此外,本章也试图阐明呈现于法庭实践中但尚未被言说出来的某些逻辑。无论是清代还是当代的中国法,强调调解的官方表达与采用判决的法庭实践始终结合在一起,这是个值得特别关注的问题。在我看来,这种矛盾的共融展示了贯穿于从清代到毛泽东时代乃至改革时期的所有变迁之中中国法的特殊思维方式。这里之所以特别指出这一点,是因为这种特性很容易淹没在各种显眼的变化之中。

一、大陆形式主义与清代司法

马克斯·韦伯清楚地指出,现代西方大陆法形式理性主义传统之基石在于法律完全是从抽象的普遍的权利原则得出的(Weber,1968[1978]:844—848,656,976)。1900年的德国民法典是一部典范性的从个人的各种权利(即有关债权和物权、结婚与离婚以及遗产继承的权利及义务)出发的民事法律(*The German Civil Code*,1907)。后来,德国的这部法典成为1929—1930年国民党民法典的范本,并由此在一定程度上影响了当代中国的民法。

韦伯进一步廓清了形式理性主义法律之中这类普遍原则与个案推理之间的关系。"每个具体的司法判决"都应当是"一个抽象的法律前提向一个具体的'事实情形'的适用"。而且,"借助于法律的逻辑体系,任何具体案件的判决都必定可以从抽象的法律前提推导出来"(Weber,1968[1978]:657)。

在韦伯看来,形式主义的法律推理,是理性的现代法律有别于其他类型法律的最关键因素,尤其是有别于工具主义和实质主义的法律。工具主义法律服务于(世袭)统治者的意志,实质主义则"依靠伦理的、情理的或政治的原则而不是普遍性的规范来裁量"案件事实。实际上,即使是英美普通法的(韦伯称为)"经验主义司法"也不同于大陆形式主义的理性化法律推理。在韦伯看来,普通法传统下,司法判决"不是依据理性化概念下的前提,而是通过利用'类推'并依据对具体'先例'的阐释"而做出(Weber, 1968[1978]:844—848,656,976)。这种判决方式(连同对陪审团制度的依赖)赋予了普通法强烈的非形式主义和非理性化的特征(Weber,1968[1978]:891)。

韦伯对形式主义大陆法的特征描述,尽管无疑用的是一种理想型(ideal-type)的方式,但的确有助于厘清这种法律传统的概念基础,进而提供了一面镜子或参照系,帮助我们澄清其他法律类型与之非常不同的概念方法。与此同时,韦伯的比较类型学隐含的现代主义式和欧洲中心主义式的思维偏向也是值得注意的问题。从这些类型出发,人们易于得出结论,认为清代法律中只有具体的、个别的规范,而没有形式主义法律必备的抽象的普遍性规范;人们也会仓促地误认为清代很少有民法,比如德克·卜德和克拉伦斯·莫里斯(Derk Bodde and Clarence Morris,1967)就未能摆脱这种成见,尽管他们的著述本身质量很高;人们还会轻易地按表面的含义和主张来理解儒家的表达,比如滋贺秀三(1981:74—102)坚持认为,清代法庭没有通过适用法律条款而做出真正意义上的裁判;沿着同样的思路,威廉·琼斯(William C. Jones,1987:309—331)认为,1949年后的中国根本就没有民法,而只有行政措施,直到进入20世纪80年代,随着市场开放和资本主义改革以及对西式

185

法律的采纳，才开始具有真正的民法。

其实，清代法律尽管不像西方大陆形式主义法律那样，以抽象的普遍性权利原则为出发点，但它实际上包含了大量的指导司法判决的法律规则，只不过是出于与现代法律形式主义立场很不一样的思维方式。清代法律不是从独立于且高于事实情形的抽象原则出发，而是基于事实情形本身来制定法律条款。抽象原则被有意识地具体表达在示范性的事实情形之中，而几乎从来没有从中抽离出来单独表达；抽象原则不以明文规范的形式出现，而通常是通过列举具体的事实情形默示出来，这类具体的事实情形通常是用违反默示原则的行为来说明的。随着时间的推移，相关律条下新出现的其他事实情形则会以详尽的"例"的形式补充进来，"例"的创制经常发起于相关负责官员就实际案件提交的奏折题本（颇像英美普通法的"先例"）。

清代法律与大陆形式主义民法之间的差异，并不在于前者缺乏用以指导判决的法律条款，而在于其坚持将概念体系扎根于以解决实际问题为本的各种事实情形规定之中。清律从未试图抽象出普遍有效的法律原则，相反，它似乎假定只有与实际的司法实践相结合，抽象原则才可能得到阐明，才具有真正的意义和适用性。

因此，清律从来没有以抽象的形式，像1900年德国民法典或以之为蓝本的1929—1930年国民党民法典那样，提出财产权神圣不可侵犯的原则。[1] 相反，它是通过具体的情形以示范的方式阐明财产"权利"原则的，且几乎都是对各种违反该原则的行为的惩罚性

---

[1] 如《中华民国民法典》第765条："所有人于法令限制范围内得自由使用收益处分其所有物并排除他人之干涉。"

规定。因而,欺诈性地将他人土地或房屋当作自己的财产出售受到的惩罚是"笞五十","每田五亩、屋三间,加一等,罪止杖八十,徒二年"(律93:"盗卖田宅");同一律条下,"侵占他人田宅"以及"虚(写价)钱"也会受到惩罚。然后,又增加了许多"例"将这一默示财产原则扩充以适用于其他相关的事实情形,例如,"僧道盗卖寺观田地"(律93:条例一),"子孙盗卖祖遗祀产"(律93:条例四),"家奴盗卖伊主田产房屋"(律93:条例五),等等。

有关财产继承的律条起首就规定了对"父母在,子孙别立户籍分异财产"行为的惩罚。由此看来,几代同堂的家庭与已婚兄弟们同居的复合家庭是法律坚持主张的道德理想。然而又在"例"中规定"其父母许令分析者,听"(律87:条例一),这一实用性的条款旨在适应父母在世而分家普遍存在的社会实践(已婚兄弟妯娌之间的现实矛盾无疑是这种实践的主要起因之一)。然而,最初的道德理想仍然保存,仍然被置于这条主律的起首,而例在向现实让步的同时再次重申了这个理念。

有关儿子对父亲的土地继承的律,首先规定了对不顾及父母意愿擅自使用家庭财产的儿子的惩罚,接着规定"尊长应分家财不均平者"也应受到惩罚(律88:"卑幼私擅用财")。同样,对"子孙不能养赡父母"(律338)的行为,也是通过惩罚性规定表达了子孙对年老父母的赡养义务。总之,无论是子孙的继承权还是他们对年老父母的赡养义务,都不是通过抽象原则提出来的。

清律对债务的处理也采取了同样的方式,将其放在有关高利贷管制的条目下(律149:"违禁取利")。该律首先明确指出对收取高于国家规定的最高3%月利率的放贷者予以惩罚,"每月取利,不得过三分……罪止杖一百"。合法借贷的偿还乃是其后的关注:"负欠私债违约不还者,五两以上……罪止笞四十;五十两以上……罪止笞五十;百两以上……罪止杖六十。"合法债务必须偿还的原则仍然是默示于具体行为及其惩罚措施之中。

婚姻方面同样如此,婚姻的缔结基于双方家庭的诚信婚约,这是一个默示原则,法典没有将其抽象化,而是通过对将已有婚约的女子"再许他人","有残疾者,妄作无疾"(律101:"男女婚姻")等欺诈行为规定惩罚措施而表达这一原则。尊重婚约也是一个默示原则,通过对"期约未至而强娶""期约已至而故违期"等行为规定惩罚措施而表达出来。

不仅民事领域,刑事领域的法律原则同样是通过示范性的事实情形表达出来。例如胡宗绮(Jennifer Neighbors, 2004)指出,清代的杀人罪共分六等,全凭动机这个很难捉摸也是十分抽象的范畴来区分:最严重的是"谋杀",例如用毒杀人;其次是"故杀",譬如在极其愤怒的时刻有意杀人;再次是"斗殴杀",与人斗殴之中杀了人(并视所使用的武器的不同性质而区别);再次之是"戏杀",譬如在拳击比赛之中无意杀了人;更次之是"误杀",譬如在玩火或者玩射箭的时候杀了人;最低的是"过失杀",是出于无意的,譬如在山坡上拉车失去控制而因此无意杀了人(薛允升,1970:第五册,第四卷,第849—857页)。法典中没有对动机做任何抽象化表述,但通过事实情形的列举明确了动机的不同故意程度,并严格地据此规定相应的刑罚等级。

相比之下,以现代西方大陆形式主义法律为范本的民国法律,只规定了故意杀人和过失杀人("故杀"和"过失杀")这两个抽象化类别,而没有对动机做详细的等级划分。① 胡宗琦(Jennifer Neighbors,2004)进而指出,在实践中处理杀人案时,民国时期的法官们实际上常常援用清代的区分,用来弥补从德国法移植过来的"故杀"和"过失杀"二分法的不足。

　　清代的法律还依靠类推方法来涵盖法典中没有列入的事实情形。薛允升编撰的晚清律典中列出了30条比引律。比如,"义子骂义父母,比依子孙骂祖父母"(比引律27,即律329的类推适用)。同样根据类推原则,对"发卖猪羊肉灌水"或"米麦插和沙土货卖"的惩罚,"比依客商将官盐插和沙土货卖律"(比引律3,比依于律141:"盐法"第十款)。这种类比的方式使默示于具体事例中的原则得以扩张适用。自始至终,问题的关键都不在于没有原则或规定,而在于清代法律坚持主张抽象原则不能完全独立于具体事例而孤立存在。换言之,清律表明了一种认识论上的坚持,即抽象概念与实践的不可分离性,尽管它同时承认,后者的无限可变性导致不可能在法典中穷尽列举之——也正因为如此才求助于类推方法,而类推原则本身又是通过30个具体的比依适用情形来阐明的。这类以事实为出发点指导司法判决的法律条款,数量相当庞大。

　　应当看到,清代法律的认识论态度固然不同于现代形式主义,但也不同于后现代主义,例如近年来在中国法律学者中很有影响的格尔茨(Clifford Geertz,1983:167—234)的理论。格尔茨在《地方性知识:事实与法律的比较透视》中比较了现代西方法律和其他一

---

① 当代西方法律对杀人罪主要在有预谋的谋杀罪、有动机的杀人罪和无动机的杀人罪之间做出区分(在美国,通常分别称之为一级谋杀、二级谋杀和三级谋杀)。

189

些地方的前现代传统法律,用来说明分割事实与法律乃是现代西方法律的一个特征(在他看来,几乎是一种怪癖)。一般传统法律不会像西方形式主义那样把抽象原则提得非常崇高以至于脱离事实,而会坚持维护抽象原则与事实的联系。在这一点上,我完全同意格尔茨的分析。现代西方法律受主流形式主义影响很深,即使是经验主义倾向很明显的英美普通法,也基本接受了形式主义的思维方式,援用了形式主义的权利原则,并将之置于远远高于事实的地位。

但是,格尔茨质疑现代主义时所采取的认识论立场和清代的立场是完全不同的。格尔茨的观点立足于一种后现代主义认识论:怀疑一切"所谓事实",认为一切所谓事实最终只不过是人们的一种构造。格尔茨因此把所有认识比喻为美国法庭上敌对的律师,双方各执一词,各为聘雇自己的顾客说话,根本就无所谓真实不真实,就好比受雇的枪手(hired gun),可以为出钱的雇主杀人。这个比喻很好地说明了格尔茨本人和后现代主义对待事实的基本态度。但清代法律的认识论和格尔茨的立场正好相反,它的出发点是事实的真实性——正是因为相信事实的真实性,才将法律原则寓于其中。清律不会认为欠五十两债违期不还只不过是一个不可验证的构造,它要求法官明辨真伪,明判是非;也绝对不会认为法庭只不过是一个双方律师争辩而无可验证真实的场所。① 格尔茨的立场其实是一种认识论上的虚无主义。清代法律家,凭他们的思维方式,会认为格尔茨的观点不符合实际,甚至无聊。如果以清代的法律思维方式来批评现代主义,它反对的只是脱离于事实的抽象原则和抽象逻辑,以及对它们的过分依赖,而不会像格尔茨式的后现代主义那样怀疑事实本身的真实性。

这并不是说,中国帝制时期的立法仅仅回顾性地纯粹着眼于以往的事实经验或者只考虑解决实际问题。它同时也包含了强烈的前瞻性因素,显而易见,儒家说教主要是对社会的应然所说而不是对实然所说。譬如,帝制法律对于民事案件(即"细事",意即"小事")的观念,首先强调的是这些案件按道理根本不该发生,因为有品行的人不会自降身份卷入这类纠纷或诉讼;如果纠纷确实发生了,也应该由社区或宗族中的有德长者调解处理;而在实践中,如果这类纠纷最终成了官司,县一级地方衙门就会全权处理,不会麻烦上级官府。甚至可以说,儒家道德观念在帝制时期中国法律中扮演的角色,某些方面类似于形式主义权利原则对基于先例的英美普通法所起的作用,两者均在某种程度上结合了理想和实际考虑。当然,差别在于,中国法中的这种结合——我称之为"实用的道德主义"(参见黄宗智,2001:第八章),并不强求以法律推理的方

---

① 即使是西方的法庭,其实也是从这种确认事实的观点出发的:两造的律师确实是完全为雇主说话的"枪手",但这并不表示法庭之中没有真实性可言,法官和陪审员们的职责正是要鉴别真伪。要是法庭真的只不过是格尔茨比喻中的那种状态,那可真的是全无公正可言了。要是一切知识真的像格尔茨说的那样,我们做历史研究的也就没必要参考什么原始文献,上什么档案馆了,做社会科学研究的也完全没有必要做什么实地调查了。

式将所有的司法判决都归入其道德前提之下,而这种法律推理方式则是韦伯式的法律形式主义所坚持的。

二、儒家的表达与清代的法律实践

儒家道德君子应当以"让"和"忍"来应对纠纷,这种观念处于法律的儒家建构的核心位置。如上文指出的,按照这种逻辑,卷入一场纠纷或诉讼,本身就是道德修养未到理想境界的一种体现。普通人之间的民事纠纷在官方看来是"细事",在一个由道德君子组成的社会里,这些纠纷根本就不应该发生。即使最终诉诸正式的司法程序,法庭在整个审理过程中仍然会把社区或宗族的调解当作优于法庭诉讼的解决办法。最后,即使纠纷无法通过调解解决,法庭也仍然要合乎理想地进行道德上的教育和说服,好让诉讼当事人自愿地接受裁决。要求做到当事人自愿接受裁决的设想体现为仪式化的程序——当事人必须出具"甘结"(表示自愿服从裁决、结束诉讼)(参见黄宗智,2001)。

正是基于这些儒家的表达,滋贺秀三提出了颇有影响力的学术观点,认为传统中国法庭从事的仅仅是一种"教谕的调停"而不是依法裁判。在滋贺看来,中国法在概念上立足于"情""理""法"的三合原则——"情"即基于儒家慈悲之心的怜悯和同情,亦即"仁";"理"即同时支配着自然和社会的道德原则,亦即"天理";"法"即国家制定法。他认为这三者是协同运作的,并构成了法律条文的真正来源(用滋贺本人的术语即"法源")。法庭的主要指南是儒家的"仁"和社会的各种道德原则,相对而言,制定法条文本身只扮演微小的角色(滋贺将法律条文比作漂浮在大海里的一座冰山)。调解,或曰"教谕的调停",是这种法律和治理的立场的具体表现(滋贺秀三,1981:74—102)。

虽然滋贺的分析阐明了官方意识形态的逻辑基础,但他过分依赖儒家的道德主义表达,因而忽视了中国民事法律制度的另一关键性维度,即以解决实际问题为目的的成文法律规定以及按照这类规定而做出的判决和裁定。清律固然包含儒家道德说教,但也并不回避"细事"诉讼的现实,它具有数量可观的指导司法裁决、供地方衙门做法律上是非判断之用的成文法规。

再者,清代的司法活动中显然有许多其他的实际考虑。地方官要处理的积案太多,"教谕的调停"所必需的说服和道德教育工作(譬如,像毛泽东时代的法庭所为)因费时甚巨而实际上难以实行。而且,那些固执地要求以正式程序开庭处理纠纷的当事人往往都是些极为顽固的人,他们经受住了民事法律制度中固有的反对诉讼的道德—意识形态压力,并且拒绝了具状呈控几乎必定会触发的进一步的民间调解。儒家的假定是,争议的双方往往都至少有某种程度的过错,与此相反,这些不愿妥协的诉讼当事人时常是真诚地认为自己单方面遭到了不法侵害或者确信对方违反了法律。因此,在这种情况下,地方官一般按照成文法直接判决,诉讼当事人此时出具的甘结一般只不过是仪式化了的形式。

我在1996年的书中使用了来自清代三个县总共628个司法案件,来证明清代的法庭几乎从来没有以滋贺描述的那种方式进行

193

调解。在进入了正式庭审程序的221个案件中,①绝大多数都是根据法律当庭裁决的:170个案件(占77%)是直接做出判决;另有22个案件(10%)是裁定双方均无明显的违法行为;还有10个案件(5%)是下令进一步调查。221个案件中仅有11起是命令当事人接受法庭以仲裁的方式得出的妥协方案。滋贺对"教谕的调停"的分析以及诉讼当事人出具"甘结"表示接受裁定这种仪式化的要件,可能会诱导我们设想清代的法庭是以道德教育的方式来说服当事人"自愿"接受裁判的,但上述案件没有一宗是这种情况(黄宗智,2001:226—227,表A.3;参看第77页)。在后来的一本书中,通过清代与民国的比较,我对有关的法律条文做了更加详细的研究和说明(参见黄宗智,2003)。

简言之,案件档案显示出来的情况是,当"细事"闹到庭审时,一般说来县官实际上是直接根据法律裁决的。清代著名法学家汪辉祖明确地说明调解乃社区和宗族所为,而法庭所为则是判决,是根据法律对是与非做出不容含糊的判断(因此会造成诉讼当事人之间持久的仇恨,不如民间和解可取)(汪辉祖,1939:16;参见黄宗智,2001:194—195)。其他法学家,包括刘衡、陈庆门和方大湜,同样强调了明辨是非的判决的重要性;一来是为了遏制讼棍们的唆

---

① 其他案件大多数都是具状呈控之后通过民间调解解决的。剩下的407宗案件中,31%的案件(126宗)因当事人申请撤诉而终止,因为社区或宗族调解(126宗中的114宗)或者当事人本身之间的和解(126宗中的12宗)已经成功地解决了纠纷(参见黄宗智,2001:226—227,表A.3);另外65%的案件(407宗中的264宗)在档案中没有任何结果而中止,原因是诉讼当事人既没有申请撤诉也没有禀求正式开庭,我们可以推测,很多是因为民间调解成功或当事人彼此达成和解后,没有人不厌其烦地回衙门销案(参见黄宗智,2001:116—117)。

讼行为,二来确保法律的权威得到维护(黄宗智,2001:195—196)。

按照大陆法的形式主义逻辑,儒家理想与清代实际司法行为似乎是相互矛盾的;然而对于中国的法律专家们来说,这里并不存在逻辑上的洽合问题。儒家说教阐明的是法律制度的理想,实际运作则容忍实用规则和判决,即使它们有可能与儒家理想相悖。在中国的法律推理中,儒家理想表达的显然是一种应然世界的图景,而法典中的实用条款和法官的判决行动,则回应的是这些理想难以鞭及的现实生活情境。实际的现实决定着某些行动,恰如儒家说教持续指向一个理想世界的图景。一个韦伯式的形式主义者的确可能会将清代的司法行动与英美普通法的"经验主义司法"的某些方面等同起来看,认为前者比较强调经验主义和实用主义。

三、大陆形式主义与民国民法的中国式原则及实践

西方帝国主义扩张的同时也带来了西方的法律制度,尤其是欧洲大陆形式主义法律,使中国帝制时期的法律制度及其思维方式受到了挑战。和工业化一样,现代西方法律似乎也是一种不可能被抵制甚至不可能被质疑的现代性的一个主要组成部分。从1898年戊戌变法以来,中国的政治家和知识分子普遍深切感到,中国不仅仅军事力量落后于西方,而且法律制度也落后于西方。他们以为,西方民族国家变得强大首先是因为它们的法律体系;而日本明治时期对西方的法律和制度的引进,则解释了为什么日本能够在甲午战争中击败中国。

不仅如此,帝国主义本身也促成了这种态度。帝国主义严重

伤害了中国主权,而它所主张的"治外法权"的部分理由就是假定中国法律制度落后。要重新获得国际上的完全主权地位,中国不得不引进西方法律来证明自己走现代化道路的决心。这种动机充分地显示在民国时期的立法之中。

在普通法和大陆法这两种现代西方法律模式之中,民国时期的立法者们选择了后者。国民党立法首脑人物胡汉民的观点可能最简洁地解释了这种选择的原因,他认为在大陆法那里,法典对于习惯有至上的权威;普通法则立足于习惯的形式化,这种制度下,先例甚至优先于成文法。中国则正因其习俗之落后(这点是立法者们在帝国主义面前痛苦地感觉到的),当然必须选择大陆法模式。于是,胡汉民以及民国时期大多数其他法律专家实际上都毫不迟疑地选择了大陆法。在胡汉民看来,德国法是西方所能提供的最新也是最好的范本(胡汉民,1978:847—848;参见黄宗智,2003:62—64)。

因此,民国时期的中国民法非常类似于大陆民法。1929—1930年民国民法典和它的主要原型——1900年的德国民法典(其权威英译本出自王宠惠之手,而王宠惠是国民党中央政治会议指导民法典起草小组的首要法律专家)一样,从各种抽象化的权利出发并将它们确立为普遍性的原则。事实上,民国民法典无论在法律原则、结构还是语言方面都对德国民法典亦步亦趋(参见黄宗智,2003:第四章)。事后回顾,我们可以看到,民国时期(实际上还有清代在其最后十年里的法律改革时期)立法者们之所以安心于引进西方形式主义民事判决模式,部分原因应可归结为清代法律实践所造就的中国自身的判决传统。与此同时,旧制度中也有许多东西得以保留。例如,1929—1930年民国民法典再度引入了帝制时期的法律范畴(同时也是民间流行的惯习)"典",即以回赎权为限制条件的土地销售。虽然法典草案起初从德国法那里引进了财产权的独占性和排他性原则,以及其自由买卖权利,但是,农村的现实导致不得不再度引入对出典人十分有利的回赎原则,即在很长期限内对已经典出的土地拥有回赎权。①"典"的习惯成为清代的一条制定法,是出于照顾那些迫于生计而不得不出卖土地的弱者和穷人的道德观念;同时也基于一个符合实际的预设,即土地市场化的低程度以及土地价格的基本稳定。最终,民国民法典重新纳入"典"的原则,尽管它与从德国法引进的守护着财产权的法律和理论原则是背道而驰的(参见黄宗智,2003:第五章)。这样,传统的法律规定与外来的形式主义原则被同时容纳。

类似的保留旧习俗的做法在民国时期的继承法实践中也可见到:尽管法典引进了男女平等的形式主义原则,但事实上,一般是小农家庭的儿子而不是女儿才有资格继承家庭的土地,并有义务赡养年老的双亲。在清代,儿子不赡养年老双亲会受到惩罚;而在民国时期的法律中,则不问性别,均有抚养"直系血亲"之义务(第1114—1116条)。不过,国民党在实践中承续了小农社会的旧习惯,因为大多数农村女孩都嫁到村外并落户到夫家的村里,而儿子则留在自家田地里并因此承担了赡养老人的义务。这种义务根植于小农经济以家庭土地为主要生活来源的现实,这种经济现实下,双亲抚养年幼的子女,儿子最终奉养年老的双亲作为报答——费

---

① 最初是无限期的回赎权,1753年之后回赎期限为30年(参看黄宗智,2003:68—70)。

孝通将之命名为"反馈模式";相反,现代西方的"接力模式"则不要求这样的义务(费孝通,1983:6—15;参见黄宗智,2003:127)。财产继承上男女平等的新原则事实上只实行于小农经济不再流行的城镇地区(参见黄宗智,2003:第八章)。

下文中将可看到,中国共产党沿袭了同样的做法,尽管也确立了继承权的男女平等原则。最终,新中国的法律务实地将继承与养老的现实关联予以明确化,赋予在家的儿子而非出嫁的女儿拥有继承权这种农村中长期存在的习惯法律上的正当性。

四、法律形式主义与当代中国的法庭实践

外来原则与经久不衰的中国式原则和实践的共容在中华人民共和国的法律制度中甚至更为明显。最为显著的例子是,1986年的《民法通则》遵循的样式与民国时期的民法非常相像(因此也非常接近于德国的形式主义模式),以抽象的方式规定了权利和义务。但是,官方表达又同时拥护调解的意识形态,并据此主张中国法律制度的独特性(及优越性)。

按照毛泽东时代的用语,在社会主义社会"人民内部的非对抗性矛盾"问题上,调解比判决更值得依赖(Mao Tse-tung,1971[1957]:432—479;中文参见毛泽东,1977:363—402)。调解仍被突出为中国民事法律制度最重要的特色。晚至1990年,全部民事案件大约有80%号称是调解结案的(《中国法律年鉴》,1990:993)。[1]

---

[1] 甚至直到新世纪开始,经历改革开放20多年后,仍然有一半的案件被称为调解结案(参见《中国法律年鉴》,2001:1257)。

第六章 民事判决的过去和现在

尽管判决与调解就外部特征而言共同处于一个"灰度的渐变"体之中,但仍然有必要在概念上将它们区分开,特别是在中国的法庭本身采用了这些范畴的情况下。如前文指出的,站在当事人的立场来考虑是一种可行的方法:如果最终的和解协议是违背其意愿强加给一方当事人的,即一方"败"而另一方"胜",那么这个案件显然不是真正意义上的调解结案。

因此,判决在法庭行动中事实上所占的比例要比我们从官方表达那里得出的印象大得多。除了那些正式列入判决类的案件外,有很多案件被记录为"调解"结案,只不过是因为当事人名义上接受了法庭的判决——其方式与过去仪式化的"甘结"几乎没有什么两样;还有许多案件,法庭对其在法律上的是与非做出了一清二楚的判决,但因为当事人没有强烈坚持反对,或者没有表示反对的意图,也被称为调解结案。这类调解其实徒具形式而已,或许应该称之为"伪调解",具体的例子在下文个案讨论中可以看到。

另一个主要类型我称为"调解式判决",案件记录中将这类案件叫作"调解",只不过是对"调解"这个词做了相当程度的曲解。最典型的例子是我在本书第四章中详细讨论过的,以法庭强加的"调解和好"来驳回有争议的离婚请求。这些案件先是判决性地驳回离婚请求,然后采用强制手段来确保和解的达成,常常违背了诉讼请求人的意志(参见 Huang,2005;中文见黄宗智,2006;亦参见 Huang,2006;中文见黄宗智,2007)。

有许多案件尽管包含一些判决性的因素,但仍然属于调解范畴,因此我称之为"判决性调解"。比如,法庭可能会在某种判决性质的干预下帮助双方当事人达成妥协。如下文的案例讨论所显示

199

的,法庭可能会在着手调解之前判决性地认定离婚中的一方当事人为过错方(例如有通奸行为的一方),然后协助达成有利于对方但是双方均愿意接受的调解方案。

当然,还有一些接近于"调解"原来的核心含义的案件,将在下一章予以详细讨论。该章旨在阐明这类调解的逻辑基础,以及区别相对成功与不成功的调解(参见 Huang, 2006;中文见黄宗智, 2007)。

在指导法庭判决的具体法律条款方面,中华人民共和国的法律接受了西方形式主义的权利原则,同时又改变了这些原则的普适性主张和目标,代之以适合中国现实的实用性规定。它背后的法律思维方式其实和清律一样,是一种实用的道德主义。本章以下的部分将会运用案件档案对主要民事领域的法律和判决做一个概括的描绘。首先讨论侵权法和民事损害赔偿案例,因为它们同时为引进的形式主义侵权法原则和旧的立足于解决实际问题的法律路径这两者提供了很好的例证。

(一)侵权法与民事损害赔偿责任原则

在形式主义的大陆法中——包括成为 1929—1930 年民国民法典蓝本的 1900 年德国民法典,民事侵权法的出发点是这样一个抽象的原则,即如果一方侵犯了另一方的权利,那么过错方会因这个"过错行为"而被追索金钱赔偿。这个公式的关键在于过错(侵犯他人权利)概念,它与法律在于保护个人权利这种更具普遍性的观念是完全一致的。因此,民国时期的民法典"侵权行为"部分起首就规定,"因不法或过失侵害他人之权利者,负损害赔偿责任"(第184条)。1986年《民法通则》采纳了上述公式,"公民、法人由于过错侵害国家的、集体的财产,侵害他人财产、人身的,应当承担民事责任"(第106条)。至少在表面上和理论上,中华人民共和国的法律在民事侵权问题上与现代西方形式主义法律似乎是一致的。

然而第106条继续规定:"没有过错,但法律规定应当承担民事责任的,应当承担民事责任。"其内涵在第132条中得到清楚的说明:"当事人对造成损害都没有过错的,可以根据实际情况,由当事人分担民事责任。"一个法律形式主义者在这里当然会注意到逻辑上的不连贯。法律怎么可以先规定因过错造成他人损失必须承担赔偿义务,然后又继续说即使没有过错也有可能承担赔偿义务呢? 没有过错,怎么会有民事责任呢? 德国民法典和民国民法典中都没有这样的规定。

首先,抽样案件表明,1949年后的法庭一贯应用了过错责任原则。[①] 比如1977年A县的一个案件,被告是一名未成年学生,拿石块扔两名小朋友后,因被追赶而猛跑,将原告——一位62岁的妇女——撞倒,后者受伤住院治疗。医疗费和病假工资由原告的工作单位支付。原告起诉要求被告补足正式工资和病假工资的差额部分,另加三个月的营养费和护理费。法庭先以判决性的立场认定被告确有过错,然后"说服"被告的父亲同意支付工资差额41.70元,以及康复费共51元(三个月营养费15元和两个月护理费36元)。最后以"调解协议"结案,协议规定,到1978年3月全部金额

[①] 在我的抽样案件中,1978年以前的损害赔偿案仅有4宗,均明确地判定有过错(A,1977-015;B,1977-4,6,14)。

必须付清（A,1977-015）。再如,1995年B县的一个案件,原告骑自行车时,被告骑摩托车从后面将其撞倒致伤。依据县交通警察根据现场勘验和人证物证调查提交的报告,法庭认定交通事故的过错责任在于被告,因而判决被告支付原告赔偿金3826元及诉讼费用400元(B,1995-3)。

与本章主旨关联更大的是那些被告并无过错的案件。按照严格的形式主义过错责任原则,那些案件之中不存在赔偿责任。但是中国的法庭,至少在改革时期,在这种情形下一贯地运用了"无过错民事责任"原则。例如1989年A县的一个案件,一名七岁的男童从村办幼儿园奔跑回家途中与一名老妇人相撞,老妇人手中开水瓶落下,瓶中沸水烫伤男孩胸、背、四肢、脸等部位。医疗费总计（包括往返交通费）2009.70元。区政府支付了其中的573.70元,男孩父亲起诉要求这名妇女支付余款（A,1989-9）。

如果损害赔偿责任只能归责于过错行为,那么男童的父亲就不能够"赢"得任何赔偿,因为不可能认定这名妇女的过错。那么,由于没有购买人身保险,或者（如本案）由于区政府提供的帮助并不足以弥补损失,受害者恐怕只能自认倒霉。但是,中国的法庭在这种情况下的做法是,把损害赔偿当作一个因涉案当事人的共同作用而引起的社会问题来处理,因此双方当事人都承担一定程度的责任。

在A县的这个案件中,法官详细调查之后,以判决性的立场明确地引用了上文讨论过的《民法通则》第106条和第132条所确立的无过错民事责任原则,认定被告虽然没有过错,但仍然要分担损害赔偿责任。接着法庭开始着手达成双方均可接受的"调解协议",要求老妇人帮忙承担250元的医疗费用(A,1989-9)。

还有很多其他案例是以这种无过错赔偿责任的方式处理纠纷的。例如1988年B县的一宗"交通事故损害赔偿"案,一名妇女骑自行车时因下雨路滑摔倒,被后面驶来的小拖车轧伤,导致左肩锁骨骨折。她被送到医院接骨,休养了五天。被告,即小拖车司机自愿承担了全部费用。然而此后,由于断骨没有接好出现并发症,这位妇女不得不到另一家医院治疗,于是要求拖车司机追加医疗费。① 区政府试图调解,建议被告承担全部医疗费中的300元,但原告要求更多,因而起诉。法庭再次采取了无过错责任原则,判决性地认定被告有义务帮助解决问题。由此达成调解协议,被告支付医疗费350元(B,1988-3)。

再举一个最后的例子,1989年B县的一起我们权且称为"自行车损害赔偿"的案件。原告正在步行回家的路上,被告在后面骑自行车慢行。原告突然转弯,被告来不及反应,撞上原告。原告倒地不幸脑震荡。因必须做CT扫描,医疗费用不菲。原告起诉要求赔偿损失,包括医疗费和误工费总共将近3000元。法庭询问两名证人(一人在法庭,另一人在自己的工作单位接受询问),确认案件事实无误之后,以判决性的立场认定双方均无过错,但双方当事人仍然都应承担责任。随后达成调解协议(B,1989-16)。

上述几个案件表明,法庭在民事损害赔偿实践中,针对案件的

---

① 可能会有读者觉得奇怪,既然并发症是某种"医疗事故"造成的,那么她为什么不起诉医院?在当时的中国,状告一家作为国有机构的医院显然不是可行的选择,因此原告只好起诉个人。1990年开始实施的《行政诉讼法》在多大程度上改变了这种状况,尚有待进一步观察。

203

不同情节,既运用了形式主义的过错原则,也运用了无过错民事责任原则。正如上文提到过的,《民法通则》之所以能够制定出无过错责任条款,而无须顾及这种条款与形式主义的过错责任原则之间的逻辑矛盾,是因为中国法律的思维模式是一种实用的道德主义——尽管法律中并未明确说明。这种实用道德主义的基本态度是优先考虑解决实际问题,而不是贯彻抽象原则,因此法律很自然地承认现实中过错损害和无过错损害两种情形都是存在的,并不因为形式主义的侵权法构造而忽略后一种情形。既然无过错损害事故是法律上既定的事实情形,是一种不能仅靠归责于一方来解决的民事问题,那么,在这样的情况之下,"无过错也应当承担民事责任"的原则就是实际的解决方案。对于立法者们来说,这个答案本来就是一种常识,无须多加解释。

形式主义原则比常识性的法律方法拥有更高的声望,所以《民法通则》将过错原则置于优先的位置,而将过去以解决实际问题为出发点的方法和原则降格到从属的位置,这并不值得惊奇。这样的立法安排是有先导的——毕竟中国在此前近一个世纪里都在模仿和借鉴现代西方大陆法,而后者曾经(现在也仍然)是与更具优势的武力和影响力、更先进的经济发展水平连在一起的。只不过,《民法通则》的起草者们,由于在思维方式上倾向于以现实为法律的概念化的出发点,他们认为有过错情形和无过错情形两者都明显是法律必须处理的现实生活中的真实情况。换句话说,两个原则上看起来矛盾的问题,只有从法律形式主义的观点出发才会凸显出来:有过错行为才能构成侵权责任,这是法律形式主义的抽象法律前提;法律结果必须与法律前提保持逻辑上的一致,则是法律形式主义的要求。中国法律的认识论态度是以事实情形为前提的,由此来看,基于不同事实情形的两个原则的同时存在显然并不矛盾,反倒是符合现实的,因此也就无须多加解释了。

中国立法者们自身也并不允许无过错原则在法律中优先于引进自西方大陆法的形式主义原则,而只把它当作补充性规定,正像他们对待以事实为前提的思维方式一样。尽管如此,无过错民事责任原则仍然表明,旧的法律思维方式至今还在起作用。中国当代民法实际上已经将外来的侵权责任原则从一种形式主义的普遍性准则改造成一种类似于清律道德理想的行动指南,它不强求将全部的事实情形都归入法律的逻辑体系之下,而是认为在实践中可以做出调整。

这里应该补充说明的是,国内有的民法专家对上述的分析可能会有不同的理解。他们认为,中国民法在过错赔偿原则上采用了(西方)现代民法的另外两个概念,一是"严格责任"(strict liability),二是"公平责任"(equitable liability)。在他们看来,前者是一种无过错事实情况下的赔偿责任概念,后者则是由法官斟酌具体情况(包括无过错)而决定的民事责任。因此,他们认为中国所引进的西方现代法律含有无过错事实情况下的赔偿责任原则。[①]

但是,如果仔细分析西方的这两个概念,便会看到西方的所谓"严格责任",其实仍然是一个从过错或者过失逻辑出发的概念,其与简单的"侵权行为"中的过错的区别只不过是在举证的要求上比较宽松。比如,针对危险产品的生产者,要求赔偿的受害者只需要

[①] 例见张新宝,2006:28—30;马原,1998:414ff。但民法学界在这个问题上也存在不同意见(张新宝,2006:236)。

证明产品有缺陷以及对自己造成损害,而不需要证明被告的过失。这里,"严格责任"原则的目的是降低对危险品生产者进行控告的举证要求,是为了促使这样的生产者采取更严格的预防措施。它的逻辑仍然是过错责任,只是更严格(黄宗智,2007a:17,脚注1;亦见张新宝,2006:28)。

至于"公平责任"概念,在有的提倡者(例如 Justus Wilhelm Hedemann)的原意里,是要照顾弱势受害者,并且确实包含无过错(事实情况下的)责任的概念。但是,这个概念最终被德国立法者拒绝纳入德国民法典(Andre Tunc ed.,1986:145ff)。事实是,在韦伯之所谓"形式理性"的影响之下,德国民法典总体的思维方式是从抽象原则出发,通过演绎逻辑适用于事实情况,而不是从事实情况出发,由此引用适当原则。为此,德国民法典没有容纳无过错(事实情况下的)赔偿责任规则。

其实,中国民法学界部分学者对上述两个概念的理解本身便可以说明我在上面指出的思维方式。在上述七岁孩子被烫伤的案例中,当地法官所适用的其实并不是"严格责任"原则,也不是"公平责任"原则,而是一种中国式无过错责任原则。正因为中国法律思维习惯从具体事实情况而不是抽象原则出发,并认为这是理所当然的,才会对西方的这两个概念采取(或有意或无意)上述的重新(或错误)理解,把从过错责任原则出发的"严格责任"理解为从无过错事实情况出发的民事责任,并把被德国排除于民法典之外的"公平责任"概念理解为法律处理无过错事实情况下的民事责任的原则。

我们可以再举一个例子来说明上述的思维差别。美国现在有

12个州采用了所谓无过错(no-fault)汽车保险。表面看来,这似乎是在原先的过错责任原则上附加了无过错责任原则,承认事实既有有过错情况也有无过错情况。但实际上,美国无过错保险的逻辑是这样的:过错原则导致了昂贵的必争对错的纠纷,为此,才把过错完全排除于赔偿考虑之外;遇到损害,由被保险人直接从保险公司获得损害赔偿,完全不考虑事实情况中的过错。它的逻辑不是由承认无过错损害的实际存在而得出无过错赔偿原则,而是有过错赔偿原则引起了昂贵的纠纷,所以不考虑过错。无过错汽车保险所包含的思维不是从事实情况出发,而是完全不考虑事实情况(黄宗智,2007a:17)。

在这方面,西方在20世纪六七十年代从过错离婚转用所谓"无过错离婚"(no-fault divorce)是出于同样的逻辑:无过错离婚不是像当代中国法律所说的那样,离婚纠纷中既有有过错的(例如第三者),也有无过错的事实情况,法律应根据相应的事实来裁决;而是由于主宰离婚法律的过错原则长期以来引起了众多昂贵的对错纠纷,立法者决定采用不再考虑过错的原则,由此出发来处理一切离婚纠纷。英语"no fault"("无过错")的含义是"不考虑过错",不是"在无过错事实情况下的责任"。其整体法律的逻辑仍然是过错,并没有因采用无过错离婚制度而推翻或修改。

(二)继承权与养老义务

中华人民共和国的法律与之前的民国法律,同样倚重于外来的财产权原则,即"财产所有是指所有人依法对自己的财产享有占有、使用、收益和处分的权利"(《民法通则》,1987[1986]:第71条;参见"General Principles of the Civil Law of the People's Republic of China",1987[1986])。① 但我们也会看到,法律同时也吸收了过去从实践出发的原则,这个原则考虑到小农经济的现实,以家庭的要求和义务限制了个人的财产权。同样,法律将新引进的继承权男女平等原则(《继承法》,1986[1985]:第9、10、13条;参见"Law of Succession of the People's Republic of China",②1987[1985])与仅男子享有继承权这种旧的实践和原则混合起来。

在中国帝制时期的小农社会,土地和房屋的财产权一般都受到法律和习俗的双重制约。比如,小农家长一般不可能剥夺儿子的继承权,也不可能将土地房屋优先于自己的儿子传给家庭之外的人。事实上,土地和房屋的所有权很大程度上是世代共有或家庭共有,而不是个人所有。父亲更像一个替子孙掌管财产的监护人(但比监护人拥有更大的自主权),而不太像一个按照自己的意志对财产拥有绝对处分权的所有人。与此同时,儿子对家庭土地和房屋的继承权也联结着对双亲的养老义务,即使他本人已经正式成为一家之主,这些义务也不会终止。这些原则和实践源自小

---

① 在当代西方的公司法实践中,所有权实际上已经分解为一种多方共享的"权利束",权利所有人不仅包括股东和经营者,还包括债券持有者、董事会,乃至工会、税务当局、作为调控者的政府,以及大供应商和大客户,等等。更详细的讨论,见Grey,1980:69—85;参见Cui,1996:141-152;黄宗智,2003:101—102。

② 《继承法》的官方英译本将"继承法"译为"Law of Succession",但"Law of Inheritance"可能是更好的译法,因为"Succession"对应的是宗祧继承,在清代是一种主要的继承模式,但到了当代中国则不再如此(见Bernhardt,1999;参见白凯,2007)。不过这里(英文原作)仍然采用官方译法,本章其他地方对中华人民共和国法律的引用同样如此,除非另有说明。

农经济。与现代城市社会的大多数家庭不同,小农家庭不单是消费单位,也是共同拥有生活资料(土地)的生产单位。生产和消费交织在一起,难解难分,这一点恰亚诺夫在1925年就已经中肯地指出过(Chayanov,1986[1966];参见黄宗智,2000[1985]:2—7;黄宗智,2000[1990]:5—11)。因此我们可以补充说,这样的财产权与家庭的经济循环是相适应的:在既作为消费单位又作为生产单位的小农家庭之中,有生产能力者负担整个单位的消费。因此,父母抚养尚未具备生产能力的后代,后者则为父母养老作为回报。

这些财产权原则和实践延续到了1949年之后。诚然,集体化结束了土地私人所有权,土地的市场交易和家庭内的土地分割也随之停止了。但是,集体化并没有终结农民住宅的私人所有权。尽管房屋交易在集体化时期少之又少,但房屋的分割和继承仍然和革命前的情况一样。集体化也没有终结家庭作为基本消费单位的功能。虽然参加生产的农民以个人名义按工分计酬,但劳动报酬是通过家长付给每个家庭的。有生产能力的家庭成员负担无生产能力的家庭成员这种旧的模式继续在起作用。20世纪80年代,随着农业集体化的解散,旧的小农经济模式又复苏了,家庭再一次既是基本的生产单位也是基本的消费单位。由于农村没有任何切实可行的社会养老计划,旧的原则和实践仍然是养老问题唯一现实的答案。

因此,和革命以前的情况一样,财产继承权继续与养老义务同时存在。清律对于这个问题是以反面的惩罚的方式规定的,"奉养有缺者,杖一百"(律338:"子孙违犯教令")。上文提到过,1929—1930年国民党民法典是以正面的方式规定直系血亲之间有相互扶养的义务。至于1949年后有关财产继承的法律,一直到1985年《继承法》正式颁布,才明确了继承权与养老义务之间的关联,"对被继承人尽了主要扶养义务或者与被继承人共同生活的继承人,分配遗产时,可以多分。有扶养能力和有扶养条件的继承人,不尽扶养义务的,分配遗产时,应当不分或者少分"(第13条)。

在农村,这个原则主要适用于家庭住宅的继承,而不涉及土地继承,因为后者仍然是集体所有。A县和B县的抽样案件中,共有15宗家庭房屋继承案,其中有4宗涉及养老问题。

这些案例表明:首先,法庭一致承认儿子之间的平等继承权。比如两宗异父或异母兄弟争夺继承权的案件便是典型的例证。① 1965年,一个年轻人起诉同父异母的哥哥,要求分享他们的生父留下的房屋。异母哥哥十年前出售了四间房屋中的一间,卖房所得款项用于(台风后)房屋的修理以及将余下的三间翻造成二间。法庭经过反复"调解"(即说服诉讼当事人自愿接受法庭的意见)之后,裁定双方对遗产有平等的继承权,就是说,改建后的房子由双方各继承一间(A,1965-02)。1988年又有一宗类似的案件,原告起诉他的两个同母异父的哥哥,认为家里的老房子也应该有自己的一份。两被告此前没有与原告协商,自行拆除中堂,建了一间新房。法庭认为,根据法律,老房子应为三兄弟共有财产,但既然房已拆除,两位哥哥应该补偿弟弟的那一份。在法庭的判决性立场影响下,当事人达成了"调解协议",两被告付给原告250元作为他那份房子的补偿(A,1988-9)。

---

① 没有见到诉亲兄弟的案例,可能是因为在这种情况下,人们对平等继承原则普遍没有争议。

当问题涉及女儿时,法庭对继承权男女平等原则的适用是有选择性的,主要适用于城镇地区,农村地区则不然。例如1989年A县某镇的一宗案件,姐姐起诉弟弟,要求分得已故父亲留下的房屋,后者占用了总共8.5间中的7间。法庭判决遵照了法律的字面意思,认为姐弟应该均分房屋(A,1988-11)。然而,在乡村社会,过去子继女不继的继承权原则依然普遍盛行。因为,女儿基本上还是外嫁到丈夫的村里,在留居本村的儿子和移居他村的女儿之间分割父亲的房屋,会成为一件异常复杂的事情。① 卖掉房屋再分割现金收益固然是一个解决方案,但在毛泽东时代却不是一个现实的选择,因为当时没有房地产的市场化交易。在华阳桥村和华阳乡,20世纪80年代以前的整个时期,没有一宗外嫁姐妹起诉自己的兄弟,要求分得家庭住宅的案例(INT90-6)。外嫁的女儿放弃对娘家住宅的主张权是农村社会通行的惯例(INT91-6)。

1949年之后,不管是毛泽东时代还是改革开放后,法庭实际上是一贯地将继承权与养老义务结合在一起的,为此,最高人民法院从1950年开始发出了若干指导意见(最高人民法院研究室,1994:1279,1286,1292—1293),供下级法院遵照执行。例如1953年的一宗案件,孙媳妇起诉丈夫的继母,要求得到丈夫的祖父母遗留的房屋。双方同为死者仅有的在世的法定继承人,但和被告不同,原告在老夫妇去世之前没有承担过养老责任。法庭明确地根据"原告没尽赡养老人的义务"的事实,判决原告只能得到10间房中的2.5

---

① 当然,没有儿子的家庭常常会招赘上门。这种习俗在1949年之前的华阳桥村曾经相当普遍,之后也仍在继续。这种情况下,留居本村的女儿通常像儿子那样继承父亲的财产。

间,其余归被告(B,1953-12)。①

当然,子女对年老父母的赡养义务不只是关联于家庭住宅的继承权,也直接关系到生存问题。比如,1989年,一位81岁的老太太为养老起诉自己的继子。她自被告7岁时开始抚养他,1949年被告的父亲死亡后,单独继续抚养,直至其成年。从1962年(当时原告54岁)起,继子一直供给她粮食和燃料,因而尽到了赡养义务。然而,1979年因分割家庭住宅而引起原告、原告女儿和被告之间的冲突。原告最后和女儿一起生活,从此被告停止了任何资助。法庭调解不成。判决中引用了1980年《婚姻法》的两款规定:"子女不履行赡养义务时,无劳动能力的或生活困难的父母,有要求子女付给赡养费的权利"(第15条第3款),以及"继父或继母和受其抚养教育的继子女间的权利和义务,适用本法对父母子女关系的有关规定"(第21条第2款)。判决要求被告每月供应继母20元现金和7.5公斤大米,以及承担一半的医疗费。诉讼费50元也由被告缴纳(A,1989-020)。

1985年的《继承法》正式将继承权与赡养义务结合起来,从而在引进现代西方形式主义法律原则之后,仍然混合了过去的面对社会现实的原则和实践。留居在村的儿子而非外嫁的女儿拥有家

---

① 1976年的一宗案件中,一名已故男子的弟媳、侄媳、侄孙和甥孙向法庭要求继承他的房子。这名男子鳏居无后,在镇卫生系统工作至1966年,此后靠每月10元的退休金(从镇卫生院领取)生活,直至1975年死亡。原告们在他生病的时候曾提供照料,此外并无赡养帮助。法庭裁定,原告们既不是法定继承人(法定继承人限于死者的配偶、后代、父母,然后是兄弟姐妹、祖父母和外祖父母),也与死者没有赡养关系,因此,原告们要求继承权没有法律依据。死者做绝户处理,其财产归国家所有。

庭住宅的继承权,是一种长期存在的(法律视为正当的)习惯,因此可以说,《继承法》中的相关规定是这种习惯的正式法典化。而且,尽管传统的继承方式与个人财产权的排他性和继承权男女平等这些新的抽象原则之间存在明显的矛盾,但立法者们认为没有必要对此加以解释,个中缘由与确立无过错赔偿责任时的情况是一样的。那些原则在西方大陆形式主义法律那里是带有普遍性和逻辑一致性的强制要求,在这里则再一次被并入不同思维方式下的法律,这种思维方式将理想化的原则与实际的适用之间的分叉视为理所当然。于是,尽管普遍化的原则得以在成文法中处于首要的位置,但也离不开调整性的补充规定以适应农村的现实。

(三)债与利息

在要求偿还合法债务这一点上,不管是帝制时期还是近现代的中国法,都与现代西方法律没有多大差别;主要的区别在于对待利息的态度。中国在这方面正在逐步适应向市场经济转型的现实,尽管毛泽东时代否定利息的合法性。

大体上,清律对利息的处理体现了一种生存经济的逻辑,主要目的是控制在生存压力下发生的高利息借贷。因此清律规定了3%的最高月利率,即年利率不超过36%。它一定程度上允许货币资本获利,但同时设定了上限,利息总计不能超过本金,"年月虽多,不过一本一利"(律149)。当然,这种利息原则很大程度上反映了清代物价相对稳定的现实。

民国民法典(和德国民法典一样规定了偿还债务的义务)继续

保持了对高利贷的限制,将最高合法年利率限定为20%——"约定利率超过百分之二十者,债权人对于超过部分之利息无请求权"。同时它也更为充分地接纳了市场经济的逻辑,规定"应付利息之债务,其利率未经约定,亦无法律可据者,周年利率为百分之五"(《中华民国民法》,1932[1929—1930]:第205条,第203条;参见 *The Civil Code of the Republic of China*,1930—1931)(参见黄宗智,2003:第七章)。

1949年之后,债务必须偿还的原则不变,但利息问题不存在了,这在逻辑上与国家对社会主义经济的构想是一致的——既然物价稳定且没有私人资本,也就没有利息问题。1986年的《民法通则》只是简单地规定:"合法的借贷关系受法律保护。""债务应当清偿。暂时无力偿还的,经债权人同意或者人民法院裁决,可以由债务人分期偿还。有能力偿还拒不偿还的,由人民法院判决强制偿还。"(第90、108条)然而,改革开放后市场经济的发展同时带来了物价变化和通货膨胀,这个现实促使中国的法庭在实践中逐步修正毛泽东时代的构想而承认利息的合法性。

两个县的抽样案件中有15个债务案例。在来自1953年A县的全部5个案件中,法庭的立场都是债务必须偿还;其中4个案件的被告同意在指定的期限内偿还(A,1953-21,012,018,019)。①

20 世纪 50 年代初之后,债务纠纷变得非常罕见,但是在发生的案件之中,法庭都按照同样的原则来处理。比如 A 县 1965 年法庭判定债务必须偿还的两宗案件中,一宗涉及一笔 1150 元的买牛欠款,原告同意做一个象征性的妥协,向被告让价 50 元,因为后者认为已经谈好的价格过高(A,1965-016);另一宗涉及两家国营供销社,债务人只需偿还全部本金(A,1965-16)。这些案例中都没有出现利息问题,因为当时的物价非常稳定。

在市场化的 80 年代,债务诉讼的数量大增,几乎达到 50 年代初的频率。在 1989 年和 1990 年的松江县,债务案件占全部民事案件数量的 10%(见本书表 2.2;参见 Huang,2005:190;中文见黄宗智,2006)。抽样案件中,A 县 1988 年和 1989 年的债务案例有 5

---

① 余下的那个案件中,双方都是农民——"土改"中均被划为"贫农",曾经在 1947 年一起加入一个(借贷)合会。通过这个会,原告借给被告 1.9 石(1 石相当于 160 市斤)糙米,约定在 1953 年 3 月之前偿还本利共 3.5 石。被告偿还 2.0 石后,认为既然合会已经解散,自己没有义务承担更多的利息。法庭在判决中先引用了政务院颁布的《耕区农村债务纠纷处理办法》中的一条规定,过去的借贷协议"应认为继续有效"。但考虑到"双方所合之会已经解散",且被告已经偿还 2.0 石,根据案件的具体情况,法庭指令被告分两部分偿还余下的债务:1953 年 12 月 1 日之前偿还 0.5 石,1954 年 12 月 1 日之前再偿还 0.3 石,"此后双方债务关系作为中止"。换言之,被告要另外偿还 0.8 石,即原告要求的全部 1.6 石利息的一半(A,1953-06)。B 县 1953 年的一宗债务案件表明了"土改"期间革命高峰期的一些特殊情况和因素。原告被"错划为地主(中农错斗户)",此前曾向被告借得 7.5 石粮食,只还了 1.8 石。由于背上了"阶级敌人"这个包袱,他竟然哀求被告(被划为"中农")让他偿还余额。但被告担心如果自己接受偿还,有可能被当作放高利贷者,因此居然拒绝接受。然而,到了 1953 年事情平息下来后,被告又要求偿还。但这时已经被(正确地)重划为中农的原告认为,根据政府的政策,"土改"期间发生的债务应当豁免。法庭做出了有利于原告的判决(B,1953-9)。

215

件,其中4件只要求归还本金,没有牵涉到利息(A,1988-01;1989-12,03,019)。例如1989年的一个案例,原告一年前(1988年9月)借给被告2000元作为家庭开支,被告用这笔钱买了20 000块砖。法庭认为债务必须偿还,被告同意偿还。案件记录中称,"经过法庭的调解",当事人达成协议,被告1989年7月之前一次性偿还1000元,此后每月归还150元,直到还清为止。诉讼费50元也由被告承担(A,1989-12)。调解协议没有提到利息,尽管到1990年2月,即原告按规定的期限全部付清借款的日子,2000元的购买力已和15个月前最初借款的时候相去甚远。

不过,第五个案例表明了对利息的态度已经开始转变。这个案件中,原告同意让被告拆掉自己住宅的堂屋,拆卸下来的材料用于后者建新房。双方将材料作价150元,但被告只付了50元。原告起诉要求偿还余额,外加利息和"催款损失费"。法庭成功地说服被告同意立即偿还100元的余额,另加50元利息,以及缴纳30元诉讼费(A,1988-011)。

根据对松江县法官们的访谈,他们在毛泽东时代一般认为"偿还本金就够了"。到了20世纪90年代,商品化和通货膨胀促使了对利息合法性的反思。最高人民法院在1991年做出规定,民间借贷利率上限不得超过官方银行利率的四倍(最高人民法院研究室,1994:1194;参见Huang,2005:190;中文见黄宗智,2006)。法官们谈到,在实践中,如果借贷协议本身指定了利息,只要利率不超过官方银行利率的两倍,都是可以接受的(INT93-8)。

B县的案例表明,到了1995年,债务中包含利息责任已经成为相当普遍的情况。比如有一个案例,被告是一名副镇长,和一家小汽车公司约定以33 000元的价格购买了一辆小汽车,已首付3000元。但此后拒绝支付余款,公司因此提起诉讼。被告声称,原告没有按时交货,而且"车体缸体有毛病",发动机需要更换,又"托了人才把(车辆登记)手续办好"。总而言之,他声称自己已经"前后花了六七千元"。法庭采取的姿态是判定他必须支付所欠款项,外加利息。最终,被告同意(结案报告称通过法庭的"调解")支付30 000元余额,外加5000元利息,五个月内分两次付清(B,1995:1)。在新的指导原则的形成过程中,运作中的法律再一次表现出重视实际现实的立场,将来法典也许会加上有关利息的正式条款。

(四)离婚

最后看看离婚法的情况,这个领域值得详细讨论,因为直到最近几年之前它都在所有民事案件中占据最大的比例。① 另外,中国的官方表达坚持这个领域比其他民事领域更应强调调解,几乎从不判决结案。和其他民事案件不一样,无论是1950年还是1980年的《婚姻法》,程序上都要求(不仅仅是鼓励)所有有争议的离婚诉讼必须先经过调解,否则不考虑判决(《婚姻法》,1959[1950]:第17条;参见 *The Marriage Law of the People's Republic of China*,1959[1950])。

---

① "经济"案件(主要是合同纠纷)最终成为民事案件的主要类别。1989年有745 267件离婚案和634 941件合同案(参见《中国法律年鉴》,1990:994)。到了2003年,"婚姻、家庭和继承案"共有1 264 037件,合同纠纷案大大超过这个数字,达到了2 266 476件(参见《中国法律年鉴》,2004:1055)。

217

和民法的其他领域一样,离婚法当中引进的原则与实际的规定和做法之间有很大的差异。本书第四章已经详细论证,中华人民共和国有关婚姻和离婚的法律发源于1931年的《中华苏维埃共和国婚姻条例》,这部法律规定了男女平等原则(从苏联引进)和单方提出离婚便准予离婚原则。这些规定招致社会大多数的强烈反对,尤其是农民的反对——因为对于他们来说结婚是一辈子只负担得起一次的一笔巨大开支。农村阻力的规模在1950—1953年针对旧式婚姻——一夫多妻、婢女、童养媳、买卖婚姻和父母包办婚姻的婚姻法运动中充分显示了出来。根据司法部自己的数字,在那次运动中,每年"因婚姻不自由而被杀或自杀"的人数有7万到8万人,主要是农村妇女(Johnosn,1983:132,《贯彻婚姻法运动的重要文件》,1953:23—24)。

作为回应,国家没有放弃男女平等原则和单方请求离婚即予离婚的许诺,而是通过法庭的实践寻求实用的解决方案。为了应付来自农村的阻力,1950年《婚姻法》规定了一个程序要件——所有有争议的离婚案都必须先经过调解,这个程序要件成为应对离婚纠纷的主要手段。到最后,毛泽东时代的法庭对离婚抱的是一种强烈的判决性的立场,既可能径直判决不准离婚,也可能调解式地判决不准离婚,即法庭在试图"调解"婚姻关系时采取的是一种积极主动的乃至违背当事人意愿的强制干预手段。从而,男女平等和离婚自由等外来的基本原则在实际的运作中被修正了(参见Huang,2005:175—180;中文见黄宗智,2006。另参看Johoson,1983;Diamant,2000)。

不准予离婚的判决　　离婚相对自由的20世纪50年代初期

之后,法律对离婚的严格限制可以见于以下案例。1977年,一位妻子起诉要求离婚,之前丈夫因强奸她的未成年堂妹并导致其怀孕而被判处5年徒刑。然而男方不愿意离婚。A县法庭认为,根据国家政策,必须对罪行相对"轻微"的罪犯进行改造,因此为了有利于改造罪犯,女方应当撤诉。案件记录中称:"法院及女方单位领导做了女方工作,为了有利于男方改造,有利于子女,希望女方放弃离婚要求。女方表示相信组织,听组织的话,如男方表现不好,今后还是要离的。"(A,1977-18)法庭的立场与1949年后刑法的宗旨是一致的:对待罪犯应该坚持教育改造与处罚相结合的原则。① 这足以使法庭做出驳回离婚请求的判断。在这个案件中,女方是被说服"自愿"撤诉的。

这个原则甚至延续到了离婚自由化的20世纪80年代后期。例如,1989年一位妇女起诉离婚,因为她的丈夫是一个游手好闲的人,不仅喜欢赌博,而且1982年还与婚外异性通奸,1985年更因盗窃罪被判五年徒刑。A县法庭进一步了解到,被告入狱后还"一再要求买这买那,要求寄钱,原告自己一人收入不够自己与女儿开支"。但是法庭也发现"原告主要是怕被告服刑对女儿今后前途不利"。法官因此认定女方不应该提出离婚,"被告明年二月就要刑满,希望她为了子女也为了被告改造起见尽量和好"。原告同意撤诉,同时说明如果丈夫出狱后不能够重新做人,她将再次提出离婚

---

① 例如,《劳动改造条例》(1954);《公安部监狱、劳改队管教工作细则》(1982)第33、34条。此外,对不构成犯罪但违反治安管理的人,不用说也坚持教育与处罚相结合的原则。参见《治安管理处罚条例》(1986)第4条,载《中华人民共和国法规汇编(1986)》(1987)。

219

诉讼。此案因此"调解"结案（A,1989-017）。

根据对松江县法官们的访谈，还有一种一贯的但从未正式法典化的判决性立场：如果离婚请求由过错方提出，而作为受害方的配偶反对，那么法官一般都会驳回请求（INT93-9）。这种情形最常发生于一方与第三者通奸，为了第三者而意图离开配偶。抽样案件中有两个这样的例子。第一个案件中，丈夫在1988年提出离婚，表面上的理由是"双方性格爱好不同"。他还指责"女方与岳母、姐姐围攻殴打自己"。法庭经过调查了解到，"婚后夫妻关系融洽，只是男方与同厂女工关系不正常，见异思迁"。法庭和男方工作单位都认为"只要原告与第三者割断联络，双方能和好"。但男方坚持离婚，于是法庭判决不准离婚（A,1988-13）。第二个案件同样发生于1988年，女方提出离婚，起因是"与工厂男同事关系密切"，而丈夫对她与第三者亲密关系的粗暴反应更使事态恶化。法庭认为丈夫错在"处理粗暴"，不应殴打并用刀威胁女方，但同时认为"女方同异性不适当的交往应引起注意"。法庭以女方的过错为理由判决不准离婚（A,1988-14）。

这些案例表明法庭对离婚持有一种限制非常严格的判决性立场。下文中会看到，到了20世纪90年代，离婚自由化成为普遍趋势，尤其在涉及第三者的案件中最为明显。

不准予离婚的调解式判决　　在本书第四章已经看到，对于婚姻法在农村遇到的阻力，中国共产党的主要回应是创造了很有特色的毛泽东时代的"调解和好"的方法和原则来处理争议严重的离婚案。法官必须积极主动地下到村里，调查夫妻的感情基础和经历，访问其亲属、邻居和村干部。除非能够确认夫妻感情已经完全破裂且不可能挽回,法官几乎必然会驳回离婚请求,更会很积极地干预以达到和解的结果。法官的手段既有道德和意识形态上的说服教育,也有强制措施。比如,向当事人解释法庭不赞成离婚,有时甚至直截了当宣称,如果必要,法庭会判决不准离婚;法官还会通过亲属、村干部和党组织来施加压力;有时候更会进一步以物质刺激打消离婚请求——比如帮助夫妇建房、为丈夫或妻子安排一份更好的工作等(参见 Huang,2005:156—166,171—174;中文见黄宗智,2006)。

这些做法归根结底是判决性质的,常常强加给离婚请求人,使之违心地接受。因此不能简单地按英语或传统中文的习惯用法来理解这种"调解",称之为"调解式判决"无疑更为恰当。

实际上,调解和好是法庭对所有存在严重争议的离婚请求的普遍做法。尽管全国的统计数据显示有大量经调解或判决准予离婚的案件,但在那些案件中,大部分是男女双方均希望离婚,法庭的实际作用只是帮助他们解决离婚协议的具体细节(见第四章;参见 Huang,2005:167—169;中文见黄宗智,2006)。对于有争议的离婚请求,法庭的反应几乎总是强制性地调解和好,如果调解不成功,则直接判决不准离婚。1989年,法院系统宣称单方申请离婚的全部案件中约有80%(125 000 件)是通过调解和好而成功解决的,相应地,判决不准离婚的只占20%(34 000 件);到了2000年,调解和好的比重下降,但仍可观地达到"不离"总数的45%,即89 000件,与之相对的判决不准离婚有 108 000 件(见第四章;参见 Huang,2005:169—170;中文见黄宗智,2006)。

正如那些数据显示的,毛泽东时代的调解和好作为处理离婚纠纷的一种手段,重要性直到20世纪90年代才开始显著下降(无论是绝对数还是比例数),同时法庭过去所持的严格的判决性立场也出现某种程度的放松。显而易见,整个毛泽东时代的法律制度对于有争议的离婚是极其不准许的。

准予离婚的判决　　在范围很窄的某些事实情形中,1949年后的法庭的确也会不顾一方当事人反对而判决准许离婚。① 这类案件有助于我们更全面地描绘出中华人民共和国离婚法实践中的判决领域。

1953年的抽样案件比较特殊,因为它们发生在1950年《婚姻法》刚通过之后紧接着的反旧式婚姻运动期间。比如B县的一个案件,男方是唐山市工会组织的一名干部,以妻子"落后自私"为理由提出离婚诉讼。已证实,女方在年仅10岁时以童养媳身份嫁到男方家中(在男方22岁时两人正式结婚)。由于时代的影响,对于法庭来说,后一个事实才是判决准予离婚的最关键的决定性因素:"封建婚姻制度极不合理又不道德,此种婚姻关系如再继续下去,只有痛苦加深。"(B,1953-19)

A县1953年也有一个类似的案件,原告意图通过诉讼,利用法庭对不忠的妻子施加压力。两年前区政府曾经支持过男方,处罚了和他人有通奸关系的女方。当时,区政府对女方予以"教育"并命令她与婚外情人断绝关系。但是此后夫妻感情并无改善,女方再次离开男方。这一次男方提出了诉讼。女方反驳说,男方"与恶势力为把兄弟",在后者的强迫下,当时17岁的女方被迫与33岁

---

① 抽样案件中直接判决离婚的案例A县有18件,B县有28件。

的男方结婚;双方年龄差距过大(相差16岁);男方经常殴打女方,大男子主义令人难以忍受。在时代的大气候下,法庭基本上站在女方的一边。虽然法庭首先谴责了女方的通奸行为,"女未办离婚与人通奸,予以批评教育",但还是判决准予离婚,因为新婚姻法运动反对旧社会的强迫婚姻和婚内虐待行为(A,1953-01)。①

另一种准予离婚的判决涉及因严重犯罪而被判处长期监禁的罪犯,这种情况下要求其配偶与之保持婚姻关系显然不切实际。譬如,1953年的一宗离婚案涉及丈夫因贩卖鸦片被判处12年徒刑,另一宗涉及男方因勾结日本人获刑5年(A,1953-11,20)。同类其他离婚案件中,两宗涉及丈夫因"反革命"活动被判处10年徒刑(A,1965-012,11);两宗涉及因惯盗入狱(A,1977-2,20);一宗涉及丈夫诈骗累犯(A,1988-17);一宗涉及丈夫因强奸罪被判处6年徒刑(A,1989-10)。

还有一种情况法庭也会判决准予离婚:如果法庭断定双方都希望离婚,但一方意图在离婚协议中达到不合理的要求而坚持不同意离婚。在法庭看来,这种情况下当事人反对离婚并非出于真

---

① 一种相关的现象是,中国共产党的极少数领导干部利用新婚姻法运动与农村的妻子离婚,通常是为了与婚后爱上的女同志建立新的婚姻关系。丁玲早在1942年国际妇女节发表的一篇批评党内男子沙文主义的文章中就提出这个问题(参见丁玲,1942)。例如,B县一位党的"区专员"上法庭请求离婚,理由是女方"落后的封建思想"导致夫妻感情破裂。法庭已证实这对夫妻育有四个孩子,女方怀上第五个孩子才四个月。但是法庭仍然准许离婚,男方则答应将所有家庭财产及对孩子们的监护权给女方(B,1953-1)。另有三个案件,地方领导干部以类似的理由离成了婚(B,1953-5,7,8)。还有一个类似的案件,一位担任妇女委员会主任的"革命"女同志试图以丈夫"思想落后"以及"开会都不叫去"为由提出离婚诉讼。法庭准许离婚,采纳的理由是"女方思想进步;被告思想落后,限制原告参加革命工作"(B,1953-20)。

诚希望和好的意愿。例如 1953 年的一个案例,一对年轻的农民夫妻婚前互不相识,婚后也完全无法相处。他们显然并未同过床。失望的公婆指责儿媳外面有相好,因此不许她回娘家。他们给她下了最后通牒:如果五天之内她还不改变心意就要"斗"她。女方于是逃回娘家并起诉要求离婚。法庭查知,"被告自认夫妻感情确实不和……但要求离婚一定要收回订婚时之聘礼及结婚时所花费之损失,否则拖延不离"。确信和解无望之后,法庭"为了双方的前途",不顾男方的反对判决准予离婚(A,1953-5;类似的案例见 A,1953-16)。又如,一对夫妻长期分居,双方都要求离婚。但是男方坚持要求对方归还一半的彩礼和结婚费用(A,1977-20)。再如,男女双方均希望离婚,但无法达成财产分割协议,于是法庭以判决定出离婚具体条款(A,1989-01)。

判决准予离婚最后要讨论的一种类型是"感情确已破裂"。在毛泽东时代的法庭里取得这种判决无疑难度很大。例如 1953 年的一个案例,夫妻感情很久以前就已经恶化。男方是一名农民,但非常懒惰,大部分家庭收入靠女方在上海帮佣。女方提出离婚诉讼前一年停止给家里寄钱;到 1953 年,双方分居已经四年,女方和另一名男子一起抚养两个小孩。但男方仍然不同意离婚。法庭才认定"夫妻感情已破裂到不可挽救的地步"并判决离婚(A,1953-04)。又如更晚近的一个案例,男女双方均为乡村教师,两人在"文化大革命"期间感情变得疏远。结婚时,女方显然向男方隐瞒了自己父亲的"反革命"政治背景。后来男方"在'文化大革命'中写了一封给全公社革命教师的公开信,从政治上批判女父是历史反革命,及母、弟等的阶级本质"。到 1977 年女方起诉要求离婚时,双方已经分居四年。双方的工作单位多次试图调解和好,但于事无补。法庭认定双方感情无法挽回,按照结案报告中的说法:"女方不可能原谅男方曾经做过的事情。"因而法庭在男方的反对下判决准予离婚(A,1977-13)。正如松江县的两位法官指出的,法官们普遍认为"文化大革命"期间夫妻一方在政治上攻击另一方是一种不可谅解的行为,不可能调解和好(INT93-9)。

值得注意的是,上述两个案例中的夫妻分居已经长达四年。一般说来,毛泽东时代以及改革初期的法庭对有争议的离婚的限制非常严格,往往不准予离婚而坚持设法调解和好。

离婚法的过渡时期　　实质性变化到了20世纪90年代才出现。在离婚领域,法律变迁的模式与其他民事法律领域能观察到的情况类似:由于事实情境的变化,需要以新的法律规定来适应。最初由最高人民法院以试行规定的形式发布指示和意见来指导法庭判决。只有在实践中完全验证之后,这些指示和意见才正式列入制定法。

随着财产和债务案件数量自20世纪50年代初期之后未曾有过的回升,加上合同纠纷案件的大量出现,法院系统承受了严重压力。因此放弃了法官现场调查这种制度化的毛泽东时代的程序要件,而代之以依据诉讼当事人当庭提供的证据来进行判决的"庭审调查"方法(第四章;参见 Huang,2005:157,170;中文见黄宗智,2006)。同样,为了调解和好而进入社区积极干涉家庭关系的毛泽东时代的做法也在新的形势下变得不完全符合时宜。正如松江县两位法官在访谈中指出的,"庭审调查"方法最大的意义在于节省时间和提高解决积案的效率(INT93-9)。其结果是强调积极干预的毛泽东时代的调解的逐渐式微,从而使离婚请求更容易获得准许。

此外,松江县的法官们还指出,毛泽东时代的法庭高度限制离婚的立场导致的实际后果也引起了反思。据他们的观察,被驳回的离婚案件中,约有一半最终还是离婚的,尽管法庭力图让他们达成和解(INT93-9)。① 法庭的强烈干涉通常只能迫使离婚请求人暂时放弃,但还会一次又一次再来。

当然,这些形势的变迁和观念的改变,是一些更大的转变的反映。在过去的二十年里,国家的控制在收缩的同时,法院系统的作用在扩展;在法律制度自身内部,尽管法律对社会生活的(横向)覆盖面有了很大的扩张,但对私人生活的(垂直)干涉范围在缩小。

伴随着时代的变迁和反思,离婚法领域出现了自由化的新规定,其中最引人注目的是1989年11月最高人民法院发布的《关于人民法院审理离婚案件如何认定夫妻感情确已破裂的若干具体意见》("十四条")。1980年《婚姻法》宽泛地规定了将夫妻感情是否破裂作为决定准许离婚与否的关键标准,"十四条"则对这个标准做了详细的解释以指导下级法院。正如一位接受调查的人士指出的,夫妻感情像双旧鞋子,真正的感觉只有穿着的人才知道。某种程度上,新指导方针的宗旨就是针对这个难题的。

主要的变化体现在法庭对夫妻不忠的一方提出的离婚请求的态度上。1982年,时任全国人大常委会法制委员会副主任的法学

---

① 1988年,《中国法制报》发表了一篇来自上海市崇明县人民法院的文章,指出1985—1986年被法庭驳回离婚请求的夫妻中,仅有3%的人事后真诚希望和解(转引自 Palmer,1989:169)。

家武新宇在提交给全国人大的一份报告中,特别指出了以往驳回过错方离婚请求的做法实际上是对婚内过错行为的一种惩罚措施。他认为这种做法应当废止,此后应该通过其他形式对婚内过错行为予以惩罚(比如在财产分割方案中)。他建议,如果夫妻感情确已破裂,法官应当根据1980年《婚姻法》的新规定判决准予离婚(INT93-9)。1989年的"十四条"规定得更为明确,"过错方起诉离婚,对方不同意离婚,经批评教育、处分,或在人民法院判决不准离婚后,过错方又起诉离婚,确无和好可能的",应当准予离婚(第8条)。进而,"经人民法院判决不准离婚后又分居满1年,互不履行夫妻义务的",应当准予离婚(第7条)。根据松江县两位法官的总结,这些指导原则在司法实践中的应用情况是,如果是第一次请求,法庭会判决驳回,再次请求时则会准许(INT93-9)。法律的这种适用方式,尽管与离婚极端自由的当今美国相比,仍然是高度限制离婚的,但无疑也说明限制条件已经有了实质性的放松,同时表明了对一种现实的承认——国家对夫妻婚姻关系能够施加的影响其实是非常有限的。

因此,B县1995年的抽样案件中就出现了下述案例。女方起诉要求结束已经持续了10年的婚姻,理由是夫妻双方缺乏"共同语言",而且男方"心胸狭隘",无端怀疑自己乱搞男女关系,并借酒殴打自己。男方并不否认女方的指控,但反驳说女方"与别的男人有不正当关系,两次被我撞见",因此女方是过错方。这个案件如果发生在毛泽东时代,法庭很可能会积极介入:法官将实地调查男方的指控,如果属实,就会迫使女方改变生活作风,当然也会驳回其离婚请求,最主要的原因就是她是过错方。然而,1995年的B县法庭准许离婚(尽管在离婚协议中做了有利于作为受害方的丈夫的安排)(B,1995-10)。①

"十四条"中的其他规定也有利于放宽对离婚的限制。第7条和第10条开始承认"无法共同生活"在某些条件下可以成为离婚的理由,比如,第7条"因感情不和分居已满3年,确无和好可能的",可以准予离婚。又如,第2条允许草率结婚情况下的离婚,"婚前缺乏了解,草率结婚,婚后未建立起夫妻感情,难以共同生活的"。有一些离婚条件过去只可能被最低限度地接受,但在1989年的规定中得到正式认可,比如第10条"一方好逸恶劳,有赌博等恶习,不履行家庭义务的,屡教不改,夫妻难以共同生活的";第11条"一方被依法判处长期徒刑,或其违法、犯罪行为严重伤害夫妻感情的";以及第14条"因其他原因导致夫妻感情确已破裂的"。

例如B县1995年的另一个案件:女方因丈夫虐待她和她(前一次婚姻带来的)孩子,起诉要求离婚。诉称男方将她"捆绑起来,嘴里塞上棉花,酷打不止"。男方反驳说女方嫁给自己是为了钱("因父亲交通事故被撞死得了1万多元钱"),而且常常外出——他怀疑女方是去见前夫,因此才殴打她。在毛泽东时代,法官处理这类案件时会下到村里强制丈夫做出改变并以调解和好结案。然而,到了1995年,法庭简单认定"原被告婚前了解不够,草率结婚,婚后又没有建立起感情",准予了离婚请求。由于双方都愿意,因此以"调解离婚"结案(B,1995-5;类似的案例见B,1995-6,8,20)。

---

① 丈夫得到了对女儿的监护权和三间屋的房子,夫妻共有的大件物品如电视机、冰箱、家具和摩托车也归丈夫。

最后,再看一个单纯因通奸引起离婚的例子,女方起诉要求离婚,诉称两人结婚后感情很好,但后来丈夫乱搞男女关系,不履行丈夫义务。男方以两个孩子为由不同意离婚。法庭证实男方与村里一名年轻妇女有婚外性关系。在同样的情况下,毛泽东时代的法庭会通过亲属和村里尽可能地向犯错的丈夫施加压力,迫使其做出改变,并促成双方和解。然而 B 县法庭认定"原被告因双方性格不投及生活琐事生气吵架,夫妻感情已经彻底破裂",因此不考虑被告的反对判决准予离婚(B,1995-19)。

毛泽东时代实践的延续　　上述案例并不是说人们因此可以随意离婚。20世纪90年代是中国司法制度的一个过渡期,共同作业的法官们来自不同的时代,拥有不同的视野。我们访谈过的松江县法官的情况的确就是这样的:年长的一位法官只有小学文化程度,在毛泽东时代(1969年"文化大革命"高峰期)从军队转业为干部;另一位法官则是刚从政法院校(华东政法学院)毕业的年轻人,完全处于改革时期(INT93-8)。在离婚问题上,类似于这位年轻法官的人可能会倾向于直接遵循新的"十四条",而老法官这一类人则更有可能继续坚持毛泽东时代的立场——尽管法官的职责已经不再要求他们积极干预以达到调解和好的结果。

比如 B 县1995年的一个案例,女方起诉要求离婚,因为丈夫染上了赌博恶习,输钱导致家里负债;女方劝阻,反而遭其殴打。男方辩称自己只在病得很重的时候才赌博,且已经戒赌一年多;况且以他目前的健康状况不能单独生活,仍然需要女方的帮助。法庭查明,"原被告婚后感情较好",而且"又生育两子,应共同抚养好子女",再者"被告现又有病,需要原告扶助"。因此认定原告的离婚请求"理据不足",于是判决不准离婚(B,1995-16)。

再如另一个案例,女方提出离婚的理由是丈夫"对性生活要求迫切",为此夫妻经常吵架。男方一生气就砸东西,有一次甚至"持菜刀砍坏饭桌"。丈夫否认女方的指控,称婚后夫妻感情一直不错,但最近妻子经常回娘家;有三次吵架时其实是女方动手打伤了他。法庭调查发现,这对夫妻婚前已经同居,婚后感情也一直很好,只是"因过性生活生气,引起夫妻矛盾"。因此法庭认为妻子"应珍惜与被告以往的夫妻感情,与被告共同抚养好子女"。和前面的案例一样,法庭直接判决不准予离婚,这显然不是毛泽东时代的做法(B,1995:17)。①

此外,20世纪90年代的离婚自由化运动在世纪之交也引发了某种后座反应,后果就是全国人民代表大会常务委员会在2001年4月的婚姻法修正案中收紧了准予离婚的条件。② 修正案增加了"因感情不和分居满二年"可以确定夫妻"感情确已破裂"的规定,但实际上这是一个保守标准。最近仍然有新的措施可归结为自由化的影响,比如2003年10月1日实施的《结婚登记条例》不再要求村委会、居委会或工作单位出具离婚介绍信,但是这种改变仅适用于双方同意的离婚,因此不应估计过高。

---

① 另一个案例中,妻子从丈夫的一封信中发现后者"和别的女人有感情",因此起诉要求离婚,诉状中称丈夫经常很晚才回家。丈夫在答辩状中称妻子曾在一名男教练指导下练太极剑,有一次直到凌晨两点钟才回家。法庭认为这对夫妻实际上感情"较好";男方有悔改表现,曾经请求过女方的原谅和理解,而且一直将工资全数交给女方保管。基于这些事实,法庭判决"夫妻感情尚未破裂,驳回女方离婚请求"(B,1995-9;类似的案例见 B,1995-14)。
② 即《关于修改〈中华人民共和国婚姻法〉的决定》,全国人民代表大会常务委员会,2001年4月28日。

当然，进入21世纪，正如本书第四、五两章已详细论证的，几种不同趋势的交汇已经导致离婚法实践相当程度的变化。一是中国共产党反对离婚的立场的历史背景条件和考虑因素的消退；二是伴随市场化而来的法庭案件负担（尤其是经济纠纷）的直线上升；三是法庭取证程序形式化所导致的一些未预后果，尤其是当前的取证程序在运作上不能配合法律上的过错考虑，诸如第三者、虐待、家庭暴力等问题。结果是离婚诉讼处理的简单化和形式化。正如松江县的两位法官在20世纪90年代已经指出的那样，法庭在实际操作中已经不大考虑实质问题，只近乎惯常地拒绝当事人的第一次离婚请求，而批准第二次。这也是新时代法庭判决比例快速上升的一面。

五、法律变革和中国当代立法

正如上文讨论所显示的，从毛泽东时代到改革时期，法律既有变化也有连续性。在我看来，连续性不如变化那么显而易见，因此我在讨论中对其有所侧重。连续性的一面特别明显地体现在民法的各个"旧"领域之中，即有关小农家庭财产与继承的权利和义务、债务、婚姻，以及不那么明显的侵权损害赔偿等领域。改革时期新设的法律主要体现于为适应市场化、私有企业的高速发展以及中国经济的国际化等带来的社会经济变化而构筑的部门法，包括《合同法》(1999年)、《商标法》(1982年，2001年修订)、《保险法》(1995年，2002年修订)、《个人所得税法》(1980年、1993年、1999年、2005年、2007年修订)、《企业破产法》(2006年)和《对外贸易

231

法》(1994年,2004年修订)等。这些新法律在毛泽东时代几乎没有先例。

撤开极端政治化的年代不谈,以上纵览表明,实际的现实情况始终在立法和法律的变化中得到优先的考虑。一般说来,新法律条文的制定一般不会在变化之初出现,而是先由最高人民法院以指示和意见的形式发布临时性的试行规定指导法庭的行动,只有在实践中经过一段相当长时间的试验,效果得到全面充分的验证之后,才会正式写入法律。

如我们的抽样案件所显示的,将夫妻感情是否破裂作为准予离婚与否的标准,在20世纪50年代初期就已经普遍实行(第四章;参见 Huang,2005:151—203;中文见黄宗智,2006)。最高人民法院1950年2月28日以意见的形式发布了这个标准,这正是它对审理离婚案件最初的指导,然而1950年《婚姻法》完全没有提及感情标准(第17条)。适用了三十多年后,直到1980年的《婚姻法》才正式将之纳入法律(第25条)。类似地,20世纪90年代有关离婚的立法上的变化也是通过最高人民法院的"十四条"首先出现在法庭实践而不是法律中。感情原则贯穿了这两个时代,始终是离婚法的概念基石。

对借贷利息的处理显示了同样的模式。我们已经看到,在毛泽东时代,借款人必须偿还的只是本金而不包括利息,这被视为理所当然。只是随着市场化的发展,利息才逐渐合法化,最后由最高人民法院在1991年专门提出了一个指导意见:"各地人民法院可根据本地区的实际情况具体掌握,但最高不得超过银行同类贷款利率的四倍。"(最高人民法院研究室,1994:1194)

有关小农家庭权利义务的法律原则的立法过程同样经历了一段长期的司法实践。我们的案件档案和华阳桥村的实地调查表明,社会习惯始终是将继承权与养老义务联结在一起的。留家的儿子而非嫁出的女儿继承家庭住宅,在农村是人们普遍认为理所当然的事情。然而,三十多年后继承权与养老义务之间的关联才被写进法律。这中间的年代里,最高人民法院尽管始终在指示中强调继承和养老的结合,但没有发布特定的关于农村女儿的意见,宁愿将问题留给当地社会和法庭酌情处理(最高人民法院研究室,1994:1276—1301)。我们已经看到,直到1985年《继承法》颁布,这个原则才明确地写入法律。

最后,我们的损害赔偿案例表明,法律采取了一种立足于解决实际问题的常识性立场:有过错的损害和无过错的损害都是现实中既定的事实情形。前者可适用有过错要承担赔偿责任的原则,要求对损害做出等额赔偿;后者适用的原则是,一方受到损害引起的是一个社会问题,因此对方尽管没有过错,也要承担部分"民事责任"。

从以上讨论可以清楚地看出,优先考虑解决实际问题绝不意味着法庭进行民事判决时缺乏指导原则。这类司法指导的数量其实很可观,其形式包括制定法、最高人民法院的指示和意见,以及法官之间的默契。同样清楚的是,无论是当代的还是帝制时期的民事法律制度,长期以来都乐于诉诸依法判决的途径,尽管官方表达强调的是调解的优越性。

问题在于如何理解这个事实。如果采取一种严格的韦伯式的形式主义立场,就会强烈主张只能将"判决"理解成普遍的权利原则对所有的具体事实情形的法律适用。按照这种狭义解释,清代的法庭就没有民事判决,而当代中国法庭仅在适用外来形式主义原则时才有判决。但是这种理解的立场忽视了清代和1949年后中国用以指导法庭判决的大量存在的法律规定,尽管它们基于的逻辑体系非常不同于法律形式主义。事实上,无论清代还是当代,无论过去还是现在,法庭在处理民事纠纷时都不只是进行"教谕式的调停"。改革时期广泛采用的法庭判决制度,在此前其实具有长时期的实践历史背景;它不是一蹴而就的,而是承继了可以追溯到清代和毛泽东时代的传统。

中国法的逻辑体系支撑的法律推理模式,无论在清代还是当代,都是基于强调调解的官方表达与有规律地采用判决的法庭实践两者的结合。这使得中国的立法者能够将理想化的道德主张或权利原则和与之有分歧的务实的规范同时整合到成文法中来,而无须解释其中似乎是相悖的矛盾。我认为,这种思维方式持续贯穿于最近一百多年来中国经历的所有巨变之中。中国法的思维模式从一开始就与对西方大陆法影响很大的形式主义模式不同,因为它坚持主张法律的原则和条文源自具体的事实情形并与之密不可分,所以不将它们提升到完全普遍化的地位来涵盖所有的事实情形。它反映出一个基本的假定,即抽象原则不足以解决过于复杂多变的现实中的问题。在中华人民共和国的民事法律制度下,又加上了付诸实践的观念,要求法律原则和条文在写进法律之前要以试行规定的形式在实践中经过长期验证。

韦伯式的法律形式主义要求普遍性原则和法庭实践之间保持逻辑上的一致,而中国式的实用道德主义却容许两者之间的分歧——而且附加的实用性条文即使与那些普遍原则相抵触，只要它符合人们可以看到的实际现实，便无须多加解释。这同样可以解释，强调调解的道德主义表达与法庭的判决实践为什么能够共融。事实上，外来的最初具有普遍适用性的形式主义权利原则，在当代中国的法律体制下，已经被改造成了可在实践中因势制宜的道德理想。

从法律形式主义的立场来看，典型的中国法律思维模式，无论过去还是现在，都似乎是朦胧不清和逻辑矛盾的——它是工具主义的、实质主义的、非理性的或韦伯所称的"经验主义的"。损害权利的行为有可能，而且事实上常常以实际考虑为借口而被容忍，与以形式主义方式处理合法权利的法律制度相比较，这种情况在中国的法律制度中更容易发生。尽管如此，从事实到概念再到实践的中国法律思维方式，因倾向于将道德性和实用性结合起来，也有某些明显的优点。它为享有非常漫长寿命的帝制中国法律体制奠定了基础，也为注重调解的法律制度打下了概念基础，从而遏制了争讼好斗行为的泛滥。在最近的年代里，实用的道德主义也是中国的法律制度能够持续变革、试图适应世界的剧烈转变的一个重要原因；它还使当代的中国法律能够在一个正在演变的制度中同时容纳西方法的形式主义和传统中国法的实用道德主义。相反，严格的形式主义立场，只能恪守逻辑一致性而做出非此即彼的单一选择。形式主义的和中国式的法律可能正面临着同样的挑战，即在不可侵犯的原则和现实的必要性之间探索一种适当的平衡。

第七章

法庭调解的过去和现在

如果只看毛泽东时代的意识形态,我们会认为中国民事法庭从事的几乎全部是调解活动。然而这样的视角遮蔽了法庭实践的真实情况,同时也严重扩大了所使用的术语的内涵。"调解"这个词的中文含义在毛泽东时代以前与英文的"mediation"实际上没有大的差别,都是通过第三方的斡旋或干预达成争议双方均愿意接受的解决分歧的方案,且主要是指民间调解。不过,到了毛泽东时代,随着国家介入社会生活范围的扩张,民间调解在急剧收缩的同时,法庭调解和行政调解变得非常普遍;"调解"最终涵盖了"调处"的意思。在此之前,解放区的一些地区曾经将"调解"和"调处"区分得很清楚,后者主要由行政机构实施;①经调处做出的决定有可能是违背当事人意愿而强加的。毛泽东时代的调解最后实际上包

---

① 参见本书第六章。

含了判决和强制性质的做法,尽管在表达和形式上仍然使用了原来的"调解"一词。

对于真正的法庭调解与以调解为名的判决活动之间的区别,本章采用的标准是看争议的解决结果是否违背了当事人的意愿而强加的。关于"调解"在本章中的用法:它首先包括其本来的核心含义所指,即通过第三方促成的自愿和解;还包括我谓之"判决性调解"的一类活动,即那些带有判决的成分但并不违背任何一方当事人意志的调解。此外,"调解"与"判决"[①]的区别在于后者导致的是一种法律上明确分出"是/非"或"胜诉/败诉"的裁决。还有一类活动尽管带有"调解"的名义或特征,但违背了当事人的意愿,因此我称之为"调解式判决",这类活动也不属于本章的"调解"范畴。这些不同的范畴在实践中自然并不是泾渭分明而是相互渐变的。尽管如此,我们仍然不能忽视调解和判决之间的根本区分标准,事实上无论是儒家的还是毛泽东时代的法律话语本身都对调解和判决做了区分。

本章再次主要立足于我从南方 A 县和北方 B 县收集到的一批共 336 个民事抽样案件。此外则是从南方 R 县所得的 1999 年到 2004 年的 45 起离婚案例,这类案件对于研究者来说一般难以取得,因此本章对它们的讨论相当详细。

研究案件档案首先是为了更精确地梳理调解在哪些案件和情况下运作,哪些不运作;此外我还试图阐明调解的实际运作逻辑,区别于其意识形态建构。我希望由此揭示调解实践中隐含的,而

---

① 参见本书第六章。

不能单独从官方意识形态看到的逻辑体系。

关于中国调解制度的著述已然不少：早期有科恩(Jerome Cohen)和拉伯曼(Stanley Lubman)的著述，指出了当代中国法中"调解"这一术语的某些复杂性和含糊性(Cohen, 1967；Lubman, 1967)。后来的帕尔默(Michael Palmer)着重指出了当代中国调解中的强制手段，而郭丹青(Donald Clarke)侧重于揭示不同性质的机构(例如，地方的司法服务办公室或政府机关、法庭、人民调解委员会或当事人所属的工作单位)施行的调解呈现的不同特征(Palmer, 1989；Clarke, 1991)。此外，萧公权集中关注的是中国传统调解的折中妥协活动；滋贺秀三则对清代法庭上他所谓的"教谕的调停"的观念基础做了深度分析(Hsiao, 1979；滋贺秀三, 1981)。本章在这些以往的研究的基础上，突出历史的视角，并试图在官方表达和实践之间、所说过的和所做过的之间做出更加清晰的区分。

本章还将探讨中国的法庭调解在什么条件下有效，什么条件下无效。判决和调解之间的根本差别(前者涉及法律上的"是/非"判断，后者关心的是通过折中和妥协解决纠纷)在很大程度上决定了它们各自在什么情况下行得通(或行不通)。此外，调解中的运作逻辑不仅仅说出了中国法庭调解的性质，而且也可以告诉我们中国式的法律推理的特征，尽管从清代到当代，中国的法律与社会经历了剧烈的变化，但这种特征始终是持续存在的。

一、清代的调解观念

西方现代法律大陆形式主义传统的出发点是有关权利和权利

保护的普遍原则。上一章已经说明,在马克斯·韦伯的描述中,这种形式主义法律要求所有的法庭判决都必须通过"法律的逻辑"从权利原则推导出来。① 在韦伯看来,中国清代的民事法律是实质主义或工具主义的,它优先考虑的是统治者对社会秩序的关注,而不是保障个人的权利(Weber,1978[1968]:844—848);它不像形式主义法律那样要求法庭的活动逻辑上必须合乎抽象的权利原则,因此易于受到专断意志的影响。韦伯这种对形式主义和实质主义、理性和非理性所做的区分,尽管用的是理想型的方式且有过度描述之嫌,也易于流入欧洲中心论和现代主义的窠臼,但的确有助于明晰中国法与现代西方大陆形式主义传统法律之间的某些关键性差异。

对照之下,清代对于"民事"纠纷的观念最关心的不是权利的保护,而是纠纷的化解。概言之,理想的道德社会的特征是和谐共处,互不冲突。因此不应该有纠纷,更不用说诉讼。一个儒家道德君子不应该自降身份卷入纠纷,而应该以"让"和"忍"的态度超然其上。真正有修养的君子不会让自己卷入到纠纷或诉讼之中,否则就是道德修养未到理想境界的一种体现。因此可以说,这种关于纠纷和诉讼的立场并不关心谁是谁非的问题,而是强调通过折中妥协将其化解于无形。

即使纠纷发生了,也应该由社会本身比如社区或家族来解决,

---

① 用马克斯·韦伯的话来说就是,"每个具体的司法判决都(必须)是一个抽象的法律前提向一个具体的'事实情形'的适用"。而且,"借助于法律的逻辑体系,任何具体案件的判决都必定可以从抽象的法律前提推导出来"(Weber,1978[1968]:657)。

而不是法庭。具体的方式就是由有德长者居间调停,说服教育争议双方自愿达成妥协。只有在这种方式无效,且争议者顽固坚持的情况下,才会闹到法庭。即便如此,法庭在具状立案之后,仍然应当优先听从进一步的民间调解(一般呈控后即会发动)。

在这次调解仍然无效之后,且只有在此之后,法庭才会真正介入。而一旦介入,县官会对当事人进行道德上的教育和说服,以得到自愿的服从,从而符合德治和仁政的理想。这种理想最明显地体现在规定当事人出具"甘结"(自愿结案)这种通常的程序上,即由当事人签署一份文书表明自己愿意接受法庭的裁决(黄宗智,2001:第七章;参见 Huang,2006[黄宗智,2007])。

在这种观念的引导下,民事案件被概念化为"细事",亦即小事,当地衙门有权"自理",不用麻烦上级官府。在这类建构之下,兴讼最终被视为道德低劣者("小人")的行为。如果出现了滥讼,应归咎于"讼棍"和"讼师",或者"衙蠹"——煽动良民构讼的衙门胥吏,而诉讼当事人自身则自然就是"小人"或"刁民"(黄宗智,2001:144—153,176—180)。

这种极度道德化建构的另一面,就是县官必须实施仁政和德治。在他的有效治理之下,讼棍、讼师和衙蠹应该受到约束或抑制,因为他们是小人和刁民的唆使者。一个儒家的地方官,同时也是一个道德高超的君子,应该作为"父母官"治理孩子般的"良民";在其治下,社会和睦安宁,很少发生纠纷,只有少量诉讼乃至无讼。

基于这些道德化的表达,滋贺秀三(1981)认为清代的法庭并不进行裁决,而仅从事"教谕的调停"——其观念的根基就是支配着中国法的"情、理、法"三合原则:"情"即基于儒家慈悲之心的怜悯和同情("仁"或"人情");"理"即同时支配着自然和社会的道德原则("天理");"法"即国家制定法("国法")。在滋贺秀三的分析中,制定法条文在这三者中地位相对次要,他将之比作漂浮在大海里的一座冰山;相反,儒家的仁和社会的道德原则才是法庭的主要指南,法庭的任务是教谕的调停,而不是依法裁决。

在这里,我们应该指出,即使在儒家本身的表达中,理想的纠纷解决模式是民间调解而非法庭调解;而当纠纷最终由法庭解决时,无论是清代的法律还是地方官其实都承认并认可司法实践中采用的判决手段(即"断""断案"或"判",而非"调解"或"调停")。关于这一点,我在其他文章中已经做过详尽讨论和论证,这里不再赘言(黄宗智,2001:第八章;参见 Huang,2006[黄宗智,2007])。事实上,法庭调解很大程度上是现代和当代中国司法制度的创新,而不是清代的遗产。

排除滋贺秀三对清代法庭实践的错误解释,上述对儒家表达的概括对于理解清代司法的真实性质其实同时具有开导和误导的一面。开导的一面在于这些概括清楚地阐明了清代的调解意识形态,也揭示了意识形态的逻辑要点。然而也可以看到误导的一面,因为民间调解作为理想模式,会妨碍我们观察有关"民事"的成文法规定和法庭裁决实践的现实;这些概括也很难告诉我们实际运作中的调解的隐含逻辑。

二、清代的法庭实践

上一章已经说明,通过分析 628 个清代的案例——这些案例取自西南四川省的巴县、顺天府的宝坻和台湾的淡水—新竹的司法档案,我在 1996 年出版的书(Huang, 1996;黄宗智, 2001[2007a])中证明,清代法庭并没有从事那种滋贺秀三所说的"教谕的调停"。这批案件中最终进入了正式庭审程序的共有 221 宗,①绝大多数都是由法庭根据法律裁决结案。

在此后的第二卷中(Huang, 2001;黄宗智, 2003[2007b]),我通过清律与民国时期国民党法律的比较,详细研究了几个主要民事领域的具体法律规范。清律中有大量的律条用以指导民事判决。这些律条涉及财产(主要是土地和房屋)、债、遗产继承与养老以及婚姻和离婚等领域,律条的表述全部采取了用事实情形举例说明的方式。它们有的以道德理想(比如,"祖父母、父母在者,子孙不许分财异居")为前置,并以违反—惩罚的模式表达出来,因此很容易将它们与有关刑事犯罪的律条混为一谈。清代"民事"法律规范其实是丰富而具体的,还有许多规范是随着时间的推移以"例"的形式补充到相关律条之下,"例"常常发起于地方官就实际案件提交的奏折,这一点颇像英美普通法"先例"的创制。比如,财产"权利"通过对"盗卖田宅"或者"擅食田园瓜果"这类行为的惩罚性规定而阐明;债的义务通过根据债务数量和拖欠时间的长度规定不同程度的惩罚措施而阐明;有关财产继承的权利和义务,通过"尊长应分家财不均""私擅别籍异财"以及"不能养赡父母"等情形来阐明;有关婚姻契约的权利,通过将已有婚约的女子"再许他人","有残疾者,妄作无疾"以及"期约未至而强娶""期约已至而故违

---

① 参见本书第六章。

期"等情形来阐明,等等。律典没有覆盖到的事实情形,则比引既定律条中的事实情形类推适用。①

毫无疑问,清代的地方衙门不会像后来的毛泽东时代的法庭那样处理民事纠纷,这既有法律制度方面的原因,也因为数量庞大的积案不允许县官们花大量的时间说服当事人自愿接受调停。还有部分原因在于,那些一路顶住重重压力固执要求正式堂审的当事人,往往都是些既顽固又好斗的人,很难说服他们和解妥协。基于这些原因,县官们是乐于判决结案的。

法庭的判决实践与民间调解的意识形态之所以能够共存,是因为清代法律推理的独特模式:从事实情形到抽象原则,而不是相反,这一点我在上一章有详细讨论。同时,其重点不仅在于道德理想也在于实用性,我称之为"实用道德主义"(Huang,2006[黄宗智,2007a];参见黄宗智,2001:第八章)。律典一方面坚持强调道德理想,将其置于律条的首要位置,另一方面也承认司法实践中这些理想与现实的背离。因此,律典在用道德包装自己的同时,也纳入了与道德理想相背离甚至矛盾的条款以指导司法实践。清律是道德说教与实际行动的结合,然而,清律注重实践和适应实际的一面从来没有取代其最初的应然的道德蓝图。尽管现实中的法庭活动基本上是判决性质的,但清代始终固守以民间调解解决民事纠纷的理想。②

虽然民间调解的实际终究未能如儒家理想要求的那样解决所

---

① 有关诉讼发生率最高的一些特定领域,参见黄宗智,2003(Huang,2001);更详细的总结见黄宗智,2007(Huang,2006)。
② 对清代民事判决的观念基础的分析,参见本书第六章。

有的民事纠纷,但它在许多重要层面上的确符合官方意识形态。这个问题我在《清代的法律、社会与文化:民法的表达与实践》一书中讨论过,在本书第二章有更详细的研究。这里仅扼要概述:我们所能得到的最好的证据表明,绝大多数村庄都有一至数位受尊敬的人物在必要的时候应社区之邀出面调解纠纷。这些人物一般固定属于本社区,且与官方没有正式的联系。他们在调解纠纷时诉诸的道德规范类似于官方的意识形态,但他们的说理平易朴素,容易为常人所理解。采用的方法主要是说服,先是与争议双方分别谈话,然后找到他们的共同立场,通常最后彼此都需做一些妥协。这种制度在争议双方身份权势大致相当的情况下最有效。在那样的情况下,一方只要拥有必要的资源,就可以按自己的意愿决定向法庭起诉,退出调解过程(第二章;亦见黄宗智,2001[Huang, 1996]:第三章)。

这种制度符合一些非常实际的需要。在乡村社会,人们年复一年、代代相传地生存于同一个空间,因此的确有必要尽可能地以和平方式解决争端,避免人们之间产生持久的仇怨。有关调解的官方意识形态,事实上既表达了也塑造了乡村社会解决纠纷的模式和程序。

也只有在这样的既与外界相对隔绝而其内部成员之间又关联甚密的社区,一些受尊敬的个人才会被视为"年高有德"或者特别"有信用"的人物。那些卓有成效的调停人甚至还成为公认的"一乡善士",其声誉甚至可能传到外村,因为这类调停人有能力"大事化小,小事化了"(第二章;黄宗智,2001[Huang, 1996]:57—59)。

不过,本章关注的主要是与法庭有关的情况。我们已经看到,法庭是在一个坚持民间调解理想的制度之内主要依靠判决而运作的。判决和调解结合的基础在于法律的取向：在坚持强调道德理想的前提性地位的同时，优先考虑的却是解决实际问题。这种结合显示了清代的法律制度乃至整个清代治理术与众不同的实用道德主义（黄宗智，2007［Huang，2006］；参见黄宗智，2001［Huang，1996］：第八章）。

三、民国时期的调解

民国时期，中国在法律制度方面的尝试几乎是全盘西化的。1929—1930年民法典仿照了1900年的德国民法典，后者（根据韦伯的尺度）是所有西方法律模式中最形式主义化的典范之一。民国法典以各种抽象的权利原则为起始，整部法典的建构都围绕着这些权利，比如有关人身、财产、债、结婚与离婚、继承等方面的权利（*The Civil Code of the Republic of China*，1930—1931；*The German Civil Code*，1907）。立法者们本身主要从西方（包括日本）接受训练，例如法典起草指导小组的主要成员王宠惠，此前已经出版了德国民法典的权威英译本。根据这部法典的构想，法庭应当按照西方的形式主义模式，以保护权利为目的裁决是非（黄宗智，2003［Huang，2001］：第四章）。

同时，为了减轻法庭的负担，国民党政府曾经试图实施法庭调解制度。1930年1月27日《民事调解法》正式颁布，要求所有的初审法院增设"民事调解处"，所有民事案件都要经过这里过滤。公布的目的是"杜息争端，减少诉讼"（《奉贤县法院志》，1986：187—

188;参见《中华民国法制资料汇编》,1960:43,44)。根据1934年、1935年和1936年三个年份的统计报告,经历了调解的案件数目与所有"终结"于常规法庭的民事案件数量相差无几。这些数据本身表明,法院收到的民事案件几乎全都例行先经过"调解处",然后再交给常规法庭继续裁决。①

"调解"程序的高发率表明调解极有可能只是走走过场。顺义县的调解案件记录可以说明,这个县在调解法正式颁布之前就已经建立了"调解处",但法庭调解的机构设置和程序规定都只允许法庭在时间和精力上做最低限度的投入。调解中的听证可以说相当简略和简短。法官仅询问简单的事实问题,然后看争议双方是否愿意和解或妥协。如果他们明确表示愿意,法官就会在简短的听证会结束之际宣布和解方案,然后双方当事人在会谈的速记笔录上签名,整个过程就这样结束了。绝大多数情况下,当事人都不愿和解,那样案件就会移交到常规法庭按正式程序处理。法官一般很少或完全不做工作帮助双方达成妥协。

例如,1931年5月刘起祥诉张济宗的案件,张两年前通过中间人向刘赊买价值34元的鸡和鸡蛋拿去贩卖,刘屡次催还欠款未果,有欠条为证。1931年5月21日举行调解听证,根据速记笔录:法官首先询问刘的代理人徐某为什么刘本人没有到场,确认了刘因病委托徐某全权代理;然后又要求解释刘提起诉讼的原因,徐简单地回答了三句话。法官接着转问张为什么不还钱;张承认欠款,但解释自己无钱,必须等到下次收获庄稼之后才能偿还。法官再

---

① 1934年,有113 757宗案件经过了调解,75 149宗结案于常规法庭;1935年是82 174宗对105 286宗;1936年是84 137宗对83 121宗(《司法统计》,1936:16,98)。

次转向徐,要求他同意宽限还款时间,徐回答如果张在法官面前保证在第六个月的第 15 天之前还清,他就同意宽限。张同意到期偿还。于是法官让书记员大声念出笔录,让双方当事人正式确认,接着宣布案件调解成功。整个调解问答笔录仅 17 行文字(顺义 3：483,1931.5.31[债 19])。

1924—1931 年顺义县调解处处理的民事案件中我收集到了 15 个,调解成功的例子仅有三个,这个比例与 1936 年全国范围的统计报告中的情况大致相同。① 这三个例子和上述案例一样,需要处理的只是有书面证据、不存在争议的债务。在法庭上,被告们只不过承认欠债,而法庭只需简单地让双方就偿还期限达成协议。三个案件都是按照完全相同的方式解决的(顺义 2：261,1924.2.2[债 11];2：601,1928.8.31[债 15])。其余 12 个案件调解失败,是因为当事人本身不愿达成协议,没有一个案件显示法官为了帮助双方达成妥协方案做了认真的工作。例如,王硕卿诉单永祥拒付 24 亩耕地租金案。提起诉讼两周后,即 1931 年 5 月 19 日的调解会上,王硕卿声称:单永祥的伯父单福曾经是王家的雇工,两家通过婚姻成为表亲之后(王的一位姑妈嫁入单家),单福得以耕种王家(位于临河村)的田地而不用交租。单福死后,王家允许其后代继续耕种这块地,租金为 5 吊钱,但没有签订租约。王硕卿拥有一张地契可以证明这块土地属于王家。因为最近开始征收公粮,所征实际上超过了他得到的租金,所以他不得不对这块地增租。所有这些事实都通过王硕卿对八个简短问题的扼要回答陈述出来。接着,单

---

① 1936 年,报告显示调解成功的有 12 409 宗,占调解收案总数的 15%,相对地有 68 016 宗调解不成功(《司法统计》,1936：98)。

永祥告诉主审法官,这块地实际上是自己的高祖父于1844年购得,也有地契为证。他的情况是在两个简短问答中叙述的。双方的主张显然是南辕北辙。这个案件如果由后来的毛泽东时代的法庭来处理,法庭很可能会义不容辞地下到村里调查双方主张的事实,然后致力于推动达成双方均能接受的和解方案。但国民党的调解处仅仅宣布调解无效,案件移交到常规法庭审理。整个调解听证笔录仅有三页,每页13行(顺义3:478,31.5.6[土地22])。

社会自身的调解在民国时期则运作得比较有效,在那里,它继续发挥着和在清代非常相似的作用。一般说来,国民党政府对乡村社会已经发育成型的制度很少做出改变。在华北农村,曾经短暂出现过"调解委员会"或"息讼委员会"之类的机构,然而并没有认真建设。这类机构名称时髦,但未能扎根,到了20世纪30年代后期,日本满铁人员开始村庄调查时,除了一些村庄领袖对它们还有记忆外,差不多完全销声匿迹了(《惯调》:3.30—31)。

从农村文献和顺义县保存下来的128个民事案件档案来看,正如第二章已经详细论证的,民间调解在整体意义上的司法制度中仍然扮演着重要角色。顺义的这批案件中有许多结案方式与清代的情况很相似:呈状立案之后,如果民间调解成功,案件就会撤销或终止;法庭的事情主要是依法裁决;调解发生在法庭之外,由社区或宗族实施。这方面与清代相比变化不大(黄宗智,2001[Huang,1996]:第三章;2003[Huang,2001]:表A.3及各处)。

这样看来,民国时期的法庭调解所起作用很有限,尤其是与其后的毛泽东时代的调解制度相比。在社区和宗族调解继续运行于民间社会的同时,国民党基本上采用了德国模式的庭审制度。顺义的案例和全国的司法统计表明法庭调解的实际影响很小,然而这并不奇怪。国民党的立法者们事实上是以德国法的形式主义模式为标榜的,法庭调解的尝试比较马虎草率。

四、1949年后中国的调解意识形态

毛泽东时代的意识形态极其重视调解式的司法,在很多方面甚至比清代有过之而无不及。当然,所用的术语是不同的。毛泽东在"社会主义"的范畴下创造出了一些新型的表达,代替了儒家的"情、理、法"(尽管法官和司法官员在实际运作中仍然经常使用这些儒家范畴)。纠纷被概括为或至少被称为"矛盾",矛盾则分为"对抗性的"(即敌人与"人民"之间的)和"非对抗性的"(即"人民内部的")。前一种矛盾被认为必须经过斗争(以及惩罚)才能解决;后一种则应和平解决,尤其要依靠调解的方式达致和解,这一点和儒家意识形态有一定的相似处(毛泽东,1937;1957。就同一观点有代表性的学术论述,见韩延龙,1982;参见杨永华、方克勤,1987)。

当然,这种重调解的观念有其非常实际的现实考虑:中国共产党的边区由于断绝了与中心城市的联系——后者在国民党的统治下已经建立了西式的司法体制,中国共产党在1949年之前需要沿用农村的习惯以及使用非法律专家充当司法人员。因此农村社区的调解传统成为整个毛泽东时代司法制度的一个重要源泉。事实上,陕甘宁边区的民事司法制度最终被概括成一种三个层次的系统:最基础的是"民间调解",其上是地方行政干部主持的"行政调

解"以及由地方法院主持的"司法调解"。这是一种建立在既存的乡村传统和习惯之上的制度。① 1943年《陕甘宁边区民刑事调解条例》的颁布意味着这种制度规划的正式化(韩延龙、常兆儒,1981—1984,Ⅲ:630—633)。

毛泽东时代的调解还在"群众路线"的意识形态中得到表述,即法官不是坐堂办案,而是必须"下到"村里在"群众"的帮助下调查真相,然后才能解决或"调解"一个案件。法官必须依靠群众,因为他们眼睛"最亮",还因为司法制度和整个治理方法一致,必须遵照"从群众中来,到群众中去"的方针。这种方法被认为最有利于减少上级和下级之间、法庭和群众之间的"矛盾"。按照这种意识形态,法官应通过群众来判断一桩婚姻是否可以和好,如果是,就要邀请群众帮助解决问题。对于其他纠纷,法官也应按同样的方式处理,从群众那里调查真相,然后与他们一起解决纠纷。整个步骤被总结为"马锡五审判方式"(第四章;毛泽东,1967[1943];参见Huang,2005:173,182—183[黄宗智,2006])。

这种调解意识形态被民族主义意识进一步强化,认为以和解为宗旨的中国民事司法优越于对抗式的西方司法。调解制度反射出来的是中国从过去到社会主义当代最美好的司法理想(Huang,2005:153—154[黄宗智,2006])。即使在毛泽东时代之后的改革时期,这个主旋律仍然在发出回响;而且近些年在一些西方分析家那里也引起了相当的共鸣,他们相信,那些正在寻求以仲裁或调解的方式解决纠纷,以克服诉讼泛滥和对抗性冲突问题的人们,能够

---

① "行政调解"和"司法调解"清楚地预示了"调解"内涵的扩大,从而涵盖了更具高压手段的"调处"。

从中国式的调解制度中获益良多(见下文的讨论)。①

调解的意识形态表现得最为坚持不懈也最为活跃的领域莫过于双方有争议的离婚案件：法庭的目标在于通过强烈干涉式的"调解和好"，尽可能降低离婚的发生率，关于这一点，本书第四章已经详细讨论（亦见 Huang, 2005 [黄宗智, 2006]；参见下文）。其所宣称的基本原则是：在"社会主义中国"，不应像西方资本主义社会那样轻率地对待婚姻。因此离婚应当也必须更加难以获准，尽管法律制度仍然强调结婚和离婚自由以及男女平等的原则。随着时间的推移，司法系统最终以感情标准，或曰夫妻(情感)关系的质量标准，作为决定是否准予离婚的依据。② 如果夫妇感情基础好且尚未"破裂"，法庭就必须尝试调解和好而不准予离婚。这样，《婚姻法》在维持了社会主义和谐以及男女平等和离婚自由的理想的同时，面对农民反对的现实，做出非常务实的让步。法庭在司法实践中对于有争议的离婚请求绝大多数情况下都不仅予以驳回，而且还以强制手段调解和好。

本书第四章已经论证，毛泽东时代的调解在离婚问题上体现出来的主动干预式的意识形态，塑造了当代中国的整体意义上的民事法律制度。法庭在离婚调解中采取了明显具判决性质的立场，同时也运用了党组织和社会的压力，甚至使用了物质刺激，这

---

① 为冲突的解决寻找替代模式成为日渐重要的问题，这可能是过去西方学者将中国司法制度的研究重点放在调解上的另一个重要原因，如本章之初引用的那些著述。在中国人的著述中，范愉(2000, 2007)是这种思路的代表。
② 夫妻感情质量例行地被区分为很好、好、还好、不坏、不好等诸多等级(Huang, 2005 [黄宗智, 2006])。

一系列方法也被用于其他民事领域，尽管没有在离婚领域那么普遍（Huang，2005［黄宗智，2006］）。因此，"调解"这个词已经远远超出了原有的含义，更广泛地具备了判决性质的、积极主动的、干涉性的内涵，不再仅仅是通过第三方居间斡旋达成争议双方均自愿接受的和解方案那种原来的调解理想（毛泽东时代的那种强制性"调解和好"，本书第五章已经详细论证，虽然在20世纪90年代后的新社会经济情况以及新取证制度下，已日趋式微，但是，由之衍生的其他类型的法庭调解，尤其是不涉及对错的事实情况下的纠纷，仍然显示了顽强的生命力。2006年，全国民事案件之中相对于174.4万起判决结案，仍然有142.6万起案件是调解结案的——《中国法律年鉴》，2007：1066）。

当代的调解意识形态也不忽视庭外调解。正如本书第二章已经论证的，村级"调解委员会"被设想为整个司法体制的"第一道防线"。因为是在纠纷发生之初以温和的方式解决问题，村级调解被认为有利于减轻法庭讼累以及防止事态恶化。在这个制度的顶峰时期，比如根据1989年官方的解释和数据，基层调解处理的大约730万起民事纠纷中，有效地"防止了因民间纠纷可能引起的非正常死亡事件"超过3万起，涉及大约13.7万人（《中国法律年鉴》，1990：62；比较上海市律师协会，1991：264）。优秀的地方干部（村和乡镇领导）被设想为能够通过基层调解及早解决纠纷，从而将纠纷和诉讼数量控制在一定指标之内。①

本章集中于法庭调解;社区调解已在本书第二章讨论。应当说明,调解的毛泽东时代的意识形态尽管与以前的儒家意识形态有非常相似的地方,但差别也是明摆着的:毛泽东时代的意识形态大大增强了调解的功能以服务于新的国家政权;它在指导民间调解和创建法庭调解制度方面的作用也是儒家意识形态难以比拟的;它还扩大了调解的内涵,将一系列干预性质乃至不顾当事人意愿的判决性质的活动也纳入了自身的范畴。

五、1949年后中国的法庭调解实践

法庭在处理有争议的离婚案件时应当以"调解和好"为目标,我已经指出,这种实践源于一种非常实际的考虑:通过一个一个案件的处理来尽可能地减少新婚姻法(即1950年《婚姻法》)给社会带来的冲突,尤其是农民的反对(第四章;Huang,2005[黄宗智,2006])。实质上,"调解和好"的做法隐含的乃是不允许离婚的判决性立场。随着法庭实践的演进,许多措施或多或少逐步成为常规。比如,所有的有争议的离婚案件都必须先经过调解,这是由法律明文规定的;法官要到现场访谈当事人的工作单位、亲友和邻居,以确定当事人夫妻感情的状况和夫妻"矛盾"的根源,然后积极

---

① 1991年全国人大常委会正式颁布了《关于加强社会治安综合治理的决定》,在这种公共安全的蓝图或总体规划下,村、乡镇和镇区与它们的上级机关签订纠纷和诉讼的配额"合同"(INT91-KB:2)。例如,华阳桥区的指标是每千居民三起纠纷(由区级调解组织处理)(INT91:4)。

地介入,帮助双方和好;采用的手段包括道德政治教育、政治上的压力(当地的党政领导也会参与施加这种压力),以及社会压力(亲友邻居也会参与),甚至还有实际的物质刺激,等等。

这样的行动和方式与其说是调解,还不如说是"调解式判决",因为法庭行动的主要动力源自一种不顾当事人意愿的、不准予离婚的判决性立场,尽管法庭为了双方和好做了很认真的调解性质的工作。有大量的案件在当代中国的法庭看来是"调解",但实际上可归入这个范畴。然而,自愿的调解在当代中国的司法制度中的确是存在的。下文我将首先描述这一调解领域,以便清楚地显示其运作逻辑,然后再回头讨论不自愿的"调解"。

(一)双方同意的不涉及过错的离婚案件

在双方同意的离婚案件中,一般都没有是否准予离婚或哪一方有过错的问题。法庭几乎只需要考虑一个问题,就是如何通过斡旋得出一个双方均会同意的离婚协议方案。这类案件的调解最贴近于"调解"这个词本来的核心意义。①

---

① 在"调解离婚"这种案件结果类别中,并非所有案件都需要法庭来调解出一个协议。有时候,涉案当事人本身之间已经事先达成协议方案,后来到法庭只是为了正式确认离婚和离婚协议,这时法庭的作用仅仅是形式上的(如案例:B,1977-19,20;B,1988-11)。但这些案件也归入了"调解离婚"类,从而满足了司法系统主张尽可能提高"调解"结案的比例的倾向。而在其他情况下,法庭的作用主要是判决性质的,比如,当一方为了获取更有利于自己的条款而拒绝现有的方案,而法庭认为当事人所提出的条款不合理时,就会以判决的立场驳回。这种案件同样也归入"调解"类,只要法庭能够让双方接受协议方案,即使这个方案很大程度上是法庭强加的(如案例:A,1988-4)。

1950年和1980年的《婚姻法》在离婚财产分割问题上的基本原则是由双方协议解决。1950年的《婚姻法》将女方婚前财产从离婚财产协议中排除出去,规定"女方婚前财产归女方所有"(第23条);其他家庭财产的处理则遵循双方协议解决的原则。1980年的《婚姻法》再次肯定了这个协议原则,只是简单地规定"夫妻的共同财产由双方协议处理"(第31条),这个规定暗示双方婚前的个人财产归各自所有。除此之外,两部法律都补充规定"如一方生活困难,另一方应给予适当的经济帮助"(显然,主要是考虑到不能养活自己的妇女)。关于财产协议,"协议不成时,由人民法院根据财产的具体情况,照顾女方和子女权益的原则判决"。关于子女的抚养(和监护),两部法律都没有明确规定哪一方应该负责,仅指出"离婚后,哺乳期内的子女,以随哺乳的母亲抚养为原则"(1950年《婚姻法》第20条;1980年《婚姻法》第29条)。因此,法典设置的是一个宽泛的可协商的框架,为法庭的调解活动预留了相当大的空间和灵活度。

抽样案件中的很多例子表明,法庭的主要作用是帮助双方设计出离婚协议的具体细节。A县的抽样案件中共有56个双方同意离婚的案例,其中有33个案例因不存在过错问题,法庭没有采取判决性姿态。在这些案例中,法庭一旦确认双方均愿意离婚,就会采取一种低强度的居间斡旋方式帮助达成财产分割协议。

先看看1988年B县的一个案例。婚姻一开始就出现问题。男方要求离婚,诉称妻子虐待老人(男方的父母),而且婚后仅38天就要求与他们分家。女方在答辩中称男方殴打她,但并不反对离婚。法官和书记员下到村里,先在村长办公室和男方会谈,村领导在场(村长和一名无法确定身份的村民),男方重述了他在离婚诉状中所写的内容。法官接着在附近的派出法庭(新军屯镇法庭)内会谈了女方,后者也大致地复述了她的抗辩。此后法官开始按照我谓之"毛泽东时代法律制度"的标准程序,依次访谈了男方的父母、这对夫妇东边以及对面的邻居,以便了解这对夫妻真实的感情状况。通过这些访谈,可能还包括没有记录在案的与村干部的交谈,法官断定这是一个双方自愿的离婚案,不存在谁是谁非、谁对谁错的判决性问题。剩下来的事情是设计一个双方同意的离婚协议。

法官继续运用标准的调解手法,先与原被告双方分别单独谈话,得知女方希望搬出去时能带走家中的两样物品:一辆由她本人一直使用的自行车和一只行李箱;男方不同意这个要求,但语气之中有商量的余地。接着法官与双方在同一时间见面,先是简单地复述了双方各自对对方的不满,摆明了这些事实之后,法官提出了一个折中方案:男方付给女方200元钱,以代替女方想带走的自行车和行李箱。会谈结束前男方表示可以考虑这个方案。到了下一次会谈时,法庭终于按照既定的思路达成了双方都同意的离婚协议。法庭制作了调解书,双方签名表示同意"协议离婚"以及协议方案(男方付给女方200元现金,作为对争议财产即自行车和行李箱的补偿)。诉讼费30元由原告即男方承担(B,1988-20)。

法庭的这一类调解工作在我们的抽样案件中例子很多。1977年,A县的一名妇女起诉要求离婚,诉称丈夫"性欲太强,动作粗鲁……月经期亦坚持同房"。男方不反对离婚。法庭调查得知这对夫妻"婚前缺乏了解",婚后因为性格不合经常吵架。一次男方因在自己负责的档案工作中出现失误而受到处罚,之后,双方的紧张关系进一步恶化,发展到了男方不时对女方进行口头和生理虐待的地步。因此法庭认定夫妻感情实际上已经破裂。剩下的事情就是如何解决财产分割和九岁小孩的抚养问题。法庭没花多大力气就让双方达成了协议:双方婚前财产归各自所有;至于共同财产,缝纫机归女方,大衣柜归男方;小孩由女方抚养(A,1977-012)。

再多举一个例子,1989年A县的一名男子起诉要求离婚。法庭调查得知双方婚姻基础薄弱:女方是为了摆脱继母而草率结婚,男方则因为订婚时女方要了太多的钱而心存不满。夫妻婚后从未好好相处过,经常为了生活小事和小孩而打架。事实上他们六年前即1983年就已经分居。双方都希望离婚。法庭认定"双方感情实际上已经破裂"。和上述两个案例一样,唯一要处理的问题就是离婚协议的具体细节。法庭帮助达成如下协议:(1)小孩和父亲共同生活;(2)双方已经租用的房子由女方继续租用;(3)床、五斗柜、大衣柜、方桌、一对床头柜和两张木椅归女方所有,其余财产归男方。最后拟定了一份调解协议书,将这些具体方案清楚列出(A,1988-02)。

最后是本书第五章引用的一个在新取证程序下的新世纪的案例(2002:339号)。一位妻子要求离婚,说被告虐待她,她要抚养5岁女儿,3岁男儿让被告抚养。被告答辩说其实他待他妻子很好。在新程序的庭审中,法庭确定夫妻双方婚后感情一般,其后由于经济困难,经常吵架,为此,原告1998年已经离家一年,后来被劝回家,但几个月后又出外打工。在庭审过程中,丈夫看到妻子离婚意志坚强,最后同意离婚。在法庭协助下,双方达成协议:被告补偿原告 2000 元;洗衣机等陪嫁大件归原告;女儿归原告抚养,男孩儿归被告;诉讼费用 450 元则由原告负担。双方由此达成协议。在这个案例中,法庭没有像毛泽东时代的法庭那样去当地调查和访谈群众,而是在法庭上调查调解,但其运作的逻辑和过去是一样的。

法庭处理这类案件的方式,某种程度上类似于西方的无过错离婚原则。这个原则形成于 20 世纪六七十年代的转型时期,最终成了离婚诉讼的主导原则。此前的西方社会,主要因为天主教的传统和影响,坚定地主张婚姻的神圣性,只有在证明有过错的情况下,才有可能离婚。结果导致离婚诉讼也采取了类似于民事侵权诉讼的对抗制框架。但是,后来西方的离婚法逐步放弃了过错归责的模式,转而更强调纠纷的解决(Phillips,1988),从而在很大程度上把过错问题排除于外。① 这种新模式基于的理由与中国式调解有某些相似之处。

不过,西方的无过错离婚的模式与中国的模式仍存在关键性的差异。韦伯所说的法律形式主义,如我们已经看到的,要求法律从普遍原则出发,通过"法律的逻辑"将普遍原则适用于具体的事实情形。西方最近的无过错离婚模式,尽管明显背离了过去的过错离婚原则,但其形式主义的思维方式还是一样的。就是说,无过错模式是以无过错原则为前提的,而这个前提被认为适用于所有的离婚诉讼。相反,中国的模式是以事实情形为出发点的。法庭首先要判断离婚是否双方自愿,如果是,才会准予离婚;法庭也会调查认定是否涉及过错,如果否,那么剩下来的工作仅限于设计出

---

① 不过,即使在双方同意的离婚诉讼中,相关的过错仍然可能会被归责,参见下文的讨论。

双方均愿意接受的离婚协议方案。

中国模式实际上是形式主义方法的倒置。比如，在离婚诉讼中，它并不以适用于所有事实情形的普遍化原则为出发点，而是从承认无过错和有过错情形同时存在于真实生活之中出发。以此为前提，法庭首先要判断自己正在处理的案件属于哪一种情形，然后才相应地行动。

(二) 无过错民事损害赔偿案件

中国的法庭调解对不涉及过错的民事赔偿案件的处理采取了类似于无过错离婚案的方式。本书第六章已经详细讨论，1986年的《民法通则》在民事赔偿问题上尽管一方面采纳了西方的"侵权行为"理论框架（根据这种理论，在确定金钱赔偿之前必须先确认过错，即侵害他人权利行为的存在），但它又同时继续承认了无过错"民事赔偿"情形的存在。因此，它首先在第106条规定："公民、法人由于过错侵害国家的、集体的财产，侵害他人财产、人身的，应当承担民事责任。"但继续规定："没有过错，但法律规定应当承担民事责任的，应当承担民事责任。"并在第132条对后一项规定做了进一步的明确说明，"当事人对造成损害都没有过错的，可以根据实际情况，由当事人分担民事责任"。

这里的关键在于认可某些不涉及过错的事实情形下的损害赔偿。这意味着被告即使没有过错也有可能承担民事责任，就这一点来说，相关案件的处理所遵循的原则其实就是调解的意识形态：为了解决纠纷，法庭关心的不是确定法律上谁对谁错，而是尽可能地将冲突降至最低,并设计出双方均能接受的妥协方案。

例如上一章已经讨论过的1989年A县的一个案件,一名七岁的男童从学校奔跑回家途中与一名老妇人相撞,老妇人手中开水瓶落下,瓶中沸水烫伤男孩胸、背、四肢、脸等部位。医疗费总计超过2000元。区政府出面补偿了不到600元,男童父亲起诉要求这名妇女支付余款。法官经过调查认为这名妇女没有过错。尽管如此,法官明确地引用了《民法通则》第106、132条的规定,确定被告应该承担民事责任。根据这个无过错案件的指导原则,法庭接着着手说服双方接受调解协议:由这名妇女拿出250元,作为男童的部分医疗费用。在说服的过程中,法官特别运用了过去的道德教育方式,要求双方考虑到他们是在同一个社区生活,"要向前看,不要伤感情"(A,1989-9)。

再如1988年B县的一起"交通事故损害赔偿"案,一名妇女骑自行车时因下雨路滑摔倒,被后面驶来的小拖车轧伤,导致左肩锁骨骨折。小拖车司机自愿地承担了这一次的全部医疗费用。然而因为断骨没有对上,病情复杂化,这位妇女不得不到另一家医院治疗,因而起诉要求拖车司机追加医疗费。又一次,法官根据无过错也应承担民事责任的规定,对双方做工作,说服他们接受350元的赔偿方案(B,1988-3;类似的案件,见B,1989-16)。

很明显,这类案件与双方同意离婚的案件非常类似:法庭一旦确定案件不涉及过错问题,要做的事情只是设计出一个双方当事人均愿意接受的和解协议。相比之下,如果案件涉及"侵权行为",诉讼就会处于一种对抗式的框架之内,从而激发机智的律师将过错归结于对方当事人——西方在向无过错离婚转型之前的离婚诉讼就是这样的情况。

上述案例也许会让人联想到最近在美国开始流行的无过错汽车保险。在这种保险制度下,不管是谁的过错,车主的损失都由他们自己的保险公司负责赔偿。这种保险被证实比以前基于过错的汽车损害赔偿模式更有成本效益,迄今美国已有 12 个州采用了这种保险制度("No Fault Insurance",2004)。

然而,这里再次出现了关键性的概念上的差异。美国的无过错汽车保险的出发点是一种适用于所有事实情形的抽象原则,而不论实际的情形如何。基本的前提仍然是"无过错,则无责任",并且不需要用到调解。相反,在中国的无过错模式中,法庭以事实情形为出发点,一旦确定具体的案件属于无过错情形,调解就开始发挥作用。

(三) 双方均有过错的民事损害赔偿案件

如果法庭认定争议双方一定程度上均有过错,一般就会按照双方同意的离婚案件和无过错损害赔偿案件中同样的逻辑和方法进行调解。例如 A 县 1989 年的一个案件,同一栋楼房中比邻而居的两对夫妇为了走廊里的积水互相扭打。起初是原告妻子与被告丈夫发生斗殴,然后各自的配偶也加入战团。所有人都受了一定程度的伤,并花费了医疗费。原告丈夫右小指末节骨折(花费 208.95元),其妻胸骨体挫伤(花费 126.57 元);被告丈夫左食指裂伤(花费 186.60 元),其妻腹部挫伤(花费 25.25 元)。乡政府和村委会调解不成。原告夫妇起诉要求赔偿 500 元损失,被告夫妇反

261

诉，要求赔偿800元。法庭调查认为这种情况下双方均有过错。因为不存在"侵权行为"，法庭并不关心谁是谁非的问题。最后，法庭成功地让双方达成协议：公平起见，由被告赔偿原告120元（即受伤较轻的一方夫妇承担较多的医疗费），诉讼费100元由双方均摊（A，1989-16）。

1988年B县有一个相似的案件，两个邻居为了宅基地边界问题发生斗殴，以前已经为此发生过两次纠纷。这一次起因于被告在归属有争议的地方栽了两棵树（"在我家门口栽了两棵树"）。原告要求被告将树移走，遭拒绝后自己动手拔出，于是这两名妇女发生斗殴，导致原告脑震荡。村领导试图调解，安排被告带着礼物看望原告，建议被告赔偿200元息事宁人。然而，原告住院两周之后持续头痛，声称自己无法做家务，也无法耕种她的五亩责任田，因此不同意这个调解方案，并提起了诉讼。

法官（和书记员）下到村里调查，与村干部和目击者谈话。查明首先是被告动手抓住原告头发，接着原告用手中的棍棒擦伤了被告的脸，但最后是原告受到更重的伤。法官的调查结论是"双方都是有责任的，都应受批评"，于是开始着手寻找一个双方都能接受的协议。

法官首先与被告谈话，总结了自己的调查结果：尽管双方都有责任，但原告的伤导致她不能下地劳动，也不能做家务，而被告的伤非常轻微，没有持续后果。法官指出，原告仅医疗费就用了300元，根据法律，被告即使没有过错也应负民事责任。法官在谈话中运用的权威不仅来自法庭的职权，也基于他通过彻底调查收集到的信息。被告及其丈夫起初抗拒，但最终表示听从法庭的意见。

法官初步争取到让他们同意不超过 700 元的赔偿方案。法官随后与原告谈话,后者由丈夫代理。法官劝说原告做一些让步,原告坚持赔偿额不少于 600 元。最后按照 600 元的赔偿额达成了协议(B,1988-15;相似的案件:B,1977-12)。

在这里,法庭再一次遵循了类似于双方同意的离婚案件和无过错损害赔偿案件中的逻辑。法庭一旦认定双方均有过错,而不是单方面的过错,接下来的任务就是通过调解折中,形成一个双方都能接受的分担"民事损害赔偿责任"的协议。

(四)双方均有合法主张或同等义务的案件

不涉及过错或双方均有过错案件中的运作逻辑,也适用于双方均有合法主张或同等义务的案件。这时法庭的主要工作依然不是做出法律上谁是谁非的判决,而是斡旋其间得出一个双方都能接受的折中方案解决纠纷。

例如 1988 年 B 县的一个案例:一名寡妇就丈夫的死亡保险金和财产分配问题起诉自己的公婆。丈夫去世前,这对年轻夫妇没有和父母分家,尽管从 1986 年开始即已经分开吃饭。主要争议事项是如何分配丈夫的 5000 元死亡保险金(丈夫死于山坡上村办企业的工伤事故);另外,还有一些其他因素,包括寡妇要求拿回嫁妆和得到婚姻存续期间夫妇购置的全部财产,而公婆则要求得到九岁孙子的监护权和小夫妻的部分财产。对于在法律上谁是谁非的问题,法庭直接采取了判决性质的姿态:根据法律,嫁妆无疑是原告的婚前个人财产,应归原告;母亲对于子女的监护权优先于祖父母,因此"按法律办,孩子应该由母亲抚养"。剩下来的问题只是如何处理夫妻共同财产和保险赔偿金。对此,双方(母子为一方,公婆为另一方)有同等的主张权,因为根据 1985 年《继承法》第 10 条,四人都是死者遗产的第一顺序继承人。

法庭首先访谈有关的各方(包括保险公司和村委会),确认了案件事实,然后来到年轻夫妇的家中列出财产清单,并形成了一个双方都可能接受的解决方案:按照双方的意愿对夫妇的共同财产进行分割,并从均分的保险金中抽出 100 元现金来调整无法公平分割的部分。随后双方都同意了这个方案(B,1988-17。相似的案例见 B,1988-16;B,1977-7)。

在这里,我们看到法庭同时扮演着判决者和调解人的角色。对于法律上谁是谁非一清二楚的事项(即寡妇对自己的嫁妆和孩子的监护权的合法主张),法庭直接采取了判决性的立场;但对于双方有同等主张权的夫妻共同财产和死亡保险金,法庭扮演的是一个居间斡旋、帮助双方达成自愿协议的调解人角色。

在 1989 年同样发生于 B 县的另一个案件中,母亲为养老问题起诉自己三个在世的儿子,要求他们每人每月供养 50 元。当时,这名寡母与 16 岁的孙女共同生活,孙女的父亲即寡母的第三子已经去世,其母已经再婚。法庭首先明确在世的三兄弟都有义务赡养老人,这一点大家都承认。问题在于三被告之间如何分担养老责任,因为他们经济状况不一样,同样的供养份额造成的负担程度是不同的。长子相对富裕一些,但声明仅愿意每月提供 10 来元的资助;次子表示别人出多少自己就出多少;四子是一名临时工,每月收入只有 70 元,经济状况在所有兄弟中是最差的,他表示愿意让母亲和他一起生活(这样会改善他的经济状况),否则每月只能出8元钱。原告还有一位生活条件较好的女儿,虽然她没有和兄弟们一起继承已故父亲的遗产(因此对母亲没有法定的养老义务),但自愿每月供给30元。

法庭的第一个方案是由四人(三兄弟和他们的妹妹)每人每月承担25元,但两个哥哥拒绝,显然这对低收入的弟弟来说也是不切实际的。母亲尽管是原告,但没有牵涉到这些争论之中。此后的协商在法庭和四兄妹之间进行,最终达成协议:长子、次子和女儿每月付给母亲20元,四子每月10元;另外,三兄弟每人每年供给母亲1000斤煤,并平摊其医疗费用。随后所有人都在调解协议上签名(B,1989-10)。

在这里,三兄弟对赡养母亲的义务是没有争议的,他们也愿意赡养,唯一的问题是如何确定具体的赡养方案。在这种情况下,法庭的作用就是帮助设计出每个人都愿意接受的条款。如果处理不当,就可能会在同胞兄弟姐妹之间造成相当严重的矛盾,但通过法庭主持的协商和折中,问题化解了。

六、调解与判决之间

当代中国的法律制度,虽然具有自己的调解意识形态和从事实到概念的思维方式,但是到了改革时期开始大量吸收形式主义的大陆法,就像以前民国时期所做的那样。20世纪80年代的几部法律模仿了欧洲大陆民法典,表明中国有意识地正式移植或采用部分西方法律及其特征。1986年的《民法通则》与形式主义模式非常相似,以权利为出发点,所制定的条文也试图在逻辑上遵循那些抽象的权利原则。法庭也相应地根据这些法律做出谁是谁非的判断,确定谁胜诉谁败诉,从而像形式主义司法体制下所做的那样,判决了很多案件,这一点我在上一章已经说明(亦见 Huang,2006[黄宗智,2007])。事实上,中国的司法体制同时包含了判决和调解两种不同的纠纷解决模式。

但是我们要记得,新法律比如1986年的《民法通则》、1980年的《婚姻法》和1985年的《继承法》并非西方范本的全新移植。相反,它们在许多问题上的正式化原则,形成之前就已经在中华人民共和国的司法层面上(主要以最高人民法院的指示和意见的形式)试行过几十年(Huang,2006[黄宗智,2007])。诚然,这类原则的适用范围因正式法典化而扩大了,但其历史连续性仍然呈现于法律和法庭实践中,如上文讨论过的一些传统民事领域:离婚、财产所有权或家庭住宅及宅基地的继承权、债务、养老义务、侵权损害赔偿义务,等等。这些领域的法律明显不同于改革时期因私人企业和对外贸易的迅速发展而新出现的法律,比如《个人所得税法》(1980年制定;1993年、1999年、2005年、2007年修订)、《商标法》(1982年;2004年修订)、《对外贸易法》(1994年;2004年修订)、《保险法》(1995年;2002年修订)和《合同法》(1999年),这些法律在毛泽东时代没有什么先例(Huang,2005[黄宗智,2006];2006[黄宗智,2007])。

当然,这并不是要否认传统民事领域从毛泽东时代到改革时期发生了重大变化。比如,在离婚法领域,1989年颁布的"十四条"阐明了法庭应该如何认定夫妻感情确已破裂,其中的新标准带来的离婚自由化及其历史演变和现实影响在本书第四、六两章有过详细讨论(最高人民法院,1989;亦见 Huang,2005[黄宗智,2006],2006[黄宗智,2007])。此外,由于积案上升以及法治观念发生变化,调解在整个司法体制中的作用一般说来也无疑会缩小。尽管如此,本书仍然将讨论重点放在当代中国法的某些持久的特征上,因为在我看来这些持久的东西不像法律变革那么显而易见。持久的特征包括法律思维方式上的实用道德主义,调解和判决两种性质的活动在同一个司法体制内的结合,以及法庭的一些独特的判决和调解活动。当然,判决和调解之间有一个很大的中间区域,两者在其中不同程度地相互重叠着。不过如上文提到过的,可以将这个过渡区域划分为两个主要的范畴,即"调解式判决"和"判决性调解"。

我们已经看到,有争议的离婚案件中普遍适用的"调解和好",时常体现为一种根本反对离婚的判决性立场。我在本书第四章中运用了不少例证,这里仅借一例以便重述其中的要点。1977年的B县,一位农村妇女起诉要求离婚,理由是公公调戏她,而她的丈夫完全受制于自己的父亲,不能也不愿站出来替她说话。法官们下到村里调查,确定女方及其娘家的人都坚决要求离婚。尽管如此,法官们仍然驳回女方的请求并致力于"调解和好"。

法官们通过调查得知公公的确对女方有过不正当的行为,对于这个问题,解决的方式是尽最大的努力对公公进行批评教育和警告。调查结果还表明夫妻的矛盾根源在于他们恶劣的经济状况,对此,法官们在村领导的配合下设计了一个物质刺激方案:帮助这对年轻夫妇盖一栋新房,以及为男方在大队的种子场安排一份更好的工作。与此同时,法官们还给女方及其娘家人做了大量工作,通过村干部给他们施加压力,并明确表态法庭不赞成离婚。法官们还促使公公答应帮助小夫妻建新房并许诺不再干涉他们的生活。

最终,涉案各方都同意和好。在这整个过程中,合议庭(由一名老法官、一名年轻法官和一名"人民陪审员"组成)的三人小组或由两位法官分头行动或与陪审员一起,前后至少三次下到丈夫村中、两次到女方娘家村中做工作,最后以法庭在这对夫妻新建的家中主持的"家庭和好会"为结局(B,1977-16;第四章;参见Huang,2005:156—166[黄宗智,2006])。这个案件可以说是一个很好的样本,全面展示了毛泽东时代法庭在有争议的离婚案件中是如何进行调解和好的。

到了20世纪90年代,"调解和好"已经广受质疑,中国法律界承认,这种主动干涉式的"调解"常常并不能带来长久"和好"的结果。根据接受访谈的两位松江县法官的估算,那些经调解同意"和好"的夫妻可能有一半最终还是离婚了(INT93-9)。一项对崇明县1985—1986年离婚案的研究甚至声称,所有经法庭调解"和好"的夫妻中,事后真正试图和解的仅占3%。① 在法庭对单方离婚请求几乎全部例行驳回的背景下,那些仍然选择上法庭的人们,至少可以说他们中大多数人的离婚愿望非常强烈。对这种请求例行驳回的做法,必然常常会违背请求人的意愿。调解和好并不能完全按照国家希望的那种方式修复夫妻感情。将这种法庭实践称为"调解",其实只不过是对调解这个词的正常含义做了极大的曲解。

---

① 此文1988年发表于《中国法制报》(转引自Palmer,1989:169)。

但这并不是说,所有具有判决成分的案件必然都违背了当事人的意愿。我们在前文中已经看到,即使在不涉及过错或双方均有过错的调解案件中,法庭也会行使判决性的权力,其体现为对案件事实进行定性的最终权力;我们也看到,法庭会以判决性的姿态调解各种不同的案件。那些案件涉及无过错民事损害赔偿责任、第一顺序继承人对死者遗产的平等主张权、子女对老人的赡养义务,等等。就事实的定性以及所适用的判决性原则为被告们所接受这一点而言,那些调解是在当事人自愿的基础上进行的。还有一些其他类型的案件也是通过这种判决性调解解决的。

如1965年A县的一个案件:一对农民夫妇于1960年结婚,次年因男方参军开始分居。此后女方和"第三者"发生性关系。男方根据保护军婚的有关规定,起诉要求制裁第三者。法庭查证后认为指控属实,随后对"第三者"做了一段时间的"关押处理"(未详细说明关押期限)。男方委托父亲起诉要求离婚,理由是夫妻感情已经不能挽回。女方与法官初次见面时不同意离婚,后来经过长谈,女方表示自己并不是真心反对离婚。由于最终确定离婚属双方自愿,准予离婚是没有疑义的。法庭要做的事情只是解决财产分割方案和年幼女儿的抚养问题。

按照通常的程序,法官首先分别与双方单独谈话。先是女方,她要求得到孩子的抚养权,以及继续住在男方家中直到"有了合适对象我再走";但是男方的父亲要求她搬出去,同时主张孩子的抚养权以及夫妻的共同财产。随后法庭将双方召集到一起协商一个折中方案。基于女方为过错方的认识,双方最后达成以下协议条款:(1)女方可在男方家中继续居住一年,并可使用家中的家具设备,但使用权仅限于留居期间;(2)在此期间,女儿暂由女方抚养,抚养费由男方家庭支付,此后女儿的抚养权归男方及其家庭。双方均同意这个方案并在"调解协议"上签名(A,1965-014;相似的案例见 A,1977-06)。最终的协议显然有利于丈夫。

正如我对松江县法官的访谈结果显示的那样,法庭通常视通奸方为过错方,而另一方为受害方。如果离婚诉讼由过错方提起,法庭一般会驳回;如果如本案由受害方提起,那么法庭就会在设计协议方案时做出对其有利的安排(INT93-9)。在这个案件中,丈夫在财产分割和子女抚养权方面都得到了有利的结果。

即使在本案这样的情形中,也可能存在自愿的一面。诚然,最终的结果很大程度上受到了法庭判决性立场的影响。但是法庭的立场同样也代表了普遍的社会道德风俗。因此女方至少在某种程度上很可能也会感到,自己作为过错方,不可能指望得到与因自己的过错而戴绿帽子的丈夫同等的待遇。这无疑是一个起作用的因素,导致她愿意接受法庭的安排,或者至少不会固执地坚持自己的主张,因为不然就会迫使法庭直接判决。如果她是真心地认同法庭把她当作过错方的立场,那么从这一点上看,她的让步可以说是自愿的。

在20世纪90年代,法庭在相当大的程度上淡化了反对离婚的态度,这在由"过错方"提出离婚的案件中尤其明显。大致说来,变化是由两个因素造成的。一个是积案问题。随着市场经济的发展,财产和债务纠纷数量回升,此外出现了很多新型案件,尤其是合同纠纷。因此20世纪90年代的法庭不可能再像毛泽东时代那样致力于费时费力的"调解和好"。另一个因素是,越来越多的证据表明,那种强迫式的和好常常只能起到延缓作用,并不能最终避免离婚。除了这两个因素之外,调解和好作为处理有争议的离婚案件的标准方式,其最初的起因是考虑到农民对离婚自由的抗拒,而这个考虑因素在改革时期已经不再像以前那样重要。改革时期社会环境的变化当然也会伴随着法律观念的转变以及法律功能的调整(第六章;Huang,2006[黄宗智,2007])。

如1995年B县的一个案件,女方在结婚10年之后提起离婚诉讼,诉称"双方缺乏共同语言",而且男方经常"无端怀疑我作风不好"。男方反驳女方"与别的男人有不正当关系,两次被我撞见",对此,女方没有争辩。法庭根据最高人民法院在"十四条"中阐明的意见,准予了离婚请求,而没有试图强行调解和好。不过,法庭的确做出了对男方相当有利的财产分割方案:男方得到了女儿的监护权和三间屋的房子,夫妻共有的大件物品如电视机、冰箱、家具和摩托车也归男方(B,1995-10)。假设女方真是自愿接受这些不利条款的,这个案件可以归入判决性调解的范畴。

还有一类涉及生理虐待(无论轻度虐待还是严重虐待)的离婚案件,法庭将夫妻中的施虐方(一般情况下是丈夫)认定为过错方。A县的抽样案件中有四个这样的案例。比如,1988年的一个案例,一名妇女因受到丈夫的虐待起诉要求离婚。诉称"生次子后患重病,不能满足男方性欲,常被男方殴打",最近一次更"被男方打得肝腰破裂"。男方承认"自己粗暴造成后果,但为了两个儿子希望和好"。但女方坚决要求离婚,男方只好接受现实。在法庭的帮助下达成的具体协议方案显然对受害者女方比较有利:这对夫妻借给他人的共950元钱以及一张300元的存折归女方;女方放弃双方共有的家具,对此男方额外补偿大米35公斤和稻谷150公斤;两个小孩双方各抚养一个(A,1988-09)。①

本书第五章已经论证,进入21世纪,伴随取证程序的改革,法庭一般不再深入实地、访问群众,做系统的"调查研究",而更多地依赖由当事人举证的"庭审调查"。为此,在不容易举证证明的夫妻虐待问题(以及第三者问题)上,已经逐渐迈向一种无过错的实践逻辑,不再和过去那样强调这些方面的过错。但是,法庭同时在原则上仍然适当斟酌过错。我们在第五章引述的来自R县的一起离婚案例中已经看到,法庭根据原告所提供的医院检查单(在旧制度下则会由审判员直接到医院调查),确定被告确实没有生育能力;被告虽然争辩,但拿不出确凿证据。因此,法庭认为原告要求离婚在理。这个判决性的立场是根据新取证程序而定的。同时,审判员们在庭上通过与原、被告分别谈话,"做了思想工作",促使双方达成协议,同意妥协,由原告补偿被告5000元(被告原来要求补偿8000元,而原告只愿出3000元)。像这样的案例,应该可以视为新程序制度和旧调解制度连同的合理运作(2000:10号)。

---

① 还有第三种也是最后一种法庭将一方按"过错方"处理的离婚协议,这种情况是因为其配偶有某种残疾(性无能)。这类案件中,法庭的一般立场是,提起离婚的健康方应对其有缺陷的配偶承担一定的责任。A县的抽样案件中有五个这样的例子。其中一个发生于1953年,一名男性要求解除与童养媳的婚约,后者从12岁起就住在他家。女方四年前因病接受治疗,医生诊断她没有生育能力。女方愿意解除婚约,但要求一定的经济照顾。经过法庭调解,男方同意给她一套棉衣,外加6万元钱(当时的通货)(A,1953-14)。

七、当代中国法庭调解的性质

当代中国的法庭主要在不涉及过错、双方均有过错以及双方有同等的权利或义务这几类案件中所实施的调解,最接近于"调解"一词本来的核心含义,即通过第三方的居间工作达成自愿的妥协。法庭只要从事实调查中得出结论,认定无法简单地将过错归给某一方,而后就仅需考虑如何设计出双方均能接受的解决方案。这一类调解的结果较之其他类型的法庭调解更有可能被当事人自愿接受。不过,即使在这类案件中,法庭在最初对案件的事实情节进行定性时体现出来的判决性质的作用和权威,也不应该被忽略。

有一些案件是在判决性的原则下处理的,但其中的具体解决方案(比如,无过错情况下承担的民事损害赔偿、对老人的赡养义务以及离婚协议中对受害方的优待等)是法庭通过调解达成的,如果被告确实是自愿接受或认可法庭的判决性姿态的,这些案件也可以被视为调解案件。我们已经看到法庭在这类案件中是如何运用传统民间调解的方法和程序的:首先与当事双方分别谈话,寻找彼此的共同点,然后帮助促成一个双方均能接受的妥协方案。①

如上文指出的,尽管中国法庭对无过错案件的调解模式会让人联想到当代西方的无过错离婚模式,以及更近期美国的无过错汽车保险模式,但两者是有根本不同的。在西方的这两个模式中,

---

① 这并不是说法庭调解总是按照应有的方式来运作。由于积案上升,可以想象法庭会尽量用省时的方式解决纠纷,而调解是一种极其费时的方式。伍绮剑(Woo, 2003:101—161)引证了一名诉讼当事人对法庭草率结案的抱怨。

"无过错"原则适用于所有的(离婚和汽车损害赔偿)案件,而不管案件的具体情形是否涉及过错。相反,中国的法庭调解模式是以事实情形为出发点的,并由法庭对具体案件的事实情形进行定性;只有在法庭认定案件不涉及过错之后,无过错调解模式才能开始发挥作用。这两种不同模式各有其优点,一个与形式主义保持了逻辑上的一致,而另一个则更具灵活性。西方的无过错模式中,以复杂的法律策略来证明对方的过错已经变得没有意义,因为受害人或过错方的相对方在解决方案中并不会受到优待;而在中国模式中,当事人仍然可以受益于法律策略的运用,而且随着财富的增长和新的社会精英阶层对高能力律师需求的增加,法律策略可能会变得越来越精密复杂。

中国的法庭调解还可以与美国的庭外解决(out-of-court settlement)相比较。承办庭外解决的法官在影响敌对双方的协议谈判方面扮演着一个重要角色,加兰特(Marc Galanter)将这种谈判命名为"司法调解"(judicial mediation),根据的是一次对承办法官的问卷调查:返回的2545份答卷中,很大一部分(超过75%)法官将自己在庭外解决中的作用归为"干预"类,而22%的法官认为自己完全没有干预。大多数接受调查的法官将自己的干预视为"微妙的",包括提建议以及双方律师谈判时保证自己在场;10%的法官称自己的干预是"积极的",比如通过施加压力来影响谈判(Galanter,1985)。

然而这样的干预实际上非常不同于中国的法庭调解,在中国,"法庭调解"这个名称本身就已经说明了问题。美国的庭外解决不仅发生于法庭之外的地方,也外在于法官的正式职能。但在中国,调解是法官的正式职能的一部分,因此法官进行干预时拥有更大的权威和更多的权力。此外,这两种模式下,调解的动力来源也非常不同。在美国,当事人一般是在计算诉讼将会花费多少时间和金钱之后,再决定是否选择庭外解决的方式;在中国,至少在本章讨论过的那些个人之间的纠纷(区别于近年来日益增加的公司法人之间的合同纠纷)中,上述成本考虑并不是一个重要因素。案件经历法庭调解更多地是因为法庭主动发起而不是因为当事人的选择,而其中的首要因素在于法官们对于民事司法性质的理解。我们已经看到,中国事实上是将判决而不是调解视为更省钱更快捷的纠纷解决模式——这也是导致毛泽东时代的"调解和好"走向式微的一个主要原因。最后,中国的法官们在调解中可以毫无障碍地运用自己的正式职权对案件的事实情形是否涉及过错做出判断,而美国的法官们在庭外解决中只能非正式地在法庭正式程序之外表达自己的意见。

因此,美国(以及大多数其他西方国家)的"调解",或曰"非诉讼纠纷解决模式"(Alternative Dispute Resolution,即 ADR,或译为"替代性纠纷解决机制")很大程度上是由民间机构而不是由法官来主导的,它存在于司法体制之外,并不具备司法的性质(因此我无法苟同上述加兰特的命名)。这种纠纷解决模式与当代中国的调解有显著的差异,后者主要以法庭而不是民间机构为主导者。这个差异进而造成了程序上的差别:当调解在法庭之外且完全独立于法庭的地方进行时,其记录一般都会保密,各方都理解这些记录不能用于随后可能发生的法庭诉讼(部分原因是为了鼓励争议各方更加坦诚地合作)。然而当调解同时也是一种法庭行动时,调解人和承审法官两种身份就合二为一了,调解和庭审两个阶段的事实发现也就无从分开。因而在中国的模式中,法庭调解一旦失败,随后几乎总是由同一个法官来进行裁断或判决,这个特点使法官的意见格外有分量,也对纠纷当事人造成更大的压力。目前美国和欧洲的司法外调解显然不是这种情况。①

美国和欧洲所采用的调解制度所起作用其实十分有限。这方面的数据固然不容易获得,因为调解基本被限定为个人自愿的选择和在法庭之外运作的制度。正如苏本和伍绮剑指出,在美国几乎没有可能获得这方面的精确数据(Subrin and Woo, 2006:第10章)。虽然如此,我自己初步的探索发现,在美国各个州之中,东部的弗吉尼亚州比较成功地在法院制度下设置了鼓励某些当事人选择庭外调解的制度。2002—2003年,该州共有9457起案件是经过庭外调解结案的(Virginia Judicial System, 2004a),主要是"监护、探视权和抚养义务"类别的案件(custody, visitation and support cases)。这里需要明确,相对于民事案件总数来说,这是个微不足道的数字。美国全国每年的诉讼案件数以千万(譬如,1980年全国共有1460万起案件,见 *State Court Caseload Statistics Report*, 1980:14, 55;亦见黄宗智,2001:145,表20),而其50个州中的各州则是数以十万计。2003年,在弗吉尼亚州的三大法院系统之中,少年和家庭关系法院(Juvenile and Domestic Relations Court)共处理了216 850起案件,一般案件法院(General District Court,处理较轻的

---

① 来自荷兰的实例可以很好地说明调解的这些特征(有关荷兰近年来调解的材料和数据比较精确)(de Roo and Jagtenberg, 2002)。参见欧洲理事会部长委员会"欧洲家庭调解原则"(1998)。

民事和刑事案件)则处理了 949 202 起民事案件,而巡回法院(Circuit Court 系统,处理较严重的案件)则处理了 115 383 起民事案件,亦即总共 128 万起民事案件(Virginia Judicial System, 2003: A-50,64,112,116,131)。可以见得,该年的庭外调解在所有案件中只占 0.7% 的比例,和中国调解所占比例相去很远。

弗吉尼亚州的调解案件的大多数(73%)都是孩子监护权类的案件。以一个具有较详细数据的县(Richmond)为例,该类案件中有约一半(498 起,48%)的当事人被法院鼓励去参加一次介绍调解程序的会议,而在那些当事人中有约五分之三(298 起),即此类案例总数的 30%,最终真正选择了庭外调解。在后者之中,共有 83% 达成了协议(Virginia Judicial System, 2004a)。除了监护类之外,选择进入调解的多是涉及"(房子或公寓的)房东和承租者"的纠纷(占调解案件总数的 10%)、涉及"消费者"的纠纷(7%)、"合同"(6%)和"就业""邻里""离婚财产"(各 1%)等类别的案件。

以上所述虽然仅是较有限的证据,但我们可以看到,美国在其 1976 年后开始的"ADR 运动"的将近三十年之后,调解仍然只起到比较有限的作用。即便是在调解较发达的弗吉尼亚州,庭外调解的民事案件事实上只占所有民事案件的不到 1%,其主要是在离婚时关于孩子监护权的纠纷中起到作用。在这个很有限的范围之内,调解固然成效相当高,但是对民事案件整体来说,调解所起作用是很有限的。

至于美国以外的其他西方国家,荷兰是在这方面具有比较精确和完整数据的国家,我们可以借此窥见其实际运作。2002 年,全荷兰有 2000 多位在册的调解员,但在 1996—2001 年的五年之中,这 2000 多位调解员总共才处理了 1222 起纠纷案件,其中大多数同样是离婚纠纷(de Roo and Jagtenberg,2002)。显然,调解所起作用极其有限,远远不到在册调解人员所能处理之数,去非诉讼纠纷解决理想很远。

至于中国,其调解数据有一定水分。在毛泽东时代,调解被建构为民事法律所应该依赖的主要方法,各级法庭因此都夸大了调解结案的比例,把高压的和判决性的调解都纳入其中,只排除了极其狭窄意义的判决(当事人坚决拒绝和解的),借此达到官方所声称的 80% 调解结案比例。这是个不太可信的数据。本书的第四章已经详细论证了这种不真实的存在,并论证了调解的功能如何在 20 世纪 90 年代开始收缩,而第五章则更论证了世纪之交以来调解如何越来越形式化,变得脱离实际。近几年来,在由上而下的压力下,再次出现了夸大调解制度所起作用的现象。但是,即便如此,在当前中国法律制度的整体之中,相当比例的案件确实仍然是通过一定的实质意义的调解而结案的。根据本章的研究和分析,实质性调解成效最高的是不涉及过错或者是双方同样有过错的纠纷,例如在赔偿和离婚案件中;或者是双方都具有基本同等的权利或义务的纠纷,例如在兄弟姐妹关于继承或赡养父母亲的纠纷中。在不能清楚区分对错的纠纷之中,审判员更有可能促使当事人双方起码部分自愿地妥协结案,借此接近实质性调解的理念。

中国和西方调解制度的不同,关键在于中国的法庭调解制度是和判决制度密不可分的,而在西方的非诉讼纠纷解决模式之中,则一直都明确区分调解和判决。中国的调解制度采用各种各样的方法来促使当事人接受调解,包括或明或暗地向当事人表明法院的判决性立场,借以促使当事人接受法院的调解方案;而西方的非诉讼纠纷解决模式则一直特别强调当事人的自愿性,以及调解和判决间不可逾越的壁垒。

虽然如此,我们可以看到西方近年来也开始尝试将结合强制性法庭判决和自愿性调解的制度——"调和式仲裁"(the use of conciliation in arbitration)——作为纯诉讼模式的一种可行的替代选择,并形成一种趋势。① 甚至在美国和欧洲,也有越来越多的人讨论"仲裁和调解的结合"的问题,并称之为"调裁(Med-Arb)"(Schneider,2003)。西方 ADR 未来的发展空间可能正在于类似中国的调判合一的制度。

八、清代、民国和 1949 年后的中国调解

尽管当代中国的调解和传统调解具有一定的联系,但两者的制度框架很不一样。清代的法庭几乎从不调解;当代法庭则大量调解,在毛泽东时代,按照官方司法统计数字,调解案所占全部民事案件的比重超过 80%,而在步入改革时期 20 多年后的 2000 年,仍然约占一半(《中国法律年鉴》,1990:993;2001:1257)。本书第二章已经说明,清代的调解几乎全部是在非官方的民间权威主持下完成的;毛泽东时代的法律制度则用党政干部取代了民间权威,并且赋予法庭调解非常广泛的功能。在清代和民国时期,如果民

---

① 据唐厚志所说,已开始使用法庭调解的国家和地区包括澳大利亚、加拿大、克罗地亚、匈牙利、印度、日本和韩国,以及中国香港(Tang,1996。参见 Chodosh,1999;Schneider,2003)。

279

间调解不成功，当事人可以决定是否上法庭；当代的法庭调解一旦失败，除非原告撤诉，法庭几乎总是会紧接着由同一个法官进行裁断或判决，而且这些过程都属于同一个法庭程序。

但是中华人民共和国的官方表达常常将历史上的和当代的调解相提并论。出于现代民族主义意识和时代的迫切需要，调解被宣称是中国所独有的，是伟大的中国法律传统的核心，使中国法律传统不仅区别于而且不言而喻地在很多方面优越于现代西方的法律传统。换言之，国家将调解制造成了一种官方意识形态（第四章；Huang, 2005；黄宗智, 2006）。

清代和民国时期与当代中国的相似之处在于，调解在整体的民事司法制度中始终扮演着极为重要的角色。然而这个相似之处不应该掩盖的事实是，法庭调解几乎完全是当代的发明。而事实上，当代中国调解的特征首先体现在法庭调解，它包含了法庭的各种权力，也模糊了调解和判决的界限。

当然，从毛泽东时代到改革时期也有一些重大变化。在毛泽东时代，巨大的意识形态压力迫使法庭把其几乎所有的行动表达为调解。相反，改革时期明显转向了西方式的法典和庭审制度。调解式司法占据的空间无论在表达还是实践中都已经大为收缩。本书第五章已经详细论证，进入新世纪，毛泽东时代的强制性"调解和好"制度和做法已经在新社会经济情况以及新法庭程序下日趋式微。很多场合中，判决最终被视为比调解更有效、更合理。这两者在整个民事司法制度中将怎样达到平衡，还有待进一步观察。但无可否认，法庭调解无论作为一种实践还是理想，都还会在当代中国的民事司法制度中继续发挥其重要作用。2006年，在全国的民事案件中,被声称为调解结案的案件总数仍然达到判决结案的总数的82%。①

九、中国法庭调解的逻辑

当代中国的民事法律制度的实际运作表明,其出发点(虽然是未经明文表达的)是认为现实生活中的纠纷,既有牵涉到过错的事实情形,也有无过错的事实情形,以及介于两者之间的多种混合情形。对实际的这种认识塑造了司法制度的基本性质——既有根据外来的权利保护原则进行的判决性司法,也有以传统的调和折中方式运作的调解式司法。其中的假定是,根据具体案件的事实情形,相应地适用这两种司法模式中的一种或介于两者之间的某种混合模式。正是基于这种立场,法律中才会出现"即使没有过错也应承担民事责任"这一自相矛盾的表达。这种立场还指引法庭在对案件的事实情形定性之后选择一个适当的解决方式——要么调解,要么判决。

这种逻辑创造了一种与中国传统调解和当今西方的非诉讼纠纷解决模式(ADR)迥然不同的纠纷解决模式。中国的法庭对于调解拥有极大的自由裁量权,它有权对事实定性,然后有权决定是否施行调解,还有权决定是否在调解中采用判决性质的做法。其调解的工作背后附带着这样的权威:如果调解失败便将由同一个法官在同一个程序之内对案件做出裁断或判决。这样的权力和自由

---

① 142.6万比174.4万(《中国法律年鉴》,2007:1066)。

281

度显然比中国传统的社区和亲族调解人或当今西方的ADR调解人(甚或美国庭外解决的承办法官)所掌握的要大得多,也比大多数西方法律家所能接受的限度大得多。

然而不能否认,中国的法庭在帮助当事人自愿(或至少某种程度的自愿)协议解决纠纷方面是相当有成效的。尤其在那些完全不涉及过错或法律上的是非问题的案件中成功的可能性更大,那些建立在当事人认可的合理的判决性立场基础之上的调解也是容易成功的一种类型。相反,全然不顾当事人的意愿而采用高压手段强行解决纠纷的法庭调解显然是不成功的。这类案件展现了法庭在滥用自己的自由裁量权方面拥有的相当宽阔的空间。无论如何,这样的一个初步结论可能并不过分:中国的调解式司法在一定程度上缓解了西方司法制度下对抗过度的问题,也就是非诉讼纠纷解决模式的倡议者们所诟病的问题。

同时也必须承认,中国的调解式司法也会将法律上谁是谁非一清二楚的案件转化成模糊的案件,最终通过协议来解决。法庭有时候宁愿以协议的方式而不是按照权利和义务的原则解决纠纷,这是因为中国的法律理论本身就没有清楚地区分哪些情况下应该调解或仲裁,哪些情况下不应该,也没有提出一种指导方针供法官们决断这类问题,因此容易将一个清晰的案件模糊化。因此,法律上明确的对错很容易会被牺牲于调解的意识形态和运作中。

将落后、模糊或专断等帽子扣在中国法律制度头上固然简单,不过在此之前,我们也应该通过中国法律制度的制定者们(以及ADR的倡导者们)的眼睛看一看形式主义的法律。形式主义法律坚持以各种抽象的权利原则为前提,要求所有的法律决定都必须通过演绎逻辑归入这些原则范畴之中,因此在这种制度下,几乎可以将所有的纠纷都置入一种侵权或过错问题上的对抗式结构。即使是双方都无过错或双方都宁愿协议解决时,由于律师的推动和对抗性法律文化的影响,案件也会被推入某种对抗式模式中,从而不得不分出法律上谁是谁非。由于这样的法律文化,甚至一些正在经历所谓非诉讼纠纷解决模式处理的案件,也会自然陷入对抗式的争议。① 与中国相比,西方无论是对调解的采用量还是需求量,都保持在一个相对较低的水平上,部分原因正是调解的较低的成效。即使是美国和英国也不例外,尽管这两者秉承的是更为经验主义和实用主义的普通法文化,而且率先在西方世界发展了非诉讼纠纷解决模式。②

我们已经看到,当代中国法庭调解的实践和逻辑很大程度上立足于一种事实优先于普适化原则的认识方法。调解的真正逻辑——自愿通过妥协解决分歧,无须确定法律上的是与非——在

---

① 例如,加利福尼亚州的建筑纠纷通常是要按照非诉讼模式仲裁处理,因此人们可能会设想,解决的方式应该是协商性的,必定不同于常规法庭上的情况。然而实际上,争议双方通常都必须尽一切努力使自己在竞争中最终成为"优势方"(prevailing party)。所谓"优势方",指的是经仲裁法庭审查完所有的主张和反主张之后,比对方拥有更多合法主张的一方,哪怕仅多一元钱(双方因此会尽一切可能提出许许多多,哪怕是拟造的主张)。对方即"败方",必须承担全部的法庭费用和律师费,总的费用可能会高达数万元,甚至大大超过争议标的本身。这种制度鼓励一种不胜即败的对抗精神(那些以这类纠纷为生的老练律师们也增强了其中的对抗性),即使有时候争议双方都希望达成妥协。在一种以对抗制为底蕴的法律文化中,那种强调通过妥协解决纠纷的"替代性"模式不可能取得很大的进展(以上引自对洛杉矶 Moss,Levitt & Mandell 律师事务所的建筑纠纷专家 Rodney Moss 律师的访谈,2004 年 6 月 28 日)。
② 有关 ADR 在美国的发展概况,参见苏本和伍绮剑(Subrin and Woo,2006:Chapter 10);英国的相关情况,参见卡尔·马其(Mackie,1996)。

那些不涉及明确的是非问题和过错问题的事实情形的案件中运作得最有效,因为这些案件中的原告最有可能满足于折中的解决方案。案件档案表明,在当代中国,依靠法庭来判断哪些事实情形适合以调解的方式解决(如果调解失败,法庭会继续裁断或判决结案),哪些事实情形下调解于事无补,一定程度上是一个行之有效的办法。

且不说中国的法官兼调解人由于行使的权力过大会遭到诟病,中国法从事实情形而不是抽象的权利原则出发的认识方法,无疑也是追随马克斯·韦伯的形式理性主义者们所排斥的。然而,事实是中国帝制时期在这种思维方式下产生的法律制度享受了极其长久的寿命,并且,案件档案表明,当代中国的法庭调解及其可观效能也和这种法律思维方式密切相关。法庭是选择调解模式还是判决模式,或者介于两者之间的混合模式,取决于法庭本身对每个案件的事实的定性。当代中国的法律和司法实践中默认的这种逻辑,尽管在中国的立法中没有得到明文表述,但仍然可能会给中国法律本身以及西方形式主义法律在未来的变化和演进带来某种启示。

第八章
中国法律的现代性？

人们多从理论角度来理解现代性。譬如，或求之于自由主义，或求之于马克思主义。本章强调，现代性的精髓不在于任何一种理论或意识形态，而在于历史的实际变迁过程。以思想史为例，现代性不在于西方启蒙以来的两大思想传统理性主义（rationalism）和经验主义（empiricism）中的任何一个，而在于两者18世纪以来在历史上的共存、拉锯和相互渗透。以科学方法为例，其真正的现代性不简单在于理性主义所强调的演绎逻辑，也不简单在于经验主义所强调的归纳逻辑，而在于历史上的两者并用。更宽泛地说，西方各国政治经济的现代性不在于古典自由主义所设想的完全放任的资本主义市场经济，也不在于其后呈现的福利国家，而在两者的拉锯和相互适应、相互作用。以美国或英国为例，其政治经济的现代性并不简单地在于亚当·斯密型自由市场的"看不见的手"所主宰的纯资本主义经济，而在于历史上资本主义制度面对多种下层社会群体的运动做出逐步妥协之后形成的结果——也因此在个人的政治和经济权利之外,另外形成了所谓的"社会权利"(social rights)。今日的资本主义国家,既是资本主义制度的国家也是社会保障制度的国家,而不简单地是其中任何一个。西方各国的现代政治实际上长时期处于分别代表这两个不同倾向、不同利益群体的党派之间的拉锯,而不在于其中任何一个单一的统治。

当然,我们需要区别"现代性"与现代历史。本章的理解是把"现代性"等同于追求现代理念的历史实际。现代的理念包括科学知识、工业发展、公民权利等,但是,这些理念不等于单一的理论或意识形态或历史途径,而在于追求这些理念的多样的历史实际变迁过程。

一、美国法律的现代性

在法律领域,现代法律的精髓同样地并不简单在于倾向理性主义的大陆形式主义法律传统或倾向经验主义的英美普通法传统的任何一方,而在于两者的共存和相互渗透。譬如,美国的所谓"古典正统"(classical orthodoxy)法律思想,虽然脱胎于普通法传统,其实乃是高度形式化的结果。人们一般把此"正统"起源追溯到从 1870 年开始执掌哈佛法学院院长职位的兰德尔,他对美国现代法律形成的影响极其深远。它不同于德国从 18 世纪启蒙时代理念的个人权利前提出发而通过演绎逻辑拟成的形式主义法律;它从先例(case precedent)出发,试图对契约和赔偿的法理做出系统整理和概括,并通过演绎推理而建立逻辑上完全整合的法律体系。在精神上,它之强调普适性、绝对性、科学性是和德国的形式主义法律一致的。① 对兰德尔来说,法学应该和希腊传统的欧几里得几何学(Euclidean geometry)一样,从有限的几个公理(axioms)出发,凭推理得出真确的定理(theorems),尔后通过逻辑而应用于所有案件的事实情况。因此,也有人把兰德尔代表的"古典正统"称为美国的法律形式主义(legal formalism)传统。②

虽然如此,我们并不能简单地把美国现代法律等同于其古典正统。它自始便受到法律实用主义(legal pragmatism)的批评和攻击,其主要代表人物乃是兰德尔在哈佛的同事,以法律实用主义始祖著称(后来当上最高法院大法官)的霍姆斯。霍姆斯特别强调法律的历史性,否认其具有永恒真理的普适性,认为法律必须应时而变,并且必须在实践中检验,通过社会实效来辨别优劣(Grey, 1983—1984)。此后,法律实用主义更推动了20世纪20年代的法律现实主义(legal realism)运动的兴起(两位主要人物是庞德[Roscoe Pound]和卢埃林[Karl Llewellyn],虽然两人之间多有争论),在认识论上排斥理性主义的演绎方法而坚持经验主义的归纳法,在精神上继承了实用主义之强调法律的社会效应,在方法上更进一步纳入了新型的社会科学,尤其是社会学。(Wiecek, 1998: 197;参见 Hull, 1997)在其同时,实用主义在整个知识界产生了更广泛的影响(其哲学界中的鼻祖是詹姆士[William James]和与中

---

① 法律形式主义的经典著作首数韦伯关于这方面的论述。见 Weber, 1978: chap. viii;中文版见韦伯,2005。
② 见 White, 1976;参见 Gey, 1983—1984;维塞克(Wiecek, 1988)则反对用"形式主义"称谓而提倡用"法律古典主义"(legal classicism)一词。

287

国有较深渊源的杜威[John Dewey])。到了20世纪七八十年代之后,更有新实用主义(neo-pragmatism)的兴起,重点在实用主义的认识方法,反对理性主义的绝对性(Grey,1983—1984;参见Tamanaha,1996)。此外,更有具有相当影响、比较激进的批判法学潮流(Critical Legal Studies),例如哈佛法学院的巴西裔教授安格尔(Roberto Unger),试图在资本主义(自由主义)法制和(国家)社会主义法制之外寻找第三条途径。

美国法律现代性的精髓并不在于这些多种传统之中的任何一种理论,而在于其在一个相对宽容的政治社会制度中,各家各派通过各种不同利益群体的代表而多元共存,相互影响、相互渗透。现代美国法律既有其形式主义的方方面面,也有诸如现实主义和实用主义的成分。以最高法院的组成为例,在九位大法官之中,古典正统派与其反对者长时期并存。20世纪30年代之前的半个世纪中,古典正统派成员一直占优势,但其后相反,最近又再反复。(Wiecek,1998:3)在罗斯福总统任期中,因为法律现实主义大法官们占到多数,最高法院做出了一系列支持工人权利和少数民族权利("公民权利",civil rights)的历史性决定,例如1937年的工人组织工会、失业津贴、老年福利合乎宪法三项决定;再则是一连串关于黑人权利的决定,成为后来公民权利运动的先声。[①] 当然,现代主义意识形态带有相当强烈的偏向于单一理论极端的倾向。虽然如此,我们如果试图追求"现代性"于其中任何单一理论,便会失去其历史实际。

---

① "Social Security Online," http://www.ssa.gov/history/a9r30.html;有关罗斯福总统任期的最高法院及其黑人权利的众多决定,见麦克马洪(McMahon,2000)。

二、后现代主义与现代性问题

近年来西方的后现代主义,和西方许多其他理论一样,对现代性的理解同样地主要集中于现代主义的理论表述而不在于其历史实践。它对18世纪启蒙时代以来的现代主义的批评主要集中于其认识论,反对其在认识上唯我独尊的意识形态,即以为通过理性,通过科学方法,可以得出绝对的、普适的、永恒的、超历史的真理。以格尔茨为例,他强调一切认识的主观性,把认识比喻为法庭上各执一词的双方,各为其雇主说话,其实并无超然的绝对真理和真实可言,借此攻击启蒙现代主义在认识论上的绝对性。他自己则特别强调一切知识的地方性(local knowledge),或者说是特殊性或相对性。(Geertz,1998:第八章)

这股潮流在国内有一定的影响,其原因不难理解。首先是因为它对西方的启蒙现代主义意识形态提出的质疑,带有一定的非西方中心化的内涵。对许多中国学者来说,面对20世纪80年代以来的全盘西化潮流,这是具有一定吸引力的。后现代主义的贡献主要在于其对19世纪以来影响极大的实证主义(positivism)思想潮流的质疑,否定所谓"客观"存在和认识,否定迷信所谓的科学归纳方法。它在知识界的攻击目标主要是各门社会科学中流行的实证主义。此外,它也是对马克思主义唯物主义的反动,强调主观性。一些国内学者借此来否定简单的法律移植论,有的更借以强调中国自己的"本土资源"(苏力,2000),以及中国传统的所谓"习惯法",将之比喻于英美的普通法传统(梁治平,1996)。

但是,后现代主义所攻击的"现代性"其实主要只是现代主义的表达而不是西方现代的实践历史。我们仍可以以格尔茨为例。他强调一切认识只不过像是在法庭上纵横驰骋的律师,各执一词,而其实只不过相当于受雇的"枪手",可以为其雇主杀人。他认为,无论是在法庭上还是在知识界,都没有所谓客观事实、绝对的真实可言。因此,格尔茨全盘否定现代主义及其所谓的现代性,否定任何所谓的客观认识,强调一切认识的相对性,无论在知识界还是在法庭上都如此。但是,现代美国法庭在实践中并不简单依赖各执一词的双方律师的话语,而更关键地依赖法官和陪审团对真实的追求,尤其是陪审团。它认为,在双方的律师尽其所能各执一词之后,从普通人中选出的陪审团可以凭他们从日常生活中得出的常识做出对事情真相以及诉讼双方对错的可靠判断,凭此判决有罪与无罪、胜诉或败诉(当然,它承认人与人为的制度是不可能得出——唯有上帝才能知道的——绝对的真实的,只能在法律程序的范围之内得出接近于绝对真实的法庭真实)。我认为这才是美国法律的现代性的真正精髓。它不在于双方律师的说辞的任何一方,不在于任何单一的意识形态传统,而在于容纳不同说辞的制度以及法庭追求真实的判决和实践。现代美国的法庭以及法律制度的性质如果真的像格尔茨的分析那样,那真是完全没有公正可言,也绝对不可能长时期维持。实际上,美国现代的法律制度虽然缺点众多,去理想很远(别的不用说,它是人类有史以来诉讼最频繁的一个制度),但绝对不像格尔茨描述的那样,是完全没有客观真实可言的制度。

更广泛地说,美国现代的政治制度也是如此。它的实践历史不仅仅在于"右派"的共和党的放任资本主义市场经济的表达,也不在于"左派"的民主党的政府干预的社会公正的表达,而在于两者长时期在它的政治制度下的拉锯和妥协。我们不能把这个政治制度的现代性简单等同于两党的表达和话语中的任何一个,那是脱离历史实践过程的理解。

格尔茨的后现代主义理论继承了西方现代以来在形式主义演绎逻辑传统影响下对一切理论所做的要求:要其抽象化,提高于实际之上,前后一贯,逻辑上统一。因此,导致了脱离实践的夸大其词,言过其实。这是西方启蒙时代以来许多理论的共性,从原来的理性主义和经验主义下来大多如此。但这种倾向并不能代表西方现代实践的历史。其实,接近于真正的历史"现代性"的乃是那些试图融合理性主义和经验主义两大传统的思想。美国的实用主义便是其中一个例子,它既否定任何认识的绝对性和永恒性,也同时强调对事实的严谨认识,以及对经验的系统整理和概念化(因此完全不同于后现代主义那种怀疑一切认识的态度)。现代的实践历史乃是这些诸多理论的共存和在现代政治经济制度之中相互作用所引起的后果,不在于任何单一理论或意识形态。我们可以这样理解,实践的历史没有理论那么简单、美好,但也没有理论那么片面、偏激。它充满矛盾和妥协,也因此更符合现代历史真实。这是我个人对于"现代性"的理解,其关键在于把"现代性"置于一定的历史情境之中,通过其实践过程来认识。现代性的实质内涵寓于对现代理念的追求的多样化历史实践而不是单一的理论约定。

三、中国法律的现代性？

从理论表达——也可以说从话语——来看，中国近百年以来的法律改革多次反复，很难从其中探究出可以称作现代性特征的内容。首先是清末和民国时期对传统法律的全盘否定，以及国民党政权对西方，尤其是德国的形式主义法律的全面移植。然后是中国共产党既对传统法律也对这种所谓"资产阶级法制"的全盘否定，及其以社会主义的苏联为模范的立法，之后是在中苏分道扬镳之后的主要依赖本土资源，尤其是农村的和革命运动的调解传统，最后是改革时期的再度大量引进西方法律，几乎是全盘西化，因此激发了相应的批评和对"本土资源"的呼声。我们若仅从理论和话语的历史来回顾，近百年来中国法律所经历的道路真是万分曲折，多次反复，步步艰难。

在这样的历史语境中，有关中国法律现代性的讨论极易陷于意识形态的争论，或提倡西方某一种理论和法律传统，或坚持维护中国传统和中华民族的优点。譬如，2005—2006年有关《物权法》草案的争论，便带有强烈的意识形态因素。（晓宁，2006；朱景文，2006）本章强调，我们要把脱离实际的意识形态争论置于一旁。

无论是从西方移植还是从本土继承，关键都在实际的运作。从移植的观点来看，当前的大问题是引进的理论和原则都不容易付诸实践。众所周知，从西方引进的以维护权利为主导思想的法律原则，很容易被吸纳到中国现存的官僚制度中去，权利的维护很容易变质为权力和关系的运作，以及不同利益集团之间的"摆平"。

因此，法学界主"移植论"的部分人士认为，建立完整的制度和程序乃是当务之急。另一方面，"本土资源"论者希望提炼出中华民族特有的优点，要求挖掘中国法律的现代性于其传统或民间习惯，反对中国法律的全盘西化。

相较之下，本土论比较缺乏具体意见，尤其是立足于中国传统的历史实际的具体意见。本章因此偏向讨论中国法律历史中现代性的一方面。本章首先强调，我们如果能离开抽象的理论争论而从近百年的法律实践来看，可以看出现代中国法律已经初步成型，既有它自己的特点，同时也具有西方与中国传统的成分，既有相当明确的道德价值观念，也有相当明确的实用性认识方法。其组成因素既有清代遗留下来的成分，也可以称作中国革命的传统，而在两者之外，更有从西方移植（并经过国民党政府修改）的成分。这个三大传统的混合体看起来似乎是个大杂烩，但其中其实已经形成了一些积极的特征，以及多元并存的原则和方法，足可以称为具有中国特色的现代性。

这样突出中国法律传统中的现代性，用意并不是要排除从西方引进法律，更不是要回避其在中国运作中的诸多困难，以及毛泽东时代遗留下来的众多弊端。我认为，中国法律改革的将来不在于移植论和本土论的任何一方，而应该在于两者在追求现代理念的实践中长时期的并存和相互作用。① 这是我的总的设想。以下是我对之前的研究中已经讨论过的一些具体例子的再度梳理、论证和总结。

---

① 季卫东（2006）提出了富有建设性的"程序正义"观点，作为在多种理论和价值观念并存的现实下追求共识与合意的方法。

(一) 继承与赡养

1929—1930 年的《中华民国民法》采用了 1900 年的德国民法典的继承权男女平等的法则(《六法全书》,1937:第 1138 条)。从法律条文的表面来看,农村女儿对家庭土地和住宅的继承权在法律上和兄弟们是平等的。但是,在实际运作之中,法律条文并没有起到其字面意图的作用。首先,正如白凯在《中国的妇女与财产:960—1949》一书中指出的,即使是在城市,新法律条文也只适用于死后的财产分割,而并不影响生前的财产分割。(Bernhardt, 1999:152—160;中文版参见白凯,2007:140—148)我们知道,当时农村家庭一般都在父母亲生前由兄弟们分家,而这并不违反新法律条文,因为根据新法律的基本精神,拥有所有权的个人是可以没有约束地在其生前处理其财产的。正因为农村人大部分于生前便分家,新法律条文关于死后的继承规定对农村实际生活影响十分有限。至于当时农村社会中相当普遍的"养老地"习俗——在生前分家时便分出部分土地用来支付父母亲生前养老以及死后殡葬的花费(即农民之所谓"生养死葬")——也同样不受新法律的继承法原则影响。(黄宗智,2003:132) 总的来说,民国时期中国农村在遗产继承方面仍旧是按照传统习俗进行的。这一点我已在《法典、习俗与司法实践:清代与民国的比较》一书中详细论证。(参见黄宗智,2003:第八章)

这个事实背后的道理很明显:当时农村女子一般仍旧是出嫁到别村的,而家里老人的养赡长时期以来都由留村的儿子承担。

在这样的客观社会现实之下,如果出嫁的女儿真能根据新法律条文而分到与兄弟们相等的份地,立刻便会威胁到父母亲赖以养老的土地,无论是家庭的农场还是特地拨出为养老用的"养老地"。在农村小农经济长时期延续的现实之下,耕地仍然主要是一家所有而不是个人所有,它是全家人的生活依赖,是父母亲倚以抚养孩子的生活源泉,也是父母亲赖以养老的主要资源。女儿们,正因为大多是"出嫁"的,不大可能肩负起对双亲的养赡。双亲老年要依赖留村的儿子生活。正因为如此,一家土地的继承权一般必须给予儿子而不是女儿。当然,中国农村有一定比例的入赘女婿——这在我自己长时期调查的上海市郊区松江县(现松江区)华阳桥乡甘露村便相当普遍。

当时的民国法律并没有在法律条文上正式处理这个社会实践与新法律条文之间的矛盾,也没有针对现实创建不同于其倚以为模范的德国民法典的继承原则。它只在法律条文上采纳了德国民法的继承权利男女平等原则的同时,在行动上不干涉农村男女分家不平等的社会实际。我们可以说它最终不过是睁一只眼闭一只眼地对待农村固有习俗。中华民国的民法虽然几乎全盘模仿了西方的继承法律,但在实际运作之中,它是新旧并用的,新法律主要限于城市,农村仍旧;新式条文与现实运作并行。

进入中华人民共和国,在 1985 年正式颁布的《中华人民共和国继承法》和中华民国民法同样规定男女平等权利原则(第 9、10、13 条)。但是,和民国的法律不同,《继承法》同时创建了协调男女平等原则和社会实际的法律规则。它明确地把继承权利和赡养义务连接了起来:"对被继承人尽了主要扶养义务或者与被继承人共同生活的继承人,分配遗产时,可以多分。有扶养能力和有扶养条件的继承人,不尽扶养义务的,分配遗产时,应当不分或者少分。"(《中华人民共和国法规汇编(1985)》,1986:第13条)这样,儿子之所以优先于女儿继承家庭财产,是因为他们尽了赡养老人的义务,而不是因为他们是男子;女儿如果尽了这样的义务而儿子没有的话,同样可以优先继承。在逻辑上,法律条文既保持了男女平等原则又照顾到了社会实际,尤其是农村惯习。这里的成文法可以说是在法理层面上正式解决了20世纪中国继承法中长时期存在的条文与实际间的矛盾。

当然,在当代中国的毛泽东时代,因土地所有集体化,已无什么家庭土地可言,但是,当时中国传统农村养赡的基本逻辑仍然存在:父母亲老年时仍然需要依赖留村的儿子来赡养。当时虽然有由农村集体提供的所谓"五保"制度,实质上绝大部分农民老年依赖的仍然是儿子的赡养,虽然表现为所得的工分而不是家庭土地的产物。此外,家庭住宅仍然是极其关键的私有财产——老人一般都得依赖其老家为住处,不能依靠出嫁女儿的住家。

上述《继承法》制定的条文不是一朝一夕间形成的,而是经历了长时期的实践经验,包括以最高人民法院的指示、意见的形式多年试行。我们可以从20世纪50年代以后的实际案例中和最高人民法院的指示中清楚看到这个原则在最终法典化之前的运用和形成情况。(最高人民法院研究室,1994:1279,1286,1292—1293)

从民国时期和中华人民共和国时期法律条文的异同中,我们可以看到中国共产党和国民党在立法上的区别。民国法律是以移植当时被认为最先进完美的德国民法为出发点的,其后为适应社会实际做出了一些修改和让步,但主宰精神自始至终是移植,即使对社会现实做出妥协,也不过把妥协看作暂时性的让步,没有积极明确地考虑到创建中国自己独特的现代法律。这点可以见于民国民法没有把遵从农村养赡习俗提高到法理层面的事实。与民国立法者不同,中华人民共和国立法者在对这个问题的处理上,显示了较为积极的法理上的独立性,创造了新鲜的、不同于西方法律的原则。虽然如此,在毛泽东时代之后的改革时期,主要的立法精神几乎回复到民国时期那样把西方与现代性等同起来,并没有系统地追寻中国自己独特的现代性。但是,对继承—赡养的处理还是为我们展示了一个创建中国现代独特的法律原则的例证。

与此同时,继承—赡养法律的形成体现了另外一种相当清晰的思维方式,虽然是至今尚未得到明确认可的思维方式。在这种认识精神中,实践优先于演绎推理,而法律条文,包括基本法理的形成,被认为应从实践经验出发,而不是像德国大陆法那样从绝对公理出发,通过逻辑演绎而推理成为法律原则的思维方式。这一点也可以见于下面要讨论的物权方面的司法实践。

(二) 典权

在物权法中,中华民国民法引进了西方个人财产权的原则,规定:"所有人于法令限制范围内得自由使用收益处分其所有物并排除他人之干涉。"(第765条)这种单元性和排他性的产权概念乃是资本主义经济的一个基本原则。而民国立法者像今日的制度经济学提倡者一样,认为明确产权乃是经济发展的一个基本条件。(黄宗智,2003:54)但是,在实际运作之中,国民党对社会现实做出了一定的妥协。当时,在农村的土地买卖之中,很少像西方那样"绝卖",一般都首先使用中国的"典"形式,只(以土地的约七成代价)出让使用权,但保留长时期的回赎权。这个习俗既是借贷的一种形式,也是土地转让的一种形式,在农村广泛使用。其基本精神是让为经济困难所迫而转让土地的人得以较长时期地保持比较有利的回赎条件,可以说体现了小农社会照顾弱者的道德观念。它也是被国家法律所认可的习俗,被正式列入《大清律例》条文。

面对社会现实,民国立法者决定把典习俗和法律范畴重新纳入正式法律条文。正如指导草拟新法典的中央政治会议决议的说明:"典"权是中国的习俗,不同于西方(德国民法典)的从单元性产权概念得出的"抵押"和"质权"法律范畴。出典人不会像抵押或质权范畴那样因逾期不还债而失去其土地,他会保有对它的回赎权。根据立法者的说辞,正因为如此,典权是比较仁慈的制度,因为出典人"多经济上之弱者",而他们出典土地之后所保留的回赎权体现了"我国道德上济弱观念之优点",比由"个人本位"主宰的西方法律更先进,更符合西方最近倾向"社会本位"和群体利益的新潮流。(潘维和,1982:107;参见黄宗智,2003:82)民国立法的头号人物胡汉民更明确地指向西方法律新近显示的社会公正意识,认为它在精神上比较接近中国原有的"圣王之道",不同于"霸王之道"。(胡汉民,1978:857;参见黄宗智,2003:59)因此,中央政治会议决议保存了《大清律例》认可此习俗的法律范畴,为其在民法典中另列了一章。这样,在从德国移植的法律之上,附加了中国的典权。这也是对小农经济在现代中国长期延续的现实的妥协。

进入中华人民共和国,在50年代的集体化之后,土地转让基本绝迹,典地习俗也同样。改革时期,国家法律所确立的是由西方引进的单元性物权原则:1986年的《民法通则》和中华民国民法一样,规定"财产所有权是指所有人依法对自己的财产享有占有、使用、收益和处分的权利"。(见《中华人民共和国法规汇编(1986)》,1987:第71条)但是,实际上改革时期农村的土地产权或多或少地延续了中华人民共和国成立前的习俗。首先是承包地中土地"使用权"和所有权分离的制度,既可以追溯到德国民法,也可以追溯到革命前的"田面权"与典权习俗。今天在农村中已经出现了革命前的那种土地租佃(承包地的"转包"在实质上可以说相当于新中国成立前的田面租佃)以及典卖(相当于田面典卖)。2007年10月1日起施行的新《中华人民共和国物权法》,虽然没有援用清代—民国的典权范畴,但已正式认可了农村承包地的多种形式的流转(第128条)。那样,既在城市引用西方的比较单元性、排他性产权原则,也在农村援用中国农村传统中更为复杂多元的产权规则。其中的关键因素正是小农经济在现代中国长期延续的现实。(黄宗智,2006b)

(三)赔偿

这种对现实的妥协也可以见于赔偿法。中国现代的赔偿法主要源于西方大陆法,《大清律例》没有关于赔偿的规定。新赔偿法的出发点是"侵权行为"(wrongful acts)原则。中华民国的民法便模仿1900年德国的民法典规定:"因不法或过失侵害他人之权利

299

者,负损害赔偿责任。"(《六法全书》,1937:第184条)它体现了西方大陆的形式主义法律精神——法律的目的是维护权利,由此出发,用逻辑推论出对于侵权、过错和赔偿的规定,其关键是过错原则——有过错才有赔偿责任,无过错便谈不上赔偿。1986年的《民法通则》采纳了这个原则,规定:"公民、法人由于过错侵害国家的、集体的财产,侵害他人财产、人身的,应当承担民事责任。"(《中华人民共和国法规汇编(1986)》,1987:第106条)在这一点上,当代中国法律在原则上与西方和民国法律是一致的。

但是,我们从案例之中可以看到,在人民的实际生活之中,造成损害的事件并不一定牵涉到一方的过错,而常常是出于纯粹意外的事实情况,不涉及单方的过错(fault)或过失(negligence)。我们可以用我抽样的众多案件中的一个例子来说明。案件来自A县:1989年,一名七岁的男童从村办幼儿园奔跑回家途中,与一位老妇人相撞,老妇人手中开水瓶落下,瓶中开水烫伤了男孩胸、背、四肢、脸等部位。区政府支付了2009.70元医药费中的573.70元,男孩父亲起诉要求这名妇女赔偿余额。抽样案件显示,这样的无过错损害事件相当普遍。问题是:法律该怎样对待这样的无过错损失?

根据"侵权行为"的逻辑,没有过错便没有赔偿责任,男童一方只能怪自己的运气不好。但是,中国法律所采取的态度不同。首先,它从实际出发,承认无过错损害纠纷的事实。面对这个现实,法律做出的抉择是在上引条文之后加了这样的规定:"没有过错,但法律规定应当承担民事责任的,应当承担民事责任。"(第106条)《民法通则》更进一步说明:"当事人对造成损害都没有过错的,可以根据实际情况,由当事人分担民事责任。"(第132条)这样,在上述实际案例(以及许多其他相似案件)中,法官引用了这两条法律,说明老年妇女虽然没有过错,但应承担一定的民事责任。最后说服双方妥协,以老妇人赔偿250元的医疗费用调解结案。(黄宗智,2007a)

从西方"侵权行为"原则来看,这样的法律条文以及法庭行为是违反逻辑的。法律既然已经规定过错赔偿,怎么能够同时规定即使无过错也有赔偿责任呢?从形式主义思维方式来看,这是一个不可解释的矛盾。但是,从中国长期以来所体现的法律思维方式来看,此中并没有非此即彼的冲突。实际是,日常生活中既有有过错损害的也有无过错损害的纠纷。法律根据不同的事实情况,做出不同的法律规定。现实本身非常明显,因此法律条文也没有必要对两条规定所显示的演绎逻辑上的矛盾另做解释。正如我在另文中已经详细论证的,中国民法学界对西方现代民法的"严格责任"范畴也做了同样的重新理解。在西方,"严格责任"的基本概念不是无过错事实情况下的赔偿责任,而是在涉及危险产品的时候,降低了对过错取证的要求,而中国的民法学家则把这个原则理解为在无过错的事实情况下也应负的赔偿责任。[①](黄宗智,2007a)这种思维方式可以更清楚地见于下面要讨论的婚姻法律。

---

① 至于"公平责任"范畴,正因为它涉及无过错事实情况下的赔偿责任的概念,被认为是不符合法律侵权逻辑的,最终被德国立法者拒绝纳入德国民法典。(Andre Tunc ed.,1986:145)

(四)婚姻与离婚法

当代中国离婚法的出发点是 1931 年的《中华苏维埃共和国婚姻条例》。当时模仿苏联 1926 年的十分激进的《婚姻与离婚、家庭与监护权法》,规定:"确定离婚自由。凡男女双方同意离婚的,即行离婚。男女一方坚决要求离婚的,亦即行离婚。"(第 9 条;亦见黄宗智,2006a)西方世界要到 20 世纪 60 年代和 70 年代的 20 年间,建立起所谓"无过错离婚",方才采纳了由单方提出便即离婚的法律。(Phillips,1988)在 20 世纪 30 年代的中国,那样的规定可以说十分"先进",甚或偏激,在城市如此,在农村更加如此。

难怪条例颁布之后即引起社会上相当普遍的激烈反应。对农民来说,婚事乃是一辈子一次性的大花费,不能像今日西方世界那样,有时候小夫妇一闹意见,动不动便可离婚。从农民的视角来说,因单方要求便准予离婚的规定是不符合农村生活实际的,也是违反大多数人的意愿的。而从中国共产党的视角来看,农村人民对党的支持至为关键,在大革命失败之后,党的存亡可以说完全取决于为红军提供战士的农村人民。因此,共产党在政策上很快就在此关键环节做出调整。首先是在 1934 年的《中华苏维埃共和国婚姻法》中上一条的规定之后,立刻加上这样一条:"红军战士之妻要求离婚,须得其夫同意。"(第 10 条)在抗日战争时期,晋察冀和晋冀鲁豫边区规定一名军人的配偶在其配偶"生死不明逾四年后"才能提出离婚请求。陕甘宁边区则规定要"至少五年以上不得其夫音信者"。这些边区的条例甚至放弃了江西苏维埃时期的表达,模仿民国民法,规定了准予离婚的几种条件,包括重婚、通奸、虐待、遗弃、不能人道和不能治愈的疾病等,完全放弃了苏维埃时期基于双方任何一方的请求便即准予离婚的规定。(黄宗智,2006a:27—30)

1949年中华人民共和国成立之后,放弃了民国的构造,但延续了原来边区的保护农民战士对妻子的主张权。即使是在20世纪50年代初期打击五种"封建婚姻"(即一夫多妻、婢女、童养媳、父母包办和买卖婚姻)的婚姻法运动中,仍然维护了这种主张权,即使妻子是童养媳、归父母包办或出于买卖婚姻也如此。(黄宗智,2006a:30—32)

除红军战士之外,法律在这个问题上的"让步"主要体现于一项条文:即1950年《婚姻法》规定的"男女一方坚决要求离婚的,经区人民政府和司法机关调解无效时,亦准予离婚"(第17条)。这样,政府机关调解以及法院调解被规定为任何有争执的离婚请求的必经程序。在20世纪50年代初期新婚姻法运动高潮之后,几乎任何单方提出的离婚要求都必定首先经过高压性的"调解和好"程序才有可能获得批准。这条规定背后的思路十分明显:在农村人民广泛反对草率离婚的现实之下,党的决策是尽一切可能减少党的婚姻法律与农民大众之间的矛盾,选择的手段是一起一起案件地来处理所有有争执的离婚请求。

正是在那样的历史情境之下形成了当代中国比较独特的法庭调解制度。我已经详细论证,帝国时期中国法庭是绝少调解的。正如清代著名幕僚汪辉祖明确指出的,调解乃是民间社区所为,而法庭则是要求明确断案的。正因为如此,从儒家"和"的理念来看,法庭断案不如民间调解,因为社区的调解可以不伤感情。(汪辉祖,1939:16;参见黄宗智,2001:194)显然,由法庭(而不是由亲友)来调解基本是现代中国革命党在特定历史情境中所创建的制度。我们将在下面一节详细讨论此制度的现代性。

毛泽东时代的法庭为了调解带有争执的单方提出的离婚请求,逐步形成了一整套的方法、程序以及作风:要求法官们深入村庄社区,通过访问"群众"(亲邻以及当地党组织),调查研究,了解当事人婚姻的背景以及现状,解剖其婚姻矛盾起源,然后积极掺入,使用各种手段——包括政治教育、组织压力、物质刺激等——尽一切可能,试图挽回当事双方的婚姻,要求做到"调解和好"绝大多数由单方提出离婚要求的婚姻。(黄宗智,2006a)进入21世纪,伴随社会经济情况的变迁以及立法观点的改变,这套比较强制性的制度已经日趋式微。但是,由之衍生出的许多其他类型的法庭调解,仍然具有一定的生命力,在不涉及过错(或同等过错和义务等)的纠纷中尤其如此。

在法理上,从20世纪四五十年代便初步形成了以夫妻感情作为审核一切离婚案件的标准的想法。正因为婚姻的基础在于两人的感情,新法律不接受不讲感情的"封建"婚姻的多妻、婢女、童养媳、父母包办和买卖婚姻。在破除旧式不顾两人感情的各种婚姻之后,新中国的婚姻要求双方具有良好的感情基础,不要草率结婚。正因为如此,除非夫妻婚后"感情确已破裂",要求双方尽一切可能"和好",由社区领导以及政府和法院负责调解。这样,既破除旧式的封建婚姻,又避免"资产阶级"那种草率的结婚和离婚。(黄宗智,2006a)

这套逻辑在四五十年代初步形成,但是最初并没有纳入正式的法律条文,只是试行于法庭的实际运作中,并以最高人民法院的指示和意见等形式初步制定了此概念和其连带的话语。我从北方和南方两个县抽样的336个案例表明,法庭在20世纪50年代初期已经相当普遍地使用夫妻感情标准及其话语。虽然如此,1950年的《婚姻法》还是完全没有提及"感情破裂"的概念。一直到30年后,1980年颁布经过修改的新婚姻法时,方才把"感情破裂"作为正式法律条文纳入成文法中:在原先的"调解无效,应准予离婚"条文上加了"如感情确已破裂"这个条件。(《中华人民共和国法律汇编(1979—1984)》,1985:第25条)

这样的通过长时期司法实践而形成的(虽然是未经成文的)逻辑,有其特定的历史情境。把"感情"看作一切婚姻的基础,既可以用来打击"封建"婚姻,也可以用来反对所谓"资产阶级"的"轻率态度"和"喜新厌旧"思想(后者也是丁玲在《三八节有感》一文中所批评的那种党内所见的现象)。同时,"感情"是个跨度很广、不容易精确定义的概念,这样便给予法院很大的灵活度,使其可以按照需要、政策来处理每一起婚姻案件,适当对应不同情况来尽量减少婚姻法和人民之间的可能冲突。正如时任全国人大常委会法制委员会副主任武新宇的解释:"这样规定既坚持了婚姻自由的原则,又给了法院一定的灵活性,比较符合我国目前的实际情况。"(湖北财经学院编,1983:46,引自黄宗智,2006a:41)当然,在实际运作之中,这个制度容易偏向过分"保守"、过分强制,形成不顾当事人意愿的无论如何不允许离婚的做法。这也是当时武新宇提出

(以及后来20世纪90年代实行的最高人民法院颁布的"十四条"①)的主要批评。事实是,"感情"范畴的灵活性既允许严格(以及过分严格)的执行,也允许松弛的执行。

这样的离婚法观念基础足可以称作一种离婚法实践中体现的"实践逻辑",也可以视作现代中国婚姻法所包含的、脱胎于实践的"现代性"。它是当代中国几十年来行之有效的婚姻法的结晶;它是既具有现代理念又试图适应中国实际的法律原则;它既含有从外"引进"的成分,也具有中国自己的古代传统以及现代(包括革命)传统的成分;它是在一定历史条件之下所呈现的原则。此外,它也体现了下一节中要集中讨论的比较独特的现代中国法庭调解制度。

(五)法庭调解的制度创新

美国法制自20世纪70年代以来,本着法律现实主义的精神,针对诉讼极端频繁的弊病,兴起了所谓"非诉讼纠纷解决模式"(ADR)运动,试图跨出现存法庭制度范围,寻找其他实用的解决纠纷办法。此运动被认为开始于1976年召开的纪念法律现实主义创始人庞德的会议,继承了庞德的现实主义精神,其后广泛传播,今日已经形成一个颇具影响和规模的法制改革运动(Subrin and Woo,2006:第十章)。此运动在美国和英国率先起步,今日影响遍及西欧各国(虽然在实践层面上所起作用仍然十分有限)。部分出

---

① 即《最高人民法院关于人民法院审理离婚案件如何认定夫妻感情确已破裂的若干具体意见》,1989年11月21日(见最高人民法院研究室,1994)。

于这股潮流的影响,美国和英国研究中国法律的专家,多集中探讨中国传统中的纠纷调解,认为它是中国法律制度最突出的特点,有的希望能够从中有所借鉴。(例如 Cohen,1967;Lubman,1967;Palmer,1987,1989;Clarke,1991)

与中国现代的法庭调解制度不同,这个源于当代西方的运动坚持调解必须是完全自愿的,并且必须在法庭程序之外进行。欧盟的部长委员会甚至拟出了一个关于调解原则的协议,说明其程序必得和法庭程序明确分开,主持调解的人员绝不可在调解不成后担当该案审判的法官职责,调解过程中所形成的记录绝对不可用于后来的诉讼,借此来维持调解的完全自愿性,使其完全独立于强制性的法庭诉讼。(Committee of Ministers of the Council of Europe,1998)

欧盟那样的程序显然既有利也有弊。一方面,它不会形成中国法庭那种过分强制的、不顾当事人的真正意愿的调解,尤其是离婚请求中的"调解和好",强制地驳回单方当事人的离婚请求。另一方面,正因为这种调解是完全自愿的,当事人随时可以撤出调解程序,选择法庭诉讼来解决纠纷,因此也限制了此制度的成效。

除此之外,有学者把仲裁(arbitration)也归类于"替代性的"(alternative)纠纷解决模式,认为仲裁也体现了调解性质的非诉讼纠纷解决办法。(Subrin and Woo,2006)但是,仲裁的部分原意虽然可能是要在诉讼制度之外寻找非诉讼的替代性纠纷解决办法,但在实际运作之中一般极其容易变成只不过是简化了的诉讼,同样依赖法官,同样适用明判是非胜负、非此即彼的诉讼框架来处理纠纷。结果最终只不过是通过一些廉价和简化的做法——譬如由退休法官主持,使用简化程序和场所——较之正规法庭诉讼程序降低了费用。其实质仍然是诉讼,甚至可以说不过是一种打了折扣的诉讼,基本精神和原则并没有能够脱离总体法律制度的必争胜负的框架,并无自愿性的妥协可言。

这种强烈的必分胜负倾向和西方形式主义传统的权利观念密切相关。别的不论,"权利"(rights)字眼本身便和"是"(right)与"非"(wrong)中的"是"字相同,其胜负是非观念可谓根深蒂固,不可或离。无论如何,毋庸置疑的是西方法律文化受这种观念主宰的事实。

此外,美国提倡非诉讼纠纷解决模式的人士中,有人把美国诉讼制度中相当普遍运用的所谓"庭外协定"(out of court settlement)也纳入非诉讼纠纷解决模式的范围之中。(Subrin and Woo,2006)表面看来,这个"制度"确实与中国的法庭调解有相似之处,法官们常常在其中起一定的作用。根据一篇比较可靠的研究,在2545位被调查的法官之中,很大一部分(75%以上)认为自己在这种庭外协定中做了"干预"(intervention),促成了其事。(Galanter,1995)此外,庭外协定占诉讼案件的很大比例:据估计,所有案件之中只有2%进入正式的庭审(trial)。

但是,这个"制度"和中国的法庭调解实际上有很大的不同。美国"庭外协定"的动力不是来自中国式的通过第三者的调停而达成妥协,而主要是出于当事人双方(主要是他们的律师)为了避免法庭审判程序所需的花费和时间,参照胜负概率,在审判之前做出退出诉讼的抉择。这种庭外协定并不存在中国式通过开导和妥协的"息事宁人"的和解作用。法官在此程序上所扮演的角色也和中国制度中的很不一样:法官的作用发挥于法庭正式程序之外;他在这个"程序"中的权力要远逊于中国的法官,只能起协调的作用,决定性的权力主要在于当事双方及其律师手中。与此不同,中国法庭调解过程中决定性的权力主要掌握于法官之手,由他/她决定是否要调解,并借用审判性的权力拟出解决方案。而其所考虑的主要是自己心目之中的法律和公正性,不是诉讼费用。其实,在中国制度中的费用考虑和美国的正好相反:需要更多时间和费用的是调解不是判决;后者要比前者省事、干脆,在积案众多的改革时期得到更多的运用。从这个角度考虑,美国的"庭外协定"制度和中国的调解制度十分不同:它主要是一个诉讼进程中的中止办法,与中国的调解很不一样(两个制度的不同也可见于中国对美国制度的误解,一般把它等同于"庭外调解",赋予中国式的调解的内涵)。

我们也可以这样理解:中国的法庭调解的出发点是解决纠纷,不是判决对错。它的性质,所用程序以及结局都可以归属于调解。而美国的庭外协定的出发点则是判决对错的诉讼,只在当事人决定中止时才适用。从这个角度来理解,"庭外协定"应看作诉讼程序中的一种可能结局,而非调解。它之所以产生,不是出于和解理念,而主要是出于美国诉讼制度下积案过多、花费太高的现实。这个制度的整体出发点仍然是权利概念主宰下的判决对错,而不是中国那样的和解妥协。我们不能简单地把诉讼制度之下的仲裁程序和所谓"庭外协定"等同于中国的调解制度。

至于美国和西方今日的调解制度本身,它所起的实际功效比较有限。而且正由于它是一种非正式的途径,所以可靠的数据十分有限,难以获得。尤其是在美国,几乎不可能进行有关的统计。

(Subrin and Woo，2006）至于其他西方各国，荷兰的统计数据相对比较完整，我们可以从其中窥见西方调解制度的实效之一斑。2002年荷兰全国共有2000多个在册调解人员，但是在其前的1996到2001年五年之中，在册调解人员总共才受理了1222件调解案（其中婚姻纠纷占最高比例）。(De Roo and Jagtenberg，2002）很明显，自愿选择调解的纠纷当事人相当有限，他们所造成的需求也明显远远少于其供应，低于其理想。

与中国相比，差别更大。毋庸置疑，中国的调解数字带有一定"水分"。毛泽东时代要求整个民事法律制度都以"调解为主"。因此，地方法院尽量把所有不是明确做出硬性判决的案件全都划归调解范畴，称作调解结案，将其所占比例尽量推高，越高越好，并引以为荣，以致当时官方数据竟然声称所有案件之中有80%是调解结案的。对于这样一种无稽的"事实"，我已于另文详细论析。此外，进入20世纪90年代，强制性的"调解和好"已经日益缩减（黄宗智，2006a），进入新世纪，那样的调解更日趋式微。虽然如此，具有实质性调解成分（也就是说，不是完全不顾和违反当事人的意愿）的案件，仍然占有相当比例。根据我的初步研究和分析，在没有明确过错的纠纷案件中，调解的成效比较高，包括那样的离婚和赔偿案件；其次是争执双方具有同样权利或义务的案件，包括继承和赡养纠纷。在事实情况不涉及明确对错的纠纷中，法官有更大的可能争取到当事人双方的（起码是部分）自愿的妥协，由此比较接近调解制度原来的设想而解决纠纷。

其中另一个关键因素是法官具有一定的强制性权力。一位当事人如果不同意调解，法庭便将判决。这和西方的调解程序很不一样。西方的调解人员不具备任何强制权力,继续调解与否完全取决于当事人,因此很容易中止。在中国的制度之下,当事人虽然具有拒绝接受法庭调解结果的权利,但不能拒绝继之而来的判决程序。因此,会更有意识地更积极地考虑接受法庭的调解。

另外,在中国法庭调解的程序之下,法官具有判定事实情况的权力,可以借此劝服当事人。在西方的制度之中,调解人员并没有权力像中国法官那样对事实做出决定性的判断。因此,调解要完全地绝对地依赖当事人的意愿行事,不允许任何强制性压力。而中国的法庭可以先对事实情况做出判断,认定该纠纷并不涉及对错问题,只是双方同样在理的争执,然后从那里出发,来劝说双方妥协,让双方都做出让步,借此达成调解。这也是中国调解制度成功率较高的一个关键因素。(黄宗智,2006a;黄宗智,2007b)在中国革命过程中所形成的法庭调解制度是具有中国特色的,也是具有现代性的,它既不完全是中国传统的产物,也不完全是现代的产物,而是同时具有传统性与现代性、中国与西方法律制度成分的产物。

这里要再次加以说明,国内对西方的非诉讼纠纷解决模式误解颇多,把西方的"庭外协定"和仲裁制度想象为相似于中国调解的制度,而它们其实既不同于中国的社区调解也不同于中国的法庭调解。有学者甚至把西方的调解想象为成效高于中国的制度,认为中国必须向之看齐。(例见彭勃、陶丹萍,2007)事实是,中国的调解制度,包括其延续至今的民间社区调解传统和法庭(以及行政)调解传统,乃是比较独特而又成效相对较高的制度。它受到民众比较广泛的认可,远远超越西方的调解制度。因此,人们遇到纠纷,首先考虑的是依赖调解来解决——过去如此,今天仍然如此。西方则不然,时至今日,人们遇到纠纷,考虑的基本仍然只是诉讼。这是中国和西方过去与现在的法律文化上的一个基本差别。

(六) 中国现代法律的实用道德主义思维方式

上面已经看到,近百年来的中国法制改革之中体现了一种前后一贯的思维方式。这种思维方式既可见于民国的法制,更可见于新中国的法制。同时,它也是中国传统法律思维方式的延续。它的现代性不仅显示于对当前生活的适用,也显示于其和最近的美国法律思想的一些共识。

在民国的司法经历之中,即使是在全盘西化、全盘移植思想的主宰之下,仍然显示了现实性和实用性的一面。继承权男女平等原则在实际运作之中便体现了这样的倾向。司法实践并没有真正试图把新规则强加于与其不符的农村社会现实。典权问题的处理更是如此。立法人明确承认中国农村习俗与西方现代法律范畴建构的不同,而为典权在法典中单独列了一章。

而新中国的司法实践,正因为它原先否定了西方形式主义法律传统,更加体现了从中国实际出发的思维方式。我们看到,在继承方面,它根据中国农村实际创建了独特的把继承权和赡养义务连同起来考虑的新法律原则,既维护了男女平等的原则,也照顾到儿子负责赡养老年双亲的现实。在赔偿法中,法律同样照顾到无过错损害纠纷的现实,并在"侵权行为"原则之外另列不同的原则。此外,在离婚法方面,它没有偏激地坚持从苏联引进的离婚条例

(男女一方坚持便即允许离婚),而试图在男女平等的理想和农村现实之间寻找妥协,既照顾到推翻"封建"婚姻的原来的意图,也照顾到对农村人民反对意愿的让步。它没有像形式主义法律那样从所谓普适的、理性的大规则出发,依赖演绎逻辑来得出法律的规则。相反,它通过多年的实践,逐步形成了以"感情"为夫妻结婚、离婚最后标准的法律原则,并在通过几十年的实际运用之后方才正式列入法律条文。离婚法立法的经过可以说很好地体现了这种中国现代的立法程序和思维方式。

这里应该指出,现代西方的离婚法虽然原来是从形式主义民法的权利观念出发的,把婚姻看作一种契约,把婚姻的破裂看作因一方违反契约、违反对方权利的过错行为造成的,但是在现代实践的历史过程之中,面对人们的生活实际,已经放弃了原来的观念,形成了"无过错"离婚的新制度,从20世纪60年代开始,到80年代已经普遍运用于西方所有国家。(Phillips,1988)所谓无过错离婚,实际上完全脱离了原来的民法权利构造的核心概念——即离婚必先判定违反权利的过错——而采取了法庭将不再考虑对错的做法(而不是认为夫妻关系中常常无过错可言),因为必争对错的制度长时期以来导致了持久的极其昂贵的离婚争执,因此不再适用于当前的西方社会。

今日中国有关离婚法的争论之中,有所谓"回归民法"的主张,认为中国婚姻法应从革命时代的分别独立的部门法"回归"到(民国时期采纳的)民法中去。(马俊驹,2003)这种"回归论"背后的一个主要意见是在婚姻法中建立以个人权利观念为主的自治性私法,认为这样才是真正现代性的法律。(刘凯湘,2002;对此的批评意见,见巫若枝,2006)很明显,这种意见忽略了西方婚姻法历史变迁的实际:即使在形式主义权利观念和认识方法占主导地位的西方现代法律中,婚姻法仍然相应社会现实而呈现了本质性的改变,最后完全脱离了由私法权利观念主宰的必分对错的离婚法而普遍采纳了不再考虑过错的原则。正因为如此,离婚纠纷是今日西方非诉讼纠纷解决中调解方法使用最多、成效较高的一个领域。(De Roo and Jagtenberg,2002)

返回到中国现代婚姻法的讨论,它所体现的认识方法和古代的法律是有一定延续性的。我们已经看到,《大清律例》清楚地体现了中国法律中的(我称之为)"实用道德主义"的思维方式。它一贯地把法律规则寓于实例,通过实际情况,而不是像形式主义思维方式那样以脱离实际情况的抽象概念,来说明法律的观点。无论是财产规则还是债的义务,都是通过实际情况各异的例子来表达的。全部律例采取的都是这样的认识方法和思维方式,与西方现代大陆法中的形式主义思维方式从几个抽象原则出发、通过演绎逻辑制成一系列的规则的方法截然不同。这是因为《大清律例》认为,任何抽象原则都不可能包含实际生活中千变万化的事实情况,任何抽象原则的具体含义必须通过事实情况的例子来说明,而不能预期的事实情况则应通过比引逻辑来处理。(黄宗智,2007a)

但清代的法律绝对不是简单的经验主义的产物。它并不认为一切认识必须完全出于经验。相反,它认为法律必须由道德观念来指导。在这一点上,它和形式主义法律同样是前瞻性的(亦即要求法律作为追求社会理想的一种工具,而不是纯经验性、回顾性的规则)。其不同之处是,它没有像形式主义法律那样要求把法律条文完全统一于法律逻辑,通过法律逻辑来应用于任何事实情况。它承认道德价值观念和现实的不完全一致,"应然"与"实然"有所不同,允许法律在运作时做出不一定符合道德理念的抉择,考虑到实用性和无限的不同事实情况。

进入现代和当代,尤其是改革时期,中国法律已经大量引进国外的法律观念和原则,尤其是关于个人权利的规定。但是,与其形式主义原来的精神不同,中国法律对这些权利构造的理解不是像形式主义那样要求把其抽象于事实情况之上,而是几乎把它们等同于传统的道德理念,允许在运作过程中考虑到实用性的因素,可以灵活使用(当然,也因此常常会含糊使用,导致侵犯人们权利的法庭行为)。上面谈到的继承——赡养法则、赔偿法则、离婚法则便是例子。

在那个传统之上,当代中国的法律制度更附加了现代革命传统的"实践"概念,要求检验法律条文于实践。上面已经看到,现代中国立法的基本方法是通过长时期的实践试验方才形成法律原则和正式的法律条文。赡养义务与继承权的连接乃是一个例子。过错赔偿与无过错赔偿以及离婚法中的"感情破裂"原则是另两个例子。

此外是法庭调解程序。按照西方形式主义法庭的程序,事实的判断是不可能独立于法律原则的判断的。后者被认为是一切认识的出发点;案件实情要受其主宰,不可能在确定原则之先判断出来。但中国的从实际、从事实出发的认识思维方式则不然,事实本身被认为具有其独立的真实性。我们已经看到,清代法律的抽象原则是从实例出发的,而法律条文在表达上要求寓一切原则于实例。类似的认识思维方式体现于近日的法庭。赔偿法同时规定两个截然不同的原则——有过错的事实下的侵权赔偿和无过错事实下的赔偿义务。两种不同的事实情况,适用两种不同的法律原则。在法庭调解制度之中,这种认识思维方式更体现为法官先对事实情况进行判断,而后做出采用调解与否的决定。正是在无过错事实情况之下(以及同等权利或义务情况之下),法庭调解程序的成功可能性最高。

以上这些都是我称为今日中国法律体现的从实际和实践出发的思维方式的例子,它们是中国当代历史情境之下的特殊产物,但它们并非中国现代法律思想所独有。今日世界上比较接近这种思维方式的应该说是美国现代的(以及新近再兴的)法律实用主义。后者是在特定历史情境之下形成的,即对兰德尔领导和代表的古典正统的反动。针对正统思想的形式主义认识论和法律理论,法律实用主义强调任何认识和法律的历史性、特殊性,否认其普适性和永恒性。它认为法律应该从现实出发,相应现实而变。同时,法律原则应检验于其实际的社会效用,不应与社会现实独立开来。在这些基本论点上,美国的法律实用主义和中国法律的实用精神相当接近。而我们已经看到,美国现代法律的真正性质并不简单在于其古典正统(形式主义),而在于其和法律实用主义(以及法律现实主义)的长期并存、拉锯、相互渗透。

美国的法律实用主义和中国的实用道德主义传统之不同在于,后者有比较明确的价值观念。正如一些批评者所指出的,前者主要是一种认识方法,并不具有自己明确的立法议程。它主要是对形式主义"古典正统"的反应。(Tamanaha, 1996)与此不同,中国的实用道德主义具有丰富的实质性价值观念的传统,集中于儒家的"和"的理念,打出无讼的社会、凭道德超越争端的君子以及凭道德感化子民的县官等的理想,因此认为依赖民间调解解决纠纷要优于法庭断案,息事宁人要优于严厉执法,和解要优于胜负。进入现代,首先是共产党对民间调解制度的采用,继之以法庭调解新制度的创立,用和解"人民内部"的"非对抗性矛盾"的理念来替代和延续传统的(今日称之为)"和谐社会"理念。

此外是传统"仁政"中的照顾弱者的法律理念,体现于"典权"那样的社会惯习和法律范畴。现代中国则更进一步,打出"社会主义"以及劳动人民当家作主的价值观。这也不同于美国当前的法律实用主义,虽然后者也明显比"古典正统"倾向于民主党的社会公正精神。中国的社会主义现代传统应该可以成为今后形成社会权利的一种资源。当然,这里我们已经离开了历史实际而进入了理念领域。

四、前瞻

中国法律的古代以及现代的传统正面临着改革时期引进形式主义法律的全面挑战。在两者并存的现实下,本章强调的是要通过历史实践过程,而不是任何单一理论或意识形态去理解"现代性"。我认为,中国法律的现在和将来既不在于传统调解也不在于西方法律的任何一方,甚至既不在于实用道德主义也不在于形式主义,而在于,并且应该在于,两者的长期并存、拉锯和相互渗透。传统的从解决纠纷出发,强调调解和好的民事法律传统明显是有现代价值和意义的,并且是应当在现代中国、现代世界适当援用的制度。法庭调解在当代中国已经具有半个多世纪的实践经验的积累,不应抛弃,应该维持和进一步梳理、明确。它比较适用于无过错的事实情况。同时,毋庸置疑,调解传统以及实用道德主义传统有显著的混淆是非的倾向,不能清楚区别违反法律、侵犯权利的纠纷和无过错的纠纷,很容易出现用后者的原则来处理前者的和稀泥弊病。在当事者权力不平等的情况下,更容易沦为权力和关系的滥用。今日引进的西方的、从权利原则出发的法律,是对这样的倾向的一种纠正,应该在有过错的事实情况下明确权利、维护权利,正如中国的调解传统可能在无过错的纠纷中成为纠正西方过分对抗性的、必定要区分对错、判出胜负的诉讼制度一样。此外,中国革命的社会主义传统,排除少部分的负面因素,应该可以成为现代性的社会权利法律的一种资源。

问题的关键其实在于,形成一种允许移植和本土两者并存的制度,由它们长时期拉锯和相互渗透,允许代表各种群体利益的主张公开竞争、相互作用和妥协。正如本章一开始就强调的那样,"现代性"的精髓在于法律能够反映日益复杂的社会现实和不同群体的利益的变迁,而不在于永恒的所谓"传统"或不变的所谓西方,以及任何单一理论或意识形态,而在于现实与实践。后者肯定没有形式主义逻辑要求的一贯性,而是相对复杂和充满矛盾的,但正因为如此,它更符合中国的现实,更符合实践的需要,并更均衡地合并传统与现代、中国与西方。美国法律的现代性的精髓如果确实在于"古典正统"和实用主义的长时期并存,中国法律的现代性精髓也许同样寓于西方的形式主义与中国的实用道德主义的拉锯。中国法律改革的去向不在于非此即彼的二元对立,而在于两者在长时期的实践中的分工并存以及相互影响。从中国法律的古代和现代实践历史中挖掘其现代性,正是探讨两者融合与分工的原则和方案的一个初步尝试。

第九章

结论:历史与现实

在现代主义霸权话语的影响之下,人们相当普遍地认为,中国法律最终只可能走全盘西化的道路。这种观点原先来自过去的内忧外患的逼迫,但它今天已变成一种人们接受于不知不觉中的本土"东方主义"认识,即把西方法律认定为唯一的现代法律,把中国过去的法律(包括革命法律)认定为没有现实意义的法律。本书的主要目的是挑战这种观点,并论证另一种认识。

本书证明,近百年来中国虽然在法律理论和条文层面上缺失主体意志,但在法律实践层面上,却一直显示了相当程度的主体性。这个事实首先可见于传统社区调解在近百年中的坚韧持续。传统法律制度虽然一再被完全否定,但其中的社区调解传统却在实践中一直维持了下来,并且一直起着非常广泛的作用,显示了顽强的生命力和灵活的适应性与创新性。当然,它经历了一定的变迁:从传统的主要由社区威望人士从中斡旋、促成双方妥协,到毛泽东时代的主要由社区干部主持、以国家法规政策为主导并带有一定强制性的调解,再到改革后期的干部、民间调解制度的并存。其中,社区干部调解制度的功能从其毛泽东时代的极盛时期,确实经历了一定程度的缩减,但最近几年来已经逐渐回升,部分原因是国家在立法和经费等方面的支持。当今全国每年的纠纷之中,仍然有约一半是先由社区干部调解来处理的。社区民间调解制度则在有限度地恢复,但是,因为这样的调解大多没有记录,这里无法做出可靠的量化估计。

在半正式的社区干部调解制度之外,传统民间领域和官方领域互动所形成的中间领域("第三领域"),一直在中国治理制度的其他领域中起着极其关键的作用。其中的简约治理原则和半正式行政方法——依赖不领国家薪酬的准官员以及国家机关只在发生纠纷时方才介入的方法,一直延续了下来,可以见于集体化时期的乡村治理、"文革"时期的"民办公助"村庄教育,甚至今天的村庄治理和上访制度等。事实是,传统的(非正式)民间调解和半正式简约治理,在近百年中一直都是中国法律制度不可或缺的组成部分,也是其不同于现代西方的重要原因。实践历史证明,在引进西方法律和理论的同时,中国的法律制度其实一直都承继了传统法律和治理实践中的这些特征。时至今日,面对社会变迁和乡村治理模式的转型,旧的"简约治理"需要寻找新的模型来发挥它的作用。除了社区半正式干部调解制度,一个可能方向是在国家确保治安之基础上,在公共服务领域中,通过国家与社会的协作来弥补当前公共服务制度的不足。最理想的方向可能是,通过这样的互动来重新建构村庄社区的聚合性和公德伦理。

中国共产党及其现代的革命传统，基于特殊历史情况下的离婚法实践，在旧传统之上创建了新的法庭调解制度，并把它广泛地使用于民事纠纷处理——虽然不到官方宣传所夸张的那个地步，但肯定远远超越任何现代西方国家。20世纪90年代后期以来，毛泽东时代的强制性的(深入实地介入夫妻纠纷的)"调解和好"制度已经日益衰落，法庭调解制度所起作用也有一定的缩减。但是，在法律制度整体之中，尤其是不涉及过错(以及同等过错、义务、权利)的纠纷之中，法庭调解仍然起着重要的作用。从数量上来考虑，法庭受理的纠纷案件之中仍然有将近一半是经过调解解决的。国内有一种来自深层的本土东方主义意识的倾向，认为中国的调解传统必须被纳入西方时髦的"非诉讼纠纷解决模式"范畴，方才可能确立其在现今世界的正当性。这种意见既高估了西方这个新近的"运动"——一个基本未能被其主流的对抗性法律制度所容纳的次要支流，又低估了中国现代的法庭调解传统，更忽视了过去的社区调解传统实际。这种东方主义的观点既误解了西方的"调解"实际，也误解了中国的原有传统以及现代的制度创新，更忽视了其在世界法律制度中比较突出的制度成效。

最近的不加谨慎考虑而盲目在民事纠纷领域中照搬西方"当事人主义"的取证程序，正是来自同样的本土东方主义。立法者从西方权利理论出发，错误地把(国家作为旁观者的)民事领域完全等同于(国家作为当事人之一的)刑事领域，认为必须确立当事人举证的"权利"，为此，完全抛弃了传统的(包括中国革命传统的)"职权主义"(即主要由法官主持并负责)的取证做法。结果在实际运作中，它无法配合现存离婚法律的需要，在缺乏有效的证人制度下,法院无法确定法律上的过错,不能对虐待关系、家庭暴力、第三者等做出有根据的判断。为此,法庭在实践之中只能基本不考虑法律上的过错问题。同时,更出现了不顾实质性内容的、"两不是"的高度形式化的弊端。今天需要确认传统法律制度和革命法律制度在现今法律中所占的地位,正视中国法律实践历史所包含的具有中国特色的现代性。盲目照搬西方制度和未经消化且不考虑前提条件地追随西方的现代主义,已经在实际运作中导致了一系列的不良未预后果。今天需要适当兼用法官调查和当事人举证的制度。

此外,学术界也有人根据中国传统的官方表达,认为中国传统法律只重调解与和谐,缺乏明确判决的维度。这也是把传统与现实隔绝,把传统珍藏品化而置于博物馆内的一种表现。实践历史所显示的则是,判决其实一直是中国传统法律的一个重要组成部分。清代法律条文其实具有相当细致和明确的关于土地、债务、婚姻、继承—赡养等方方面面的条文,而清代档案记录证明,如果当事人不接受社区的民间调解,而坚持到正式堂讯,县官一般都会根据法律明确"断案"(当然,并不排除在法律范围之内适当斟酌情理)。即便是毛泽东时代的以调解为主的法律制度,实际上也包含相当比例的判决和调解式判决(貌似调解,实质是判决)。正因为如此,民国时期和改革开放以后中国之大规模采用西方对抗性法律的裁判模式,并不完全是凭空的、断裂的变化,而是具有一定的历史传承的。从实践历史来考虑,判决其实是中西方法律的一个重要共同点,这不容否认。坚持中国和西方制度的完全不同,其实是本书论证的本土东方主义的一种表现:一方面把现代法律完全等同于西方,并把中国法律完全排除于其外;另一方面又坚持中国法律的珍藏品性的独特价值,把西方法律完全排除于其外。这样,既僵化了中西法律的非此即彼的二元对立,同时也反映了自己在认识与感情上的分裂。在我看来,中国法律的现代性不能求之于这样的二元对立认识,而必须来自超越中西方对立的协调与融合。

即便是在立法层面上,近百年的历史其实已经一定程度上显示了这样的超越,虽然是在全盘西化意识形态下呈现的,而且可能只是半意识性的。本书着重探讨了以下一些面向实践的立法例子:面对农村生活实际,近百年的立法一直维护了一些西方所没有的赡养责任法则,并且最终创新性地把赡养责任和继承权利连接起来,借此既维护了继承权男女平等原则,又照顾到了农村实际生活,协调了长时期的法律条文与司法实践间的背离;在赔偿立法上,面对既有涉及过错的也有不涉及过错的损害的实际,既采用了西方的过错原则,又根据中国自己长期以来的法律思维方式创建了德国范本所没有的无过错事实情况下的责任原则,借此协调了法律与实际生活;在离婚法中,既引进了新式的婚姻自由原则,而后,面对农村反对的现实,又创建了对待有争执的离婚案件的法庭调解制度,并创建了中国独特的"感情"是否"确已破裂"的法律实践标准。这些都是立法者们在拒绝传统法律的意识形态下,所做出的明智的创新和抉择的例子。这些例子应被认可为今天立法的模范。

同时,在当代的立法实践历史中,一直采用了经过多年实践的检验方才纳入正式法律条文的做法。在婚姻法上,以夫妻感情为判断允许离婚与否的标准,是在使用了几十年之后,方才被正式纳入法律条文的(1980年的《婚姻法》);继承权利与赡养义务在法律原则上的挂钩连接,也是经过几十年的司法实践之后,方才被正式纳入法律条文的(1985年的《继承法》);赔偿法中对有过错事实情况和无过错事实情况的处理同样(1986年的《民法通则》)。从今天回顾,中华人民共和国的正确立法模式显然是先以最高人民法院的意见和指示等形式施行试用,经过一段时期实践的检验,方才纳入正式法律条文。这样的立法历史正体现了本书探讨的从实际出发,然后提高到理论概念,再返回到实践中去检验的来回不断的基本思维。

上述只是本书对当代民事法律实践的几点初步探索所发现的例子;进一步的研究应该会发现许许多多其他的例子。今天可以明确并认可这种抉择,而不要陷于完全盲从西方现代主义霸权话语的心态之中。本书提倡实践历史的研究方法正是为了摆脱这种心态,是为了确立上述例子所体现的传统法律的现实性以及立法精神上的主体性,由此来探寻中国自己的现代法律。

同时,如本书论证,这些创新性的中—西与新—旧融合来自一种长期延续下来的、比较独特的法律思维方式,即一种既有传统性,也有现代性的思维,本书称之为"实用道德主义"。这样的思维不同于西方形式主义思维:它特别强调经验与概念的紧密连接,不会轻易陷入现代主义的那种普适化野心和意识形态化倾向;它会更加重视经验和实效,以及历史情境和变迁;它不会像法律形式主义那样强制要求规范与实践在逻辑上的绝对整合,而会容纳两者在抱合的同时附带有一定程度的背离;它会是比较包容、中和的法律,不会像西方现代主义那样咄咄逼人。

应该说明，中国的实用道德主义和美国的"法律实用主义"（以及"法律现实主义"）传统——一个与美国法律形式主义"古典正统"处于同等主要地位的传统，其实具有一定程度的共同性，因为它同样重视实践和强调实效，同样拒绝理论与经验的二元对立，在基本精神上也同样拒绝了法律形式主义所自我宣称的普适性和科学性。与之不同的是，中国的实用道德主义乃是以中国的人本道德理想作为其前瞻性规范，而不仅是实效；它从中国传统的（以及中国革命的）人本道德理念出发，而不是从欠缺道德理念的实用主义和西方法律形式主义的"自然权利"出发。

本书详细论证，实用道德主义传统是清代法律所展示的基本思维。它也明显延续到今天，既可见于毛泽东时代的现代革命传统，例如，其离婚法实践，也可见于改革时期的法律实践，例如，其赔偿、赡养、继承等领域，即便是在全盘西化意识形态之下的法律实践。正是这样的思维方式允许中与西、旧与新法律的多元并存，不会像法律形式主义那样坚持要求逻辑上的统一。"实用"和"道德"在中国法律的古代和现代传统中长期结合，也是今天仍然可以用来指导立法和司法的一种资源。

在我看来，实用道德主义是个完全可以与现代西方的形式主义抗衡的思维方式。比如，中国调解制度的和谐与妥协（忍让）理念，可以按照自己的实用道德主义思维，从与之紧密连接的事实情况出发，采用以下的原则：在无过错（以及双方都有过错，或双方都有合法主张或同等义务等）的事实情况下采用调解，而在有过错和侵犯权利时则采用西方的维权制度。根据中国近几十年积累的法庭调解经验，在无过错的事实情况下，法庭调解制度的成效最高，

第九章 结论:历史与现实

今后可以适当明确、推广,并借以避免像西方法律形式主义那样在无过错的事实情况下,坚持区分对错,把法律推向必争胜负的对抗性制度。同时,在侵犯权利的有过错事实情况下,清代的法律制度(以及毛泽东时代的调解制度)在实践中,早已具有一定程度的判决传统,今天应该采用西方维权视角的优点而予以进一步确立、推广。

实用道德主义思维方式是种尚未得到立法者有意识的认可的思维方式。它虽然实际上一直在相当程度上主宰着中国的法律实践以及中国法律的立法创新,但它所起的作用一直是出于一种半意识性的甚或是出于不知不觉的状态的。我认为,我们今天应该对其予以正式认可,并且倚以创建中国自己的现代性。中国的法学领域可以进一步推进这样的思维方式,并借助西方形式逻辑来提高自己的精确性和科学性。

毋庸说,这里提出的不是一种复古方案,也不是完全拒绝西方现代的方案,而是融合中西古今的方案。西方现代法律对权利的重视应该可以说是对中国长期以来不顾人民权利的专制皇权的很好纠正,正如其在西方现代历史中所起的作用那样。同时,形式演绎逻辑的精确性和自洽要求也是对中国的欠精确和模棱两可的思维倾向的重要纠正,无论在立法与法治上,还是科学研究和发展上,都应该适当采用。但是,同时应该避免西方现代形式主义和演绎逻辑(以及后现代主义)所附带的无视经验与实践的偏激性。此中关键在于把形式演绎当作方法,而不是答案,用来推进研究假设的精确性和集中性,而不是当作绝对真理。而最重要的是在其使用中紧密连接经验与实用。

从今天回顾,西方国家下层人民和弱势群体获得公民权利的历史,实际上是一个充满斗争、变化缓慢的过程,但形式主义法律则自始便把公民个人的权利表述为一个一蹴而就的普适性原则。为此,它附带有强烈的用理念来替代或等同于实际的倾向,很容易掩盖实际。但是,它也具有一定的实用优点,因为形式法律理念一旦设定,其所附带的强烈的逻辑上洽合的要求,可以成为下层群体在斗争中所能利用的武器,在确立公民权利的斗争历史过程中,便一再起到这样的作用。中国的实用道德主义则相反,它接受道德理念和实际之间的可能背离,不会坚持把理论等同于实际,相对来说比较能够直面实际。但它的弱点是缺乏形式逻辑那种更强烈的把实际向理论中的理念整合的要求。今天我们可以适当取长补短,譬如,承认在市场化大环境下不同群体的不平等实际,以及法律不具有形式主义那样同等强度的向理念推进的动力,有意识地由国家来协助弱势群体建立具有真正谈判实力的维权组织,借此来推进公民权利的确立。这样,才有可能真正继承中国现代革命传统原来的理念。

以上是我个人 20 年来从中国民法实践历史的三卷本研究中得出的一些初步想法。其中关于当代民事法律的研究,因为涉及的范围要远超出清代与民国时期,而且在当前的改革时期变化特别迅速,只可能是对其中部分领域的一个初步的、非终结性的探索。要解答中国的现代性去向问题,绝对不是仅仅一两个人所能做到的。它需要一整代或数代人的共同努力。上面提出的几点想法最多只能是个小小的开端。虽然如此,我深信中国法律(甚至其他思想和学术领域)的出路肯定不在盲目模仿西方现代主义,而在对其做出深层的反思的同时,也对中国自己的传统做出深刻的反思,在那样的基础上超越两者的对立,而探寻它们的共存、拉锯、协调和融合的道路。唯有如此,才有可能真正跳出长期以来在现代主义霸权话语下所形成的本土东方主义意识,包括中西非此即彼的二元对立。在众多的人文与社会科学领域中,法学和法律史可能是最清楚体现这种二元对立思想怪圈的领域之一。摆脱这个怪圈和形成中国自己的现代法律,应该可以说是全法学界(甚至全知识界)的当务之急。实用道德主义,辅以形式逻辑和实证研究,应该可以作为中国现代的基本思维方式。

最后,再次强调,本书所提倡的实践历史研究进路,主要是一种手段性的方法。我的目的是要纠正以往的只重思想和制度,无视实践和运作的倾向,但绝对不认为唯有实践才是真实的。最终,无论是中国的还是西方的法律现代性的真髓,既不简单在于其任何理论思想或制度设计,也不简单在于其实践,而在于它们长期的相互作用,过去如此,今天也如此。我们最终需要的是在宽阔的历史观和现实感上,针对思想与行为、制度与运作、理论与实践的互动做出深入的探索,借此来跨越历史与现实的隔绝,并由此来创建中国自己的现代性。谨以此与法学和历史学领域同人共勉!

引用材料

访谈材料

访谈地点为松江县、华阳镇和华阳桥村(甘露村);日期为1990年9月17—26日,1991年9月13—17日,1993年9月6—10日;在上午9—12时和下午2—5时进行访谈。

此外,1995年1月30日至2月8日,访谈江平(1986年《民法通则》的规划者之一,及《行政诉讼法》的规划者之一)6次。1999年3月15日,就《民法通则》的起草,访谈肖峋(全国人民代表大会常务委员会法制工作委员会民法室原副主任)1次。1999年3月16日,访谈巫昌祯(2001年4月28日通过的对1980年《婚姻法》的修正案的起草人之一)1次。

引用访谈材料时,我均用"INT"注明,接下去是年份,以及每一个访谈的序列号(每一年的访谈均以连续的数字排序),后两项之间用"-"隔开(如INT90-6)。1995年和1999年的访谈还注明了被访谈者的姓名缩写(如用 JP 指代江平;INT95-JP-1)。有两处引用了白凯 1993 年对松江县法官和司法人员的访谈,以"-B"注明,其余同上,如 INT93-B-3。

案卷

引用华北 A 县案件档案时注明 A、年份及我本人安排的编号,1953 年、1965 年、1977 年、1988 年和 1989 年每年各有 40 个案例,分两批获得,第一批 20 个案例分别编为 1—20 号,第二批编为 01—020 号(比如,A,1953-20;A,1965-015)。A 县档案有法院自己的按年份和结案日期所编的序号,但我避免使用法院的编号,同时略去了当事人的姓名,因为最近的档案还需保密。

引用江南 B 县案件档案时注明 B、年份及我本人所编的序号,1953 年、1965 年、1977 年、1988 年和 1989 年每年各 20 个案例,分别编为 1—20 号,1995 年有 40 个案例,编为 1—40 号。

所引 R 县人民法院 1999 年至 2004 年离婚案件档案,按照归档编号等距抽样(每隔 20 件离婚案件抽样 1 件)拍摄所得。引用时用的是案件登记号(不是归档号)。

中、日文文献(按中文拼音排列)

白凯(2007):《中国的妇女与财产:960—1949》,上海:上海书店。

宝坻县档案。北京:第一历史档案馆,归顺天府;以卷号、年、农历月、日(若有)为顺序引用。如宝坻县档案 87,1814,12.4。

陈柏峰(2008):《乡村混混与农村社会灰色化——两湖平原,1980—2008》,华中科技大学博士学位论文。

从翰香编(1995):《近代冀鲁豫乡村》,北京:中国社会科学出版社。

《大清律例》,以薛允升(1970)所编律号-例号(如律 89;例 89-1)为顺序引用。

丁玲(1942):《"三八节"有感》,载《解放日报》1942 年 3 月 9 日。

董磊明(2007):《村将不村——湖北尚武村调查》,《中国乡村研究》第 5 辑,第 174—202 页,福建:福建教育出版社。

董磊明(2008):《乡村社会巨变中的纠纷调解机制研究——河南宋村实践的解读》,南京师范大学博士学位论文。

范愉(2000):《非诉讼纠纷解决机制研究》,北京:中国人民大学出版社。

范愉(2007):《纠纷解决的理论与实践》,北京:清华大学出版社。

费孝通(1983):《家庭结构变动中的老年赡养问题——再论中国家庭结构的变动》,载《北京大学学报(哲学社会科学版)》第 3 期。

《奉贤县法院志》(1986),内部发行。

甘露村(1989—1992),《民间纠纷调解登记簿》。

《贯彻婚姻法运动的重要文件》(1953),北京:人民出版社。

《关于加强社会治安综合治理的决定》,全国人民代表大会常务委员会,1991年3月2日,载 http://www.dglaw.gov.cn。

郭星华、王平(2004):《中国农村的纠纷与解决途径——关于中国农村法律意识与法律行为的实证研究》,载《江苏社会科学》第2期。

韩秀桃(2004):《明清徽州的民间纠纷及其解决》,合肥:安徽大学出版社。

韩延龙(1982):《我国人民调解制度的历史发展》,《法律史论丛》第2辑,北京:中国社会科学出版社。

韩延龙、常兆儒编(1981—1984):《中国新民主主义革命时期根据地法制文献选编》,北京:中国社会科学出版社。

贺雪峰(2000):《论半熟人社会——理解村委会选举的一个视角》,载《政治学研究》第3期。

湖北财经学院编(1983):《中华人民共和国婚姻法资料选编》。

胡汉民(1978):《胡汉民先生文集》,台北:中国国民党中央委员会党史委员会。

《华阳桥乡调解记录簿》(1990)。

黄宗智(1986[2000a,2004]):《华北的小农经济与社会变迁》,北京:中华书局。

黄宗智(1992[2000b,2006]):《长江三角洲小农家庭与乡村发展》,北京:中华书局。

黄宗智(2001[2007a]):《清代的法律、社会与文化:民法的表达与实践》,上海:上海书店。

黄宗智(2003[2007b]):《法典、习俗与司法实践:清代与民国的比较》,上海:上海书店。

黄宗智(2005a):《认识中国——走向从实践出发的社会科学》,载《中国社会科学》第1期,第83—93页。

黄宗智(2005b):《悖论社会与现代传统》,载《读书》第2期,第3—14页。

黄宗智(2006a):《离婚法实践:当代中国民事法律制度的起源、虚构和现实》,载《中国乡村研究》第4辑,第1—52页,北京:社会科学文献出版社。

黄宗智(2006b):《制度化了的"半工半耕"过密型农业》,原载《读书》2006年第2期,第30—37页;第3期,第72—80页。另见黄宗智(2007):《经验与理论:中国社会、经济与法律的实践历史研究》,北京:中国人民大学出版社。

黄宗智(2006c):《中国历史上的典权》,载《清华法律评论》第1卷第1期,第1—22页,北京:清华大学出版社。

黄宗智(2007):《经验与理论:中国社会、经济与法律的实践历史研究》,北京:中国人民大学出版社。

黄宗智(2007a):《中国民事判决的过去和现在》,载《清华法学》第10辑,第1—36页,北京:清华大学出版社。

黄宗智(2007b):《中国法庭调解的过去和现在》,载《清华法学》第10辑,第37—66页,北京:清华大学出版社。

黄宗智(2007c):《中国法律的现代性?》,载《清华法学》第10辑,第67—88页,北京:清华大学出版社。

黄宗智(2007d):《连接经验与理论:建立中国的现代学术》,载《开放时代》第4期,第5—25页。

黄宗智(2007e):《集权的简约治理:中国以准官员和纠纷解决

为主的半正式基层行政》,载《中国乡村研究》第 5 辑,第 1—23 页,福州:福建教育出版社。

黄宗智(2007f[2003]):《中国的"公共领域"与"市民社会"?——国家与社会间的第三领域》,载黄宗智(2007),第 159—177 页。原译稿载《中国研究的范式问题讨论》,第 260—285 页,北京:社会科学文献出版社。(此文是我 1993a 英文原作的翻译稿,原译稿错误较多,在黄宗智[2007]的集子中已适当改正)

黄宗智(2007g[2003]):《学术理论与中国近现代史研究——四个陷阱和一个问题》,载黄宗智(2007),第 178—201 页。

黄宗智、彭玉生(2007):《三大历史性变迁的交汇与中国小规模农业的前景》,载《中国社会科学》第 4 期。

黄宗智、巫若枝(2008):《取证程序的改革:离婚法的合理与不合理实践》,载《政法论坛》第 1 期,第 3—13 页。

季卫东(2006):《法律程序的形式性与实质性——以对程序理论的批判和批判理论的程序化为线索》,载《北京大学学报(哲学社会科学版)》第 1 期。

教育部(2005):《教育部拟将 400 多亿农村教师工资全额列入预算》,2005 年 12 月 19 日,载 www.edu.cn。

金晔(2005):《论民事诉讼当事人取证权利之程序保障》,复旦大学硕士学位论文。

李放春(2005):《北方土改中的"翻身"与"生产":中国革命现代性的一个话语——历史矛盾溯考》,载《中国乡村研究》第 3 辑,第 231—292 页,北京:社会科学文献出版社。

李梁、许桐珲(2005):《免费义务教育百年跋涉》,载《南方周末》,2005年11月24日。

梁治平(1996):《清代习惯法:社会与国家》,北京:中国政法大学出版社。

刘凯湘(2002):《界定婚姻家庭关系的实质是修改和理解〈婚姻法〉的前提》,载中国民商法律网,www.civillaw.com.cn。

《六法全书》(1937),上海:上海法学编译社。

陆学艺主编(2004):《当代中国社会流动》,北京:社会科学文献出版社。

马俊驹(2003):《对我国民法典制定中几个焦点问题的粗浅看法》,载中国民商法律网 www.civillaw.com.cn。

马原(1998):《中国民法教程》,北京:中国政法大学出版社。

[美]麦宜生(2003):《纠纷与法律需求——以北京的调查为例》,载《江苏社会科学》第1期。

毛泽东(1967,1977):《毛泽东选集》第1卷至第4卷、第5卷,北京:人民出版社。

毛泽东(1927):《湖南农民运动考察报告》。

毛泽东(1937a):《矛盾论》。

毛泽东(1937b):《实践论》。

毛泽东(1941a):《〈农村调查〉的序言和跋》。

毛泽东(1941b):《改造我们的学习》。

毛泽东(1942):《反对党八股》。

毛泽东(1943):《关于领导方法的若干问题》。

毛泽东(1957):《关于正确处理人民内部矛盾的问题》。

潘维和(1982):《中国历次民律草案校释》,台北:翰林出版社。

彭勃、陶丹萍(2007):《替代性纠纷解决机制本土化问题初探》,载《政治与法律》第4期,第71—75页。

仁井田陞编(1952—1958):《中国农村惯行调查》第6卷,东京:岩波书社。引作"《惯调》"。

《人民调解在中国》(1986),武汉:华中师范大学出版社。

萨义德(1999):《东方学》,王宇根译,北京:生活·读书·新知三联书店。

上海市律师协会编(1991):《律师业务资料》。

顺义县档案。顺义县档案馆,依照目录号、卷号、年、阳历月、日(若有)顺序引用。例如,顺义县档案3:42和50,1929,1—12。

《司法统计》(1936),第2卷:民事,南京:第二历史档案馆,全宗七:卷7078。

宋斌文、熊宇红、张强(2003):《农民医疗保障的现状分析与对策》,载《上海市经济管理干部学院学报》第3期。

苏力(1996):《法治及其本土资源》,北京:中国政法大学出版社。

苏力(2000):《送法下乡——中国基层司法制度研究》,北京:中国政法大学出版社。

田成有(1996):《立法:转型期的挑战》,载《东方》第4期。

汪辉祖(1939):《学治臆说》,《丛书集成》本,上海:商务印书馆。

汪军(2005):《论民事诉讼当事人的调查取证权》,安徽大学硕士学位论文。

韦伯(2005):《韦伯作品集IX·法律社会学》,康乐、简惠美译,桂林:广西师范大学出版社。

吴重庆(2002):《无主体熟人社会》,载《开放时代》第1期。

巫若枝(2006):《论中国婚姻法在法律体系中地位研究之误区——兼与婚姻法私法自治论商榷》,《中华女子学院学报》第5期。

巫若枝(2007):《当代中国家事法制实践研究——以华南R县为例》,中国人民大学博士学位论文。

萧公权(1982):《中国政治思想史》,台北:联经出版事业股份有限公司。

晓宁(2006):《物权法草案争议中的问题与主义》,载中国法院网,2006年3月2日,www.chinacourt.org。

肖扬(2006):《充分发挥司法调解在构建社会主义和谐社会中的积极作用》,载《人民法院报》,2006年9月30日。

熊易寒(2006):《人民调解的社会化与再组织:对上海市杨伯寿工作室的个案分析》,载《社会》第6期。

熊远报(2003):《清代徽州地域社会史研究——境界・集団・ネットワークと社会秩序》,东京:汲古书院。

徐昕(2006):《法官为什么不相信证人?——证人在转型中国司法过程中的作用》,载《中外法学》第3期。

薛允升(1970):《读例存疑重刊本》,黄静嘉编校,台北:成文出版社。引用以黄编律号-例号(如律89;例89-1)为顺序。

杨团(2006):《医疗卫生服务体系改革的第三条道路》,载《浙江学刊》第1期。

杨永华、方克勤(1987):《陕甘宁边区法制史稿(诉讼狱政篇)》,北京:法律出版社。

杨中旭(2007):《最高法院首倡和谐诉讼》,载 www.chinanewsweek.com.cn。

叶剑平、蒋妍、罗伊·普罗斯特曼、朱可亮、丰雷、李平(2006):《2005 年中国农村土地使用权调查研究——17 省调查结果及政策建议》,载《管理世界》第 7 期。

张文显(2001):《改革开放新时期的中国法理学》,载《法商研究(中南政法学院学报)》第 1 期。

张新宝(2006):《侵权责任法》,北京:中国人民大学出版社。

赵旭东(2003):《权力与公正:乡土社会的纠纷解决与权威多元》,天津:天津古籍出版社。

中岛乐章(2002):《明代郷村の纷争と秩序——徽州文书を史料として》,东京:汲古书院。

《中国法律年鉴》,1990。

《中国法律年鉴》,2001。

《中国法律年鉴》,2004。

《中国法律年鉴》,2007。

《中国统计年鉴》,1986,北京:中国统计出版社。

《中国统计年鉴》,1991,北京:中国统计出版社。

《中国统计年鉴》,2004,北京:中国统计出版社。

《中国统计年鉴》,2005,北京:中国统计出版社。

《中国统计年鉴》,2006,北京:中国统计出版社。

《中华民国民法(1929—1930)》,收于《六法全书》(1932),上海:上海法学编译社。

《中华人民共和国法律汇编(1979—1984)》(1985),北京:人民出版社。

《中华人民共和国法规汇编(1985)》(1986),北京:法律出版社。

《中华人民共和国法规汇编(1986)》(1987),北京:法律出版社。

《中华人民共和国法律释义大全》(1992),北京:中国政法大学出版社。

《中华人民共和国民事诉讼法》(1991),1991年4月9日通过,见 www.cnfalv.com。

朱景文(2006):《物权法争议源于社会深层矛盾》,载中国法院网,2006年2月28日,www.chinacourt.org。

诸桥辙次(1955—1960):《大汉和辞典》,东京:大修馆书店。

最高人民法院研究室编(1994):《中华人民共和国最高人民法院司法解释全集》,北京:人民法院出版社。

周飞舟(2006):《从汲取型政权到"悬浮型"政权——税费改革对国家与农民关系之影响》,载《社会学研究》第3期。

滋贺秀三(1981):《清代訴訟制度における民事的法源の概括的檢討》,载《东洋史研究》第40期第1卷。

邹谠(1994):《二十世纪中国政治:从宏观历史与微观行动角度看》,香港:牛津大学出版社。

英文文献

Annual Report of the Director of the Administrative Office of the United States Court (1981). Washington, D. C.: U. S. Government Printing Office.

Bernhardt, Kathryn (1999). *Women and Property in China, 960—1949.* Stanford, CA: Stanford University Press.

Bodde, Derk and Clarence Morris (1967). *Law in Imperial China: Exemplified by 190 Ch'ing Dynasty Cases.* Cambridge, Mass.: Harvard University Press.

Bol, Peter (1993). "Government, Society, and State: On the Political Visions of Sima Kuang and Wang An-shi," in Robert P. Hymes and Conrad Schirokauer (eds.), *Ordering the World: Approaches to State and Society in Sung Dynasty China.* Berkeley: University of California Press, pp.129—193.

Bourdieu, Pierre (1977). *Outline of a Theory of Practice.* Trans. Richard Nice. Cambridge: Cambridge University Press.

Brewer, Thomas J. and Lawrence R. Mills (1999). "Combining Mediation and Arbitration," *Dispute Resolution Journal* 3 (Nov.), http://www.findarticles.com.

Chang Chung-li (1955). *The Chinese Gentry: Studies on Their Role in Nineteenth Century Chinese Society.* Seattle: University of Washington Press.

Chang Chung-li (1962). *The Income of the Chinese Gentry.* Seattle: University of Washington Press.

Chayanov, A. V. ([1966]1986). *The Theory of Peasant Economy.* Ed. Daniel Thorner, Basile Kerblay, R. E. F. Smith. Madison: University of Wisconsin Press.

Chidosh, Hiram E. (1999). "Judicial mediation and legal culture," *Electronic journal* article 2520, distributed by the Office of International Information Programs, U. S. Department of State, http://canberra.usembassy.gov/hyper/WF991201/epf 312. htm (accessed 1 Aug. 2005).

Ch'ü, T'ung-Tsu (1961). *Law and Society in Traditional China.* Paris: Mouton.

Ch'ü, T'ung-Tsu (1962). *Local Government in China under the Ch'ing.* Cambridge, Mass.: Harvard University Press.

The Civil Code of the Republic of China (1930—1931). Shanghai: Kelly & Walsh.

Clarke, Donald (1991). "Dispute Resolution in China," *Journal of Chinese Law*, 5.2 (Fall):245—296.

Cohen, Jerome A. (1967). "Chinese mediation on the eve of modernization," *Journal of Asian and African Studies*, 2.1 (April): 54—76.

Committee of Ministers of the Council of Europe (1998). "European Principles on Family Mediation," http://www.mediate.com/articles/EuroFam.cfm (accessed 29 July 2005).

Cui, Zhiyuan (1996). "Particular, Universal and Infinite: Transcending Western Centrism and Cultural Relativism in the Third World," in Leo Marx and Bruce Mazlish (eds.), *Progress: Fact or Illusion*. Ann Arbor: University of Michigan Press, pp. 141—152.

De Roo, Annie and Rob Jagtenberg (2002). "Mediation in the Netherlands: past-present-future," *Electronic Journal of Comparative Law*, 6.4 (Dec.). http://www. ejcl. org/64/art 64-8. html (accessed 29 July 2005).

Diamant, Neil J. (2000). *Revolutionizing the Family: Politics, Love, and Divorce in Urban and Rural China, 1949—1968*. Berkeley: University of California Press.

Freedman, Maurice (1966). *Chinese Lineage and Society: Fukien and Kwangtung*. London: University of London, The Athlone Press.

Galanter, Marc (1985). "... A Settlement Judge, Not a Trial Judge: Judicial Mediation in the United States," *Journal of Law and Society*, 12.1 (Spring): 1—18.

Geertz, Clifford (1983). "Local Knowledge: Fact and Law in Comparative Perspective," in Clifford Geertz, *Local Knowledge: Further Essays in Interpretive Anthropology*. New York: Basic Books, pp. 167—234.

General Principles of the Civil Law of the People's Republic of China ([1986] 1987), In *The Laws of the People's Republic of China, 1983—1986* (1987). Compiled by the Legislative Affairs Commission of the Standing Committee of the National People's Congress of the

People's Republic of China, Beijing: Foreign Languages Press.

The German Civil Code (1907). Trans. and annotated, with a historical introduction and appendixes, by Chung Hui Wang. London: Stevens & Sons.

Grey, Thomas G. (1980) ."The Disintegration of Property, " *Nomos*, 22:69—85.

Grey, Thomas G. (1983—1984). "Langdell's Orthodoxy," *University of Pittsburgh Law Review*, 45:1—53.

Hsiao Kung-Ch'üan (1960) .*Rural China: Imperial Control in the Nineteenth Century.* Seattle: University of Washington Press.

Hsiao Kung-Ch'üan (1979). *Compromise in Imperial China.* Seattle: School of International Studies, University of Washington.

Huang, Philip C. C. (1985) .*The Peasant Economy and Social Change in North China.* Stanford: Stanford University Press.

Huang, Philip C. C. (1993a)."'Public Sphere'/'Civil Society' in China? The Third Realm between State and Society," *Modern China*, 19.2 (April) :216—240.

Huang, Philip C. C. (1993b)."Between Informal Mediation and Formal Adjudication: The Third Realm of Qing Justice," *Modern China*, 19.3 (April):251—298.

Huang, Philip C. C. (1996) . *Civil Justice in China: Representation and Practice in the Qing.* Stanford: Stanford University Press.

Huang, Philip C. C. (1998)."Theory and the Study of Modern

Chinese History: Four Traps and a Question," *Modern China*, 24. 2 (April): 183—208.

Huang, Philip C. C. (2001). *Code, Custom and Legal Practice in China: The Qing and the Republic Compared.* Stanford: Stanford University Press.

Huang, Philip C. C. (2005). "Divorce Law Practices and the Origins, Myths, and Realities of Judicial 'Mediation' in China," *Modern China* , 31.2(April): 151—203.

Huang, Philip C. C. (2006a). "Civil Adjudication in China, Past and Present, " *Modern China*, 32.2 (April): 135—180.

Huang, Philip C. C. (2006b). "Court Mediation in China, Past and Present," *Modern China*, 32.3 (July): 275—314.

Hull, N. E. H. (1997). *Roscoe Pound and Karl Llewellyn, Searching for an American Jurisprudence.* Chicago: University of Chicago Press.

Johnson, Kay Ann (1983). *Women, the Family and Peasant Revolution in China.* Chicago: University of Chicago Press.

Jones, William C. (1987) . " Some Questions Regarding the Significance of the General Provisions of Civil Law of the People's Republic of China, " *Harvard International Law Journal*, 28. 2 (Spring): 309—331.

Law of Succession of the People's Republic of China ([1985] 1987), in *The Laws of the People's Republic of China, 1983—1986* (1987). Compiled by the Legislative Affairs Commission of the

Standing Committee of the National People's Congress of the People's Republic of China. Beijing:Foreign Languages Press.

Kuhn, Philip A. (1990). *Soulstealers: The Chinese Sorcery Scare of 1768*. Cambridge,Mass.:Harvard University Press.

Levenson, Joseph R. (1953) .*Liang Ch'i-ch'ao and the Mind of Modern China*. Cambridge: Harvard University Press.

Li, Huaiyin (2000) . *State and Village in Late Qing and Republican North China: Local Administration and Land Taxation in Huailu County, Hebei Province, 1875—1936*. Ph. D. dissertation, University of California, Los Angeles.

Li,Huaiyin (2005). *Village Governance in North China:1875—1936*. Stanford: Stanford University Press.

Lubman, Stanley (1967). "Mao and Mediation: Politics and Dispute Resolution in Communist China, "*California Law Review*, 55: 1284—1359.

Lubman, Stanley (1999). *Bird in a Cage: Legal Reform in China after Mao*. Stanford, CA: Stanford University Press.

Mackie, Karl (1996) ."The Use of Commercial Mediation in Europe," Conference on Mediation, WIPO Arbitration and Mediation Center,29 March, Geneva, Switzerland, http://arbiter, wipo. int/ events/conferences/1996/tang.html(accessed 29 July 2005).

Mann, Michael (1984)."The Autonomous Power of the State:Its Origins, Mechanisms and Results,"*Archives Européennes de Sociologie*, 25:185—213.

Mann, Michael (1986). *The Sources of Social Power, I: A History of Power from the Beginning to A. D. 1760*. Cambridge, Eng.: Cambridge University Press.

Mao Tse-tung (1971 [1957]). "On the Correct Handling of Contradictions among the People," in *Selected Readings from the Works of Mao Tse-tung*. Beijing: Foreign Languages Press, pp. 432—479.

Mao Tse-tung (1971[1937]). "On Contradiction," in Mao, 1971: 85—133.

Mao Tse-tung (1971 [1943]). "Some Questions Concerning Methods of Leadership," in Mao, 1971:287—294.

Mao Tse-tung (1971). *Selected Readings from the Works of Mao Tse-tung*. Beijing: Foreign Languages Press.

The Marriage Law of the People's Republic of China (1959 [1950]). Beijing: Foreign Languages Press.

Marriage Law of the People's Republic of China (1987[1980]). in *The Laws of the People's Republic of China, 1979—1982*. Compiled by the Legislative Affairs Commission of the Standing Committee of the National People's Congress of the People's Republic of China. Beijing: Foreign Languages Press.

McMahon, Kevin J. (2000). "Constitutional Vision and Supreme Court Decisions: Reconsidering Roosevelt on Race," *Studies in American Political Development*, 14 (Spring):20—50.

Michelson, Ethan. "How Much Does Law Matter in Beijing?" www.usc.cuhk.edu.hk;中文见[美]麦宜生,2003。

Meijer, Marinus J. (1971). *Marriage Law and Policy in the Chinese People's Republic.* Hong Kong: Hong Kong University Press.

Neighbors, Jennifer Michelle (2004). *Criminal Intent and Homicide Law in Qing and Republican China.* Ph. D. dissertation, University of California, Los Angeles.

"No Fault Insurance Explained: Understanding No Fault Auto Insurance Laws" (2004). Auto Insurance In-Depth, www. autoinsuranceindepth.com/ no-fault-insurance.html (accessed 17 July 2005).

Palmer, Michael (1987). "The Revival of Mediation in the People's Republic of China: (1) Extra-judicial Mediation,"*Yearbook on Socialist Legal Systems* :219—277.

Palmer, Michael (1989). "The Revival of Mediation in the People's Republic of China: (2) Judicial Mediation," *Yearbook on Socialist Legal Systems* :145—171.

Palmer, Michael (1996)."The Re-emergence of Family Law in Post-Mao China: Marriage, Divorce, and Reproduction," in Stanley, L. (ed.), *China Legal Reforms.* Stanford, CA: Stanford University Press,pp. 110—134。

Pei Minxin (1997). "Citizens v. Mandarins: Administrative Litigation in China, "*China Quarterly*: 832—862.

Pepper, Suzanne (1996). *Radicalism and Education Reform in 20th Century China.* Cambridge,Eng.: Cambridge University Press.

Phillips,Roderick(1988).*Putting Asunder: A History of Divorce in*

Western Society. Cambridge: Cambridge University Press.

Rankin, Mary Backus (1986). *Elite Activism and Political Transformation in China: Zhejiang Province, 1865—1911* . Stanford: Stanford University Press.

Rankin, Mary Backus (1993). "Some Observations on a Chinese Public Sphere, "*Modern China*, 19.2 (April):158—182.

Reed, Bradly W. (2000). *Talons and Teeth: County Clerks and Runners in the Qing Dynasty.* Stanford: Stanford University Press.

Rowe, William T. (1984) .*Hankow: Commerce and Society in a Chinese City, 1796—1889* . Stanford: Stanford University Press.

Rowe, William T. (1989). *Hankow: Conflict and Community in a Chinese City*, 1796—1895 . Stanford: Stanford University Press.

Rowe, William T. (1993). "The Problem of 'Civil Society' in Late Imperial China," *Modern China* , 19.2 (April):139—157.

Said, Edward (1978).*Orientalism.* New York:Pantheon.

Schneider, Michael E. (2003). " Combining arbitration with conciliation, "*Oil, Gas, and Energy Law Intelligence* 1, 2 . http://www. gasandoil. com/ogel/samples/freearticles/article _ 55. htm (accessed 3 Aug, 2005).

Scott, James. (1998). *Seeing Like a State.* New Haven: Yale University Press.

Shiga, Shuzo (1974—1975). "Criminal Procedure in the Ch'ing Dynasty, with Emphasis on Its Administrative Character and Some Allusion to Its Historical Antecedents," *Memoirs of the Research*

Department of the Toyo Bunko(2 parts),32:1—45;33:115—138.

"Social Security Online,"www.ssa.gov/history/a9r30html.

The Soviet Law on Marriage (1932 [1926]) . Moscow: Cooperative Publishing Society of Foreign Workers in the USSR.

State Court Caseload Statistics: Annual Report, 1980 . (National Center Publication No. R-092)

"Strict liability" (n. d.). Wikipedia, http://www.answers, com/topic/strict-liability(accessed 18 July 2005).

Subrin, Stephen N. and Margaret Y. K. Woo (2006). *Litigating in America: Civil Procedure in Context.* New York: Aspen Publishers.

Sverdlow, Gregory(1956) .*Marriage and the Family in the USSR.* Moscow:Foreign Languages Publishing House.

Tamanaha, Brian Z. (1996). " Pragmatism in U. S. Legal Theory: Its Application to Normative Jurisprudence, Sociological Studies, and the Fact-Value Distinction, "*American Journal of Jurisprudence*, 41:315—356.

Tang Houzhi (1996) ."The Use of Conciliation in Arbitration. Conference on Mediation, "WIPO Arbitration and Mediation Center,29 March, Geneva, Switzerland, http://arbiter. wipo. int/events/conferences/1996/tang. html(accessed 29 July 2005).

Tung, Ander ed. (1986) . *International Encyclopedia of Comparative Law*, *V. XI, Torts.* Dordrecht, Germany: Martinus Nijhoff Publishers.

VanderVen, Elizabeth (2003) . *Educational Reform and Village*

Society in Early Twentieth-Century Northeast China: Haicheng, County,1905—1931. Ph. D. dissertation, University of California, Los Angeles.

VanderVen, Elizabeth (2005). " Village-State Cooperation: Modern Community Schools and Their Funding, Haicheng County, Fengtian, 1905—1931, "*Modern China*,31.2 (April):204—235.

Virginia Judicial System (2003). www. courts. state. va. us/ reports/2003/ SECTIONa. pdf: pp. A-50,64,112,116,131.

Virginia Judicial System (2004a)."Mediation Information System Reports," www.courts.state.va. us/courtadmin/aoc/djs/programs/drs/ mediation/resources/resolutions/2004/march 2004.pdf.

Virginia Judicial System (2004b). " Study of Recidivism in Domestic Relations Cases," www.courts.state.va.us/courtadmin/aoc/djs/ programs/drs/mediation/resources/resolutions/2004/march 2004.pdf.

Wang, Yen-Chien (1973). *Land Taxation in Imperial China, 1750—1911* . Cambridge,Mass.:Harvard University Press.

Weber, Max (1978 [1968]) .*Economy and Society: An Outline of Interpretive Sociology*,2 Vols. Ed. Guenther Roth and Claus Wittich, trans. Ephraim Fischoff et al. Berkeley: University of California Press.

"What is ' Strict Liability ' ?" (n. d.). Free Advice, http:// injury-law. freeadvice. com/strict _ liabilty. htm (accessed 18 July 2005).

White, Morton (1976 [1947]) .*Social Thought in America: The*

Revolt Against Formalism, London: Oxford University Press.

Wiecek, William M. (1998). *The Lost World of Classical Legal Thought: Law and Ideology in America, 1886—1937.* New York: Oxford University Press.

Wolf, Margery (1972). *Women and the Family in Rural Taiwan.* Stanford: Stanford University Press.

Woo, Margaret (2003). "Shaping Citizenship: Chinese Family Law and Women," *Yale Journal of Law and Feminism*, 15:75—110.

附录
进一步的探索:简介

以上是我2009年完成的三卷本。之后,沿着原来的路径和问题——从法律实践历史来探寻具有中国主体性的法律图景——又写了三篇文章。

第一篇重点讨论道德理念——区别于舶来的个人权利前提——在立法层面上所可能起的作用。先从这个角度来总结以往研究的经验证据,然后从同一角度来进一步对刑事领域中多为人关注的刑讯逼供和刑事调解问题做了初步的探讨。和之前一样,既指出应该沿用的明智抉择,也指出应引以为戒的盲目模仿失误。

第二篇聚焦于今天中国财产继承法律中家庭主义和个人主义之间的张力,指出双方的不同逻辑和历史根源,由此来分析最高人民法院在2001年到2010年间关于夫妻共同财产的三次充满争议的解释。以此篇文章(以及全书)为一个具体的例子,我提倡建立一个"历史社会法学"新学科。

第三篇对中国共产党建党之初到今天的劳动法规的历史演变做了初步的梳理。今天的劳动法规已经从革命时代为劳动人民争取权利的立法演变为带有强烈倾向的维护特权阶层既得利益的法规。今天的所谓"劳动关系"法律范畴已把大多数的劳动人民排除在法律保护范围之外,把当前规模极其庞大的非正规经济归入不受劳动法律保护的所谓"劳务关系"范畴。这是中国今天极其紧迫的社会危机的关键,亟须改革。此篇是笔者迄今的研究中最直接连接法律和经济两大领域的一个尝试。

和原来的第三卷一样,这几篇附加的论文只可能是尝试性的进一步探索。正如我一再说明的,如今的中国法律正处于三大传统——古代的、革命的、移植自西方法律的——并存的现实中。所谓"转型",其实应该理解为探寻如何融合、超越三者的道路。这是个宏大的问题,关系到如何承继古代传统,如何保持现代革命理念,以及如何融合中西的问题。这不是一个或几个人或一代人所能解决的问题。这里的思考只可能是一种方向性的探索,需要等待未来更多、更深入的研究。但我深信,这里提出的问题是关键的,方向是正确的。如今趁着重版拙作三卷本的契机,在原来的专著之上附加了这几篇进一步探索的文章。鉴于探讨的问题本身的不确定性,本书不可能也不应该是过分紧密整合的著作。本书和其所探索的问题与追求的理念一样,只可能是一个未完成的工程。在此时此刻付印,为的是引发更多朝此方向进行的经验和理论探索。

附录一

中西法律如何融合？
——道德、权利与实用[*]

当前的中国法律体系同时具有权利和道德理念,也具有一定的实用性,展示着三种传统——来自西方的移植、古代的传统以及现代的革命传统的混合。本文探讨的问题是,在几种传统并存的情况下,这三方面如何协调或融合？我们从其相互作用的历史中能得到什么关于中国法律未来的启示？本文从过去的经验例子出发,探索和反思其中所展示的逻辑,由此试图勾画出一幅符合未来需要的图景。

文章的中心论点是：中国未来的法律不一定要像西方现代法律那样,从个人权利前提出发,而是可以同时适当采用中国自己古代的和现代革命的传统,从人际关系而不是个人本位出发,依赖道

---

[*] 本文原载《中外法学》2010年第5期,第721—736页。纳入本书时做了一些修改。

德准则而不仅是权利观念来指导法律。同时,采用中国法律传统中由来已久的实用倾向。长期以来,道德与实用的结合,加上近百年来从西方引进的权利法律,同时塑造着中国的法律体系。

本文先从这个角度重新梳理(笔者过去研究的)传统和现代民事领域的调解制度、离婚法、赡养—继承法、侵权法以及(最近的)取证程序改革,进而讨论刑事领域中国内法学界最近争议较多的刑讯逼供和刑事和解问题,通过实例来说明中国法律体系如何协调中西法律及其所包含的道德、权利与实用三个维度。其中,既有冲突,也有融合,既有错误的抉择,也有明智的抉择。但是,总体来说,中国法律体制在近百年的变迁中所展示的是一个综合中西的大框架,既可以容纳西方现代法律的优点,也可以维持中国古代传统以及现代革命传统的优点,借以建立新型的中国法律体系。

一、调解制度

中国从古代贯穿到现当代的调解制度一直都是中国法律体系中比较突出的组成部分。与从个人权利出发的西方现代法律制度不同,它从人际关系出发,强调的不是对个人权利的维护,而是人际关系的和谐。它不会像西方权利法那样,过度强调对错,把即使没有对错的争执也引向对抗性的必分胜负。它是一种倾向于妥协和忍让的体系。(当然,它的劣处是会对明显的对错采纳含糊的妥协。)它要求的不是简单负方的赔偿或惩罚,而更多的是赔礼道歉和恢复和谐。近几十年来,西方法律本身,鉴于其对抗性法律体系诉讼高度频繁的问题,也一直在探索"非诉讼纠纷解决模式"

(ADR)的另类道路,其中多有借鉴中国经验之处。有关中国传统调解,以及其与西方现代权利法间的区别,已有众多的分析研究(我本人在这个课题上也已做了一定的探索,见黄宗智,2009:第二、四、七、八章),这里不再赘述。

这个调解制度同时具有十分实用性的一面。法庭外的民间和半正式(例如,由社区干部主持的)调解制度,一直都有效地减少了正式法庭的诉讼和负担。这方面的研究也有不少积累,这里也不再赘述。

这里要特别突出的一点是我以往没有明确指出的一个方面,即调解制度背后的道德准则。与西方基督教对每个人的灵魂的永恒性和独立价值的信仰不同,其历史渊源起码部分来自儒家传统的伦理观。时隔两千五百年,我们今天仍然可以在众多调解案例中看到使用儒家道德逻辑的例子。调解人仍然常常会用将心比心的"道理"来说服当事人,会问:如果别人对你这样,你会怎样感受,怎样反应?

在我搜集的调解案例中,这样的例子很多,这里只举一个例子来说明:1990年前后松江县华阳桥甘露村党支部书记蒋顺林调解了三名邻居的争执,一方(薛文华)要把新房子凸出于两个邻居房子的前面,但那样的话,会影响邻居们的景观、光线和空气,因此引起争执。按照当地高度现代化的规定,造房要向村政府申请造房证,且要得到邻居们的同意,以免侵犯对方权利,造成纠纷。根据该地当时的规则,妨碍景观不能成为反对对方造房的理由,但妨碍光线和空气则可以。这是源自权利观念和现代管理的一套规定,和我在美国洛杉矶的亲身经历基本一样。虽然如此,在甘露村的实际调解过程中,蒋顺林支书依赖的不是这些复杂的法律条文和权利规定,而是儒家的"如果人家这样对待你,你会怎样反应?"据他说,当时这样问薛文华,薛无言以对。(黄宗智,2009:45—46,49—50)显然,蒋所采用的"道理",基本是《论语》中的"己所不欲,勿施于人"的道德准则。

  这里所说的儒家道德准则也许可以视作附带有类似于西方启蒙现代主义大师康德(Immanuel Kant)所论证的那种独立于功利/实用考虑、足可普适化的必然性的道德的含义。即它在中国道德观念中所用的诸如"天经地义"类表述,乃是不容置疑的道德准则。它类似于西方传统中所谓的"黄金规则"(golden rule),在西方则归根到底来自基督教的准则(《圣经》中的"你要别人怎样待你,你也要怎样待人"),与中国颇为不同。在康德那里和世俗化的现代,则源自对"理性",尤其是演绎逻辑的使用和信仰,并由此而产生其普适于全人类的想法。(Johnson, 2008; Williams, 2009)它也是西方现代所谓"人权"(human rights)的重要理论依据和来源。(Fagan, 2005)当然,儒家思想进路不同,也没有像西方现代传统那样程度地坚持自己的绝对性和普适性。

  从这个简单的例子我们可以看到,今天众多的法律条文和规则虽然在话语层面上依赖移植过来的权利规定,但是,在实际运作中,真正起作用的,以及广为人们所接受的,常常是具有悠久历史的人际关系道德准则。正是从这样的观点出发,才会形成现今仍然具有顽强生命力的民间非正式以及半正式的调解制度。它也可见于正规的民事法律体系,包括离婚法、继承—赡养法等,而且不限于实践,也可见于法律条文。

二、离婚法

简单总结,西方前现代的婚姻法主要来自罗马天主教会的传统教规(canons,亦称教会法规,canonical law),认为婚姻神圣不可侵犯,禁止离婚。进入现代早期,先是新教改革,而后是法国革命,采用了权利逻辑:从个人权利出发,演绎出婚姻乃是一种由两个独立权利个体结成的契约关系的原则,再进而引申出离婚纠纷归根到底乃是一种一方侵犯另一方权利的行为,是一方违反原来契约而导致的结果。显然,这样的理解把离婚置于对抗性的框架之中,认为婚姻契约的失效必定源自一方的过错,因此,在法律实践过程中,导致了在离婚法庭上双方持久、昂贵的争执。双方分别试图证明对方乃是过错方,借此争得比对方更多的共同财产。直到20世纪60年代,鉴于其实践中的众多弊端,西方婚姻法逐渐放弃了原先基于个人权利、必争对错的离婚逻辑,而迈向无过错离婚原则。到20世纪80年代,在离婚法律程序中,一般基本不再考虑过错问题。(Phillips,1988)当然,伴随以上简述的历史演变过程而来的是越来越草率的离婚。(详见黄宗智,2009:第四章)

中国现代的婚姻和离婚法虽然受到外来权利思想的影响(尤其可见于1930年《中华民国民法》的婚姻法,也可以见于1950年的《中华人民共和国婚姻法》),但在一些节骨眼上,实施的其实是另一种逻辑,即是从人际关系出发而不是个人权利出发,其最重要的条文是以夫妻感情为最终准则的"如感情确已破裂,调解无效,应准予离婚"。(《中华人民共和国婚姻法》,1980:第25条)感情如果尚未破裂,则应由法庭调解和好。显然,这样的法律条文的关注点是人际关系,和西方从个人权利出发的逻辑很不一样。它也不同于西方后来为了摆脱个人权利逻辑链所引起的频繁争执而采用的不再考虑过错的离婚法。

从历史角度回顾,中国的离婚法当然也有其实用性的多方面:我已经详细论证,它的法庭调解制度主要来自革命史中的实用性需要。共产党在革命早期提倡结婚、离婚绝对自由,在江西苏维埃时期规定"男女一方坚决要求离婚的,亦即行离婚"(《中华苏维埃共和国婚姻条例》,1931:第9条),但很快就发现,如此规定过分偏激,引起民众,尤其是农村人民的强烈反对。最后,用以缓解党和农民间的矛盾的办法是,一起一起地调解有争执的离婚请求,并因此推动法庭调解制度的广泛使用。后来,更导致毛泽东时代的普遍过分强制性的调解和好制度。

在改革后期,却又脱离以上传统而转向西方化的离婚。其主要动力来自取证程序的改革:20世纪90年代以来,从移植而来的权利逻辑出发,为了确立当事人的权利,试图建立"当事人主义"的取证程序,用来限制"职权主义"取证程序下国家机关(公安局、检察院和法院)的权力。原来的动机主要针对刑法,但是,在现代化主义大氛围下,未经详细考虑便广泛适用于民法,包括离婚法。结果在离婚法实施中,因为缺失配套制度,尤其是证人制度的有效实施,导致无法证实虐待、赌博和第三者等问题,并因此趋向不再考虑过错的实践,逐渐脱离(包含对错的)法律条文的原意。① 立法者对这个趋势已经做出反思,最高人民法院领导人在2007年便已强调需要重新纳入原来的法官职权主义取证程序。这是对过分偏向权利逻辑的纠正。(黄宗智,2009:第五章)

今天的离婚法乃是权利和道德话语间长期拉锯的结果。首先,立法者采用了个人权利的西式话语,因此规定了一系列的权利,包括婚姻自由、男女平等、夫妻分别的以及同等的权利等条文。(见1950、1980年的婚姻法:第二、三章)这些规定确立了法律面前人人平等的现代公民理念,起了一定作用。同时,经过数十年的实践经验,逐步确立了具有不同逻辑的夫妻之间的"感情"准则,终于在1980年的婚姻法中,纳入了法律正式条文(第25条)。其背后的指导思想明显还是人际关系的道德准则,而不是西方现代的个人权利观念。再则是毛泽东时代广泛采用的法庭调解制度及其演变。三者合并,形成的是一种比较独特的离婚法体系。

同时,在离婚法的立法过程中展示了深层的实用性思维:需要通过实践经验,确认可行,并且确认是可以为广大民众所接受的,方才正式纳入法律条文。"如果感情确已破裂,调解无效",才准予离婚,这个离婚法的道德准则早在20世纪50年代初期便在司法实践和话语中广泛使用,但是直到1980年方才被正式纳入婚姻法。那样的立法过程与西方现代法律的主导思想很不一样,它要求的不是从个人权利前提出发的逻辑连贯性,所问的不是其在法律逻

---

① 参见1989年11月最高人民法院发布的"十四条",即《最高人民法院关于人民法院审理离婚案件如何认定夫妻感情已破裂的若干具体意见》(最高人民法院研究室,1989[1994]:1086—1087)。

辑上是否完美,而是如此的准则是否可以促进和谐的人际关系,是否会行之有效并被大多数的人民所接受。它虽然与权利逻辑很不一样,但明显具有一定的"现代性":它之被采用的标准不是皇帝的意愿或官员与仁人君子的道德性见解,而是法律面前平等的公民的意愿和道德观念。

三、赡养—继承法

西方现代法律在继承—赡养方面,同样是从个人权利出发。它最关心的是比较绝对的财产权,以及由此衍生的财产继承法。在这个基本框架中,赡养义务从属于个人财产权利,而不是独立的道德准则。因此,(作为中国的典范的)《德国民法典》所规定的是有条件的赡养责任:首先,唯有在父母亲不能维持生活的情况下,子女才有赡养他们的义务。(*The German Civil Code*, 1900:第1602条)即便如此,还要让子女赡养人优先维持适合他们自己社会地位的生活,在那样的条件下,方才有义务赡养父母亲。(第1603条)[1]中国的赡养思想,与西方从个人权利演绎出的赡养义务不同,不附带以上那种个人权利条件。即便是全盘移植西方法律的中华民国民法,也对德国民法典进行了一定的修改和重新理解。它在以上第1602条的关于被赡养人是"不能维持生活而无谋生能力

---

[1] 其英文翻译版的原文是:"A person is entitled to maintenance only if he is not a position to maintain himself."(*The German Civil Code*, 1900[1907]: Article 1602);"A person is not bound to furnish maintenance if, having regard to his other obligations, he is not in a position to furnish maintenance to others without endangering his own maintenance suitable to his station in life."(Article 1603)

者"的条文之后,立即便附加:"前项无谋生能力之限制,于直系血亲尊亲属不适用之。"(第1117条)至于第1603条关于赡养人优先维持适合自己社会地位的生活一条,当时的立法者把它改为"因负担扶养义务而不能维持自己生活者",方才可以"免除其义务"(第1118条)。可见,即便是移植主义下的民国法律,仍然在这些条文中掺入了中国传统中的赡养道德准则。(以上和以下的详细讨论见黄宗智,2009:第六章)

赡养父母亲的道德准则有它一定的实际根据和实用考虑。与现代都市工作的职工不同,小农经济社会下的农村人民一般没有养老金和退休金,由继承家庭农场的儿子来赡养父母实在十分必要。但是,赡养准则不仅是实用性的规则,它也是"天经地义"的道德准则。因此,时至今日,农村干部劝诫不好好赡养老人的子女时,会问:你自己将来老的时候,如果子女不赡养你,你会如何感受?其隐含的逻辑最终其实还是儒家的黄金规则——"己所不欲,勿施于人"。

在以上道德准则的指导精神下,1985年的继承法还做出非常实用的规定:赡养老人者可以多分财产,不赡养者少得。(《中华人民共和国继承法》,1985:第13条)这个条文既照顾到赡养道德准则,也非常实用。同时,它解决了数十年来法律条文(规定男女平等)与农村实践(仍然由儿子继承财产和承担赡养义务)之间的矛盾。(这样,儿子继承财产不是因为他是男子,而是因为他尽了赡养义务。)这里,我们可以清晰地看到传统道德理念、现代权利思想,以及法律实用考虑三维的融合。

四、侵权法

西方侵权法的出发点同样是个人权利,因为有了不可侵犯的个人权利,才会得出侵权的概念,从而得出因侵权而必须承担赔偿责任的规定。在实际运作中,形成了必分对错的司法实践。如果没有侵权过错,便没有赔偿责任。此中的逻辑链是前后一贯的,完全符合西方现代法律的主导框架。举一个例子:美国加州的建筑纠纷一般要通过非诉讼的仲裁程序来解决,但在实际运作中,所谓仲裁是要确定哪方最终成为"优势方"。而所谓优势方,是经仲裁法庭审查所有的主张和反主张之后,确定的合法主张金额更高的一方,哪怕只多一元。对方即成为"败方",必须承担昂贵的法庭费用和律师费(其金额常常超过争议标的本身)。(黄宗智,2009:227,注释22)

但是中国的侵权法不同。在字面上和形式上,它固然采用了西方侵权话语及其规则,譬如:"……由于过错……侵害他人财产、人身的,应当承担民事责任。"(《中华人民共和国民法通则》,1986:第106条)但是,它又同时规定:"当事人对造成损害都没有过错的,可以根据实际情况,由当事人分担民事责任。"(同上,第132条)从西方的个人权利逻辑链来看,后一条的规定是不可思议的:法律既然把赔偿定义为有过错情况下的责任,怎么能够又规定即使没有过错,也"可以根据实际情况"而承担民事责任呢?这是前后矛盾的,是演绎逻辑所不允许的。但是,在中国的立法者眼里,这样的规定有它一定的(不言而喻的)道理:首先,法律确认一个基本经验现实,即造成损失的事件和纠纷中,有许多并不涉及过错,但是,虽然如此,损失问题仍然存在。① 这里再次从我搜集的众多案例中,举一个例子:1989年在长江流域的一个县,一名七岁男童从村办幼儿园奔跑回家途中,与一位老妇人相撞,老妇人手中开水瓶落下,瓶中开水烫伤了男孩胸、背、四肢、脸等部位。(黄宗智,2009:163)在这样的情况下,立法者规定,没有过错的当事人,"根据具体情况",也可能要负一定的责任。如此的规定首先反映了中国法律偏重经验的思维方式,与西方法律形式主义之以演绎逻辑为主的思维方式很不一样。同时,它更反映深层的文化和思维方式:从中国人长期以来以人际关系,而不是个人本位为主要关注点的道德思维来看,社会责任可以完全不涉及个人权利和其逻辑链所产生的过错概念。从这样的道德思维角度来考虑,协助被损害方完全可以认作(无过错)当事人的一种为维持人际和谐关系的社会责任。(在以上的案例中,老妇人被法官说服负责男孩的部分医药费。)其隐含的道理也可以说是,如此的道德和实用逻辑,其"必然性"是可以与个人权利并行的,甚或是更高的。这里,我们再次看到传统道德观念、西方移植而来的权利逻辑,以及实用性考虑是如何相互作用、相互协调的。(详细讨论见黄宗智,2009:第六章)

从以上的简单总结我们可以看到,如果摆脱字面形式,观察到法律的实施用意及其实践过程,当前的中国法律体系明显是由道德准则、权利思想以及实用考虑共同组成的一个三维体系。它也必然如此,因为它的历史背景中既有高度道德化的古代传统,也有

---

① 实际运用中,在西方发达国家,这种损失相当部分可以由个人保险来承担,但是中国缺乏如此的制度,而国家机构最多只会承担其中一部分,损失的问题仍然存在。

从西方移植的权利思想,更有在法律实践中不可或缺的实用考虑。其间的逻辑联系,与其说是西方那样的形式主义演绎逻辑,不如说是一种实用智慧。其最终的依据与其说是个人权利,不如说是人际关系的道德准则。下面我们用同样的框架来分析"刑讯逼供"和"刑事和解"问题。

五、刑讯逼供问题

对于刑讯逼供问题,1979年的《刑事诉讼法》(1996年修正)早已规定:"严禁刑讯逼供和以威胁、引诱、欺骗以及其他非法的方法收集证据。"(第43条)但是,众多的研究表明,在实际运作中,采用不同程度的强制性逼供手段比较普遍。譬如,一个对487名湖北和河南两省警察的问卷调查研究,发现有39%的警察认为刑讯逼供"普遍存在,经常发生"(51%认为是"个别现象,偶尔发生")。(林莉红、余涛、张超,2006b:表4)同一研究对659名湖北的"民众"的问卷调查发现,足足有47%认为刑讯逼供"普遍存在,经常发生"(33%认为是"个别现象,偶尔发生")。① (林莉红、赵清林、黄启辉,2006a:表4)此外,一个对广州市共200名警察、检察官、法官和律师的问卷调查,问及"你所知道的当事人在受到刑事指控时有没有受到威胁或者刑讯逼供",59名被调查的律师中,足足有84%回答说"有一些"(62.3%)或"有很多"(21.3%);警察中则有56%回答说有一些或有很多;即便是法官中也有30%如此回答。(检察官

---

① 这里的"民众"不是来自"随机抽样"的样本,而是由17名武汉大学研究生通过各种渠道进行的调查,集中于武汉市和湖北省。

中则比例较低,只有18%如此回答。)(欧卫安,2009:表5)由此可见,较高比例的司法人员和民众认为刑讯逼供普遍存在。

北大法学院陈永生副教授搜集了20起1995年到2005年间被澄清是冤案的系统材料,其中19件中存在刑讯。更有违法取证例子多项,包括五起警察用暴力或诱供等非法手段迫使证人做伪证、五起警察造假(伪造物证、伪造证人证言)、三起阻止证人作证、一起贿赂证人、一起隐瞒证据、一起诱导被害人的例子。(陈永生,2007:51—53)

这些是媒体报道较多、资料比较完整的案件,但它们绝对不是仅有的案件。据统计,1979—1999年全国共立案查处刑讯逼供案件4000多件,其中1990年472件,1991年409件,1995年412件,1996年493件。(张文勇,2006:80)这里再举一个例子,是比较广为人知的佘祥林杀人案。佘妻张在玉1994年1月失踪数月后,该地发现一具女尸,被错误确定为佘妻。作为犯案嫌疑人,佘被侦查人员分组轮流审问,遭受毒打、体罚、逼供10天11夜,定罪后被判15年徒刑,其上诉被驳回。直到2005年,其妻突然归回,方才澄清真相,但佘已在监狱度过11年。(同上)

面对以上的事实,一种比较简单的意见是,中国需要尽快引进西方所用保障个人权利的规则,诸如"沉默权"("米兰达规则",Miranda Rule)和非法证据的排除规则等。但是,正如陈瑞华等学者指出的,在中国现行刑事法律体系下,"沉默权"只可能是一种不对症的药。现行制度的主导思想/政策之一是"坦白从宽,抗拒从严"。在这样的政策和实际之下,嫌疑人使用沉默权只可能被视作抗拒行为。(陈瑞华,2007)非法证据的排除规则同样与现行制度

367

格格不入。现今的刑法体系是由三个不同机构所组成:公安局、检察院、法院。在行政等级上,公安局和检察院处于法院之上,或起码不在法院管辖之下。在这个体制中,主要证据搜集责任和权力在公安局和检察院,法院权限根本不包括(像美国法庭那样)对证据的审判权。在一定程度上,法院审判只是在罪行确定之后的一种形式化仪式。因此,形成了陈瑞华之所谓"案卷笔录中心主义"的"潜规则",即以公安局通过检察院所提交的口供笔录等书面证据为最主要的审判依据。如果被告以刑讯逼供为由提出抗辩,法官一般会要求被告提供证据,而在现行实际情况下,被告不大可能具备提供此类证据的条件,而法庭又不会传讯侦查人员。(陈瑞华,2006a;2007)作为实例,吴丹红的研究说明,在来自南方三省中级法庭的33起以刑讯逼供为抗辩理由的刑事案件中,有19件被法官认定"证据不足,不予采纳",6件被完全不予理睬,7件被认定"与客观事实不符",剩下的一件则被定作"认罪态度不好,从重处罚"。(吴丹红,2006:144)可见,试图树立排除非法证据的规则,和沉默权一样,只会陷于有名无实的形式。

与移植主义观点相反的意见则主要从实用考虑出发,否定引进西方沉默权等规则,认为在中国的现实技术、资源等条件下,当前实施的拘留、刑讯制度乃是个高效率的制度。譬如,其认罪率较高,远高于西方发达国家(例如,英国和法国的约50%)。左卫民教授因此认为,现有制度无须改革。(左卫民,2009)

左教授在其论文中特别强调实证研究,并据此反对简单的移植主义,这一点我十分赞同。但是,这里要指出,他的实用性论证的隐含逻辑其实类似于中国传统法家的思路,关心的只是国家治安效率,基本无视"冤案""误判"问题。其隐含的价值辩护也许是,大多数人的利益要比少量因诬陷、侦查错误等造成的冤案重要,后者只不过是高效率的低代价。

这里需要区别这种认识的正确和错误的两面。首先,以上已经讨论,西方个人权利本位以及对抗性法律制度不太符合中国实际,乃是正确的意见。但是,纯粹从实用角度,或回顾性的实证/实践角度来考虑法律是不符合中国自己的法律传统的。中国法律制度之所以具有顽强的生命力(在人类历史中寿命最长的法律体系之一),不简单在于其实用性,而在于其同时具有道德理念/表达和实用/实践的两面。在古代历史中,有秦始皇帝之后的所谓"法律儒家化",在法家制度之上添加了儒家的仁政理念和道德准则(Ch'ü T'ung-tsu［瞿同祖］,1961),也可以说是在严厉的父亲之上,添加了仁慈的母亲,从而形成所谓"父母官"的仁政治理理念。此外,当今中国实施的刑法制度在相当程度上源自毛泽东时代处理反革命分子的需要,给予公安和检察人员极大的权力。但是,时至今日,这样的司法已经不符合"后革命""转型"时代的实际和需要。

在我看来,刑讯逼供之普遍存在的事实亟须改革。它归根到底来自古代的专制皇权,其实并不符合中国自己的传统的另一面,即古代道德准则传统以及革命时期的"人民内部矛盾"理念传统。这里,我们并不需要援用来自西方的个人权利逻辑链以及沉默权等规则,而只需要根据传统道德准则而问:如果你被人诬陷而被投入高压的刑讯逼供,你会有怎样的感受?即便是传统中国的刑法,也有非常明确要严惩诬告的法律条文,并给予能够为人"申冤"的"讼师"(区别于唆使人们健讼的"讼棍/师")以高度的评价。(《大清律例》,律 340;见黄宗智,2007:133—134)而现代中国从辛亥革命以来,历次革命都非常明确地提倡法律面前人人平等的公民和共和理念,不应因为某公民受到(未被确证之前的)嫌疑而将其排除在人民范畴之外。鉴于反右以及"文化大革命"中相当广泛的诬陷、冤案经验,这并不是一个小问题。从长远的角度考虑,中国刑罚制度必须迈向一个使冤案、错判最小化的制度体系,绝对不应接受每年有四五百件被正式查处的刑讯逼供案的现实。这是中国自己人际关系道德准则所要求的方向,不仅是西方人权法律所要求的方向。它是中国法律体系"实用+道德"中的道德的一面。

有的公安人士和学者对西方"人权"话语觉得特别反感,这是完全可以理解的。"人权"论明显来自西方,与西方基督教传统、现代个人主义、资本主义经济和自由民主政治传统密不可分,也因此确实与中国文化有点格格不入。许多人也因此不能接受来自联合国以及其他国际人权组织等的批评。本文强调,以儒家思想中的"黄金规则"(而不是人权思想中康德的必然性道德权利,moral rights——Fagan,2005)来指导法律,同样不能接受刑讯逼供,同样不允许对嫌疑人采用粗暴手段。从如何建立中国未来的、能够持久的("万世")法律体系的长远视野来考虑,更不可仅凭实用逻辑而接受这样的现实。

至于近期措施,陈永生提出了很实际而有效的方案:采用刑讯中录音/像的办法。很明显,这是在现行的刑法制度下立刻便会使侦查人员受到一定约束的办法。陈更十分实用性地说明需要对审讯过程全程录音或录像,免得侦查人员在逼得嫌疑人认罪之后方才录下。(陈永生,2009;2008)林莉红等对 487 名警察的问卷调查发现,84%被调查的警察认为"审讯过程中采取全程录音、录像","能够"或"多数情况下能""有效地遏制刑讯逼供"。①(林莉红、余涛、张超,2006b:表18)这是个明智的建议,也体现了本文所要提倡的兼具前瞻性道德准则理念以及实用性考虑两方面的改革进路。

此外,林莉红等的研究更说明,目前审讯制度中设有法定"办案期限"的规定,在实践中有"限期破案""破案率"等要求,也是个重要因素。被调查者中有86%认为这些制度性因素"会给办案警察带来很大的压力而容易导致刑讯逼供"。(林莉红、余涛、张超,2006b:表11)从短、中期的措施来考虑,这也是个亟须改革的制度。②

最后要说明,我过去强调研究要从实践经验出发,为的是想纠正国内法学界(和经济学界)过分偏重抽象理论和不关注实际运作的倾向,但绝对不是想提倡仅考虑实然而不顾应然,仅采纳回顾性的经验主义/实用主义,而拒绝前瞻性的道德理念或权利思想。法律体系必须两者并重,过去如此,现在也如此。中国法律传统的真髓不单在其表达或其实践,而是在两者的结合。从历史上看,中国法律长久以来便是一个"说的是一回事,做的是一回事,但是合起来又是另一回事"的体系。(这是我对清代法律的描述——见黄宗

---

① 陈永生更建议,要从侧面同时录入询问者和嫌疑人(而不是仅录下嫌疑人),以便更中立、精确地掌握整个询问过程。再则是给予被告方律师检阅录音/像带的机会,以便更好地保障被告辩护权利。
② 当然,近年来已经有一些改良型的举措,例如2010年"两高三部"关于排除非法证据的规定以及2012年新刑事诉讼法关于强化审讯录音、录像的规定。但是,根据以上的论述,刑讯逼供问题是一个体系性的问题而不简单是个法律条文的问题,要真正完全克服这个弊端,绝对不是仅凭条文修订便可一蹴而就的事。

智,2007;2009)一个法律制度不仅要在实践/实施层面得到人们的支持,也要在主导理念层面(无论是中国的道德准则还是西方的权利观点)得到民众的认可。片面强调实践/经验,可能成为维持现存弊端、拒绝明智改革的借口。

六、刑事和解

中国的"刑事和解"运动始于21世纪初,比较突出的是北京市朝阳区从2002年开始的"试行",之后不久,便在北京市其他地区、上海市、浙江、湖南等地得到推广。近几年来,无论在学术界还是实务界,都形成了一股影响颇大的潮流。

学术界几乎异口同声地认可这个"新"的尝试。根据2006年7月由中国人民大学"刑事法律科学研究中心"和北京市检察官协会共同召开的全国性"和谐社会语境下的刑事和解"会议的讨论综述,与会的200多名学者、法官、检察官和律师们,基本全都认可这股新潮流。(黄京平、甄贞、刘凤岭,2006)部分原因当然是,会议是响应中央提出的"和谐社会"理念而召开的。

其中主要有两种意见。一种把这股潮流看作与世界发达国家接轨的一个动向,认为西方从20世纪70年代开始,兴起被害人与加害人之间和解的运动("victim-offender-reconciliation"或"victim-offender-mediation",简称VOR或VOM),并得到相当广泛使用。部分学者更把中国的刑事和解等同/比照于西方这个所谓"恢复性正义"(restorative justice)运动。在那样的视野下,"刑事和解"被建构为中国法律体系进一步"现代化"和与国际前沿接轨的运动。(黄

京平、甄贞、刘凤岭,2006)

这里需要指出,西方的"恢复性正义"主要是对其对抗性司法制度和它的频繁诉讼率的一种"另类"反应,特别强调被害人与加害人的面对面交谈,由社区、教会、家庭成员和亲友等参与,由此促使被害人与加害人的和解。它的着重点在加害人的悔过以及被害人之得到心理安慰。它附带有基督教的影响,尤其是其忏悔、宽恕思想,具体可见于(多被人们认作恢复性正义最早案例的)1974年加拿大安大略省的一起案件:在一位基督教门诺派教徒(Mennonite)的中介下,两名破坏了共22个家庭财产的未成年犯人与他们的受害者相见,得到了较好的和解结果。美国则从20世纪70年代在明尼苏达州开始,逐渐采用由中立的第三方促成受害人与加害人之间的和解的方法;同时,在印第安纳部落中,采用其调解惯习来处理其中发生的刑事案件。加拿大也用同样的办法来处理土著群体中的刑案。(McCold, 2006; Marshall, 1999;亦见施鹏鹏[2006]关于法国制度的研究)作为一种在西方兴起的另类运动,它一定程度上类似于同时期的民事法律中兴起的非诉讼纠纷解决运动。(虽然如此,有的恢复性司法提倡者强调两者的不同,因为恢复性正义更加明确强调完全脱离现存以国家与被告相对立的法律制度,欲用聚焦于受害人与加害人之间的制度来取代之。)两者都在一定程度上借鉴非西方文化,后者则更多借重中国经验。(Subrin and Woo, 2006;范瑜, 2000, 2007;黄宗智, 2009)

但是,需要说明,西方当前的法律体系仍然主要是对抗性的,其中另类的和解制度适用率仍然比较微小。在美国的联邦主义司法制度下,缺乏全国的统一司法数据,而调解制度则更缺乏系统材料,但我们可以窥见一个大致的轮廓:以数据比较充分的弗吉尼亚州为例,根据通过调解人员和组织而搜集的材料,2002—2003年(民、刑事)调解适用率只达到民刑事案件总数的0.7%,其中家庭关系(尤其是抚养纠纷)的案件占很大部分(73%)。数据中没有清楚区分民、刑事案件,而是以少年和家庭关系法院(Juvenile and Domestic Relations Court)、处理轻案(轻罪以及金额4500美元以下)的一般案件法院(General District Court),以及处理较重案的巡回法院(Circuit Court)来区分案件。三者在该年的调解案件总数中所占的比例分别为79%、19%和2%。(Virginia Judicial System, 2004;亦见Huang[黄宗智],2010:220—221)可见,刑事调解的适用率要比0.7%的民、刑事案件总体适用率还要低得多。也就是说,在美国的司法体系中,调解仍然只是一个非常边缘的制度。

虽然如此,中国法学界部分人士把恢复性正义看作西方法律发展的前沿,并把这样的认识纳入了自己以西方"发达"经验为典范的意识。其中一种意见是把中国正在试行的刑事和解制度等同于西方的恢复性正义,把后者的话语和理论直接移植于中国。另一种意见则援用西方个人权利逻辑,把刑事和解视作确立被害人权利的一种措施,认为之前的西方法律比较偏重嫌疑人(相对国家公安、检察机关)的权利,缺乏对受害人的关怀;恢复性正义则纠正那样的偏向,特别关注被害人的权益。在如此的理解下,恢复性正义被纳入主流的权利主义逻辑,不顾其边缘实际。(见黄京平、甄贞、刘凤岭,2006:109,111,尤见对甄贞、李翔、石磊、陈兴良等意见的转述;亦见宋英辉等,2008)具有讽刺意义的是,两种不同理解都同样把比较边缘的恢复性正义建构为西方法律的前沿,试图借此来建立中国刑事和解运动的正当性。

与这种"国际接轨"相反的意见则认为,"刑事和解"很好地体现了中国所特有的优良法律传统,尤其是其"和谐""息事宁人"的传统。用之于刑法,具有中国特色,与西方恢复性正义很不一样。正如葛琳博士的研究所论证的,中国长久以来便已在刑事案件中使用和解,其中包括源自唐代的"保辜"制度——在斗殴致伤的案件中,规定一定的期限,等看到期满后的伤情,方才定罪量刑,部分目的是促使加害人积极协助被害人的治疗。此外,法律认为亲属间以及过失伤害的案件,尤其适用调解,但同时禁止重案中的"私和"。这是一套相当完整的"刑事和解"制度。具有讽刺意义的是,被视作落后的中国古代"民刑不分"法制传统,乃是促使用调解于刑事案件的一个重要原因。(葛琳,2008)其后,在中国自己的现代革命传统中,也有一定的用调解于刑事的经验。陕甘宁边区司法工作的主要领导人(后任华北人民政府司法部部长)谢觉哉便鲜明地指出:"我们要去掉那些与人民隔离的、于人民无利的东西。比如硬说刑事不能调解,有些轻微的刑事,彼此已经和解不愿告状,又何必硬要拉他们上法庭?"(引自赵国华,2009:36)(解放区的法律传统显然是中国今天的法律体系的三大传统之一,但仍然是个很少被人系统研究的领域——简单介绍见侯欣一,2008。)

陈瑞华综合以上多种意见,更提出"刑事和解"可能成为一种来自实践经验、具有中国特色的制度,既可以具有类似西方"恢复性司法"的功能,也具有中国特色的调解/和谐功能。陈瑞华认为,它甚至可能成为一种"第三条道路",不同于一般以惩罚为主的对抗性"国家追诉主义"刑法模式,而是由国家与已经认罪的被告人合作的模式。更有甚者，被害人与加害人之间的和解可能成为一种(与"公力合作模式"不同的)"私力合作模式"。(陈瑞华，2006b)可以看出，陈教授对"刑事和解"的期望非常之高，认为它具有庞大的发展空间。他转引一项关于北京市七个区2003年7月1日至2005年12月31日的调查，提出了比较醒目的数据：在所有的轻伤害案件中，刑事和解的适用率居然高达14.15%。(陈瑞华，2006b:24)如此的数据使人感到，刑事和解在短短几年的试用中，覆盖面便已相当宽阔，大有前途不可限量的势头。

但是，根据其后的调查研究，在近几年的实践经验中，"刑事和解"明显具有一定的局限。一个比较系统的研究是对率先试行刑事和解的北京市朝阳区2002年(该年区检察院正式制定了《轻伤害案件处理程序实施规则(试行)》)至2007年五年中实际运作的调查。根据该区的经验，刑事和解实际的适用率较低。以2006年为例，该年该区办理公诉案件共2826件，其中轻伤害案件480件，而适用刑事和解的只有14件，仅占轻伤害案件的2.9%。(封利强、崔杨，2008:表2)

根据其他一些比较扎实的调查，湖南、广东、重庆等地的经验基本一样。湖南从2006年10月31日出台《湖南省检察院关于检察机关适用刑事和解办理刑事案件的规定(试行)》到2008年年底的两年零两个月中，全省适用刑事和解案件共3959件、(嫌疑人)5028人，占同时期批捕、起诉部门审结刑事案件总人数的2.6%。(罗凤梅、单飞、曾志雄，2009:114)此外，广东省珠海市香洲区人民检察院的经验是，2006—2007年间，该院提起公诉的3018件案件中，仅有17件适用刑事和解，才占总案件数的0.5%。(黄峰、桂兴卫,2008:86)再则是重庆市武隆县(现武隆区)的经验,2004—2008年间公诉部门共受理轻微刑事案件128件,其中使用刑事和解的案件6件,占4.7%。(钟文华、徐琼,2009:77)在众多调查报告中,规模较大的是宋英辉等课题组基于东部三个较大城市七个区检察院在2005—2006年的研究,每个检察院处理的案件总数在年300到1400之间,其中适用刑事和解的案件比例最低的是0.5%,最高的是4.4%。(宋英辉等,2008:表1)可以说,此项研究确认了以上转述的其他不同地区的数据。按照目前的调查材料来看,刑事和解适用范围要比原来的期望狭窄得多。(虽然如此,仍然超出调解在美国的适用率甚多。)

在上述有限的幅度之内,"刑事和解"近几年在适用范围和条件上,已经形成了一些共识。实务界的北京市检察院副检察长甄贞教授以及学术界的范崇义教授同样指出,刑事和解主要适用于依法应判三年以下有期徒刑的轻微刑事和交通肇事案件,主要是初犯、偶犯、过失和协从犯,以及未成年犯,较多是与被害人之间存在亲属、邻里、同事、同学等关系的犯罪人。(黄京平、甄贞、刘风岭,2006:114)这基本也是北京市朝阳区的经验,而其检察院2002年制定的《轻伤害案件处理程序实施规则(试行)》更界定,适用条件包括事实/证据清楚充分、加害人认罪、被害人同意,再犯、累犯者不适用等。(封利强、崔杨,2008:109)根据宋英辉等的较大规模研究,刑事和解案件中轻伤害案件占比例最高(47%),交通肇事次之(21%)。其余主要是未成年人和在校(成年)学生案件,也有少量的盗窃、收购赃物、敲诈勒索、轻微抢劫等案件。(宋英辉等,2008:521,621)

以上的经验所展示的"实践逻辑"是比较有实用性的:轻伤害、初犯、偶犯、过失和未成年犯者对社会危害性比较低,适用赎罪、悔过原则,而亲属、邻里、同事、同学间也比陌生人间更适用认罪、赔礼道歉、赔偿等和解方法。其背后的主导道德准则也许可以视作"和谐"理念。

至于刑事和解的实施程序,朝阳区经验基本是:首先由检察院的案件承办人审查、决定是否适用刑事和解;然后先征求受害人意见,同意之后才告知加害人如果能够取得受害人谅解并积极赔偿其损失,可能不再被追究刑事责任;最终要由检委会决定采用什么样的措施。在和解过程中,朝阳区强调受害人与被告人完全自愿自主,承办人原则上不参与对赔偿金额的协商,也不予以审查。在双方达成协议之后(朝阳区一般要受害人提交"不予追究犯罪嫌疑人刑事责任"的书面请求),再由检察机关审批,决定相应措施。(封利强、崔杨,2008:110—111)其中,主要的选择有:在审查批捕阶段,不批捕;在审查起诉阶段,酌定不起诉或建议公安机关撤销;在提起公诉阶段,向法院提出缓刑或从轻处罚量刑建议。(宋英辉等,2008:621;亦见宋英辉等,2009:9)

在这样的刑事和解程序中,我们可以看到三种理论因素的影响。一是西方舶来的权利思想。根据其思路,"刑事和解"的关键在于确立被害人权利,其目的之一是要限制(国家)检察官的权力,特别强调当事人的自主性。二是来自等同/比附西方"恢复性正义"的思想,认为刑事和解的主要目的是促成被害人得到心理上的安慰,对加害人则促成其忏悔,由此来"恢复"社区平衡。第三种理论因素则来自对中国传统调解的理解,以民间的亲邻和社区调解为典范,坚持当事人的自愿性以及调解的非强制性。

首先,我们应该明确,恢复性正义观点其实对中国现实的意义不是很大。正如一项关于广东省珠海市的调研指出的,在实际运作中,较高比例的加害人受到羁押,在和解过程中主要由其亲属或律师代表,本人在羁押中不可能(像恢复性正义的核心主张那样)和被害人面对面交谈、道歉、表示悔过,而更多的是由亲属代表本人。(黄峰、桂兴卫,2008:90—91)在朝阳区,在抽样的177名普通(不限于纳入刑事和解程序的案件)嫌疑人中,被刑事拘留的比例高达97%,之后被正式逮捕的达91%。正如作者们指出的,北京市在司法实践中很少使用缴纳保证金的制度(虽然法律条文规定可以采用),对于没有固定住处的农民工尤其如此。在抽样的177名嫌疑人中,只有11人(几乎全都先被刑事拘留)能取保候审。2003年,北京市政法委出台新规,把嫌疑人是否积极解决赔偿作为是否采用强制措施(逮捕)的考虑因素之一,但其对恢复性正义型的实用效果影响不明确。(封利强、崔杨,2008:114—115)在中国现今的刑事制度下,"恢复性正义"的核心要求——让受害人与加害人面对面交谈,由此来进行对两者精神上的"恢复性"和解,一定程度上仍然只是空谈。

至于援用传统社区调解的意见,则失于对中国调解传统比较简单化的单一认识,忽视了中国现代革命传统中所形成的其他调解经验,包括带有不同程度的"强制性+自愿性"的干部调解、"行政调解/调处"及法庭调解。它其实也混淆了中国传统的"细事"与"重案"之分,更毋庸说现代的民事与刑事之分:在前者中,国家基本是个局外人,而在后者中,国家乃是当事一方。鉴于此,不应简单援用传统的、主要是以"和稀泥"妥协为主的社区调解,而应更多借鉴现代革命传统中更为丰富的调解经验——可以是部分强制性、能够鲜明地确定过错而又不违反被害人和国家机关意愿的制度。(详见黄宗智,2009:第二、四、七、八章)

在近年的刑事和解的实践中,其实已经采用了更为多元的调解方法。根据宋英辉等关于东部三个城市的调查报告,我们可以看到,只有部分协议是主要由当事人双方自己(或其亲属或代理人)达成的;有的由检察院案件承办人主持,或消极促成,或积极参与;有的则由人民调解委员会主持,也有由所在社区、单位或学校促成或帮教的。(宋英辉等,2009:10—11,7—8;亦见陈瑞华,2006b;肖仕卫,2007)这样的多元做法其实更符合中国现代的调解传统。

在刑事和解的运作中,正如众多学者已经指出的,一个主要弊端是被害人可能"漫天开价"。在朝阳区等的试行规则下,被害人具有是否要求启动和解程序的权利,几乎等于是对加害人是否被追究刑事罪名的决定权。为此,被害人可以对加害人(或其家属)施加高压,借此获得最高的可能赔偿,形成一种半制度化的可能敲竹杠的状况。同时,也加重了法律上不公平的问题:具有经济条件者可以通过高额赔偿促使原告"谅解"和检察机关不起诉或提议从轻量刑,在一定程度上以金钱来赎罪;不具备经济条件的则只能承受法律惩罚。这样,在实际运作中,刑事和解有可能变质为有钱人以钱赎刑的制度。

面对这样的问题,由相对中立的第三方来主持和解并适当参与协商,乃是对这样的倾向的一种制约。因此,不应该用权利逻辑来坚持要给予被害人完全自主的权利。(更不用说试图把这样的权利逻辑提高到西方限制国家权力的"公民社会""理论"。)当然,这不等于是要否定受害人自愿原则,只是要适当制约金钱赔偿的滥用。

显然,目前刑事和解制度尚处于一个摸索、试验阶段。根据中国在离婚、赡养、民事赔偿等方面的立法经验,去正式立法还有一段距离。在赔偿额问题以外,还存在众多的实际运作问题,诸如怎样提高效率(广东珠海的经验指出,对检察机关的案件承办人来说,起诉只需一两天时间,和解则要投入三倍以上的时间——黄峰、桂兴卫,2008:93;亦见宋英辉等,2008:131)、如何建立检察机关考核指标的配套制度(逮捕不诉比例高的话,会影响现用批捕效率考核指标,从而抑制刑事和解的适用——封利强、崔杨,2008:114—115;亦见宋英辉等,2008:31)、对加害人再犯的预防力较弱(目前还缺乏明确的经验证据)等。

我这里关注的主要是理论逻辑上的问题,认为既不能盲从西方的个人权利逻辑,也不要迷信或误解西方的另类性恢复性正义;两者其实都不大符合中国实际。要建立一个经得起时间考验的制度,需要更精确掌握中国自己古代和现代传统理论和经验,配合当前的实践经验,逐步建立一个行之有效而又能受人民欢迎的制度。

七、结论

简单总结,现今的民、刑事法律体系不可避免地是一个多元的混合体,其中有来自三种不同传统的成分:中国古代、西方现代以及中国现代革命。这是个给定现实。因此,今天中国法学的一个重要命题是,怎样协调、融合这些不同的传统来创建一个适用于当今实际的法律体系。要避免什么样的盲点和误区?

以上的讨论说明,不可过分依赖任何单一传统的理论/理念,因为那样会造成不符实际的、不能实施的,甚或引发弊端的后果。上面看到的具体例子是:取证程序改革中,不合适地援用英美("当事人主义")取证制度于中国民事领域的离婚制度,导致不符合法律原意的后果;现今"刑事和解"试验中,过分偏重受害者的绝对"权利",加重了有的被害人趁机"漫天开价"的弊端;同时,不合适地等同/比附西方的恢复性正义,导致对西方和中方制度的误解。同时,还有用"实用"和"中国传统"作为借口而为"刑讯逼供"弊端辩护;另外,不合适地简单援用传统社区调解逻辑于刑事和解,忽视了现代革命传统中更丰富多元的部分强制性但仍然尊重当事人意愿的调解经验。

明智抉择的例子则主要是,没有死板地从属于西方权利逻辑,也没有感情用事地坚持中国传统,而考虑到不同的历史背景、适当采用中国原有的"道德准则+实用性"的立法进路,经过试验而确定行之有效和为人民所接受,方才纳入正式法律条文。其中,在离婚法领域,既采用来自西方的原则(现代男女平等理念、公民理念),也采用中国人际道德准则(以夫妻感情为标准)以及革命传统的法庭调解。在继承和赡养法中,融合西方的财产继承权利男女平等原则和中国传统赡养道德准则,并实用性地把两者结合,在继承权利中掺入了赡养与否的标准。在赔偿法中,实用性地融合(西方的)"过错赔偿"以及(中方的)"无过错赔偿",其依据是实际情况

(在涉及损失的纠纷中,既存在有过错的案例也存在无过错的案例),由此出发,没有像西方形式主义法律那样,把侵权理论等同于(所有涉及损失纠纷的)实际情况的错误。这样,很好地反映了中国在理论和经验的关系中,坚持连接经验与理论的思维方式。最后,在新近的刑事和解运动中,同样正在通过实践来摸索一条符合中国实际的融合中西法律的路径。

从以上得出的启示是,即便在法理层面,不可像移植主义那样只依赖西方的个人权利逻辑,把它认作普适的唯一选择,而是需要立足于对历史的清醒认识,同时考虑到中国自己的道德准则和现代革命传统的适用,并采用中国长期以来的实用性思维。同时,不可感情用事地坚持仅仅依赖中国本身的传统,要照顾到现当代的移植传统,尤其是屡经中国现代历次革命所确认的公民理念。通过近百年的实践经验,中国其实已经确定了融合中西的大方向,并做出了不少明智的抉择;当然,我们也不要忽视其中的错误经验。

参考文献

中文:

陈瑞华(2006a):《案卷笔录中心主义——对中国刑事审判方式的重新考察》,载《法学研究》第4期。

陈瑞华(2006b):《刑事诉讼的私力合作模式——刑事和解在中国的兴起》,载《中国法学》第5期。

陈瑞华(2007):《证据法学研究的方法论问题》,载《证据科学》第15卷1、2期。

陈永生(2007):《我国刑事误判问题透视——以20起震惊全国的刑

事冤案为样本的分析》,载《中国法学》第3期。

陈永生(2008):《刑事诉讼法再修改必须突破的理论误区——与柯良栋先生〈修改刑事诉讼法必须重视的问题〉一文商榷》,载《政法论坛》第26卷第4期。

陈永生(2009):《论侦查讯问录音录像制度的保障机制》,载《当代法学》第4期。

《大清律例》,见薛允升(1970)。

范愉(2000):《非诉讼纠纷解决机制研究》,北京:中国人民大学出版社。

范愉(2007):《纠纷解决的理论与实践》,北京:清华大学出版社。

封利强、崔杨(2008):《刑事和解的经验与问题——对北京市朝阳区刑事和解现状的调查》,载《中国刑事法杂志》第1期。

葛琳(2008):《中国古代刑事和解探析》,载《刑事司法论坛》第1辑,北京:中国人民公安大学出版社。

侯欣一(2008):《试论革命根据地法律制度研究》,载《法学家》第3期。

黄峰、桂兴卫(2008):《刑事和解机制的探索与实践——以某基层检察院的和解不起诉为切入点》,载《中国刑事法杂志》,7月号。

黄京平、甄贞、刘凤岭(2006):《和谐社会构建中的刑事和解——"和谐社会语境下的刑事和解"研讨会学术观点综述》,载《中国刑事法杂志》第5期。

黄宗智(2009):《过去和现在:中国民事法律实践的探索》,北京:法律出版社。

黄宗智(2007[2001]):《清代的法律、社会与文化:民法的表达与实践》,上海:上海书店出版社。

林莉红、赵清林、黄启辉(2006):《刑讯逼供社会认知状况调查报告(上篇·民众卷)》,载《法学评论》第4期。

林莉红、余涛、张超(2006):《刑讯逼供社会认知状况调查报告(下篇·警察卷)》,载《法学评论》第5期。

罗凤梅、单飞、曾志雄(2009):《刑事和解适用实效实证研究——以湖南省为分析样本》,载《湖湘论坛》第4期。

欧卫安(2009):《律师辩护、权利保障与司法公正——来自法律职业群体的调查报告》,载《广州大学学报(社会科学版)》第1期。

施鹏鹏(2006):《法国刑事和解程序及其借鉴意义》,载《社会科学辑刊》第6期。

宋英辉等(2008):《我国刑事和解实证分析》,载《中国法学》第5期。

宋英辉等(2009):《检察机关适用刑事和解调研报告》,载《当代法学》第23卷第3期。

吴丹红(2006):《非法证据排除规则的实证研究——以法院处理刑讯逼供辩护为例》,载《现代法学》第28卷第5期。

肖仕卫(2007):《刑事法治的"第三领域":中国刑事和解制度的结构定位与功能分析》,载《中外法学》第19卷第6期。

薛允升(1970):《读例存疑重刊本》,黄静嘉编校,台北:成文出版社。引用以黄编律号-例号为顺序。

张文勇(2006):《刑讯逼供的历史回顾与现实反思》,载《湖北警官学院学报》第4期。

赵国华(2009):《中外刑事和解实践之概要比较》,载《江苏大学学报(社会科学版)》第11卷第4期。

《中华民国民法》(1929—1930),收入《六法全书》(1932),上海:上海法学编译社。

钟文华、徐琼(2009):《刑事和解的困境与对策——以公诉环节轻微刑事案件和解司法实践为视角》,载《中国刑事法杂志》第12期。

最高人民法院(1989):《最高人民法院关于人民法院审理离婚案件如何认定夫妻感情确已破裂的若干具体意见》,收入最高人民法院研究室编(1994):《中华人民共和国最高人民法院司法解释全集》,北京:人民法院出版社。

左卫民(2009):《范式转型与中国刑事诉讼制度改革——基于实证研究的讨论》,载《中国法学》第2期。

英文:

Ch'ü T'ung-tsu(瞿同祖)(1961). *Law and Society in Traditional China*. Paris: Mouton.

Fagan, Andrew (2005). "Human Rights," *Internet Encyclopeida of Philosophy*, http://www.iep.utm.edu/hum-rts.

The German Civil Code (1907[1900]). Translated and annotated, with a historical introduction and appendices, by Chung Hui Wang. London: Stevens and Sons.

Huang, Philip C. C. (黄宗智)(2010). *Chinese Civil Justice, Past and Present*. Roman and Littlefield.

Johnson, Robert (2008). "Kant's Moral Philosophy," *Stanford Encyclopedia of Philosophy*, http://plato.Stanford.edu/articles/kant-moral.

Marshall, Tony F. (1999). "Restorative Justice: An Overview," Home Office, Research Development and Statistics Directorate.

McCold, Paul(2006). "The Recent History of Restorative Justice," in

Dennis Sullivan and Larry Tifft, eds. *Handbook of Restorative Justice*. London and New York: Routledge.

Phillips, Roderick (1988). *Putting Asunder: A History of Divorce in Western Society.* Cambridge, England: Cambridge University Press.

Subrin, Stephen N. and Margaret Y. K. Woo (2006). *Litigating in America: Civil Procedure in Context.* New York: Aspen Publishers.

Virginia Judicial System (2004). *Mediation Information System Reports.* www.courts, state, va. us/courtadmin/ aoc/ djs/ programs/ drs/mediation/ resources/resolutions/2004/march2004.pdf.

Williams Garath (2009). "Kant's Account of Reason," *Stanford Encyclopedia of Philosophy*, http://plato.Stanford, edu/articles/kant-reason.

附录二
历史社会法学:以继承法中的历史延续与法理创新为例

历史社会法学是我想提倡的一种法学。简单来说,它是带有历史和社会维度的法学,也是带有比较视角的法学。从这方面来说,可以说基本是韦伯所代表的法学传统。但是,我心目中的历史社会法学和韦伯的有一个关键的不同:他特别强调西方现代法律是朝向"形式理性"发展的,即由形式化演绎逻辑主宰和整合的,而我要强调的则更多是实践层面的延续与创新。这首先是因为,在西方移植来的法律和中国历史传统——包括古代传统和现代革命传统——并存的不可避免的既定现实下,实践层面才是我们能够看到的历史延续和法理创新的层面,因为它要求的不是逻辑上的整合性,而是实用性和可行性。它不会是简单的模仿和移植,也不会是简单的延续不变,而是连续不断的探索,既有延续也有创新。

这是我要提倡的历史社会法学和韦伯最大的不同。我认为,中国法律在实践层面上已经展示出众多创新,即便在法律文本上仍然不十分明显。

这里要说明,我说和韦伯"不同"的用意并不是要排除"形式理性",因为我认为它是西方社会科学中的"核武器"。现代主义是凭借"形式理性"来宣称其跨时空的普适性的,就像韦伯那样。中国如果要建立具有主体性的、特色的社会科学,必须掌握和借助于形式理性,方才有可能超越之。本文要做的是沿着上述思路来讨论继承法中的一些简单的例子。

一、赡养

中国过去和今天关于赡养老人的规定,都和西方的法律十分不同。1900年的德国民法典,虽然在其他方面是国民党1930年民法典的楷模,但在赡养父母亲方面则并不如此。它规定,只有在父母亲没有能力维持生活的情况下,子女才有赡养他们的义务(第1602条)。而且,对赡养人来说,赡养他人的义务,考虑到本人的其他义务,如果会因此危害到维持适合自己社会地位的生活,则不须赡养(第1603条)(*The German Civil Code*,1907[1900])。[1] 也就是说,一个儿子唯有在父母亲没有谋生能力和自己本人仍然能够维

---

[1] 这里英文翻译版的原文是"A person is entitled to maintenance only if he is not in a position to maintain himself."(Article 1602, *German Civil Code*, 1907[1900];"A person is not bound to furnish maintenance if, having regard to his other obligations, he is not in a position to furnish maintenance to others without engendering his own maintenance suitable to h is station in life."(Article 1603)

持原有的生活水平这两个前提条件下,方才有赡养父母的责任。

对现代中国的立法者来说,这样的规定是不能接受的,甚至是不可思议的。因此,国民党的民法在上述没有谋生能力的条文之后,立刻加上了"前项无谋生能力之限制,于直系血亲尊亲属不适用之"。(《中华民国民法》,1932[1929—1930]:第1117条)至于上述第1603条,则改为"因负担扶养义务而不能维持自己生活者",方才可以"免除其义务"。(同上:第1118条)这样,把赡养父母亲的义务改成基本无条件的义务。其精神和传统中国法律是一致的。

中华人民共和国把赡养义务纳入了宪法:"父母有抚养教育未成年子女的义务,成年子女有赡养扶助父母的义务。"(第49条)1950年《婚姻法》第13条同样规定:"子女对父母有赡养扶助的义务。"①

当代的立法者更进一步把赡养义务和继承权利连接了起来。1985年《继承法》第13条规定:"对被继承人尽了主要扶养义务或者与被继承人共同生活的继承人,分配遗产时,可以多分。有扶养能力和有扶养条件的继承人,不尽扶养义务的,分配遗产时,应当不分或者少分。"这样,立法者既确认了赡养义务,也提供了保证其

---

① 1980年修订后的《婚姻法》第15条则进一步规定:"子女不履行赡养义务时,无劳动能力的或生活困难的父母,有要求子女付给赡养费的权利。"表面看来,这似乎和德国民法很相似,但实际上有较大差别:德国民法的被赡养条件是"没有能力维持自己生活",而当代中国婚姻法规定的条件则是"无劳动能力的或生活困难的",两者明显不同。当代法律在这方面是和国民党民法"因负担扶养义务而不能维持自己生活者",方才可以"免除其义务"的要求是基本一致的,同样几乎是无条件的义务。

实施的具体方法。

以上,我们既可以看到历史的延续,即赡养义务基本是无条件的;也可以看到法理层面上的创新,即赡养老人的子女可以多分财产,不赡养者不分或少分。相对于自西方移植过来的法律来说,也是个创新——首先是继承了中国古代对赡养的看法,然后加上了当代的应变——纳入了女子的继承权利,和西方法律具有双层的不同。

二、继承法

赡养规定所反映的是更深层的、在继承法方面的不同。个人主义的美国法律规定,所有者可以凭一纸遗嘱把其财产给予任何人,不一定要给予其法定继承人——可以是姘妇或姘夫,也可以是慈善机构,更可以是陌生人。从中国的视角来看,这可以说是个人主义的一个极端的表现。我们可以把它称作"个人个体"的法律和法理。

历史上中国的继承法则基本是"父子一体"的——这里借用的是(在另一问题上和我有过争议的)日本学者滋贺秀三的概念和用词(滋贺秀三,2003:89—118)。财产既是个人所有,也是父子一体所有。个人所有方面反映于父亲在有生之年,基本可以自由处置自己的财产,包括卖掉自己的土地和房屋;但财产也是父子一体的财产,这点在继承规定上才充分展示出来。父亲不能凭一纸遗嘱而把自己任何一个儿子排除在合法继承财产之外。这是中、美法律最鲜明的不同。美国法律把财产看作个人个体所有,所以可以

391

凭一纸遗嘱而把财产给予任何人。中国法律则不同,它把财产看作被继承人和继承人一体的财产,是两代人作为单一体所共有的。这是(我们可以称作)"家庭主义"和"个人主义"之间比较鲜明的不同。

它的具体含义可以见于中国法律关于遗嘱的规定。表面上看来,中国采纳了西方的遗嘱制度,似乎完全移植了西方的个人主义法律,父母亲可以立遗嘱把房子留给他/她所指定的继承人。1985年《继承法》第16条规定:"公民可以依照本法规定立遗嘱处分个人财产,并可以指定一遗嘱执行人。"表面上看来,这和美国/西方法律是一致的。美国人读来,都会以为这很简单,立个遗嘱,把财产确定给继承人,就了事了。美国法律的实际情况正是如此。

1985年《继承法》第16条还规定:"公民可以立遗嘱将个人财产指定由法定继承人的一人或数人继承。"这一条,虽然表面看来又似乎和西方法律一致,但实际上不是同一回事。首先,立遗嘱人不可以把财产留给非法定继承人,而在美国,则可以没有限制地留给任何人。中国的立遗嘱人只能在法定继承人中选人,可以把房子留给几个法定继承人中的某一人或数人使用,但继承人不可以随意卖掉房子。这是因为财产所有权(区别于其使用权)的继承,是所有继承人所共有的权利。

2012年10月的一个案例是很好的例证。一位老先生想设法指定把自己的房产留给他现在的妻子,由她全权处理。老人和他前妻生有两个孩子(一男一女),都已在国外定居并都有自己的房子。老人的用意是在自己百年之后,把房子留给现在的妻子,让她自由处分。他想立个遗嘱来明确此事,避免将来他现在的妻子和他的两个孩子起争执。公证员建议,老先生可以亲笔写一份遗嘱,说明把房子(带有相关的具体信息)留给现在的妻子。为此,公证员向老人详细解释、示范了怎样写这样的一份遗嘱。

但在与公证员即将谈完的时候,老先生的妻子提问说,凭借这样的遗嘱,自己是否可以自由处分房子,包括把房子卖掉——因为自己可能会返回老家,度过晚年。出乎老人和他妻子的意料,公证员说,如果要卖掉房子,她必须提供老人前妻所生的两个孩子的书面证明,证明他们同意把房子卖掉(而这正是老先生想避免的麻烦。)

公证员的解释是,法规如此规定是为了避免"打官司"。在公证处规定的实施程序中,有这样的一条:"如果法定继承人不止一个,而房产只过户给其中一人的话,需要其他人的书面同意,表示放弃对房产的继承。"这就是说,老先生根本就无法凭遗嘱把房子的所有权完全转给他现在的妻子。这就和美国法律很不一样。

经过和老先生与他妻子的讨论,公证员建议:要达到老先生的目的,只能在他生前具有更完全的所有权时便把房子赠与或"卖"给他妻子,完全转入她的名下(海淀区公证处访谈,2012年10月)。但是,赠与的话,要涉及一系列的费用,包括契税1.5%、房屋评估费0.5%、公证费2%,是个不小的数目,而要"卖"的话,则要付个人所得税(房价的1%;满五年,免征个人所得税)等。

这里隐含的法理是,继承法只在使用权层面上允许遗嘱起决定性的作用,但在真正的所有权层面上(即能否卖掉房子),其实仍然援用了古代"两代一体"的法律概念,虽然没有明确如此说明,但在实际运作中确是这样的。没有其他法定继承人的同意,经过遗

393

嘱所继承的房子是不可以卖掉的,这是历史上所有人和继承人"一体化"的法理原则在今天的具体、实践含义。

当然,继承法赋予女儿,而不仅是儿子,以合法的继承权,即都是"第一顺序继承人"。和古代法律不同,继承不分男女,展示了现代法律男女权利平等的法理。男女平等的法理,既源自中国革命,也源自西方。

在把过去的"父子一体"沿用和转释为"父母亲和子女一体"这一点上,我们既可以看到历史的延续,也可以看到法理的创新;既可以看到西方移植的影响,也可以看到其和源自古代的习惯以及法理的互动、融合。结果是形成了中国今天可以称作"父母亲—子女一体"的继承法律,在关键的节骨眼上,所展示的不仅是"个人主义"的遗嘱法法理,也是传统的"家庭主义"法理,两者并存。

三、家庭一体与夫妻一体

中国传统法律在父子一体的原则之外,也使用"夫妻一体"的原则。财产权利是从父亲到儿子这样的一条继承线,妻子是不能够继承她丈夫的所有权的,但是如果丈夫去世而儿子尚未成年,孀妇是具有监护权的。她之所以具有监护的权利,是因为她——由于"夫妻一体"的法理——代表了孩子的父亲。在孩子的父亲不在以及孩子没有成年的情况下,孩子的母亲继承遗产等于是替代父亲行使他的财产权利,这是"夫妻一体"法理的具体表现。

"夫妻一体"的另一具体表现是,如果夫妻没有儿子,孀妇有权选择嗣子。从明代到清代,法律确立了孀妇有权利选择其"爱继"——她所喜欢的族亲来当嗣子。之前,只能选其侄子为嗣子,即所谓的"应继"(应该继承的人),不能违反(如果违反,则犯"越继"之罪)。但在清代,逐渐确立了"爱继"制度,即选择自己喜欢的继承人。1775年,《大清律例》规定:"无子立嗣,若应继之人平日先有嫌隙,则于昭穆相当亲族内择贤择爱听从其便。"(白凯,2007:57)也就是说,如果孀妇和其应继侄子相处得不好,可以在亲族内另选她所喜欢的"爱继"来做嗣子。这也是从"夫妻一体"法理而得出的妻子替代丈夫所享有的法律权利。

这里可以看到,在清代的法理中,"父子一体"原则和"夫妻一体"原则是并存的。而父子一体是优先于夫妻一体的,因为夫妻一体法理是依据和从属于父子一体法理的。妻子没有自己的财产权,只有代替丈夫的监护权。

当然,西方也有夫妻一体的原则。最具体的体现是,根据美国加利福尼亚州的法律,夫妻的房子是共有财产,如果一方去世,另一方享有完全的继承权(joint ownership with the right of survivorship)。她不仅有权利使用房子,也有权利出卖房子。她具有完全的财产所有权,不像中国那样受到(成年)孩子们的继承权的限制。中国法律没有这个概念。

吊诡的是,西方的逻辑是来自"个人个体"的财产所有权的。夫妻双方都是个人个体,结婚代表的是两人通过结婚契约把其财产合而为一,因此双方都具有完全继承对方一半房产的权利[这里当然有天主教"婚姻是神圣的结合"(holy matrimony)的影响]。它是来自两个个人个体合而为一的逻辑链,和中国来自"家庭一体"

逻辑链很不一样。①

中国的婚姻之中,继承人和被继承人一体的基本法理并不因婚姻而废除。这也是我们为什么认为继承人与被继承人一体的法理是优先于夫妻一体法理的,是比夫妻一体法理更为根本的主宰性法理。

在中国的法律中,如果一方去世,他的财产被视作他和他的家庭(继承人)所有,而不简单是他个人所有。他的合法继承人包括他的配偶、子女和双亲。配偶对财产的处分权是受到其他合法继承人的继承权的限制的。这里我们可以看到中国传统的"家庭一体"的财产概念的持续,它和个人主义的个人个体财产观念很不一样。

四、中西法律的并存与融合

如果仅看遗嘱方面模仿西方的形式化表述,我们也许会认为中国今天的法律是和西方现代法律完全一致的。有的人更会认为应该如此,认为中国古代的法律应该被扬弃,西方现代法律乃是唯一的真正的现代法律。

但是,在法律的实践话语(区别于其形式话语)和实际运作层面上,当今中国的法律明显同时来自古代法律传统、现代革命传统以及从西方移植的三大传统,缺一不可理解。我们显然不可以简单运用西方的法律逻辑,也就是韦伯之所谓"形式理性"演绎逻辑

---

① 这里,滋贺秀三使用的是"同居共财"的表述,但我认为"同居共财"夸大了家产共有的一面,还是"父子一体"的表述更为贴切。

来理解中国法律。中国今天的法律文本只在表面上接纳了西方的个人主义(个人个体)产权概念和西方的赡养法律话语,但在实践层面上所采用的明显不简单是那样的法律和逻辑。在更深的层面上,继续援用的是源自上述中国被继承人与继承人一体化的、两代人一体化的"家庭主义"法理。说到底,中国人今天对产权继承的看法仍然是古代的两代人一体的看法,不同在于废弃了男性为主的原则而采纳了男女平等的产权继承原则。它并没有真正完全采纳西方个人主义的遗嘱法理。

总而言之,在上述的例子中,既有延续也有创新,融合了古代父子一体中的一体法理和西方的男女平等及遗嘱法律,这是历史延续也是法理创新。

五、家庭主义与个人主义之间的张力

当然,在西方和中国古代传统及中国革命传统并存的实际下,不仅有融合,也有矛盾和张力。在家庭主义和个人主义之间,其实存在着一个庞大的、充满张力的中间领域,其终结状态还是个未知数。

中国的法律和社会是否会像移植论者所预期、提倡的那样,越来越向西方趋同?中国的家庭结构是否也会越来越向西方的所谓"核心家庭"转化、演变?不然的话,中国的传统和社会实践,是否将会像对立方所争论的那样,顽强持续,要么像赡养责任那样呈现于正规法律,要么在实践中偏离正规法律,或者通过司法、法规的变通而延续?而在社会实际层面,则仍然维持一定程度的家庭一体而不是个人个体的原理?甚或是"三代家庭"而不是核心家庭的家庭结构?

离婚法中最近有关赠与及夫妻财产分割的规定,展示了个人主义和家庭主义间拉锯的中间领域。毛泽东时代的法官们在协助夫妻双方达成离婚协议的时候,一般都会采用家庭主义的观点,不仅考虑到夫妻个人,也会考虑到赡养老人、抚养孩子、照顾弱者等问题。同时还会考虑到过错,尤其是涉及"第三者"和虐待对方的问题,这方面也和西方从20世纪60年代到80年代全面转化为"无过错"离婚制度不同。他们的做法可以说代表了中国法律中的现代革命传统,今天仍然可以看到(见本书第四章)。但是,另一方面,改革时期的正规法律,尤其是2001年修正后的《婚姻法》和近十年来最高人民法院公布的三次关于婚姻法的"解释",正在一步步走向采用西方个人主义财产权利原则的实践。其中的关键在于赠与的财产。

1950年《婚姻法》只简单提到"婚前财产",而不加阐释,其条文集中于"家庭财产",离婚时分割财产要求"照顾女方及子女利益"(第23条)。这是毛泽东时代的法官们在司法实践中处理离婚财产所依据的成文法律。1980年《婚姻法》基本维持了1950年的框架,但用"夫妻的共同财产"替代了之前的"家庭财产"(第31条)。

但是,从2001年修正后的《婚姻法》开始,法律越来越重视个人财产。它特地给出夫妻个人财产和共同财产的具体例子:共同财产主要包含工资、奖金、生产和经营的收益,而个人财产则包括一方的婚前财产、"遗嘱或赠与合同中确定只归夫或妻一方的财产"(第17、18条)。这是从西方移植来的新规定,扩大并加强了个人财产在家庭中的法律空间和依据。在美国,被赠与或继承的财产被视作完全处于夫妻共同财产之外。

2001年年底,最高人民法院公布了第一次"解释",规定夫妻的个人财产"不因婚姻关系的延续而转化为夫妻共同财产"(《最高人民法院关于适用〈中华人民共和国婚姻法〉若干问题的解释(一)》第19条)。2003年年底,最高人民法院公布了第二次"解释",进一步说明:"当事人结婚前,父母为双方购置房屋出资的,该出资应当认定为对自己子女的个人赠与,但父母明确表示赠与双方的除外。当事人结婚后,父母为双方购置房屋出资的,该出资应当认定为对夫妻双方的赠与,但父母明确表示赠与一方的除外。"(《最高人民法院关于适用〈中华人民共和国婚姻法〉若干问题的解释(二)》第22条)2010年,最高人民法院在第三次"解释"(征求意见稿)中,更进一步规定:"婚后由一方父母出资购买的不动产,产权登记在出资人子女名下的,可视为对自己子女一方的赠与,应认定该不动产为夫妻一方的个人财产。"(《最高人民法院关于适用〈中华人民共和国婚姻法〉若干问题的解释(三)(征求意见稿)》第8条)同时,还规定:"夫妻一方的个人财产在婚后产生的孳息或增值收益,应认定为一方的个人财产;但另一方对孳息或增值收益有贡献的,可以认定为夫妻共同财产。"(第6条)这样,更确立了婚后个人财产的法律地位。

这样的赠与法理明显来自美国。在美国法律下,被赠与的财产和继承的财产都不被纳入夫妻共同财产,而是作为"个人个体"的财产来处分的。在美国的法律中,财产个人所有的法理是优先

399

于夫妻一体法理的(经过两者的合同而合并为一的当然除外)。

强世功(2011)和赵晓力(2011)力争,最高人民法院对待婚姻财产的态度偏向于个人主义,并把婚姻当作市场契约关系,他们对此提出尖锐的批评。但我们应该同时承认,归根结底这个争执所反映的是,新兴的个人主义化的市场经济中大城市里的一部分社会现实,与长久以来的家庭主义实践,尤其是农村社会的实践,这两者间的张力。

同时,新的关于赠与和遗产继承的规定也反映了几种不同社会因素所导致的新问题:离婚率的上升、房子价格的快速上涨,以及20世纪70年代后出生的独生子女结为夫妻。进而导致的问题是:夫妻双方的父母,哪一家将出资帮助年轻夫妇购买房子?在离婚的情况下,另一配偶及其父母该具有什么样的主张权?最高人民法院的规定是,财产的分割应该按照出资而定,个人产权要优先于赡养、抚养、照顾弱者等考虑。

应该说明,这里说的"个人主义"有两个层面的含义。首先是它挑战了"夫妻一体"的家庭主义逻辑。这也是强世功和赵晓力所关心的一个层面。在更深的一个层面,它代表的也是西方个人主义赠与法对中国传统家庭主义两代一体的继承法法理的挑战。

在中华民国时期的法律实践中,生前的赠与其实是当时有钱人用来绕过传统继承法的主要手段。父亲或母亲可以通过生前的赠与把财产留给自己特别喜爱的继承人,甚至用来排除别的继承人。因为,按照当时的法律,财产所有人生前是可以完全自由处置自己财产的,包括把所有的财产赠与任何人。而在死后的继承中,则不可如此,最起码要留给法定继承人所谓的"特留份"。法律规定,特留份起码要相当于平均分配财产的一半(第1223条;见白凯,2007:146)。这是国民党法律对西方个人个体主义继承法所做出的妥协和协调的一个具体例子。① 正如上面引述的那位老先生的案例说明的,生前的赠与是绕过两代一体传统继承法律原理的一个重要方法。从这个角度来考虑,赠与法不仅是对夫妻一体家庭主义法律的挑战,更是对古代两代一体家庭主义法律的挑战。

两种不同法律的法理的并存和拉锯,其实也是中国实践中的法律的一个不可避免的现实。在个人主义的生前赠与和遗嘱法理与传统的家庭主义法理并存的现实下,未来的法律将会如何演变,还是个未知之数。

结语:历史社会法学

本文主要论证的是,原来的被继承人和继承人一体的家庭主义法理在今天仍然顽强持续,不仅在社会实践中,也在法律条文和人们的道德观念中。今后,在新兴个人主义市场经济和顽强持续的家庭经济之间,以及移植而来的个人主义法律原理和旧家庭主义原理之间,中国法律到底将怎样平衡,是个尚待观察的问题。最高人民法院关于夫妻共同财产的三次解释,使我们看到个人主义法理在中国法律里进一步的扩延。也同时说明,中西法律不一定都可以融合,两者之间是会有张力和矛盾的,可能会是长期拉锯的关系。

---

① 这里它采用的是西方大陆传统的法律,和英美法的更高度个人主义化的法律不同。(白凯,2007:146[117])

面对这个问题,我们在法理层面上有两种选择。一种是遵循西方形式主义法律追求的"形式理性"的基本精神。也就是说,要求把法律做成一个既是自我封闭和独立存在的、普适的(亦即"形式主义"的),也是逻辑上前后一贯的(亦即"理性的")体系。韦伯所谓的"形式理性",它的关键在于形式主义和理性主义的结合;在结合的过程中,演变为要求把整个体系整合于演绎逻辑的形式理性。这就是韦伯对西方现代法律形成过程的核心看法。我们如果选择这种途径的话,便需要一步步地朝着把整套法律整合于个人主义的方向前进,逐步完全采纳西方法律。从个人权利的根本理论前提出发,便会根据演绎逻辑而得出类似于美国的遗嘱法和赠与法,这也许也是当前一部分法律人士的想法。

另一种是有意识地选择基于实践逻辑的法理。实践理性之与形式理性的不同,关键在于它不要求整合于演绎逻辑。它要求的不是形式化的、普适化的逻辑自洽,而是实用性、可行性。它可以允许不同逻辑和矛盾法规的并存,然后在实践和社会变迁中,来逐步协调法律条文与实际运作。它可以容纳个人主义和家庭主义的长期并存和拉锯,不需要完全整合为单一逻辑。那样的话,个人主义的遗嘱法和赠与法可以和家庭主义的两代一体继承法并存,允许根据实际情况而在两者之间做出适当的协调。

通过实践的试验而后立法其实是中国一贯的做法。长期以来,中国的立法采用的是通过试验方才纳入正式法律条文的做法,这和西方形式主义法律的立法精神很不一样,也和我们一些法学家们所提倡的方法很不一样。譬如,在离婚法中,我们可以从大量的案例档案中看到,"感情"是否"确已破裂"的准则,在 20 世纪

50—70年代的法律实践中,都已广泛使用,但一直到1980年《婚姻法》方才被纳入法律条文(见本书第四章)。又譬如,前面提到的尽了赡养父母亲义务的继承人可以多得财产,不赡养者不分或者少分,也同样是在经过多年的试验之后,一直到1985年方才被纳入法律条文。

我要提倡的法律研究是从实践出发的研究,要求既要看到法律的历史渊源,也要看到它的创新,从实践的智慧来提炼、修改条文和法理。同时,也要看到它的矛盾和不足,允许它通过实践来摸索出符合中国实际需要的法理和法律。这不是个莫名其妙地脱离形式理性的方案,而是有意识地超越简单、极端的普适化的形式理性的方案。这样的思路和方法就是我先前提到的与韦伯思路的不同,也是我想提倡的"历史社会法学"的部分含义。

参考文献

白凯(2007):《中国的妇女与财产:960—1949》,上海:上海书店出版社。

强世功(2011):《司法能动下的中国家庭——从最高法院关于〈婚姻法〉的司法解释谈起》,载《文化纵横》第1期。

赵晓力(2011):《中国家庭资本主义化的号角》,载《文化纵横》第1期。

《中华民国民法》,1929—1930,收于《六法全书》,1932,上海:上海法学编译社。

滋贺秀三(2003[1967]):《中国家族法原理》,张建国、李力译,北京:法律出版社。

The German Civil Code (1907). Trans. and annotated, with a historical introduction and appendixes, by Chung Hui Wang. London: Stevens & Sons.

建立"历史社会法学"新学科的初步设想

今天在国内各大法学院占据主流地位的是舶来的西方形式主义法学。它从基本前提("权利")出发,通过严密的法律逻辑,演绎出各个不同部门和条文,形成一个"自圆其说"的前后一贯的整体。它认为法学是一门科学,可以像希腊传统的欧几里得几何学那样,从几个公理出发,凭推理得出真确的定理,而后通过逻辑应用于任何事实情况。在国外,这种法学尤其可见于德国的"形式主义理性"法学传统,也可见于美国的"古典正统"法学,两者都具有深厚的学术传统。

但是,形式主义法学也有明显的缺陷。它偏重理论和概念,试图把法律从其社会环境中完全抽离出来;它偏重法律条文,可以无视司法实践;它认为法律是普适的,可以完全独立于经验和时空。正因为如此,在德国和美国,都兴起了与其对抗的不同法学传统,例如德国(和奥地利)的法社会学[耶林(Rudolph von Jhering)、埃利希(Eugen Ehrlich)]和美国的实用/现实主义法学(霍姆斯、庞德、卢埃林),以及由其衍生的法社会学和"法律与社会运动"(Law and Society Movement)。它们的重点在于强调法律和社会的相互关联,认为法律和社会是互动的。在 20 世纪 70 年代之后,更有带有一定的马克思主义和后现代主义影响的"批判法学"(Critical Legal Studies)之兴起[安格尔、肯尼迪(Duncan Kennedy)]。这些理论的共同之处是拒绝永恒不变和超越时空的普适法律,强调法律是与社会同步演变的,而且应该如此,认为法学需要重视实用/现实。尤其是法律实用/现实主义,长期和主流的法律形式主义抗衡、拉锯,并且占据到几乎同等的地位,它起了弥补形式主义法学不足的重要作用。

但是,法社会学和实用主义法学也同样具有明显的缺陷。它们缺乏关注长时段历史演变的视野。和社会学(以及经济学等其他社会科学)一样,它们偏向于当前的横切面,忽视历史背景和动向。此外,20世纪60年代和70年代在美国的法律与社会运动,根据其中关键人物的回顾与反思[楚贝克(David M. Trubek)、格兰特(Marc Galanter)],更附带有强烈的实证主义(科学主义)以及西方(或美国)中心主义色彩。之后,虽然在"批判法学"和后现代主义思想潮流的影响下,对其有一定的反思,但其先前的狭隘和自大则被来势汹汹的、与美国新保守主义紧密关联的"法律与经济运动"(Law and Economics Movement)所继承。与之不同,19世纪德国"历史法学"(Historical Jurisprudence)之兴起正是为了突出跨时维度,强调法律和(民族)文化之间的关联与同步演变,并强调历史资源在立法中应有的地位[萨维尼(Friedrich Karl von Savigny)]。它推进了法律史的研究,也可以弥补形式主义法学和法社会学缺乏纵向跨时视野的缺陷——但德国的历史法学后来过分强调永恒性的"民族精神"(Volksgeist),显示了一定的国粹主义倾向;同时,也缺乏深入的社会经济关系视角,这是它的不足。

我们之所以要提出"历史社会法学"(Historical-Social Study of Law, Historical-Social Jurisprudence)这个新名词,首先是要强调三

个维度缺一不可。中国的法学应该具备一定的社会关怀。同时,我们没有采用"法社会学"学科的建构,因为它最终还是模仿西方已具有一个多世纪历史(和深层的现代主义与西方中心主义)的学术,并且容易偏向并从属于社会学学科,失去"法律与社会"两者互动的基本认识。我们也拒绝一般社会学之缺乏跨时视野的倾向。我们特别强调历史视野之不可或缺,认为对历史传统悠久而厚重的中国来说,如此的视野尤其必要。同时,我们也没有采用"历史社会学"学科的建构,因为它最终也会是模仿西方已经相对定型的学术传统,并且同样在学科上和制度上容易偏向并从属于社会学。相对于现有的知识谱系来说,我们更多认同于历史社会学的古典政治经济学起源,认同于马克思和韦伯那样的宽阔的历史、社会(和经济与政治)的法学视野。

在我们的概念之中,"历史社会法学"是一门既具有深厚域外学术传统的学科(在形式主义理论之外,主要是法律实用/现实主义、法社会学和历史法学的理论传统),也是具有中国自己古代的厚重法律理论传统和现代的革命传统的学科。

我们的设想不是简单的"全",而是具有鲜明特点的法学。现阶段我们可以提出一些方向性的重点。在以上的历史—社会—法学以及形式主义—实用主义—历史主义三方面并重的特点之上,本学科亦将有意识地承继中国自身的法学传统资源,例如,其长时期的连接理论与经验的思维方式(区别于形式主义之偏向理论),以及其一贯的实用倾向。无论在研究过去还是设计今天的立法方面,我们都特别强调实践经验和效果,用来纠正(而不是完全取代)"主流"形式主义之过分偏重抽象理论的倾向。我们对"法律"的基本认识是实践和行动中的法律,而不简单是理论和条文中的法律。在舶来的西方理论之上,我们更倾向于从中国过去和现当代的实践历史经验中探寻实用智慧资源。同时,我们也将特别强调中国法律传统中的前瞻性伦理资源,用来纠正近年来完全偏向移植西方的形式主义主流法学倾向。举例来说,我们要问:法律的出发点,是否一定要是与个人主义和资本主义密不可分的"权利"前提概念,而不可能是更宽阔和包容的伦理,例如中国儒家的"仁"与"和"理念?在个人主义之外,是否可以更强调人际关系,包括家庭关系?再则是中国现代革命所遗留的社会公正理念,以及其法庭调解等制度创新。我们认为,在强调伦理和实用性方面,革命法学传统和中国古代法学传统是有一定的连贯性的。至于在国际法层面上,我们要问:是否可能在现代的国家"主权"前提概念之外,更辅之以中国传统的"大同"和现代革命的"和平共处"等理念,借以纠正大国霸权主义?改革时期在从国外移植形式主义法律方面做了大量宝贵的工作,足可弥补中国自身法律传统多方面的不足;今后的重点应该是借助中国的历史传统和现代革命传统,以及多年来的实践经验,来进一步完善和补充移植来的法律的缺陷。

作为一个国内外均未曾有的新学科的初步设想,我们目前只能提出一些方向性的想法,去完整的理论体系还远。它的建立,意味的是朝着上述方向探索的决心,而这样的目标不是一个人或几个人,甚或一代人所能达到的。但我们的总体构想是比较清晰的:建立一个融合中西和古今的中国法学及理论和法律体系。我们坚信,和目前中国法学二元对立的简单的"移植主义"或"本土主义"相比,我们的方向是更包容、更实际、更可能持续的法学(也更符合中国学科制度环境中的"大法学"概念),更可能为全人类做出中国独特的贡献。

黄宗智,2012 年春

附录三

重新认识中国劳动人民
——劳动法规的历史演变与当前的非正规经济

在社会主义与资本主义两种话语混合的演变过程中,人们很容易受到一些不符合中国实际的概念范畴的影响。譬如,把产业"工人"范畴等同于大多数的劳动人民,并把"劳动法"理解为为大多数劳动人民设置的法律。这是一个源自经典马克思主义的观点。有的左派学者因此聚焦于传统概念中的"无产阶级"产业工人的研究,譬如,研究他们的依(劳动)法抗争。[①] 而新自由主义学者们,则倾向于把占少数人员的正规企业和国有单位的正式全职"职工"想象为占大多数的就业人员,把在中国占少数的"中产阶级"想象为占大多数的人员,把中国社会想象为一个"橄榄型"的,即中间

[①] 最突出的研究之一是李静君之前的著作(Ching Kwan Lee,2007)。详细讨论见黄宗智,2013。

大、两头小的社会。① 在市场经济的抽象理论和想象中,其更以为规模巨大的临时性、半正式和非正式员工已经被完全整合于单一的劳动力市场,以为中国已经进入了所谓的"刘易斯拐点"。② 诸如此类的理论先行和意识形态化想象,促使人们忽视了中国大部分真正意义上的劳动人民。

本文先从劳动法规的历史变迁切入,逐步重新梳理出中国大多数实际的劳动人民。他们既非经典左派设想的城镇工业"无产阶级",也非经典新自由主义所想象的已经被整合入一个统一的国内劳动力市场的劳动人民,更不是其所想象的占据"橄榄型"社会中大多数的"中产阶级"。

一、劳动法规的历史演变

今天的"劳动"及与之紧密关联的"工人"两个法律与统计范畴的运用,包含着三个不同的传统:一是中国革命传统中的"劳动"概念,基本上是马克思主义"无产阶级"或"工人"范畴的意思;二是在共产党执政之下形成的传统,"工人"在意识形态与工资和福利上,其实是个地位相当高的等级;三是市场主义的改革时期,劳动法规实际上只适用于由较少数的蓝领工人及国家官员和其他白领人员组成的较高身份的正规"职工",而大多数的劳动人民则被排除在法定"劳动关系"范畴之外。结果是,"劳动"和"工人"这两个法律

---

① 代表性的著作是陆学艺,2003;陆学艺编,2002。详细讨论见黄宗智,2009。
② 代表性的著作是蔡昉,2007。详细讨论见黄宗智,2009。

和统计范畴的极其复杂和充满误导性的使用,亟须我们仔细分析。

(一)1949年以前

在革命时期,"劳动"一词主要是从工人革命运动的视角来使用的,要为劳动人民争得有尊严的待遇,诸如安全、卫生的工作环境,最低限度工资,八小时工作时间,对妇女和童工的保护,社会保险,等等。如此的要求可以追溯到共产党建党初期。1922年5月1日,在国际劳动节召开的全国劳动大会上通过了八小时工作制案。同年8月,党的"劳动组合书记部"拟定《劳动立法原则》,制定《劳动法案大纲》(高学强,2010)。后在1925—1929年每年一度的五次(除了1928年之外)全国劳动大会上通过了一系列的具体规定:在八小时工作日(煤矿则限定六小时)之外的关于休息日、每周最多工作时间、保护妇女和童工的种种规定(禁止危险和困难工作、禁止哺乳期的妇女做夜工和特别强度的工作、哺乳时间每次相隔不准超过三个半小时、每周须有连续四十二小时之休息等)(国家劳动总局政策研究室,1980:11—15)。这些都是革命劳工运动所采纳的决议。

同时,在共产党的根据地内,形成了与上述革命传统并行的革命党执政传统,这反映于1933年颁布的《中华苏维埃共和国劳动法》。首先,在之前采纳的具体规定之外,补加了其他的一些法定基本要求:关于正式合同规定,超时的额外工作工资的规定,更详细的妇女和童工保护规定,社会保险——包括医药、工伤、失业、退休("残废及衰老时")、死亡或失踪时的"家属补助金"等。(《中华苏维埃共和国劳动法》,1933:第68条)

411

同时,苏维埃劳动法把共产党机关和政府机构员工及工人一起并入了劳动法新采用的"职工"范畴(第1条)。党是"无产阶级的先锋队",而国家则是党的行政机构,把党政机关人员纳入"劳动"法律被认为是顺理成章的事。

延安时期,在解放区的工会完全被置于作为政党—国家机构的全国总工会的领导和管辖之下。在实践中,工厂的工会其实常常是由工厂管理者来领导的。正如中华全国总工会前副主席倪豪梅在2012年的一篇特别能够说明问题的回忆论文中所揭示的,当时和今天的工会的核心问题是怎样才能促使工会独立于厂方管理层而真正代表工人的实际利益。(倪豪梅,2012)

今天回顾,1933年劳动法的另一个特点是明确把非全日制工人、临时工和为了"完成某项工程"而被雇佣的工人全都纳入劳动法的"劳动"范畴之下(第91条)。该法甚至把农业雇工、"季候工人"、"乡村手艺工人"、"苦力"和"家庭仆役"也都纳入了"劳动"范畴和劳动法保护范围之内,所表明的是对"劳动者"范畴比较宽阔的理解。在这方面,1933年的劳动法与后来改革时期对正规"劳动关系"越来越狭窄的定义将会形成鲜明的对照。

(二)共产党执政之后

共产党执掌全国政权之后,基本延续了江西苏维埃时期把党政机关人员纳入劳动法"职工"范畴的做法。这样,("白领"的)党政机关、国家机构和事业单位的职工全都与("蓝领"的)国有企业工人一起,被纳入"劳动"法律保护之下。这不是个小问题——

附录三 重新认识中国劳动人民——劳动法规的历史演变与当前的非正规经济

2010年,"国有单位"职工总数几乎占到全国所有受到国家劳动法保护的正规职工总数的一半以上(相关论证见表5)。

从20世纪50年代到20世纪70年代,国家基本没有颁布新的劳动法,但发布了相当数量的关于劳动的指示和规则,包括针对资本主义企业的社会主义改造的法规。它们的重点在于建立统一的工资制度,并把劳动分配纳入政府和经济计划的管辖之下(国家劳动总局政策研究室,1980:15页及其后)。

今天回顾,一个比较突出的现象是对"临时工"的政策,其一定程度上是后来改革时期部分问题的先声。当时,不少单位使用了比较廉价的农村劳动力——称作"民工"——来处理一些特定的劳务需要,①其方式有所谓"合同工""协议工""季节工""轮换工"等,区别于正式工人。比如,特定的建筑和运输工作,季节性工作如轧棉花、晒盐、制糖、制茶等,一般都使用临时工(国家劳动总局政策研究室,1980:40—43)。

当时,国家政策相当严格地限制临时工转正为长期的正式工人,在两者之间树立了不容易逾越的壁垒。因此,这在实际上已经划分了两个不同等级的工人。这时期的临时工规模虽然比较有限,但已为后来改革时期所形成的大规模非正规经济开了先例。

总体来说,计划经济时代,政府是比较严格限制民工的使用的,为此多次下达了相关规定。比如,1972年国家计委规定,要把轮换工和县办企业常年使用的临时工都纳入国家劳动计划,不得在计划外招收;1977年国家劳动总局规定,全民所有制的职工人数

---

① 煤矿则有使用"亦工亦农"的"轮换工"者,被认为是特别适合煤矿用工的一个型式(国家劳动总局政策研究室,1980:44—45)。

和工资总额都必须控制在国家下达的劳动计划以内；1979年，计委明确规定，要压缩清理计划外用工。（国家劳动总局政策研究室，1980：70—73）

总之，即便是在改革之前，正式的全职工人和党政机关干部的身份、地位和待遇都明显高于较低层次的集体单位职工，以及非正式的临时工和合同工，更不用说基层的仅仅务农的农民。

作为基层的农民，毋庸说是临时民工的主要来源。实际上，即便是在计划经济时期，城乡也有明显的差别。1958年1月采用的户籍制度更进一步巩固了城乡之间的差异。之后国家规定，农村人民，无论其父亲的户籍如何，只能承继其母亲的身份，为的是要更加严格控制城镇户籍。

（三）改革期间

改革期间呈现的是处于国家劳动法规保护和福利制度之外的非正规经济的大规模扩增。首先是20世纪80年代开始的农村工业化。初始时候的社队（乡村）企业是由农村集体单位用工分形式来支付其"离土不离乡"员工工资的，因此完全谈不上给予工业工人劳动法律保护和福利。当时企业的用工概念基本还是原有的"民工"和"临时工"，或结合非农就业与农业的"季节工"。其后则是"离土又离乡""农民工"的大规模进城打工，以及20世纪90年代后期原来的（中小）国有单位员工的大规模"下岗"，为的是其企业单位的"破产"或"减负"。这两者同样被置于劳动法保护和国家职工福利制度之外。与此同时是小规模"私营企业"的快速扩增，

附录三　重新认识中国劳动人民——劳动法规的历史演变与当前的非正规经济

它们一开始只是被视作半正当的单位,只是具有"自然人"身份而不是正式"法人身份"的企业,也基本被置于正规劳动法和福利制度之外。伴随以上这些非正规经济的快速扩增,农民工和下岗工人很快就占到所有城镇劳动者中的大多数。

一般来说,国家机关和事业单位及较大的正规企业会更遵守国家法规(当然,大规模的企业也意味着它具有对当地政府更大的杠杆权力,能够绕过国家劳动法规),而较小规模的"私营企业",即便是在册的单位,大多并不具备正规"法人"身份,本来就不被国家法律认定为正规的"用人单位",因此更不会太重视国家劳动法规。而为了节省劳动力成本,两者一定程度上都会依赖临时工、非全日工等如今属于"劳务关系"的人员。这些在大城市也绝不罕见的现象(例如餐馆服务员、社区保安;即便是大学的清洁工也常常如此——见李干,2008),在乡村的"乡镇企业"和"私营企业"更加如此。至于未曾登记的小规模企业或只有一二名员工的"个体户",就更不用说了。

当然,即便是属于正规"劳动关系"的蓝领工人,也不一定会得到法律的充分保护。譬如,企业与地方政府(作为"招商引资"的显性条件或隐性默契)可以不严格执行国家的劳动法规。即便不是这样,企业职工的维权也面临着重重障碍。在劳资争议中,一般的程序是,先要通过工会调解。调解不成,方才可以申请当地劳动与社会保障局的"劳动争议仲裁委员会"仲裁。而在这两个层次上,都可能会遇到当地招商引资的地方政府对公司的庇护。不服仲裁裁决,才可以向地方法院提起诉讼。即便是最后这个环节,仍然可能受到地方的阻挠。(例见《劳动争议纠纷案件现状及情况分析》,

2012;《劳动纠纷起诉书——劳动纠纷案例一》,2010;《媒体公告解除劳动关系引出的诉讼》,2007)这些都是以往聚焦产业工人研究的左派学术已经说明的问题。(例见 Ching Kwan Lee,2007)

虽然如此,1995 年实施的"旧"劳动法仍然基本承继了 1933 年的《中华苏维埃共和国劳动法》的传统,延续并更详细地做出了关于劳动保护的规定:每周工作不得超过四十四小时,每日八小时;超额的工作不能超过三小时一天,并必须支付"百分之一百五十的工资报酬";普通假日的劳动必须支付"百分之二百"的工资,国家规定的假日则要支付"百分之三百";职工在工资之外,"依法享受社会保险待遇",包括退休、患病、工伤、失业、生育,即所谓的"五保"。再则是依法组织和参加工会的权利。此劳动法的主导思想基本仍然是旧型的,把劳资关系视作权力不对等的支配者与被支配者之间的关系,因此需要保护作为弱势方的劳动者的基本权利,包括组织和参与工会的权利。(《中华人民共和国劳动法》,1995:第 36、38、41、44、70、73 条)

2008 年施行的新劳动合同法则引进了合同理论作为其主导概念,假定劳资关系乃是市场经济中的自由、平等关系,并明确建构了基于"劳务关系"的"劳务派遣"法律范畴,说明其适用于"临时性、辅助性或替代性的工作岗位",与适用旧劳动法的诸多关乎"劳动关系"的条文区别开来。(《中华人民共和国劳动合同法》,2007:第 66 条)

2012 年 4 月的一起案例特别能够说明问题。有两位老农在一个化肥厂打工,每日工资 50 元。半年之后,工厂获得正式法人身份,成为法定的正式"用人单位"。两位老农要求成为该工厂的正规工人,但还是被厂主解雇了。二人向当地劳动争议仲裁委员会申请仲裁,要求劳动法律保护,但没有得到支持。理由是,他们在工厂工作的那半年,工厂尚未获得正式的"法人"用人单位资格,因此他们与工厂的关系只能算是劳务关系,不能算是正规劳动关系。所以,其不适用国家的劳动法和劳动合同法。(《劳务关系不是劳动关系诉讼难得仲裁支持》,2012)

2008年的新劳动合同法实施以来,"劳务派遣工"人数快速扩增。先是大型国企,而后是事业单位和大型私企,都开始广泛使用劳务派遣中介公司,一方面把许多原来是长期的、正规的劳动关系职工从企业转入劳务派遣公司,凭借后者的"护身符"来解除企业对其众多的法定义务("甩包袱"),基本上把旧正规职工转为临时性的劳务派遣工;另一方面越来越多地使用派遣公司来雇佣新的职工,为的也是减轻自身对劳动者的法定义务。2010年,通过劳务派遣公司被雇佣的农民工人数已经至少有1000万,这是人力资源和社会保障部(原来的劳动和社会保障部的新名称)的官方估计。社会人士(如关注该问题的一些人大代表)则更倾向于使用2500万人的数据。(人力资源和社会保障部劳动科学研究所,2010:263—266)2011年6月,全国已经有3700万企业劳务派遣工,其后更加快速地扩增。之后,我们虽然缺乏精确可靠的数据,但媒体广泛使用的人数是6000万。

总而言之,经过上述历史演变,在国家劳动法规保护的正规经济之外,中国形成了一个庞大的基本处于劳动法规之外的非正规经济。下面我们转入对非正规经济概念的进一步说明,然后论证其在当今中国的具体规模和人数。

二、全球视野下的非正规经济

在世界上其他发展中国家,"非正规经济"自20世纪六七十年代以来便已伴随资本的国际化而高速扩展。发达国家企业之所以进入发展中国家,一个主要目的就是寻求低于本国价格的劳动力。而其资本一旦进入发展中国家,不仅意味着企业本身将雇佣当地的劳动力,也使得与其关联和为其服务的本地公司兴起,更会触发一系列的连锁效应,包括必要的基础设施、产品的运输和销售,以及员工的各种各样的服务(例如交通、餐饮、娱乐、清洁、家政等)。除了新兴的现代经济部门的正规职工之外,还有与其关联的处于正规经济部门之外的众多员工和个体户,而他们也需要各种各样的旧型或半旧型服务(例如工匠、裁缝、小摊贩、廉价餐饮、维修等)。而当地农村越是人多地少,剩余劳动力就越多,其所能为现代部门提供的非正规廉价劳动力也就越多。这些现象先出现于中国以外的发展中国家,但在中国脱离计划经济之后,也非常快速地在中国扩增,其规模远大于大部分其他发展中国家。

正如联合国的国际劳工组织(ILO)、世界银行的"社会保护单位"(Social Protection Unit),以及诺贝尔和平奖选拔委员会等机构所指出的:规模庞大并不断扩展的"非正规经济"是世界上发展中国家的普遍现象。根据国际劳工组织的数据,它在"亚洲"[①]已经扩展到非农就业的65%(北非是48%,拉美是51%,撒哈拉以南的

[①] ILO 统计的是印度、印度尼西亚、菲律宾、泰国和叙利亚,未纳入中国。

非洲地区是78%)。(ILO,2002)已有众多的研究一再指出发展中国家的这个现象,其中包括世界银行的社会保护单位发表的多篇论文。(例见 Blunch,Canagarajah and Raju,2001;Canagarajah and Sethurman,2001;Das,2003)

国际劳工组织在1919年由国际联盟组建,并因提倡社会公正而于1969年获得诺贝尔和平奖。它对"非正规经济"及其就业人员采用了合理和实用性的定义[①]:缺乏就业保障、福利和法律保护的劳工。在中国,最恰当的例子当然是人数庞大的"离土离乡"的农民工,包括城镇中新兴的较小规模的"私营企业"的员工及"个体户",更包括乡村的"离土不离乡"乡镇企业和私营企业员工。

非正规经济人员之中有许多以低报酬、无福利的临时工或承包身份就业于正规部门,大多没有在政府部门正式注册。[②] 在20世纪70年代和20世纪80年代,国际劳工组织曾经将其注意力集中于当时被认定为可以和正规部门明确区分、处于其外的"非正规部门"(informal sector)。但后来,鉴于众多受雇于正规部门的非正规临时工的事实,改用了更宽阔的"非正规经济"(informal

---

[①] 这是因为它在组织上比较强调实践,其管理机关和每年的国际劳工会议由政府工作人员、企业主和工人代表组成(见 The Nobel Place Prize, 1969, Presentation Speech)。这里引用的2002年的报告是由一组知名研究人员所写,牵头的是哈佛大学的 Martha Chen 和联合统计部的 Joann Vanek。

[②] 根据本文使用的概念,正规部门的非正规人员应该包括承包正规企业工程的非正规私营企业、个体户和未经正式登记的人员,不限于正规部门单位正式上报的在册临时工。如果简单地从正规部门单位上报的在册就业人数出发,减去正规职工,得出的只是几百的人数,完全没有考虑到绝大多数实际存在的农民工。例见《制造业、建筑业的就业人员数与职工数》(《中国统计年鉴》,2007:表5-6,135;表5-9,142)。

economy)这一概念,将在正规部门工作的非正规人员(ILO,2002)也纳入其中,最近几年则更倾向于用"非正规就业"(informal employment)一词。虽然如此,但其基本定义并没有变。

三、中国的农民工

2006年之前,因为农民工一直没有被纳入国家正规统计系统的指标,我们只能依赖2000年人口普查所显示的该年在城镇就业人员数,和国家登记的在册正规单位就业职工人数之间的差数,来推测未被登记的非正规农民工人数。这个方法虽然没错,但因为没有更直接的经验材料,因此常有一定的不确定性。2006年发表的《中国农民工问题研究总报告》(下称《总报告》)初步填补了这方面的空缺。那是在国务院总理的指示下,由国务院研究室牵头、召集有关部门和研究人员所做出的报告,但也仅是在对31省(直辖市、自治区)、7000个村庄的6.8万农户的、尚未充分精确化的抽样问卷调查基础上形成的研究,其中难免含有不甚精确的部分。①

之后,2008年底,国家统计局终于正式建立了农民工统计监测制度,于2009年开始,每年发布关于农民工的调查监测报告。这些报告仍然是根据6.8万户的抽样调查的研究,但在2006—2009年间,关于农民工方面的抽样调查已经高度精确化——譬如,系统纳入了外出还是本地、各行业、参保、教育背景、地区分配等数据。当

---

① 《总报告》对"城镇"范畴的定义是和国家统计局就业人员统计一致的,即限于县城关镇及其以上的城镇,不算其下的镇,但人口普查则纳入所有的镇,两个口径的统计因此有所不同(《中国统计年鉴》,2007:123,180)。

然,由于农民工依然未被树立为一个正式的统计指标(而作为流动人口,也确实不容易统计),数据不是按户或按人的直接调查或登记,而是凭借抽样的推算,因此难免带有抽样调查不可避免的误差幅度,但是其精确度和可信度已经比此前要高得多了。如今,其无疑是关于农民工的最权威的数据。

表1列出了2006年到2011年的农民工数据。可以看到,2006年报告的数据推测和估计多于系统估算,而2009年和2011年的数据则明显比较精确,依据的是更细致的抽样调查,然后按照系统的统计方法估算而得。

表1 农民工人数、工作时间、参保率

调查年份	总数(万人)	外出农民工(万人)	本地农民工(万人)	工作时间	养老	医疗
2006	20 000	12 000	8000	平均11小时/天?	15.0%	10.0%
2009	22 978	14 533	8445	89.4%多于44小时/周	7.6%	12.2%
2010	24 223	15 335	8888	90.7%多于44小时/周	—	—
2011	25 278	15 863	9415	84.5%多于44小时/周	13.9%	16.7%

数据来源:《中国农民工问题研究总报告》,2006;中华人民共和国国家统计局,2012,2010。

据此,我们可以看到,2011年的"离土离乡"的农民工共1.59亿人,占城镇非正规就业人员的绝大部分。而"离土不离乡"的农民工则有0.94亿人,其中绝大部分是乡村的"乡镇企业"和"私营企业"就业人员。外出和本地农民工两者加起来的总数是2.53亿

(25 278万)人。

根据2006年的《总报告》,农民工中有30.3%(0.364亿)在制造业部门工作,22.9%(0.275亿)在建筑业工作。此外,约0.56亿就业于"第三产业",其中10.4%(0.125亿)从事"社会服务",如保姆、清洁工、清运垃圾人员、社区保安、理发店员工、送货人员等;6.7%(0.08亿)是住宿餐饮业服务人员;4.6%(0.05亿)是批发与销售业人员,如小商店、摊位人员和小贩等。

农民工不具有正规城镇户口,与城镇居民在身份上存在一定差异。他们从事的是低报酬和没有福利的工作。根据2006年的《总报告》,2004年他们平均工资只有780元/月,每日平均工作11小时,每周6—7天。也就是说,他们的工作时间比正规职工多将近一半,而获得的报酬仅是后者的60%。当时的调查者推测,他们中只有12.5%具有工作合同,10%有医疗保障,15%有退休福利(根据后来更精确的数据,这些推测其实偏高——见表1)。由于不具备城市居民身份,他们只能负担更高的医药费用和子女的"择校"教育费用。在全国每年70万工伤受害者中,他们占了最大多数。这些基本事实也可见于众多较小规模的研究。①

---

① 例如,北京市丰台区2002年的一项有关调查显示,被调查的城市居民平均工资是1780元/月,而农民工则只有949元。他们之中有1/3的人员每天工作时间超过12小时,1/6超过14小时(李强、唐庄,2002)。另一项关于合肥市的研究,基于836份有效问卷,发现80%按月报酬在800元以下,86%工作时间为10到14小时(方云梅、鲁玉祥,2008)。另一个2007年关于武汉、广州、深圳和东莞等城市的研究,根据765份有效问卷发现,农民工工资在2004年以后有显著增长(49.5%月薪达到1000元以上),但他们平均每周工作65小时。如果按小时计算,他们的工资只达到2005年全国正规职工收入的平均水平的63%(简新华、黄锟,2007)。当然,《总报告》是最为全面的调查。

以上事实在一份国际调查中得到进一步证实。这是一个由国外学者和中国社会科学院共同完成的(1988年、1995年和2002年三次调查中的)第三次"中国家户收入调查"(Chinese Household Income Project)。该项调查是以国家统计局的抽样调查为基础,根据经过修改的范畴而抽样进行的。[①] 2002年的调查覆盖了120个县的9200个农户及70个城市中具有城市户口的6835户,同时对"农村移民"(rural migrants)进行了次级样本调查。该项调查发现,农民工的工作报酬比城市居民平均要低50%。[②] 而这个数字尚未将两者之间在工作时间、医疗保障和教育费用等方面的差别考虑在内。(Gustafsson,Li and Sicular,2008:12,29;Khan and Riskin,2008:76)

从表1中我们可以看到,在参与社会保障方面,2009年到2011年有一定的进步。农民工在养老和医疗保险的参保比例方面有一定的提高,从2009年的7.6%和12.2%提高到13.9%和16.7%,但客观上仍然很低。工资方面也有一定的提高,但我们欠缺可比价格的数据。虽然如此,可以确定的是,绝大多数依然违反国家劳动法律规定的每周最多工作44小时,2009年是89.4%,2010年是90.7%,2011年仍然高达84.5%。中国的农民工虽然在其家乡具有大部分其他国家的"非正规经济"人员所不具备的承包地权,但在其他方面(没有国家劳动法律保护和没有或只有低等社会保障)是和其他发展中国家基本一致的。

---

① 比如,加上了在自家所有房子居住人的房租等值估算,但是仍然没有纳入城市居民在医疗和教育上的所享有的"暗补"的估算(Guatafsson,Li and Sicular,2008:15—17)。应该指出,也没有考虑到工作时间的差别。
② 这是按就业人员计算。如果按人均计算,则低35%。

四、城镇的正规与非正规就业人员

国家统计局根据 2010 年的全国人口普查数据,对之前的就业人员数据做了全面的调整。结合上述农民工数据,我们今天可以获得比较完整的关于农民工和非正规经济,以及正规经济就业人员的数据。由此,我们可以比此前更有把握地论述农民工和中国非正规经济的规模和演变过程。

表2 中国城镇历年正规和非正规经济就业人员数(万人)

年份	私营企业	个体	未登记	非正规经济总数	占城镇就业人员%	正规经济总数	占城镇就业人员%
1978	—	15	0	5	0.2%	9514	99.8%
1985	—	450	0	450	3.5%	12 358	96.5%
1990	57	614	2313	2984	17.5%	14 057	82.5%
1995	485	1560	1704	3749	19.7%	15 291	80.3%
2000*	1268	2136	8163	11 567	50.0%	11 584	50.0%
2005	3458	2778	10 928	17 164	60.5%	11 225	39.5%
2010*	6071	4467	11 384	21 922	63.2%	12 765	36.8%

* 2010 年的数据根据第六次人口普查把 2001 年之后的城镇就业人数往上做了调整。根据新旧数据并存最后一年(2009 年)数据的比较,该年城镇就业人员总数经调整之后增加了 0.22 亿人,同时乡村就业人员数减少了 0.44 亿人,城乡总就业人员数往下调整了 0.22 亿人。这些调整所反映的主要是比原先数据更快速的城镇化,也反映了相当数量的农村人员在城镇化过程中从农业就业变成非农就业,以及没有就业人员的演变。

数据来源:《中国统计年鉴》,2011:表 4-2。

附录三　重新认识中国劳动人民——劳动法规的历史演变与当前的非正规经济

表2是根据最新调整的就业人员数据所列出的中国历年正规和非正规经济就业人员数(2000年及之前的数据没有变动)。这里的"正规经济"范畴纳入了统计局惯用的正式登记的、具有法人身份的国有单位、集体单位、股份合作单位、联营单位、有限责任公司、股份有限公司、港澳台商投资单位,以及外商投资单位的正式在册人员。这些都是国家相对比较严格要求执行国家正式劳动法规的在册单位(虽然有一定比例并没有完全达到国家劳动法规所定标准,也没有达到正规职工所享有的福利水准)。在正规单位之外的,是规模较小的(虽然是经过正规登记的)、不具有法定正规"用人单位"身份的"私营企业"(区别于较大型的民营股份单位和公司及港澳台和外资单位)和个体(户),以及数量庞大的未经登记人员。他们更适合我们这里采用的非正规经济范畴。

所谓"私营企业",按照国家统计局的定义,乃是"由自然人投资或自然人控股"的单位。因此,它们不具有"法人"身份,与具有如此身份的"有限责任公司""股份合作单位""港澳台商投资单位"及"外商投资单位"等较大的非国营企业不同(《中国统计年鉴》,2007:表5-7,138)。我们绝不应像在美国语境中(和有的美国研究中)那样把"私营企业"(private enterprise)按照其英文的字面意思理解为所有的非国有企业。事实上,这些"自然人"所有的私营企业的就业人员在2006年只占全国就业人员总数的14%,绝对不应被等同于中国"资本主义"的全部或最大部分(《中国统计年鉴》,2007:表5-2,128;黄宗智,2013)。

如此定义的"私营企业"多为小型企业。2006年全国共有0.05

亿(500万)家经登记注册的私营企业,在城镇登记的雇佣人员为0.395亿,在乡村登记的雇佣人员为0.263亿,每个企业平均13个员工(《中国统计年鉴》,2007:表5-13,150)。① 根据2005年对这些企业的第六次(1993年以来每两三年一次的)比较系统的抽样(每一千个企业抽一个)问卷调查,其中只有1.13%是规模大于100位员工的企业。② 绝大多数乃是小型的、平均13位员工的企业,包括制造业部门(38.2%)、商店和餐饮部门(24%)、"社会服务"(11.1%)和建筑业(9.1%)部门。如上所述,如此的非正规员工大多数缺少福利、工作保障或国家劳动法律保护("中国私营企业研究"课题组,2005)。③

至于2010年在城镇登记的4467万自雇个体就业人员,他们大多是登记人本身和一两位亲朋的个体经济(2006年平均2.2人/个体户——数据见《中国统计年鉴》,2007:表5-14,151)。这些自雇人员包括小商店、小摊子人员,旧的和新型手工业工人及其学徒,小食品商人,各种修理店铺人员等。这些人员数快速增长的部分原因是新兴现代经济部门对这方面服务的市场需求,部分是新近进城打工的农民工对这方面的需求。改革以来的城镇个体工商

---

① 这里的"城镇"再次指县城关镇及以上,"乡村"则包括其下的镇。见本文第三部分"中国的农民工"第一个脚注。2009年,私营企业数增加到624万,人员增加到9000万人,每个单位平均15位员工(《第八次全国私营企业抽样调查数据综合分析报告》,2009)。
② 2003年年底全国有0.0344亿(344万)这样的企业。当然,也有极少数符合美国语境中的那种中、大规模的资本主义企业。
③ 当然,在私营企业"就业人员"中,也包括那些可被视为小型"资本家"的企业资产总额为500万的企业所有者,以及一些高技术的高薪人员。但其绝大多数无疑是普通员工,也是待遇低于正规经济职工的就业人员。

户,包括旧式(类似1949年前)的手工业者和小商业主的大规模复兴(人民公社化之后几乎完全消失),正是出于这样的需求。

根据国家工商行政管理总局的数据,个体工商户的户均注册资本在2002年是16 000元,2010年上升到39 000元。(工商总局,2012)显然,这些都是较小的生意。即便与(小规模的)私营企业相比(其户均注册资本在2007年是170万元)也相去较远。我们绝对不应该像有的美国学者那样,把个体户等同于所谓的"私人企业家"(private entrepreneurs)。(详细讨论见黄宗智,2013)这样的就业人员大多没有福利和劳动保障。

从阶级分析的角度来说,这些"个体户"符合马克思主义生产关系视角所突出的关于"小资产阶级"的特点,即以自家劳动力使用自家所有的生产资料(土地、工具、资本)的阶级(也可以称作"自雇者"[self-employed]——Wright,1997:第四章),因此既不同于资本家,也不同于无产阶级。同时,也符合韦伯市场关系视角所突出的"阶级情况",即销售自家(部分)产品的农户、手工业者或销售小商品的小商业者,因此与那些靠占据稀缺资本而具有垄断销售权力的资本家不同,也和在市场上出卖自己劳动力的工人阶级不同。(Weber,1978,1:302—307)正因如此,马克思和韦伯同样把小资产阶级这样的个体生产经营单位当作资产阶级和无产阶级之外的第三阶级看待。(详细讨论见黄宗智,2008;黄宗智,2010:第九章)当然,我们也可以把他们纳入"非正规经济"的范畴。

然后是11 384万(2010年)未经登记的非正规就业人员。在技能和工作稳定性方面,他们还要低一个层次,许多是临时性的人员,诸如保姆、清洁工、社区保安、餐馆服务员、运送人员、学徒等。

不用说,他们绝大部分同样没有福利和劳动法律保护。

总体来说,以上三种主要的城镇非正规经济就业人员(私营企业人员、个体户和未登记人员)共同构成了一个低报酬、低稳定性、低或无福利、没有国家劳动法律保护的城镇经济体。①

由此可以看到,1985年以来,中国的非正规经济就业人员已经从所有城镇就业人员的3.5%爆炸性地扩展到2010年的63.2%。这部分是由于(小)私营企业和个体户就业人员数的膨胀,2010年分别达到了6000万人和4500万人的数目。更主要的则是未经注册人员的大幅度增加,从1985年的零人达到2010年的1.1亿人,其中当然主要是农民工。同时期,正规经济职工2010年的就业人员总数(1.28亿)却和1985年基本一样(1.24亿)(1985—1995年的10年中有所增加,但20世纪90年代后期中小国营企业改制,其工人大规模下岗,正规职工基本返回到1985年的绝对数),而其所占城镇总就业人员的比例已经从1985年的96.5%下降到2010年的36.8%。这个变化非常巨大。

---

① 当然私营企业人员、个体户和未登记人员中不仅包括农民工,也包括20世纪90年代后期和21世纪初的10年中,数量可能达到5000万的就业于非正规经济的城镇居民。其中许多是下岗职工,在非正规经济重新就业,大部分在服务业("第三产业")就职。我们缺乏全面、可靠的材料,但根据1997年一个相对系统的在17个省55个城市的问卷调查,大部分下岗职工是"中年"人员(年龄30到50岁的占64%),只具备相对较低的文化水平(其中小学和初中学历占56%,上过大学或大专的仅有5.7%),绝大部分成为交通运输、批发零售、餐饮和"社会服务业"等部门的非正规就业人员,或在小型的所谓"私营企业"工作,或者变成自雇的个体户,大多只比农民工稍高一个层次。只有很少部分的下岗人员(4.7%)认为国家的各项就业工程对他们有过"很大帮助"("城镇企业下岗职工再就业状况调查"课题组,1997;亦见 Ministry of Labor and Social Security, n. d.)。

五、乡村的就业人员

至于乡村就业人员,2010年人口普查发现,之前根据抽样调查估计的数据有比较严重的误差。国家统计局根据更可靠的2010年普查对乡村就业人员数据做出了相当幅度的调整,下调4369万人,如表3所示。

表3 1980—2010年乡村就业人员数(万人)

年份	原数	调整数	增减	乡镇企业	私营企业	个体	农业
1980	31 836	—	—	3 000	—	—	—
1985	37 065	—	—	6 979	—	—	—
1990	47 708	—	—	9 265	113	1491	36 839
1995	49 025	—	—	12 862	471	3054	32 638
2000	48 934	—	—	12 820	1139	2934	32 041
2001	49 085	48 674	−411	13 086	1187	2629	31 772
2002	48 960	48 121	−839	13 288	1411	2474	30 948
2003	48 793	47 506	−1287	13 573	1754	2260	29 919
2004	48 724	46 971	−1753	13 866	2024	2066	29 015
2005	48 494	46 258	−2236	14 272	2366	2123	27 497
2006*	48 090	45 348	−2742	14 680	2632	2147	25 889
2007	47 640	44 368	−3272	15 090	2672	2187	24 419
2008	47 270	43 461	−3809	15 451	2780	2167	23 063

续表

年份	原数	调整数	增减	乡镇企业	私营企业	个体	农业
2009	46 875	42 506	-4369	15 588	3063	2341	21 514
2010	—	41 418	—	15 893	3347	2540	19 638

* 根据2006年的全国农业普查,该年有2.12亿劳动力全年从事农业劳动6个月以上,0.91亿6个月以下(《中国第二次全国农业普查资料汇编·农业卷》,2009:表2-1-15)。由此可见,后者之中有相当比例被归纳为乡镇企业、私营企业或以个体为主业的就业人员。

数据来源:《中国统计年鉴》,2010:表4-2。

此前,根据全国6.8万农户的抽样调查,国家统计局低估了2001—2010年全国城镇化的幅度,所以要以每年平均485万的人数对这些年份的乡村就业人数进行调整。农民的更快速城镇化意味着农业就业人数以相同幅度比较快速地递减。同时,乡镇企业从业人员在这10年间每年平均增加281万,2010年达到1.59亿,乡村私营企业也比较快速地扩增,每年平均增加216万就业人员,2010年达到3347万就业人员。① 毋庸赘言,农村乡镇企业和私营企业人员大多同样处于社会保障制度之外。一般的研究都把他们纳入"农民工"范畴,即"离土不离乡"的"农民工",以区别于"离土离乡"的农民工。

---

① 这里应该附带说明,中国农村今天越来越多的就业人员同时从事不止一种职业,譬如部分时间耕种、部分时间在乡镇企业或私营企业就业,或以个体身份从事小买卖、运输、工匠等工作。以上的统计是按照主要业务——每年就业6个月以上——来归纳的(详见《中国第二次全国农业普查资料综合提要》,2008;以及《中国第二全国农业普查资料汇编·农业卷》,2009)。

至于乡村个体就业人员,他们在1995—2000年间达到3000万人的顶峰之后,2004年下降到2066万人,之后再次攀升,2010年达到2540万人(例如工匠、裁缝、修理铺、理发师、运输者、小摊小贩等)。我们当然可以把他们理解为一种"自雇"的"小资产阶级",并将其等同于城镇的个体户,纳入"非正规经济"范畴。但由于他们多住在农村,其中不少人部分时间也从事一点农业,更合理的做法应该是把他们纳入"农民"(而不是"农民工")范畴。

至于以农业为主业的就业人员,在这10年间平均每年减少1213万人,多于国家统计局过去的估算。也就是说,从每年1个百分点提高到2个百分点。第1个百分点可以根据彭玉生和笔者在2007年的文章里分析的三大因素(生育率下降、城镇非农就业扩增、农业结构转变)来理解。(黄宗智、彭玉生,2007)第2个百分点则一半来自比我们预测的要更快速的城镇化,另一半来自我们没有充分考虑到的乡村非农就业(即乡镇企业及私营企业和个体户就业)的扩增。

结果是,2010年的(以农业为主业的)农业就业人员已经下降到低于2亿人,仅为1.97亿人(根据国家2006年的全国农业普查的定义,农业就业人员是每年从事农业6个月以上的人员——《中国第二次全国农业普查资料综合提要》,2008)。他们无疑应该被划归到"农民"的范畴,因为他们大多在农村居住,也因为他们大部分时间从事农业。

但是,我们同时也要指出,国际劳工组织的"非正规经济"这个概念用于中国并不完全理想。ILO等使用此词的出发点基本把"非正规经济"认作一个仅仅出现在城镇的现象,并不对农村多加考

431

虑，而中国的社会实际则是，如今"农"与"工"紧密交织不可分：大多数的城镇"非正规人员"是农村户籍人员，在老家还有土地（承包地权）和房子。反过来说，几乎所有的"农户"都有一两位家人在外打工或从事其他的非农就业，他们几乎都是（笔者称作）"半工半耕"的家庭（黄宗智，2006），不允许简单的"工""农"划分。这是中国社会实际的悖论方面，要求我们同时考虑到"农"与"工"，而不是完全像正统马克思主义思想那样，聚焦于工业生产中的"工人"/"无产阶级"，也不像 ILO 那样，把非正规经济视为一个纯粹的城镇现象。我们在使用"非正规经济"概念的时候，需要同时认识到中国社会的特殊性——占据其大多数的农村户籍的农户今天乃是亦工亦农、半耕半工的农户，绝对不可简单想象为一个城乡完全分化了的社会。如果我们完全像国际劳工组织那样，把非正规经济视作完全或主要是城市经济的现象，便会过分隔离中国的城镇与农村，过分隔离农民工与农民，不符合中国的实际情况。

中国社会的特色之一是顽强持续的"小农经济"及如今半耕半工的农村户籍农户。在明清和民国时期，由于耕地不足，中国农民不能简单依赖农业谋生，长期以来农民一直都借助手工业副业来谋生；在改革时期，手工业逐步让位于工业打工，并逐渐形成以工业打工为主、农业为辅的生产模式。虽然如此，其在人口压力下结合两种生产来谋生的道理则一仍其旧，并由此形成以半工半耕农民为主的社会形态。（详细讨论见黄宗智，2011；黄宗智，2012，2011，2006）

按照这样的思路，我们完全可以使用中国革命传统中把"工农"概括为单一社会阶层，认作"劳动大众"的概念的方式，甚或把乡村的非农和务农人员也都纳入广义的"非正规经济"。那样的话,更能突出城乡之间在身份上的差别,更能突出"农"与"工"之紧密交织的实际,更能突出如今只占据所有从业人员中较少数的"正规经济"人员与占据大多数的"非正规经济人员"间的差别。如表4所显示的,前者只占据总就业人员中的不到16.8%,后者则占到83.2%。

表4 全国正规与非正规经济就业人员数和比例(1978—2010)(万人)

年份	总就业人员数	正规经济+集体人员数	正规经济人员%	城镇非正规经济人员数	乡村非正规经济人员数	非正规经济人员%
1978	40 152	40 152	100%	0	0	0%
1990	64 749	14 057	21.7%	2 984	47 708	78.3%
1995	68 065	15 291	22.5%	3 749	49 025	77.5%
2000	72 085	11 584	16.1%	11 567	48 934	83.9%
2005	74 647	11 225	15.0%	17 164	46 258	85.0%
2010	76 105	12 765	16.8%	21 922	41 418	83.2%

数据来源:《中国统计年鉴》,2011:表4-2。

当然,我们仍然需要认识到工农业间的一些基本不同。现代产业的典型是工厂生产,产业打工者多是聚集起来在工厂、工地工作的人员。这个事实是和广为人们接纳的规模经济效益概念紧密相关的。但农业不同,今天中国农业的主体仍然是分散的小规模(数亩地到几十亩地的——平均才10亩地)家庭农场。对在工厂

433

打工的非正规人员来说,提高其(劳动)法律保护是主要的问题。但务农人员所面对的主要问题不是法律上的劳动保护,而是如何提供"大市场"中所需要的高效、廉价加工和销售服务。城镇打工者出路的关键在劳动法律的改革,农村务农者的出路则主要在摆脱目前商业资本对其的榨取(这是笔者《中国的新型小农经济:实践与理论》一书的主要议题)。

六、中国的正规经济

我们最后要检视今天的法定正规经济的组成。上面已经看到,2010年城镇正规工人总数只是全国76 105万就业人员总数中的12 765万人,即16.8%。如表5所示,其中有不止一半(6516万)是"国有单位"的职工,包括不止2200万的党政机关职工、将近2200万的"事业单位"职工,以及2000万的国有企业职工。显然,这些职工中的大多数其实是"白领"的职员,只有少数是"蓝领"的"工人"。他们的共同点是享有国家劳动法律的保护、较高的工资和较优厚的福利。

表5 按登记注册类型划分的中国城镇就业人员(2010)

登记注册类型	就业人员数(万人)
国有单位	6516
中国共产党机关	567
国家机构	1326
其他	319
事业单位	2196

续表

登记注册类型	就业人员数(万人)
国有企业	2108
集体单位	597
股份合作单位	156
联营单位	36
有限责任公司	2613
股份有限公司	1024
港澳台商投资单位	770
外商投资单位	1053
总数	12 765

资料来源:《中国统计年鉴》,2011:表 4-2;《中国劳动统计年鉴》,2011:表 4-1。

此外则是表中所列的具有正规"法人身份"的非国有单位的正规职工,最主要的是较大规模的民营企业(有限责任公司和股份有限公司),共约3600万职工,香港、澳门和台湾,以及外资投资的单位,共约1800万职工。上面已经说明,即便是这些正规单位职工,也并不一定完全具有国家劳动法规定的社会保障福利(因为企业可能违反或无视国家劳动法的规定),但总体来说,较高比例是具有正规法律保护和福利的。

这些就是今天中国正规经济的主要组成部分,其中较上层的人员(政党—国家官员、事业单位的专业人士、大型国企和民企的"白领"职工及少数的高级"蓝领"技术工人)乃是占据今天所谓

"中产阶级"的大多数的群体。他们多是城市的有房、有车者,消费上的要求和习惯已经越来越趋同国际大城市的"中产阶级",和农民及农民工存在较大差异。

在一定程度上,今天的劳动法规已经把原来革命传统中"劳动人民"或"工农阶级"的大多数排除在外,这与革命传统中的劳动立法十分不同。

七、结论

总而言之,我们惯常使用的"工人"和"农民"两个范畴,对中国当前的社会实际都带有比较严重的误导性。他们更适用于西方,而不是中国社会的历史演变。无论是马克思主义的历史观,还是与其对立的新自由主义历史观,都以为从农业进入工业社会将会是一个简单的过程,即大多数以家庭为主要生产单位的农村农民将转化为个体化的城市工业工人和其他职工。一般第一代的农民进入城市,便不会再返回农村,而会成为城镇人,成为工人。但中国的近现代历史其实是一个很不一样的过程。今天中国的劳动人民其实并不能清楚划分为工人和农民,而是两者紧密交织的半工半耕家庭的成员。

传统的"工人"和"农民"两个阶级范畴其实掩盖了改革期间最庞大、最关键的社会经济变迁。今天,大多数的城镇"工人"不是城镇居民,而是农村户籍人员,部分家庭仍然在农村;而大多数的户籍"农民"不单纯是务农人员,也是非农就业人员,部分家庭人员同时在城镇和乡村打工或从事非农就业。这些半耕半工的家庭其实是中国最庞大、最基本的经济单位,他们结合农业和工业、农民和工人,组成一个密不可分的大群体。对这个群体的表述,最贴切的可能还是原来中国革命的"工农",即(广大)"劳动人民",而不是我们常用的、能够清楚划分的"工人"和"农民"范畴。

不同于实际的传统意义的"工人"和"农民",对我们关于中国社会和经济史的思考影响深远,也对我们的劳动立法历史影响深远,更对我们思考中国的社会不公问题的根源影响深远。传统的马克思主义视角促使我们的左派学者们聚焦于对正规的产业工人"无产阶级"的研究。他们的用意是为广大劳动人民说话,但是实际上,他们所研究的只是广大劳动人民中的较少数——全职、正规的蓝领产业工人,总数才约2000万人。

同时,国家对源自马克思主义的"劳动"和"劳动法"概念范畴的使用,同样使我们忽视了位于正规法律之外的绝大多数的真正劳动人民。2010年,"旧"劳动法其实只适用于具有特殊身份的正规职工,只占城镇总就业人员的三分之一,非正规人员则占到三分之二。我们如果把城镇正规人员与全国工农人员相比,则前者只占约六分之一,后者占到六分之五。

新自由主义经济学理论的"拐点"理论同样促使我们简单地聚焦于正规经济,并想象全国的劳动人民已经,或行将被整合为一个同等待遇的单一劳动市场,完全无视巨大的非正规经济。与此密切相关的是美国的"橄榄型"社会模式理论。它促使大家想象一个中间大、两头小的社会结构,以为中国的社会结构已经达到,或正在快速地趋向这样一个模式。他们同样忽视了大多数劳动人民,把约六分之一的"中产"职工等同于就业人员的大多数。

实际上，今天中国除了顶层的国家官员和大企业家，主要由两个悬殊的阶层组成：一方面是新兴的占到人口约六分之一的正规经济人员中较上层的"中产阶级"。他们在生活习惯、消费要求和价值观上，已经越来越和国际大城市的"中产阶级"趋同。另一方面则是处于国家劳动法规和社会保障制度保护之外的非正规人员——主要由九亿农村户籍的"半工半农"家庭所组成的广大劳动人民。他们的家庭人员部分从事农业，乃是农业从业人员；部分在城镇打工，组成城镇就业人员中的大多数，也是城镇非正规经济人员中的绝大多数。他们既非传统意义的"工人"，也不简单是传统意义上的"农民"，而是亦工亦农的农村户籍人民。他们才是中国真正的"劳动人民"，亟须我们去重新认识。

参考文献

中文：

蔡昉(2007)：《中国经济面临的转折及其对发展和改革的挑战》，载《中国社会科学》第3期。

"城镇企业下岗职工再就业状况调查"课题组(1997)：《困境与出路——关于我国城镇企业下岗职工再就业状况调查》，载《社会学研究》第6期。

《第八次全国私营企业抽样调查数据综合分析报告》，《中国工商时报》，2009年3月26日。

方云梅、鲁玉祥(2008)：《农民工生存状况调查》，载《中国统计》第3期。

高学强(2010)：《新民主主义政权劳动保护立法的历史考察》，载

《沧桑》第 1 期。

工商总局(2012):《十年来我国个体、私营经济快速发展》,www.gov.cn/jrzg/2012-10/03/content_2237467.htm。

国家劳动总局政策研究室编(1980):《中国劳动立法资料汇编》,北京:工人出版社。

国家统计局(2012):《2011 年我国农民工调查监测报告》,国家统计局网站,http://www.stats.gov.cn/tjfx/fxbg/t20120427_402801903.htm。

国家统计局(2010):《2009 年农民工监测调查报告》,国家统计局网站,www.stats.gov.cn/tjfx/fxbg/t20100319_402628281.htm。

黄宗智(2012):《中国过去和现在的基本经济单位——家庭还是个人?》,载《人民论坛·学术前沿》第 1 期。

黄宗智(2011):《中国的现代家庭:来自经济史和法律史的视角》,载《开放时代》第 5 期。

黄宗智(2010):《中国的隐性农业革命》,北京:法律出版社。

黄宗智(2009):《中国被忽视的非正规经济:现实与理论》,载《开放时代》第 2 期。

黄宗智(2008):《中国的小资产阶级和中间阶层:悖论的社会形态》,载《中国乡村研究》第 6 辑,福州:福建教育出版社。

黄宗智、彭玉生(2007):《三大历史性变迁的交汇与中国小规模农业的前景》,载《中国社会科学》第 4 期。

简新华、黄锟(2007):《中国农民工最新情况调查报告》,载《中国人口资源与环境》第 17 卷第 6 期。

《劳动纠纷起诉书——劳动纠纷案例一》,中顾法律网,http://news.9ask.cn/xzss/bjtt/201005/564760.html。

《劳动争议纠纷案件现状及情况分析》,华律网,www.661aw.cn/laws/

45557.aspx。

《劳务关系不是劳动关系诉讼难得仲裁支持》,中国劳动资讯网,www.51labour,com/newcase/showarticle,asp? artid=1760。

李干(2008):《新〈劳动法〉实施后高校后勤劳动佣工的管理》,载《企业家天地下半月刊(理论版)》第12期。

李强、唐壮(2002):《城市农民工与城市中的非正规就业》,载《社会学研究》第6期。

陆学艺(2003):《当代中国社会阶层的分化与流动》,载《江苏社会科学》第4期。

陆学艺编(2002):《当代中国社会阶层研究报告》,北京:社会科学文献出版社。

《媒体公告解除劳动关系引出的诉讼》,中国劳动资讯网,www.51labour.com/newcase/showArticle,asp? artid=1115。

倪豪梅(2012):《论延安时期党的工会工作方针》,载《湖湘论坛》第2期。

人力资源和社会保障部劳动科学研究所编(2010):《2008—2009年中国就业报告:金融危机下的就业之策》,北京:中国劳动社会保障出版社。

《中国第二次全国农业普查资料综合提要》(2008),北京:中国统计出版社。

《中国第二次全国农业普查资料汇编·农业卷》(2009),北京:中国统计出版社。

《中国劳动统计年鉴》(2007,2011),北京:中国统计出版社。

《中国农民工问题研究总报告》(2006),载《改革》第5期。

"中国私营企业研究"课题组(2005):《2005年中国私营企业调查报

告》,《中华工商时报》,2月3日。

《中国统计年鉴》(2007,2010,2011),北京:中国统计出版社。

英文：

Blunch, Niels–Hugo, Sudharshan Canagarajah and Dyushyanth Raju (2001). "The Informal Sector Revisited: A Synthesis across Space and Time," *Social Protection Discussion Paper Series*, No. 0119. Social Protection Unit, Human Development Network, The World Bank.

Canagarajah, Sudharshan and S. V. Sethurman (2001). "Social Protection and the Informal Sector in Developing Countries: Challenges and Opportunities," *Social Protection Discussion Paper Series*, No. 0130. Social Protection Unit, Human Development Network, The World Bank.

Das, Maitreyi Bordia (2003). "The Other Side of Self-Employment: Household Enterprises inIndia," *Social Protection Discussion Paper Series*, No. 0318. Social Protection Unit, Human Development Network, The World Bank.

Gustafsson, Bjorn A., Li Shi, and Terry Sicular eds.(2008). *Inequality and Public Policy in China*. New York: Cambridge University Press.

Huang, Philip C. C.(2013)."Misleading Chinese Legal and Statistical Categories: Labor, Individual Entities, and Private Enterprises," *Modern China*,39. 4 (July):347—379.

——(2011). "The Modern Chinese Family: In Light of Social and Economic History," *Modern China*, 37. 5:459—497.

ILO(International Labor Office)(2002).*Women and Men in the Informal Economy:A Statistical Picture*. Geneva: International Labor Organization.

——(1972). *Employment, Incomes and Equality: A Strategy for Increasing Productive Development in Kenya.* Geneva: International Labor Organization.

Khan, Azizur Rahman and Carl Riskin (2008). "Growth and Distribution of Household Income in China between 1995 and 2002," in Gustafsson, Li and Sicular eds., *Inequality and Public Policy in China.* New York: Cambridge University Press, pp.61—87.

Lee, Ching Kwan(李静君)(2007). *Against the Law: Labor Protests in China's Rustbelt and Sunbelt.* Berkeley: University of California Press.

Ministry of Labor and Social Security, Department of Training and Employment, People's Republic of China, n.d. (2002). "Skills Training in the Informal Sector in China," International Labor Office.

The Nobel Peace Prize 1969, Presentation Speech, http://nobelprize.org.

Weber, Max (1978). *Economy and Society: An Outline of Interpretive Sociology,* 2 Vols. Berkeley: University of California Press.

Wright, Erik Olin (1997). *Class Counts: Comparative Studies in Class Analysis.* Cambridge, England: Cambridge University Press.

索引

页码后加"n",指本条目出现在此页脚注中。

A

安格尔(Unger,Roberto),288

B

巴县,90—92

白德瑞(Reed,Bradly),90,91

白凯(Bernhardt,Kathryn),294

半正式治理模式,18—19,77—107

宝坻县,准官员,79—82

表达:相对于实践而言,4—6

卜德(Bodde,Derk),9,185

布迪厄(Bourdieu, Pierre), 1, 2,110n

C

财产权:中国法律,10;民事判决,207—213;离婚法,255—258;实用道德主义,297—299;清代法律,186—187

残疾(性无能),272n

柴玲珍,57,61

陈柏峰,69—70

陈庆门,194

443

陈锡铭,45

城市化:71—72;取证程序改革,161—162

城镇商会,19

崇文起,36

传统:中国法律,320—323;共产党实践,140—143;形式主义法律原则,204—207;调解,相对于毛泽东时代的调解制度而言,132—133;现代,108

村领导,101,262,267,

村长:19—20,33,34,82—87;民国时期,34,83—86

D

当事人取证制度:科层制化,169—172;历史环境的变迁,161—164;建议,16—17;改革,156—180,270—272

道德:改革初期,62;国民党时期,37—37;清代,192—193,239—240

道德主义:参见实用道德主义

德国民法典(1900),184,186,196,200—201,206,245,294—295

帝国时期:特点,93;政府,94—95

第三领域:12,17—21,321;半正式治理模式,95—96

典,29—30,196—197;实用道德主义,297—299

调查:毛泽东时代的调解制度,115—123,131—133,141—143,255—256;取证改革,157—161

丁玲,135,223n,305

东方主义,320,322—323,329

董磊明,64—70

董维增,80

杜威(Dewey,John),288

对抗性制度,159,172,327

对质,158,160

E

二元对立:超越,108n,323—324,328—329;第三领域,95—97

F

法律:改革初期,58—63;国民党时期,37—39;清代,192—195,239—241

法律实用主义,3,287,316—

317,326

法律现实主义,3,287—288,306,316,326

法律形式主义,3—4,286—287;当代实践,198—231

法庭档案,变化,165

法庭调解:式微,266—267;历史,236—284;制度创新,306—312;逻辑,281—284;制度,14—17

樊宝山,86

樊德雯(VanderVen,Elizabeth),88—90

方大湜,194

非法官员,91,94

非诉讼纠纷解决(模式),16,25,71n,275—276,306—307

非正式调解,63,73,75,76

费孝通,198

费用,官僚化,169—171

分家:集体化时期,43,51;改革初期,55—56;国民党时期,30—32;改革后期,66—67;清代,187

奉贤县,离婚,152t

弗里德曼(Freedman,Maurice),27n

父母官,12,98,240

弗吉尼亚,调解,276—277,374

G

改革初期:社区调解,51—63

改革后期:社区调解,63—70

改革时期:法庭调解,265—272;债务纠纷,215—217;离婚,57,60—61,67,225—229;教育,102—103;土地纠纷,51,56—57,65;养老,54—56,59—60;村级治理,104—105;另参见改革初期、改革后期

感情(关系):判决,224;中国法律,15,232;取证程序改革,166—167;毛泽东时代的调解制度,130,143—148;婚姻法,113—114

干部,49—51,58—59,68—70,104—105

高伯仁,45

高补英,45

高四堂,51

高引娣,54

高永年,44,59

格尔茨(Geertz,Clifford),189—191,289,290,291

445

革命:婚姻,143—146

工作纠纷,集体化时期,43

公共领域,18,94n

共产主义意识形态:民事判决,181;法庭调解,249—253;继承权,198

惯习,2n

国民党时期:社区调解,26—39;大陆形式主义,195—198;法庭调解,245—249,280;离婚,32—33;继承权,33—34,197—198;土地纠纷,29—30;养老,32,197—198;准官员,82—87

郭丹青(Clarke,Donald),238

过错:美国法律,206—207;1949年后的法庭调解,254—263;侵权法,200—207

H

海城县,88—90

韩秀桃,41

郝国梁,36

"喝酒闹事"的纠纷,改革后期,67

荷兰:调解,276n,277—278,310

何品娟,54,55,59,

何勇龙,55,59,

和解:调解,113,115—116,142,267—268

贺雪峰,63,

红军:离婚,134—138

侯永福,36

后现代主义:现代性,289—291;清代法律,189—191

胡汉民,196,298

胡宗绮(Neighbors,Jennifer),188

婚姻:中国法律,10—11;集体化时期,43—49;改革初期,57—58,60—61;反对封建婚姻,14,113,136—139;国民党时期,32—33;;改革后期,67;毛泽东时代的调解制度,112;实用道德主义,302—306;清代法律,188;另参见离婚

《婚姻法》(1950),112,138,139n,145,217,218,222,232,253,255,303,305

《婚姻法》(1980),15,49,51,57,113,146,212,226,227,232,255,266,325

《婚姻法》(2001年修正),114n,

167,175n,230
获鹿县:87—88
霍姆斯(Holmes, Oliver Wendell), 3,287

J

极权主义,104n
集权的简约治理,17—21,77—107
集体化时期:社区调解,42—51
季卫东,293n
《继承法》(1985),7,208,210, 212—213,233,264,295,325
继承权:民事判决,207—213;集体化时期,209—210;国民党时期,33—34,197—198;实用道德主义,294—297;实践,7—8;清代,187
加利福尼亚州,283n
简约治理:科层制化,101—107;集权,17—21;社区调解,21—23
蒋顺林,59,61,62
教育:科层制化,102—103;准官员,88—90;第三领域,19
近现代传统,108
经验主义:285;毛泽东时代的调解制度,142
纠纷内容:集体化时期,42—49;改革初期,53—58;国民党时期,28—35;改革后期,65—68,64t;美国,76n

K

科层制:韦伯,93
科层制化:取证过程,169—172
科学方法,285,289
孔飞力(Kuhn, Philip),93

L

拉伯曼(Lubman, Stanley),238
兰德尔(Langdell, Christopher Columbus),3,286,287,316
类推方法,189
离婚:民事判决,217—231;民事法律,148—155;集体化时期,43—49;法庭调解,14—17;改革初期,57—58,60—62;取证程序改革,156—180;国民党时期,32—33;历史,108—155;改革后期,67;毛泽东时代的调解制度,130—133,220—222,251,254—

259;无过错,207,254—259;案件的结果,125t;实用道德主义,302—306,313—314;激进允诺,134—139;另见婚姻

李放春,141n

李粪堆,70

李广恩,38,39,

李怀印,87,89,90

李佩华,59—61

李儒源,36,39

李兴志,70

李严林,86

李注源,38,39

理论:共产主义,141—142;取证程序改革,157—161;相对于实践而言,3—4;清代法律,195,238—241

理性主义,207

利息,213—217,232

刘衡,194

刘起祥,246—247

卢埃林(Llewellyn,Karl),287

陆大囡,37

陆关通,37,44,50,59

陆海堂,45,51

陆火娟,60

M

马克思,2n

马锡五,142,143

马锡五审判方式,5,15,142,164,250

迈克尔·曼(Mann,Michael),94—95

毛泽东:调查,131;实践,2,12—13,141—142

毛泽东时代:调解,108—109,111—133;观念基础,143—148;当代实践,198;法庭调解,14—17;债务纠纷,215;离婚,130—133,218,251—252,253—265;取证程序,160;正式登记,172n;历史,113—114,133—148;延续,229—231;实用道德主义,12—13;乡村传统,140—143;相对于传统调解而言,131—133

美国:政府的特点,94—95;无过错汽车保险,206—207,261;调解的普遍性,276—277,283n;另参见美国法律、西方法律

美国法律:纠纷内容,76n;纠纷,25;实践历史,3—4;相对毛泽东时代的法律制度而言,124,133;庭外调解(在美国),274—275,306—309;另参见西方法律

民国民法典:197,294;法庭调解,245;债务纠纷,213—214;养老,209;财产权,186;侵权法,200—201

民国时期:参见国民党时期

民间调解:参见社区调解

民事判决:历史,181—235

民事司法:320—329;离婚法实践,148—155;术语,109n

《民事诉讼法》(1991,1982年试行),158

《民事调解法》(1930),245

民政局,169,171,172

莫里斯(Morris, Clarence),9,185

P

判决:取证程序,159;历史,181—235;相对于调解而言,237;术语,182

判决不离婚:125—126,218—220;数量增加,127—129

判决离婚:127,222—225;术语,112

判决式调解:265—272,273—274;术语,199—200,237

庞德(Pound, Roscoe),287,306

批判法学潮流,288

平衡:参见实用道德主义

婆媳纠纷:改革初期,53—54;民国时期,34

Q

恰亚诺夫(Chayanov, A. V.),209

强制调解,124,130

侵权法:200—207;中国法律,13—14;无过错,259—261;实用道德主义,299—301

侵权赔偿:改革初期,58

清代法律:社区调解,39—41;儒家,192—195;相对于大陆形式主义而言,184—192;法庭调解,238—245,279—280;债务纠纷,187—188,213;实践历史,4—6;地方治理,77—78;养老,187,209—210;准官员,79—82;税务管理,87—88;韦伯,8—9;衙门

449

行政,90—92

瞿同祖,20,90,94

权力滥用:两不是,176—178;改革时期,104

R

人际关系:国民党时期,37—38;清代,192,239—240

日本,195,245

日常生活中的纠纷:改革后期,67—68

儒化的法家,98—100

儒家:民事判决,181;法家,98—100;清代法律,4—6,192—195,238—241

S

"十四条",49,67,113,126,128,175,226—228

社区调解:集体化时期,42—51;改革初期,51—63;前景,71—76;国民党时期,26—39;改革后期,63—70;简约治理,21—23;清代,6,39—41

单福,247

单永祥,247

实践:取证程序改革,164—169;相对于制度而言,7—8;共产党,140—143;清代法律,192—195,241—245;相对于表达而言,4—6;术语,1—2;相对于理论而言,3—4;另参见实践历史

实践历史,1—23

实践的逻辑,2

实用道德主义,5—6,10—14,243,312—317,320—329

世袭主义(君主制)的官僚制,韦伯,92—94

税务管理:古代,95;准官员,87—88

顺义:82—87

司马光,99,100

斯科特(Scott,James),2n

诉讼:儒家理想,4,98—99,239—240;相对于调解而言,25

诉讼当事人:身份背景,清代法律,5;取证程序,16—17,156—161,322—323

T

田奎,80

调裁,279

调处:术语,182,236—237

调解:相对于判决而言,237;工作室,75;当前情形,172—174;离婚,108—155;欧盟(调解原则)协议,307;取证,159;改革后期,63—70;毛泽东时代,111—113,236—237;清代法律,6,238—341;满意,74,281—284;术语,181—182,237,251—252;第三领域,95—96;另参见调解方法、调解人员

调解方法:集体化时期,50;改革初期,59—63;未来,74—75;国民党时期,37—39;改革后期,70;毛泽东时代,115—124;传统,140—141

调解和好:115—116,267;毛泽东时代,113,142

调解离婚,126—127

调解人员:集体化时期,49—50;改革早期,58—59;国民党时期,35—37;改革后期,68—70

调解式判决:267;反对离婚,220—222;术语,182,237

通奸,114,126,226—229,269—271

童养媳,14,46,113,136—137,138,145,218,222n,303,304

土地纠纷:集体化时期,42—43;改革初期,56—60;国民党时期,29—30;改革后期,68

W

汪辉祖,6,194,303

王安石,99

王宠惠,196,245

王福明,80n

王硕卿,247

王业键,95

韦伯(Weber, Max),8,92—94,98,101,184—185,235,239,258,184,287n,

伪调解,199

巫若枝,156n,157,167,168n,171,180

无过错离婚:毛泽东时代,254—259

吴仁与,60

吴重庆,63n

武新宇,146,147,227,305

451

X

西方法律:非诉讼纠纷解决,306—312;基础,184—186;法庭调解,276—277;取证程序改革,160;形式主义,8;民国时期,195—198;犯罪动机,189n;婚姻,144;现代,285—286

喜新厌旧,14,126,135,146,147,223n,305

细事,4,5,12,21,24—25,41,77—78,99,191—194,240

县令,5—6,20,78,82,95

萧公权,238

现代性:中国法律,285—319;相对于现代史而言,286;后现代主义,289—291

现实主义,法律,3,286—288

乡保:18—19,79—82;第三领域,96

乡地,87—88

肖扬,174n,180

刑法:取证程序,158

形式主义:大陆,184—192,196—198;取证程序,169—172,176—178;相对于实践历史而言,8—9;法律,3—4,198—231,286—287;新,174—176

行政调解,182n,236,250

熊易寒,75

熊远报,40

薛宝宝,56,57

薛德林,56,61,

薛德龙,59

薛文华,56,61

薛勇龙,57,61

薛允升,11,189

学校:也见教育

Y

亚里士多德(Aristotle),2n

衙门行政,准官员,90—92

杨伯寿,75

杨成章,57,60

杨金秀,57,60

杨亚芳,54

杨永才,36,38

杨源,36

养老:民事判决,207—213;改革初期,54—56,59—60;国民党时期,32,197—198;改革后期,66;

实用道德主义,294—297;实践,7—8;清代法律,187,209—210

意识形态:参见共产主义意识形态、理论

意图:中国法律,11,188

英美普通法:基础,185,195;现代性,286—287;韦伯,8

Z

债务纠纷:民事判决,213—217;集体化时期,43;取证程序改革,168—169;国民党时期,30,245—249;清代法律,187—188,213

詹姆士(James,William),287

詹元相,40

张炳余,55

张德贵,56—57

张国芳,58—61

张济宗,246

张乐卿,36,86

张瑞,36

赵绍廷,36,38

赵文有,38—39

真实:取证程序,159—160,165;后现代主义,189—190,290

证人举证制度,165—166,179—180

制度:相对于实践而言,7—8

仲裁,283n,307—308

中岛乐章,41

中国法律:320—329;变革 31—235;法庭调解,273—279 未来,317—319;历史,24;法律形式主义,198—231;实用道德主义,312—317;(法庭)判断,16;实践历史研究,1—23

中国农村:今日(状况),104—105;历史,24;毛泽东时代的法律,134—139

《中华人民共和国民法通则》(1986),198,201,202—203,204,207—208,214,259,260,265—266,299,300—301,325

《中华苏维埃共和国婚姻条例》,134,143,218,302

中间人,31,35,68—69

周树棠,35,36,38

朱引娣,54

转型:术语,156n

准官员,18—20,77—107

资本主义,285—286

453

滋贺秀三,183,192,238,240, 241,242

宗族/宗亲:27;纠纷,68—69 罪犯:配偶,223